한국사

36

조선 후기 민중사회의 성장

국사편찬위원회

자문위원

이 원 순

편찬위원

정 석 종　　조　광　　최 완 기
한 영 국

집필(조선 후기 민중사회의 성장)

고 석 규　　고 성 훈　　김 성 우
김 인 걸　　배 항 섭　　변 주 승
송 찬 섭　　이 종 범　　조　광
최 완 기

기획 · 편집

신 재 홍　　변 승 웅　　이 근 택
고 혜 령　　고 성 훈　　고 숙 화
나 애 자　　박 한 남　　윤 병 희
최 원 식

복간 간행 : 김 용 곤 · 장 득 진

한국사 간행취지

우리 겨레가 앞으로 어떻게 살아갈 것인가 하는 문제는 우리들은 물론 우리와 더불어 살아가는 세계인들의 관심사일 것이다. 이에 대한 해답은 과거에 어떻게 살아왔는가 하는 우리 역사에 대한 인식을 통해 찾을 수 있을 것이라고 생각된다.

본 위원회에서는 이미 1970년대에 『한국사』 25권을 간행하여 해방 이후 한국사의 연구성과를 집대성함으로써 한국사에 대한 인식을 새롭게 한 바 있다. 그 이후 한국사회는 놀라운 성장과 발전을 이루었고 역사학계도 상당한 연구성과를 축적하였다. 이러한 변화에 발맞추어 한국사학계는 새로운 『한국사』 편찬의 필요를 느끼게 되었다.

이에 본 위원회는 일차적으로 한국사 연구지원비를 마련하여 역사학계로 하여금 1980년대 중반까지 연구성과가 미진하다고 생각되는 분야를 연구할 수 있도록 하였다. 이어서 1989년부터 1990년까지의 준비를 거쳐 1991년에는 '신편 한국사 편찬위원회'를 따로 구성하고 총 60권에 달하는 새로운 『한국사』를 편찬하기로 하였다. 그리고 다음과 같은 『한국사』 편찬의 목표를 세웠다.

① 한국의 역사와 문화에 대한 객관적 인식의 토대를 제공할 수 있는 한국사를 편찬한다.

② 민족의 창조적 문화활동과 민족사의 내재적 발전을 드러내는 한국사를 편찬한다.

③ 최근까지의 연구성과를 체계화하고 새로운 영역을 개척함으로써 한국사 연구의 지평을 넓힌다.

④ 한국사 연구와 관련하여 고고학·인류학·사회학·경제학 등 인접학문의 연구성과를 수용하여 한국사 인식의 폭을 넓히는 데 기여한다.

새로운 『한국사』를 펴내면서 우리 모두가 바라는 바는, 민족의 통일에 대비해야 하고 급격히 변화하는 시대상황 속에서, 한국사 연구자의 깊이 있는 연구를 도와주고 독자들의 역사인식을 드높일 수 있는 길잡이 구실을 할 수 있었으면 하는 것이다.

국사편찬위원회 위원장

목 차

Ⅲ. 19세기의 민중운동

개 요

I

18세기 이후 조선 후기의 사회에 이르러서는 기존의 신분제가 이완되어 나갔고, 민중사회의 성장이 확인된다. 조선왕조의 신분제가 변화되어 나갈 수 있었던 계기는 임진왜란 이후 17세기 사회에서 이미 마련되었다. 전란 기간 중 양반들은 의병활동이나 납속정책에 대한 적극적 협조를 통해서 전후 복구사업을 주도할 명분을 얻게 되었고, 이로 인하여 계속 사회의 지배세력으로 군림했다. 이 시기 양반신분층이 드러내고 있던 특징으로는 우선 그들이 군역 면역자로서의 합법적 권리를 획득해 나간 사실을 들 수 있다. 그리고 국가의 對民 지배방식이 良賤制的 원칙으로부터 班常制的 기준으로 전환되어 갔다. 이 시기에는 면역자인 兩班과 有役者인 常漢으로 구분하여 사회신분을 파악하는 관행이 출현하고 있었는데 이를 班常制라는 개념으로 파악할 수 있을 것이다.

한편, 조선 후기의 호적자료를 검토해 보면, 兩班戶가 급격히 증가하고 있는 반면, 奴婢戶는 급속히 감소되는 현상이 일어나고 있다. 양반호가 급속히 늘어가게 된 까닭은 국가의 만성적 재정난과 軍政의 문란을 들 수 있다. 이 과정에서 국가에서는 납속정책에서 그 해결방안의 일단을 찾고자 했다. 그리고 상층 상한들은 納粟補官을 통해서 免役權을 구입하고자 했거나, 재정난의 해결에 여념이 없던 지방관의 납속 강요를 받아들이게 되었다. 그 결과 호적기재상 양반 직역의 비중이 증가되었다. 반면에 노비수가 급감하게 된 까닭은 조선 후기 농법의 발달과 토지 생산성의 증대와 관련되는 현상이었다. 즉, 이 시기에는 粗放的인 大農 체제 아래 경영되던 農庄의 중요도가 점차 낮아지고 생산과정에서 作人의 자율성이 상대적으로 보장되던 竝作制가 확산되어 갔다. 농장제는 농장주의 감독 아래 노비노동력을 동원하여 생산이 이루어지던 강제적인 노동형태였다. 반면에, 병작제 아래에서 작인은 主家의 인신적 예속을 받는 노비노동력으로만 구성될 필요가 없었다. 그리하여 농장제의 해체와 더불어 노비의 신분상승이나 해방 가능성이 더욱 높아졌고, 노비종모법 시행이나 노비 신공의 감소 조처로 인해서 노비와 양인 사이의 신분적 界線이 사라졌다. 그리고 이로 인해서 조선 후기 호적자료의 분석 결과는 노비수의 급격한 감소 현상을 드러내게 되었다. 이러한 사실들은 기존의 신분제도가 이완되어 나가는 상황을 여실히 보여준다.

그런데 17세기 조선왕조 사회는 이른바 '17세기 위기론'의 특징적 양상에 수반하여 장기간에 걸쳐서 기근과 전염병의 피해가 주기적으로 반복되고 있었다. 그 심각한 피해의 과정에서 국역부담상에 있어서 民人의 한계가 더욱 분명하게 나타났다. 이 때문에 국가에서도 각종의 사회제도 개혁론을 뜻하는 變通論들이 제기되어 변화를 촉진시키고 있었다. 이와 같은 변화는 대략 18세기 중엽을 전후하여 집중적으로 나타난 共同納의 관행을 통해서 확인된다. 즉, 里定法이 시행된 이후 양역 분야에 있어서는 국가가 軍役 자원을 개별 인신적으로 파악하기를 포기하고, 面里를 단위로하여 공동납으로 良役稅를 징수해 갔다. 이 공동납의 관행 아래에서는 면리 단위로 조세를 부담할 호구수의 총액 즉 戶摠과 口摠이 정해졌고, 이에 근거하여 각종의 조세가 개개인이 아닌 각 면리에 공동으로 부과되었다. 이 새로운 부세징수 방식으로 말미암아 부세의 기준인 호구총수가 정해진 이후에는 호적 기재상의 직역 표시는 별다른 의미가 없었다. 원래 호적상의 직역은 개개인들에게 각종 조세와 공부를 부과하는 기준이었다. 그러나 새로운 공동납의 관행으로 말미암아 호적상의 직역이 면역층으로 기재되든지 유역층으로 기재되든지 별로 문제되지 않았다. 이로써 호적의 冒錄, 冒稱이나 조작은 더욱 용이해졌다. 그리고 호적상 양반호가 증가하고 노비호가 급감했다 하더라도 이것이 곧 기존 양반층의 특권을 부정하는 것이거나 신분제의 해체 내지 붕괴를 뜻하지는 아니했다. 18세기 전반 이후 신분별 호구 비율의 급격한 변동은 바로 이러한 현상을 반영하는 것이다.

그러므로 조선 후기 사회에 있어서 士族支配體制는 상당 기간 지속되었고, 在地士族들은 士族勢를 이루면서 양반 신분을 새롭게 획득한 사람들과 자신을 엄격히 구별하고자 했다. 그리고 그들은 宗法制度를 본격적으로 수용하여 祭祀相續權을 강화하고, 양반층을 중심으로 한 동성촌락인 班村을 출현시켰으며, 촌락사회에서는 宗家型 地主가 등장하게 되었다. 그러나 임진왜란 이후 반상제적 체제로의 전환과정에서 상민들의 성장이 계속되었고, 그 당연한 결과로 양반 사족에 대한 상민층의 저항이 점차 심화되고 있었다. 양반 사족층에서는 이러한 현상에 대한 대처방안이 모색되었다. 그리하여 17세기 이후 양반들은 鄕約이나 鄕案 등과 같은 조직을 이용하여 양반층 상호간의 유대와 결속을 강화시켜 나가고자 했다. 그러나 향약이나 향안이 변질되어 나가는 시점에 이르게 되자, 양반층은 상민층에 대한 계속적 지배를 위해서 새로운 공동대응방안을 마련해야 했다. 여기에서 18세기를 전후해서 사족들은 일종의 자구책으로 族契, 門契를 강화하거나, 유력 성씨들이 반촌을 형성하여 상민 촌락 곧 民村을 지배하는 방식으로 전환되어 갔다. 그리고 그들은 그 지역에서 향교와 書院·祠宇를 장악하고 폐쇄적 신분혼을 통해서 그 지역의 유력 성씨를 형성해 갔다.

17세기에 접어들어 향촌사회는 사족들의 결속만으로 민인들을 일방적으로 통제할 수 없게 되었다. 이러한 상황에서 사족들은 상하 결속의 조직으로 洞契를 재편 중수함으로써 부분적으로나마 위축된 자신의 권위를 만회하고자 했다. 이 과정에서 上下合契的 鄕約組織이 확대되어 갔다. 그러나 사족 중심의 향촌질서는 18세기 무렵부터는 크게 동요되어 갔다. 즉 동계의 조직 내에 잠재되어 있던 상하민 상호간의 대립 등으로 말미암아 18세기에 이르러서는 동계가 下契를 포섭할 수 없게 되었다. 그렇다고 하여 18세기에 사족들의 영향력이 곧바로 상실된 것은 아니었다. 정부에서 관주도의 향촌통제책을 강화할 때 사족들을 개입시키려 했던 것도 그들의 영향력이 상당히 남아 있었기 때문이었다. 그러나 18세기 이후부터는 하민들의 요구가 점차 강화되면서 동계 조직에도 변화가 일어나, 기존의 上契 중심의 동계 운영이 불가능했던 사례가 검출되고 있었다. 그리고 사족 중심의 동계 조직을 통해서 하나의 洞으로 결속되어 있던 10여 개 내외의 마을들이 18세기에 이르러서는 각각 별개의 동으로 분리되어 갔다. 이 分洞은 농촌경제의 변화와 상한들의 요구에 따라서 진행된 것이었다.

이처럼 양반층이 상민들에 대한 지배와 통제 방안을 여러 방향에서 모색해야 했다는 사실은 역설적으로 상한들의 성장을 나타내 주고 있다. 상한들 가운데 일부는 18세기 중반을 경과하면서 부민층으로의 성장을 계속했다. 이들 부민들은 新鄕層을 형성하기도 했고, 수령과 결탁하여 守令-吏鄕 수탈구조를 이루며 부세행정의 말단 기구에 참여해서 영향력을 키워갔다. 그리고 민인들이 향권에 접근할 수 있는 계기가 주어졌고, 사족세가 약한 지역에서는 향권을 두고 舊鄕層과 대립하여 향권을 장악하거나 이를 분점하기도 했다. 이처럼 신향을 형성하게 된 상층 상한들 이외에도 庶民地主를 비롯하여 적지 않은 사람들이 경제력의 향상을 기반으로 하여 향촌에서 자신의 사회적 지위를 높여 가고 있었다.

한편, 일반 상한들도 경제적 활동이나 신앙활동을 수행하는 과정에서 자신들의 결속을 강화시켜 가고 있었다. 사족들이 동계나 동약을 통해서 대민지배의 강화를 시도하던 16~17세기적 상황에서도 상한들은 그 생활문화의 일부로 존속되고 있던 香徒, '淫祠'나 村契類의 조직을 통해서 자신들의 결속을 유지 강화시켜 가고 있었다. 그리고 분동으로 인해서 18세기 이후 민중조직이 활성화될 수 있는 계기가 마련되었다. 이 시기 민중결사와 관련하여 우선 주목되는 것은 각종의 촌계들이다. 향촌사회에서는 農事나 喪葬 등과 관련해서 각종의 계가 조직되었다. 그리고 당시 지배층이 음사의 일종으로 간주하던 洞祭나 堂祭와 같은 공동체적 祭儀도 계조직을 매개로 하여 진행되었다.

또한 공동 노동조직인 두레조직도 주목된다. 두레는 이앙법의 보급과 관련하여 17세기 후반에 접어들어 발달되기 시작했던 것으로 추정된다. 두레는 조직에 있어서 지주의 참여를 배제하고 마을을 단위로 하는 자작·소작 농민을 구성원으로 하고 있었다. 이앙법 단계의 두레가 자소작 농민으로 구성되었다는 것은 그 이전 직파법 단계의 공동 노동조직인 황두와 마찬가지였다. 그러나 두레는 지주와의 관계를 철저히 賃銀관계로 처리하여 농업경영으로부터 신분제적 강제를 배제하고, 자신들의 결속력을 강화시켰다.

촌계나 두레 등 촌락사회를 기반으로 한 조직이 강화됨과 동시에 촌락사회로부터 이탈되어 간 下賤民들도 민중결사를 시도했다. 流亡한 농민들 가운데 도성이나 읍성 주위에 거주하던 이들은 생계유지나 자위의 수단으로 香徒契를 조직하여 잡역을 담당했다. 일부 하층민 가운데에는 劍契나 殺主契와 같은 불법적 조직도 등장했다. 이러한 민중결사를 통해서 기층민들은 봉건말기의 변혁주체로 성장해 나갔다.

한편 당시 향촌사회에서는 향회의 역할이 주목된다. 향회는 원래 사족층들이 상호 결속을 다지고 향촌질서를 안정적으로 유지하기 위한 조직이었다. 그러나 18세기에 들어와서 부세납부 방식이 공동납으로 전환되어 가던 과정에서 面里나 洞에 분담되던 부세를 분배하기 위해서는 최소한의 범위 내에서 주민들의 의사를 반영해야 했다. 이와 같이 향회가 부세행정에 있어서 수령의 자문기관으로 성격이 전환되었고, 그 구성에 있어서도 '大小民齊會'의 형식으로 반상 구분 없이 참여하는 향회도 나타나고 있었다. 이 향회에서 새롭게 주도적 역할을 담당하고 있는 계층으로 '饒戶富民'을 들 수 있다. 이들은 농민층 이외에도 상인이나 광산업자 등 다양한 출신기반을 가지고 있었고, 賣鄕 등의 방법을 통해서 鄕權에 접근해 갔다.

그러나 19세기에 들어와서는 향회의 기능이 부세 자문기구적 성격보다는 민의를 집결하고 대변하고 邑政을 주관하는 기능으로 발전되어 갔다. 또한 당시 공동납의 관행이 강화되어 가던 과정에서 과외의 수취나 부정기적 재정수요가 발생했을 때 그 부담이 요호부민층으로 전가 집중되었고, 그들의 부담은 결국 일반 농민층으로 전가되었다. 여기에서 관과 요호부민의 대립과, 관에 기생하는 吏鄕層과 농민의 대립이라는 구도가 형성되었다. 그리고 향회가 농민항쟁의 조직기반으로 활용되었고, 요호부민층이 항쟁의 선두에 설 수 있는 조건이 갖추어졌다. 그런데 士族, 吏鄕이나 요호부민이 아닌 일반 민인들도 19세기 중엽 이후에 이르러서는 민중의 이해를 제대로 반영하지 못하고 있던 기존의 향회와는 별도로 民會를 구성하기도 했다. 이러한 민중조직의 출현은 민중세력의 성장을 나타내는 현상이며, 이 조직들을 기반으로 하여 민중저항운동이 준비되고 실천되어 갔다.

조선 후기 사회에서는 민중조직이 발전하고 민중사상이 성행하고 있었다.

이 두 가지 조건은 조선 후기 민중운동을 이해하는 데에 있어서 함께 주목해야 할 요소이다. 민중사상이란 정통적 성리학의 지배이념에 대해 회의하거나 이를 거부하려는 사상이다. 성리학이 당시 지배층의 이념이었다면 민중사상은 민중이 창출했거나 실천하고 있었던 이념으로서, 제도의 개편이나 사회변혁을 추구하던 이념이었고 민중계의 이익을 반영하는 사상이었다. 이 민중사상은 佛敎나 鑑訣思想과 같은 전통적 宗敎信行과 관련되는 사상이거나, 西學·東學 등 新宗敎運動의 틀 안에 드는 것들이었다. 그러므로 민중사상은 성리학에 대한 사상적 도전이었으며, 성리학적 사회질서를 거부하거나 조선왕조의 멸망과 교체를 주장하는 사상으로서 조선 후기의 사회변동에 일정한 영향을 끼쳐갔다.

조선 후기 사회에서 성행했던 민중사상 가운데 대표적인 것은 鄭鑑錄秘訣을 들 수 있다. 이 사상에는 현실사회의 불평등을 직관하고 이를 타파하려는 의지가 들어 있다. 그리고 여기에는 왕조교체를 주요 내용으로 하는 역성혁명의 사상이 구체화되어 있었다. 이 비결에 수록되어 있는 海島起兵說 등은 무장저항의 논리를 제공해 주기도 했다. 또한 鄭眞人과 같은 異人이 등장하여 이와 같은 역사변혁을 주도하리라는 희망을 수록하고 있다. 이 정감록비결은 정부당국으로부터 엄격히 배격되고 있었다. 그러나 18세기 후반기에 이 책은 이미 諺解되어 일반 민인들에게도 읽혀질 수 있었다. 한편, 彌勒信仰의 경우에도 변혁사상으로서의 기능을 담당했다. 미륵신앙은 制度佛敎와는 달리 반체제적 지향을 강하게 드러내고 있었다. 또한 서학이나 동학의 경우에도 성리학적 가치체계를 거부하고 새로운 사상적 틀을 제시하고 있었다.

이러한 민중사상을 전파하거나 실천했던 인물들 가운데 가장 주목되는 존재는 현실의 정치집단으로부터 배제된 저항적 지식인으로서 地師나 儒醫, 學長 등에 종사하던 인물들이었다. 그리고 민중사상의 전파가 중에는 巫覡이나 승려들도 있었다. 이들은 妖言이나 讖說을 일삼았고, 직접 민중운동에 투신하기도 했다. 이와 같은 배경 아래에서 숙종 14년(1688)에 승려 呂還 등은 미륵신앙을 매개로 한 저항을 시도했다. 영조 4년(1728) 戊申亂 이후에도 鄭鑑錄과 관련되는 민중저항운동이 발생했다. 그리고 1811년의 평안도농민전쟁 때 홍경래군의 격문에도 감결사상과 관계되는 내용이 포함되기에 이르렀다. 그 밖의 민중운동 과정에서도 '李亡鄭興' 등을 내세우는 경우가 발견되고 있다. 이렇듯 민중사상은 민중저항에 있어서 사상적 에너지를 제공해 주었다. 한편, 18세기 말엽 이래 서학이 수용되고 19세기 중엽 이후 이양선의 출몰이 빈번해졌다. 이에 일부 민중저항운동자 가운데에서는 이와 같은 시대적 조건을 활용하여 저항운동을 전개하려는 시도가 일어나기도 했다. 이러한 상황에서 정부당국은 민중사상을 異端邪說로 규정하고 斥邪衛正의 기치를 들어서 이를 박멸하고자 했다. 그러나 민중저항운동의 원인으로 작용하는 정치적 및 사회경제적 현상에 관한 근본적 대책이 없이 민중사상에 대한 규제는 사실상 불가능했다.

Ⅱ

조선 후기 영조와 정조 연간에 해당되는 18세기는 흔히 '부흥기', '안정기' 등의 개념으로 파악되고 있다. 물론 이 시기에 있어서는 왕실을 중심으로 하여 조선왕조의 질서와 체제를 재편 강화하려는 노력이 일어났다. 이 시기 왕실을 중심으로 한 집권층에서는 꾸준히 진행되고 있던 사회의 변화와 점증해 가던 민중의 요구에 대응하여 주도적으로 제도개혁을 시도하기도 했다. 집권층에서 주도한 그 대응책은 민중계의 동향과 표리를 이루고 있는 것이었다. 그러므로 18세기의 역사적 특성은 당시 민중운동에 관한 구체적 검토를 통해서 파악될 수 있을 것이다.

18세기 민중의 동향을 파악하기 위해서는 유민에 대한 검토가 우선적으로 요청된다. 이 시기 유민은 한발 등 자연재해 과정에서 발생이 촉진되기도 했다. 그러나 유민 발생의 근본적 원인은 지주제의 전개에 따른 농민층의 분해와 부세수취 과정에서 드러나는 苛斂性에서 찾아진다. 이로 인해서 농민층은 流亡을 강요당했다. 이들 유민들 가운데 일부는 서울을 비롯한 도시로 진입하여 임노동자층을 형성하기도 했다. 또한 그들은 상품화폐경제의 발달에 따른 상업이나 광업・수공업 분야에 편입되기도 했다. 그들 중 일부는 국가의 수탈이 상대적으로 가벼운 산간의 화전지대나 국경지역 또는 島嶼地方으로 유망해 갔다. 이 유민 가운데 일부는 국가의 부세수탈에서 벗어나기 위해서 승려가 되거나 明火賊으로 轉化되기도 했다. 이렇듯 유민은 사회불안의 요소가 되므로 정부에서는 대민 통제를 강화하고자 했으며, 진휼정책을 시행하는 등 流民安集策을 마련하고자 했다. 그러나 조선 후기 사회가 지니고 있던 구조적 모순으로 인해서 유민은 발생하고 있었으므로 전반적인 사회개혁이 수행되지 않는 한, 그 안집책이 실효를 거둘 수 없는 것이었다.

유민이 발생하게 된 사회적 조건은 명화적의 활동을 촉진시켜 주었다. 명화적은 무리를 지어 행동하고 공격시에는 화공을 사용하는 규모가 큰 도적집단을 말한다. 18세기 이후의 명화적은 토지겸병의 심화와 부세수탈의 강화로 격심해진 농민층 분해의 산물이었다. 따라서 명화적의 주요 구성원은 토지로부터 분리된 유망 농민층이었다. 물론, 명화적은 조선 전기 사회에서도 출현하고 있었다. 그러나 18세기의 명화적은 조선 전기와는 달리 그 발생 배경 및 규모와 무장에 있어서 분명히 다른 측면을 드러내고 있다. 조선 후기의 명화적은 그 규모에 있어서 수백 명을 헤아렸고, 총·포로 무장했다. 18세기 중엽에 이르러서는 '後西江團', '廢四郡團', '才團', '流團' 등과 같은 團號를 가진 명화적 집단들이 출현했다.

명화적들은 주로 양반이나 土豪家를 습격하거나 포악한 관리들의 만행을 응징하기도 했다. 그들은 관부를 습격하여 물화와 군기를 탈취하거나, 지방에서 중앙으로 보내는 각종 상납물을 약탈했다. 또한 그들은 유통로를 장악하여 상인들의 재화를 약탈했다. 이러한 명화적의 활동은 당시 지배층에게 일정한 타격을 주었다. 그러나 그 도적활동은 사회의 모순에 대한 저항의 한 형태이기는 하지만, 잉여물에 대한 약탈을 본질로 하고 있기 때문에 사회모순을 발전적으로 해결할 수 있는 전망을 지니지 못한 것이었다. 그리고 이들은 생산기반으로부터 유리된 층이었기 때문에 지속적이며 건실한 투쟁을 전개할 수 없었고, 단기적·일회적·수시적 투쟁에 불과했다. 이러한 이유들로 인해서 이들은 농민과 결합한 대중투쟁을 수행할 수가 없었다. 이 시기 중세체제 내에서 전개되던 명화적의 활동은 19세기에 이르러 중세체제를 거부하는 민란으로 넘어가는 전환점에 위치하였고, 조선 후기 민중운동에 일정한 역할을 담당했다.

18세기를 전후해서는 명화적의 활동과 함께 여러 사회세력들에 의한 저항이 전개되고 이었다. 이러한 여러 사회세력들의 저항은 중세사회로부터의 탈각을 촉진하는 행위였다. 이 때에 이르러서는 관권에 대한 폭력적 저항이 강화되고 있었다. 이 저항의 초기 형태는 탐학한 수령에게 모욕을 가하거나 驅逐하는 사례를 들 수 있다. 그리고 脫獄을 감행하거나, 대신과 중신의 先山에 작폐하는 일들도 관권이나 관리에 대한 저항의 한 형태였다. 수령이나 鄕所에 대해서 향리가 무력으로 저항하기도 했다.

18세기를 전후하여서는 劇賊의 발호가 심화되기도 했다. 극적은 다수의 도적들이 집단적으로 출몰하여 약탈행위를 일삼던 무리를 일컫는 말이다. 이들은 특정 지역에 웅거하면서, 극적 상호간에 일종의 연락망을 갖기도 했으며, 이들 가운데 일부는 각처의 토호들과도 연계되었다. 이들은 명화적과 유사한 존재였으나, 그 조직이나 상호 연계성 또는 농민층과의 결합도 및 장기간에 걸친 활동 등에 있어서 명화적들과는 차이를 지니고 있었다. 이 극적 가운데 17세기 말 張吉山 부대의 활동이 우선 주목된다. 그는 황해도 구월산에 근거하고 있다가 평안도 碧潼 등에 웅거하면서, 한때는 馬商을 가탁한 군대 5천명과 보병 천여 명을 아우르는 큰 세력으로 성장한 바 있었다. 또한 전라도 지방에서도 金단, 魏ㅈ고쵸, 金衡과 같은 賊魁의 이름이 등장하고 있다.

18세기 민중들의 동향과 관련된 중요한 사건으로는 邊山의 群盜에 관한 기록이 주목된다. 변산은 중세국가의 억압적 조세수탈과 잘못된 산업정책으로 인해서 피해를 당해왔던 지역이었지만, 그 유리한 자연적·산업적 조건으로 인해서 많은 유민들이 모여들었던 곳이다. 그들이 여기에서 무장을 갖추고 1720년대 이후 조직과 체제를 정비하여 綠林黨으로 변신되었는데, 녹림당이란 극적의 무리를 은유적으로 표현하는 용어였다. 이들 가운데 鄭八龍은 영조 4년(1728) 무렵 변산 靑林寺를 근거로 하여 靑林兵으로 불리던 휘하인을 이끌고 극적활동을 전개하기도 했다. 이들의 활동범위는 상당히 넓었던 것으로 추정되는 바, 한때는 이들이 都城에 침입한다는 소문 때문에 동대문 밖으로 피난민의 행렬이 줄을 이었다는 기록도 나오고 있다.

유민이 점증하고 극적의 활동이 강화되던 상황에서 영조 4년 戊申亂이 발생했다. 1720년대는 조선왕조 정치체제의 내적 모순과 지배층간의 갈등이 극단적으로 노출되던 시기였다. 이 과정에서 기존의 붕당세력이 약화되고 집권층의 재편이 진행되면서 무신란을 주도하게 된 戊申黨이 영조 즉위 직후에 형성되었다. 무신당은 당론상으로 볼 때 少論 峻論系와 濁南 및 小北系 인물들로 구성되었다. 그들은 일부 재지사족층을 제외하고는 거의가 당대 名族의 후예였지만, 숙종 연간의 甲戌換局(숙종 20년 ; 1694) 이후 정권에서 배제되고 경제적으로도 급속히 몰락해 가던 인물들이었다. 그리하여 무신당에서는 영조와 노론을 제거하는 反正을 통해서 중앙정계로 진출하고자 했다. 이들 가운데 대표적 인물로는 李麟佐와 鄭希亮을 들 수 있다.

그러나 丁未換局(영조 3년 ; 1727) 이후 少論 緩論 계통은 다시 중앙정계에 진출하게 되었다. 이 과정에서 外職에 임명된 일부 소론세력과 무신당은 연결될 수 있었다. 그러나 정미환국 이후에도 이인좌와 정희량 등을 비롯한 무신당들은 노론을 중심으로 한 완론 탕평정국에서 불이익을 당하고 있던 사족 및 토호 富民들을 결집하고자 했다. 그리고 外方起兵을 통해서 京中內應을 얻어 정권을 장악하고자 했다. 그들의 외방기병은 두 계통에서 추진되고 있었다. 그 하나는 외직에 복귀한 峻少 세력을 이용한 관군 중심의 기병계획이었다. 그리고 이와 동시에 남인 및 재지사족 및 토호들은 주로 녹림당을 동원하려는 계획을 수립했다. 그리하여 정희량은 영남에서 병사를 일으키기로 했으며, 그의 심복을 통해서 남원 일대의 녹림당세력을 편입시키고자 했다. 이인좌도 인근의 녹림당을 규합하여 군병을 양성하고 있던 나주세력과의 연계를 도모했다. 그리고 그들은 부안의 유력인을 통해서 邊山賊을 동원하고자 했으며, 이와는 별도로 순창의 녹림당도 기병에 가담하기로 했다. 또한 무신당은 禁衛營의 鳥銃 수백 정을 밀매입하여 근기지방의 녹림당을 무장시키고자 했다.

그리하여 전라도와 충청도에서 거병하면 여주, 이천에서 이에 호응하고, 주도층 자신들이 京中을 교란시키면 평안병사가 勤王을 구실로 상경하여 도성을 평정시킨다는 계획을 세웠다. 그들은 군사와 군자를 모집하기 시작했고, 영조 4년 3월 초순부터 군사를 집결시키기 시작했다. 그리고 이인좌 등은 도성진출의 발판을 마련하기 위해서 청주를 점령했고, 鄭道令 讖說을 활용하여 민심을 자신들의 편으로 유도하고자 했다. 그들은 200여 명에 이르는 근기와 호서지방의 남인 및 소론계 사족들의 호응을 얻었고, 향임과 군관층이 대거 합세했으며, 일반 민인이나 상인들도 이에 참여했다. 이 지역 민인들의 자발적 참여가 광범하게 확대되어 갔다.

반군들은 경기 및 충청도 일부 지역의 민심이 정부당국으로부터 이반되어 가던 상황에서 청주를 근거지로 확보한 후 그 세력을 강화시킬 수 있었다. 이들은 慶尙下道에서 안음·거창·합천·삼가·함양 등을 장악했다. 전라도에서도 부안과 변산의 토호는 녹림당세력을 동원해서 부안 및 전주를 장악했다. 그러나 영남과 호남에서의 거병이 계획대로 추진되지는 못했다. 경상도에서는 안동과 상주의 점거가 실패로 돌아갔다. 전라도에서도 나주세력의 호응을 얻을 수 없었다. 평안병사도 전혀 움직이지 않았다. 이같은 상황에서 청주의 반군세력과 변산의 녹림당은 서로 합세했지만, 경상하도의 반군들은 반군의 주력과 차단되어 있었다.

반란이 일어나자 정부에서는 경중의 내응세력의 봉기를 사전에 차단하고자 했으며, 관군을 남파했다. 반군은 진천을 경유하여 안성, 죽산에 이르러 남하하던 관군과 전투를 개시했고, 이 전투에서 패전하게 되었다. 반군의 패전 후 근기 및 충청도의 군관 장교층이 반군 대열에서 이탈했다. 각처에서는 반군을 토벌하기 위한 倡義軍門이 결성되었다. 이로써 이인좌, 정희량 등 반군의 봉기는 실패하게 되었다.

무신란은 그 계획 단계에서 몰락한 사족 및 재지사림 혹은 토호나 鄕品, 장교 등의 관여가 확인된다. 그러나 무신란의 전개과정에서 녹림당의 세력이나 일반 민인들의 광범위한 참여가 이루어졌고, 그들의 참여 동기를 감안할 때, 이는 민중운동의 하나로 규정될 수 있을 것이다. 무신란이 政變 차원이 아니라 兵亂 차원에서 전개된 배경으로는 먼저 재지사족이나 토호 등의 현실비판 의식 및 정치참여 의지를 들 수 있다. 여기에서 무신란의 과정에서 경중주도층은 정변차원에서 선도적으로 반정을 시도했고, 지방 부민들은 정치참여를 위해 이에 적극적으로 가담하게 되었다. 또한 당시는 부세행정의 문란에 따라 민심이반 현상이 편만해 있었다. 그러므로 많은 민인들이 당론 내지는 국왕 선택에 따른 권력투쟁과는 무관했지만, 병란의 성공을 통해서 부세수탈을 면해보려던 현실적 요구를 가지고 있었다. 즉, 당시는 지주제의 확대와 농민층의 분해 과정에서 국가와 민인의 대립 갈등이 심화되고 있었다. 이러한 점들이 무신란을 병란으로 폭발시킬 수 있었던 중요한 요인이었다.

요컨대, 무신란은 사회 제세력간의 상호 연대에 의해서 이루어졌다. 이 무신란은 16~17세기 이래 고립 국부적으로 전개되던 민중운동의 흐름을 수렴하고, 士族·殘班·鄕任·下民 등 당시 사회 제세력의 정치적 요구를 결집하여 진행되었다. 여기에서 무신란을 통해서 고립, 국부적이었던 이전과는 달리 민중운동이 질적으로 비약할 수 있는 계기가 마련되었다. 그리고 19세기의 민중운동에서는 殘班과 下民이 주요한 역할을 담당하고 있음을 감안할 때, 이 무신란은 민중운동 발전과정에서 거치게 되는 필연적 통과점으로서 과도기적 성격을 갖고 있음을 보여주고 있다.

Ⅲ

19세기는 중세사회의 해체가 본격적으로 진행되던 과정이었고, 조선사회 내부의 모순으로 인한 제반 갈등이 심화되던 때였다. 이 시기의 농민들은 이미 18세기 민중운동의 경험을 공유하고 있었다. 그 결과 이 때에 이르러 민중운동은 더욱 고양된 형태를 띠며 지속적으로 폭발되었다. 19세기는 '민란의 시대'라고 불릴 만큼 민중운동이 활발히 전개되었던 것이다. 이 민중운동들은 조직과 진행과정, 지향과 이념의 측면에서 다양한 편차를 보여주고 있었다. 그러나 이 시기의 민중운동 중 일부는 한국근대민족운동 내지는 근대민족주의의 단초를 열어가는 과정으로 평가될 수도 있다. 이 때의 민중운동은 저항의 주체나 투쟁공간, 운동의 지향점이나 투쟁형태 등에 따라서 몇 갈래로 나뉘어 진다.

19세기에 있어서 향촌사회 자체 내의 움직임인 流亡은 의연히 지속되고 있었다. 抗租, 抗稅와 같은 투쟁도 18세기에 이어서 계속해서 전개되었다. 擊錚, 呈訴나 官前號哭, 白活, 等訴와 같이 관을 상대로 하는 민중운동, 그리고 掛書, 亂言, 횃불시위, 山呼 등 민인들이 구사해 오던 전통적인 저항의 형태도 함께 나타나고 있었다. 농민들뿐만 아니라 도시 하층민의 저항도 출현했다. 1862년 농민항쟁을 전후해서는 명화적의 활동도 전단계와는 달리 그 성격과 규모를 달리하여 항상화·광역화되어 가고 있었다.

그러나 19세기 민중운동을 대표하는 것은 民亂과 變亂을 들 수 있다. 민란 혹은 民擾라 할 때는 향촌사회에 뿌리를 두고 그 속에서 생산활동을 하며 생활하던 사람들이 국가권력에 의한 부세수탈이나 수령과 이서배의 수탈에 대항하여 通文을 돌리거나 呈訴를 거쳐 봉기하는 것을 말한다. 그러나 이 민란은 봉기지역이 고을 단위에 머물고 있으며, 투쟁의 목적도 탐관오리의 규탄이나 부세수취의 부당성에 대한 경제투쟁의 차원에 머물러 있었다. 이 민란적 성격의 농민항쟁은 보통 향회에 의해서 주도되었으며, 군현 단위의 향권을 장악하거나 중앙정부의 회유가 있으면 곧 진정되었다.

변란 혹은 兵亂은 대체로 향촌사회에 뿌리를 내리지 못한 訓長, 醫員, 地官 등을 생업으로 하던 저항적 지식인 집단이 정감록을 비롯한 이단사상을 이념적 무기로 하여, 빈민이나 유랑민 등을 동원해서 무장을 갖추고 투쟁하는 행위를 말한다. 변란을 꾀하던 사람들은 동원된 민인들을 병기로 무장시키고, 직접 관아를 공격해 들어갔다. 또한 변란은 민란과는 달리 그 참여층이 특정 고을의 단위를 벗어나 고을 간 연대세력을 형성하고 있으며, 궁극적으로는 조선왕조의 전복을 기도하는 움직임이었다. "民擾가 越境하면 叛亂이라 칭해진다"라는 말에서 확인되는 바와 같이 변란은 고을의 경계를 벗어나는 행위였다. 이러한 변란 혹은 병란은 稱兵騷亂, 賊變, 逆謀 등으로 불리기도 했던 정치투쟁이었다. 한편, 농민을 주체로 한 대규모의 변란으로서 고을 단위의 국지성을 벗어나 중앙권력의 타도와 사회개혁을 주장하며, 비교적 장기간 지속되는 무장투쟁의 경우는 農民戰爭으로 규정된다. 농민전쟁은 농민운동 내지 민중운동에 있어서 가장 고양된 형태로 평가해 줄 수 있을 것이다.

19세기 전반기의 민중운동 가운데 가장 주목되는 것은 '平安道農民戰爭'으로도 불리는 '洪景來亂'을 들 수 있다. 이 난은 조선 후기 평안도지방이 가지고 있던 사회경제적 특성 및 이 지역에서 누차에 걸쳐 일어났던 농민봉기의 경험을 기반으로 하여 발생했다. 즉, 이 난을 이해하기 위해서는 평안도의 지역적 특성을 주목해야 한다. 중앙정부의 차별을 강요받고 있던 평안도는 사족층의 형성이 어려웠다. 그러므로 鄕人層이 鄕權을 장악하고 있었다. 그런데 18세기 중엽 이후에는 對淸貿易이나 수공업, 광업 등을 통해서 부를 축적한 세력들이 新鄕層을 이루면서 향촌질서를 재편하고자 했다. 이들 신향층의 신분 상승 욕구는 부민층에 대한 수령의 수탈행위로 타격을 받게 되었고, 수령권과 부민층의 대립이라는 갈등구조를 발생시켰다. 이러한 구도 안에서 평안도에서의 민중저항운동이 양성되고 있었다.

이 난은 수령권의 부세수탈과 그 수령의 배후에 자리잡고 있는 중앙권력에 대한 저항의 형태로 시작되었다. 이 지역의 부민층 등에 의해 수년 간에 걸쳐서 준비되었던 이 난은 순조 11년(1811) 12월에 平安道 嘉山 多福洞을 근거로 하여 시작되었다. 이 난에서는 洪景來가 都元帥로, 金士用이 副元帥로 활동했고, 禹君則·金昌始가 謀士의 직책을 맡았고, 李禧著를 비롯한 이 지역의 저항적 지식인과 新鄕層 등이 대거 참여했다. 난의 발발 직후 홍경래가 지휘하던 南進軍은 가산과 박천을 함락시켰고, 김사용의 北進軍은 곽산, 정주를 함락시키는 등 반란 후 10여 일 만에 청천강 이북 七邑을 석권했다. 그러다가 松林里 전투에서 패배한 이후부터 이들은 定州城에 웅거하여 저항을 계속했다. 이들의 봉기는 이듬해 4월까지 지속되었으나, 정주성의 함락으로 이 난은 실패로 돌아갔다.

홍경래 난은 봉건사회 내에서 새롭게 성장한 신흥상공업 세력과 몰락양반이 연합하여 추진한 반봉건투쟁이었다. 물론 평안도지역의 부농적 입장을 대변할 수 있었던 사람들에 의해서 진행된 결과, 그들이 전개했던 투쟁에는 한계가 있었다. 그들은 봉건적 사회체제 전반에 반대하여 투쟁을 전개한 것이 아니었고, 부농층에게 집중되고 있던 수탈체제에 대한 저항이라는 성격을 가지고 있었다. 그러므로 홍경래 난에서는 봉건사회를 극복하려는 새로운 사회이념을 제시하지는 못했고, 봉건권력의 교체만을 지향했다. 그들은 무전농민을 위한 토지개혁이나, 사회적 불평등을 해소하기 위한 신분해방의 논리를 제시하지 못했고, 문란한 三政에 대한 개혁안을 제시하지도 못했다. 그리고 봉건사회의 모순을 서북지방에 대한 差待로 왜소화시켰다. 이로 말미암아 홍경래 난은 빈농의 적극적 참여와 지지를 확보하는 데에 어려움이 있었으며, 삼남지방의 농민들과 연계될 수 있는 고리를 스스로 차단시킨 결과가 되었다.

홍경래 난은 이와 같은 한계를 가지고 있었지만, 그 역사적 의의는 매우 컸다. 즉 홍경래 군은 봉건정부의 타도를 기치로 4개월 간에 걸친 항쟁을 통해서 봉건정부의 도덕성을 근저로부터 부인했다. 이러한 그들의 행동은 그 후에 발생하는 반봉건운동의 도화선이 될 수 있었다. 또한 당시 사회변동의 구체적 양상들이 홍경래 난의 발생한 배경이나 그 주도자들의 사회적 특성에서 검출되고 있다. 여기에서 우리가 홍경래 난은 체제 내부의 갈등이 아니라 체제 변혁의 시발점으로 작용될 수 있는 여지를 발견하게 된다. 그리고 홍경래 난은 통치의 대상으로만 존재하던 민인들이 봉건 왕권과 지배체제를 부인할 수 있는 정치적 각성의 계기가 되었다.

홍경래 난은 평정된 이후에도 농민들의 뇌리에 오래도록 남아 있었으며, 그들의 저항운동에 힘을 제공해 주기도 했다. 삼정의 문란을 비롯하여 중세사회의 해체현상이 도처에서 드러나고 있었던 당시에 '홍경래가 죽지 않았다'고 주장되던 '洪景來不死說'이 제기되기도 했다. 이러한 현상은 당시 농민들이 가지고 있었던 반란을 지향하던 심성을 나타내 준다. 그리하여 홍경래 난이 평정된 이후 얼마 지나지 않아 농민의 저항운동은 다시금 일어났고, 19세기 중엽에 이르러서는 대규모의 농민항쟁이 발생하게 되었다. 철종 13년(1862) 삼남지방을 중심으로하여 발생한 '1862년 농민항쟁'으로 불리는 투쟁이 바로 그것이었다.

1862년 농민항쟁은 都結과 같은 부세운영방식이 강화되고 이로 인해서 농민들의 부담이 증가되고 봉건적 사회질서가 동요되는 가운데 발생했다. 이 농민항쟁은 철종 13년 2월 경상도 단성에서 처음으로 발생했다. 단성농민항쟁은 곧 인근 지역인 진주로 확대되었고, 이 사건을 도화선으로 삼아 삼남지방을 중심으로 그 해 추수기까지 대략 80여 개의 군현에서 민중봉기가 발생했다. 봉기가 발생한 대부분의 지역에서는 삼정의 문란으로 인해서 야기된 부세문제가 항쟁의 직접적 계기가 되었다. 그들은 우선 법의 테두리 안에서 지방관이나 감사에게 邑의 弊瘼 시정을 호소했다. 그러나 이러한 호소가 관철되기 어렵다고 판단될 경우에는 지방관에 대해 도전하는 행동을 직접 감행했다. 대부분의 군현에서는 항쟁의 첫 단계로 한문이나 한글로 작성된 통문을 돌려 鄕會 혹은 里會 등을 소집해서 읍민의 여론을 활성화하고 의사를 집약시켜 나갔다. 그리고 읍내에 들어가서 자신들의 요구를 주장했으며 관아나 읍내의 지배층에 대한 공격을 시도했고, 읍내에 둔취하여 읍권을 장악해 나갔다.

농민항쟁에 참가하는 계층은 대개가 신분적으로 常漢이고 小貧農의 처지에 있는 일반 농민들이었다. 농민항쟁 관계 기록에 자주 등장하는 樵軍들도 대체로 소빈농의 범주에 속하는 존재였다. 그리고 이들 외에도 소빈농에 준하는 流民, 雇工이나 노비층의 참여도 확인된다. 물론 일반상인이나 수공업자의 참여도 있었지만 이들이 항쟁의 주류를 이루지는 않았다. 이러한 사람들을 조직하고 봉기를 주도한 지도부는 주로 일부 몰락양반이나 농촌 지식인으로 구성되었다. 그들은 실제 각 지역에서 등소운동을 주도했고, 봉기 시에는 지도력을 행사하고 있었다. 이들은 향회 등을 통해서 농민을 소집하고 항쟁조직을 편성했다. 그들은 항쟁과정에서 所志를 관에 제출하여 자신들의 요구조건을 제시하기도 했다. 그 소지의 내용을 분석해 보면 주로 부세에 관한 문제와 봉건적 지배 예속관계에서 나타나는 제반 현상의 시정에 관한 것이었다. 그러나 그들은 자신들의 절실한 이해가 걸린 토지문제를 직접 제기하지는 못했다. 농민들이 항쟁과정에서는 우선 조세수탈과 관련되는 기구의 조직원들을 직접적인 공격의 대상으로 삼았다. 이와 같은 '公的 權力'과 함께 그들은 '私的 權力'인 읍내의 士族이나 鄕員, 地主 등을 습격하기도 했다.

이와 같은 농민 항쟁은 봉건체제의 유지에 큰 장애가 되는 것이었다. 그러므로 중앙정부에서는 농민항쟁이 발생한 지역의 지방관에게 그 일차적 책임을 물었고 그들을 처벌했다. 이와 동시에 정부에서는 항쟁을 주도한 농민들에 대한 처벌도 명하고 있었다. 당시 정부에서는 농민항쟁에 위기의식을 느꼈지만, 그 항쟁의 원인을 체제 자체의 모순에서 찾기보다는 수령의 失政이나 부세제도 운영상의 문란으로 돌렸다. 농민항쟁이 격화되자 정부에서는 각 지역에 암행어사를 파견하여 폐막을 바로잡고자 시도하기도 했다. 그리고 항쟁의 주된 요인이 되었던 三政의 폐단을 바로잡고자하여 '삼정이정책'을 논의하기도 했다. 그러나 그 이정책은 집권층의 반대로 말미암아 시행되지 못하고 말았다.

이상에서 살펴본 바와 같이 1862년 농민항쟁은 조세제도의 철폐 및 시정의 요구를 통해서 경제적 측면에서 반봉건을 주창한 것이었다. 그들은 三政制度에 대해 저항하며 새로운 부세체제를 요구하는 반봉건운동을 일으킨 것이다. 그리고 수령, 관속, 읍권 담당자들에 대해 공격하고 농민 스스로가 읍권을 장악하던 과정에서 현존하던 봉건적 통치체제를 부정하는 반봉건적 정치의식을 표출하고 있었다. 이러한 과정에서 농민들의 의식은 점차 고양될 수 있었다. 그리고 19세기 후반기에 이르러 농민들에게 다양한 계급모순 외에 민족모순이 중첩적으로 부가되자 그들의 의식과 항쟁의 외연은 확대되어 갔다. 그리하여 그들은 아래로부터의 변혁과 저항의 주체로 결집되어 갔다. 개항 이후 도처에서 일어난 농민항쟁은 바로 이같은 1862년 농민항쟁을 그 계기로 삼고 있는 것이다.

한편, 19세기를 전후해서는 변란이 간헐적으로 전개되고 있었다. 순조 4년(1804)에는 군대를 모집하고 울릉도 등지에서 군량을 확보하여 변란을 일으키려는 사건이 황해도 장연에서 발생하기도 했다. 순조 17년에는 명화적과 연결하여 對馬島에 請兵하려던 사건도 있었다. 여기에서 볼 수 있는 바와 같이 19세기 전반기 변란설에는 海島, 海浪賊, 海島眞人 혹은 대마도나 일본 등의 세력을 이용하고자 했던 기록들이 확인되다. 그러나 이는 19세기 후반기, 특히 1866년의 병인양요 이후에 이르러 변란 주도자들이 일본이나 여타의 외세에 대해서 공격적이었던 점과는 다른 모습을 드러내고 있었다.

19세기 후반기의 변란 가운데에서는 철종 2년(1851)에 처음으로 봉기하기 시작한 柳興廉, 蔡喜載, 金漢와 등의 사례를 주목할 수 있다. 이들은 1870년대까지 지속적으로 변란을 모의하고 봉기를 실현시키고자 노력했다. 그러나 이 시기에 있어서 봉기에 처음으로 성공한 변란으로는 閔晦行에 의해서 주도된 고종 6년(1869)의 光陽亂을 들 수 있다. 광양란은 곧이어 발생한 李弼濟亂에도 영향을 주었다. 이필제란은 19세기의 변란들 가운데 가장 대표적인 사례이다. 이필제는 고종 6년 이후 고종 8년에 걸쳐 진천, 진주, 영해, 문경 등 4곳에서 연속적으로 변란을 기도했다. 특히 寧海亂은 교조신원운동을 가탁해서 영해지방의 동학교도들을 동원하여 일으킨 변란이었다. 이외에도 개항 이전까지 크고 작은 변란 음모들이 계속해서 나타나고 있었다.

이 시기의 변란은 19세기 전반기의 변란이나 여타 민란과는 일정한 차이를 드러내고 있었다. 즉, 변란 주도층의 지역적 구성범위가 확대되었고, 변란의 투쟁목표는 왕조의 타도로 제시되었다. 반외세적 구호가 등장하여 그 의식에 있어서도 발전적 측면이 확인된다. 그러나 변란 주도층이 이념적 무기로 가지고 있던 秘訣信仰에서는 새로운 사회를 만들기 위한 주체적 의지에 관한 인식이나 구체적 전망이 제시되지 못했다. 또한 변란 지도부는 생산현장이나 향촌사회를 오랫동안 떠나 있었기 때문에, 농민들을 묶어낼 수 있는 조직기반에도 문제가 있었다. 또한 변란 지도층이 가지고 있던 반외세의 이념을 민인들에게 본격적으로 확산하는 데에도 난관이 있었다. 그러나 이 시기의 변란을 통해서 확보된 지역간의 연계성이나 反王朝的 意志 및 反外勢의 이념은 19세기 후반기 동학농민전쟁과 같은 대규모의 민중항쟁을 가능케 해준 역사적 체험이 되었다.

〈趙 珖〉

Ⅰ. 민중세력의 성장

1. 신분제의 이완과 민중사회의 성장
2. 민중의 사회적 결속
3. 민중운동의 사상적 기반

Ⅰ. 민중세력의 성장

1. 신분제의 이완과 민중사회의 성장

1) 사족지배구조의 정착과 신분구조의 변화

임진왜란은 조선 건국 이래 오랫동안 안정을 구가하던 당대인들에게 엄청난 심적·물적 피해를 안겨주었고, 급격한 인구 감소, 국가 행정체계의 마비와 같은 수많은 문제점을 한꺼번에 노정시킨 일대 사건이었다. 그렇지만 7년여에 걸쳐 전개된 임진왜란 종결 이후 복구사업이 신속하게 추진되었다. 전후 몇 년 동안은 영농에 적합한 기후가 지속되었으며 지주와 작인을 불문하고 영농욕구가 거세었으므로, 복구사업이 순조롭게 진행되었다. 국가의 적극적인 勸農政策에 힘입어 복구사업은 더욱 활기를 띠었다. 이 때 복구사업을 주도한 계층은 兩班層이었다. 그들은 임진왜란 발발 이래 義兵 활동에 참여하는가 하면 納粟政策에도 적극성을 보이는 등, 전란 초기 일본 정규군에게 일방적으로 밀리던 조선측이 전열을 재정비하고 행정체계를 수습할 시간을 벌어주었다. 양반층은 복구사업을 주도할 수 있는 명분을 획득하고 있었던 셈이다. 그런 이유에서 전후 복구사업의 진행 단계에 비례하여 양반층의 사회적·경제적 생활 또한 회복추세에 있었다. 각종 이권에 대한 양반층의 지나친 관심과 확대가 사회적 문제로 부각될 정도로, 양반층이 주도한 복구사업은 활기를 띠어갔다.

당시 양반층이 복구사업을 주도하게 된 데에는 전후 국가의 대민 지배정책의 방향과도 깊은 관련을 맺고 있었다. 당시 국가정책은 민간경제와 생활에 대해서 국가의 작위적인 공권력 개입을 가급적 억제하는 정책, 곧 '與民休息'정책을 기조로 하였다. 이러한 상황에서 양반층은 개간전에 대한 조세징수의 유예라는 권농정책의 틈을 이용하여, 혹은 국가 공권력의 개입 유보라는 '여민휴식'정책의 기조와 관련하여, 개간 혹은 소유 토지의 量案 등재를 기피하거나 보유 노비들을 호적에서 고의로 누락시킴으로써 전세 및 가호세의 징세 대상으로부터 제외되었다. 그렇지만 양반층의 이러한 행위는 국가가 파악할 수 있는 實結數 및 家戶數를 감소시키는 결과를 낳았다. 이 과정에서 가장 큰 타격을 입은 부분은 국가의 공권력 행사 영역이었다. 양안과 호적이 양반층의 조직적인 이탈, 탈루 상황에서 제대로 작성되지 않으면서, 국가에서 정상적으로 지출하는 경상지출 부분에 대한 세입의 총량이 항상 부족했던 것이다. 그리하여 왕실 및 중앙 각 아문은 긴축재정을 실시하지 않을 수 없었다. 이처럼 양반층의 성장, 그리고 그들의 사회세력화의 추세는 국가의 운영방식에까지 영향을 미치고 있었던 셈이다.[1]

이 시기 양반층의 사회세력으로서의 성장 모습을 가장 잘 드러내주는 사건으로는 그들의 군역 면역층으로의 전환과 호적, 號牌 기재 양식의 변화를 꼽을 수 있다. 우선 양반층의 군역 면역층으로의 전환과정을 살펴보자. 조선 초기 이래 군역은 양인층의 仕宦權 곧 양인층의 보편적인 권리로 인정받았다. 그렇지만 16세기 전반 이래 國役體制의 해체과정에서 良賤制的 신분구조는 무너져 갔으며, 良人皆役制에 입각한 군역 동원 방식 또한 변질되고 있었다.[2] 임진왜란 시기 관군이 일본 정규군에게 일방적으로 패배한 것은 양인 상층, 곧 양반층을 군역에 동원시켜 국방력을 유지하려 한 조선 초기 이래 누적되어온 국방정책의 한계를 적나라하게 보여준 계기였다.

그리하여 임진왜란 이후에는 양인층 이외에도 賤人層이 군역에 편성되는가 하면 국가에서 재정을 지원하는 訓鍊都監이 새롭게 설치되는 등 군역 및 군제운영에서 중요한 변화가 나타났다. 이러한 변화는 양인층만이 군역을 져야 한다는 양인개역제 원칙과 兵農一致 방식에 의한 군제운영 방식으로부터, 군역편성의 대상이 천인층까지 확대되고 養兵制 방식으로 군제를 운영하는 것으로 전환되었음을 의미하는 것이었다. 군역 및 군제의 이와 같은 변화는 군역의 주요 대상층으로 간주되던 양반층의 면역 가능성을 넓혀주는 계기가

1) 金盛祐, 《朝鮮中期 士族層의 성장과 身分構造의 변동》(高麗大 博士學位論文, 1997).

2) 金盛祐, 〈16세기 國家財政 수용의 증대와 國役體制의 해체〉(《韓國史硏究》 97, 1997).

되었다. 16세기 이래 양반층의 면역추세는 대세를 이루었지만 임진왜란을 기점으로 그 대세를 추인받기에 이른 것이다. 그럼에도 불구하고 국가에서는 여전히 양반층을 군역의 주요 대상층으로 파악하는가 하면 그들을 充軍시키고자 노력했다. 물론 국가의 이러한 정책은 양반층의 저항에 부딪쳐 번번히 무산되었다. 광해군 초반과 인조 초반에 각각 시도되었던 호패법과 校生考講政策이 실패로 끝난 것이 그러한 예이다. 이후 양반층은 면역층으로서의 지위를 국가로부터 부여받았으며, 살아서는 幼學을, 죽어서는 學生이란 직역을 공식적으로 사용할 수 있게 되었다.3)

두번째 변화는 호적·호패 기재 양식이었다. 조선 초기 이래 국가의 인민 지배 방식은 양천제를 기반으로 하고 있었지만 양반층의 사회적 성장이 이루어지던 상황 아래에서 점차 그 규정성을 상실하고 있었다. 군역의 주요 대상층으로 파악되던 양반층이 면역층으로서의 합법성을 획득해 갔으며, 국역 면제층으로 간주되던 천인층이 새롭게 군역에 편제되어 가던 상황이었기 때문이다. 국역편성과 관련하여 '有役者=良人', '免役者=賤人'으로 전체 인민을 구분하던 조선 초기의 양천제적 신분구조로부터 '兩班=免役者', '常民=有役者'로 구분하는 방식, 곧 班常制를 용인하는 형태로 신분구조가 전환하고 있었던 것이다. 그러한 변화는 호적과 호패의 기재양식에도 영향을 끼쳐 여성의 稱氏 대상자 혹은 角牌 착용 대상층이 양반으로 국한되었다. 이러한 일련의 사건들이 축차적으로 진행되면서 양반층은 사회구조, 관습 전반에 이르기까지 영향력을 확대시켜 갔으며, 사회 전반을 주도하는 세력으로 자리잡았다. 양반층이 주도하는 이 시기의 사회구조를 士族支配構造라 부를 수 있다.

임진왜란은 양반층의 사회적 성장 못지 않게 국가의 대민 지배방식에도 많은 변화를 가져다 주었다. 16세기 이래 사회적 현실관계를 반영하는 반상제가 국가의 주요 대민 지배방식이었던 良賤制的 신분구조를 밀어내고 중요한 사회신분구조로서 자리를 잡아갔다. 그렇지만 양반층과 상민층의 사회경제적, 정치사상적 차이가 노골적으로 표출된 계기는 임진왜란이었다. 양반층은 관군이 궤멸적 패배를 당하고 있던 전란 초기 상황에서 의병을 일으켜

---

3) 崔永浩, 〈幼學·學生·校生考－17세기 身分構造의 변화에 대하여－〉(《歷史學報》 101, 1984).

전투에 임하는가 하면 향토방위를 위해서도 노력했으며, 전쟁의 소강기에도 納粟 혹은 軍功을 통해서 국가와 운명을 같이하는 계층으로서의 그들의 소임을 다했다. 반면 상민층은 일본군의 대대적인 침입으로 국가의 공권력이 와해된 상황에서 평소에 축적되어 오던 국가와 양반층에 대한 적대의식을 그대로 드러냈다. 임진왜란은 양반층과 상민층 양자의 지향과 생활방식이 현격한 차이가 있음을 확인시켜준 계기로 작용했다.

따라서 임진왜란 이후 국가의 신분정책 또한 이러한 상황에 조응하여 전환되지 않을 수 없었다. 양반층에 대해서는 사회를 주도하는 특권층으로 인정해 주는가 하면 '封建的 存在'로서의 그들의 특수성을 부여해 주었다. 반면 상민층에 대해서는 村氓, 無識·無賴輩라고 폄하하는 경향이 늘어가다가 사족지배구조가 정착되는 추세에 비례하여 常漢(상놈)이란 호칭으로 고정되었다.[4] 그리하여 양반층 주도 아래 전후복구사업이 완료되어간 17세기 전반 이후 전체 인민은 양반층과 상민층, 양 세력으로 재편되기에 이르렀다. 이러한 차별적인 인민 편제방식은 각종 受敎類에도 반영되는 등 국가의 준법제적 규정으로까지 발전하게 되었다.[5] 현전하는 호적을 중심으로 전형적인 사족지배구조가 확립된 17세기의 신분별 인구 구성을 검토해 보면 〈표 1〉과 같다.

〈표 1〉　17세기 경상도 및 서울의 신분별 인구 구성비[6]

			양 반	중 인	양 인	천 인	기 타	합 계
경상도	산음	1606	13.75		40.92	41.66	3.67	100%
		1630	15.85		43.01	34.53	6.61	100%
	단성	1606	18.15		14.54	64.37	2.93	99.99%
	울산	1606	2.4		50.5	47		100%
서울		1663	17.0	7.6	22.5	52.9		100%

4) 李元翼, 《梧里集》〈別集〉 1, 引見奏事 인조 2년(1624) 2월 24일.

5) 《受敎輯錄》 刑典 奸犯 康熙 辛亥(현종 12년 ; 1671)承傳.

6) 盧鎭英, 〈17世紀初 山陰縣의 社會身分構造와 그 變動〉(《歷史敎育》 25, 1975).
韓榮國, 〈朝鮮 中葉의 奴婢結婚樣態(上·下)－1606년의 蔚山戶籍에 나타난 事例를 중심으로〉, 《歷史學報》 75·76, 77, 1978, 1979).
韓基範, 〈17世紀初 丹城縣民의 身分構成－戶籍分析을 中心으로－〉(《湖西史學》 10, 1982).
조성윤, 〈17세기 서울 주민의 신분 구조〉(《鄕土서울》 54, 1994).

대체로 17세기 전반~중반에 이르기까지 신분별 인구구성은 양반이 10% 내외, 상민층 가운데 양인층 40%, 천인층 50% 내외였다고 생각된다. 특히 현종 4년(1663)에 작성된 서울 북부장 호적은 전체 신분을 顯, 作, 賤으로 구분하고 있는데, 이러한 구분은 양반층을 顯으로, 상민층 가운데 양인을 作으로, 천인을 賤으로 표시한 것으로 여겨진다. 전체 인민에 대한 이와 같은 3구분법은 종래 양인과 천인으로 2구분하던 양천제로부터 양반(顯)과 상민(作·賤)으로 2구분하는 반상제로 이행되는 과도기적 양상에서 비롯된 것으로 보인다. 반상제는 이처럼 17세기의 호적 기재방식에도 영향을 미치고 있었다.

2) 17세기 위기 이후 대민 지배정책의 전환

(1) 국가의 대민 지배방식의 전환과 '여민휴식'정책의 철회

임진왜란 종결 이후 복구사업이 신속하게 전개되면서 전쟁으로 위축되었던 조선사회는 점차 정상을 되찾게 되었다. 사회가 자신감을 회복하는 것에 비례해서 국가의 대민 지배정책의 기조도 점차 변화되어 갔다. '여민휴식'정책이 철회되고 민간경제 및 사회에 대한 국가의 적극적인 개입을 강조하는 방향으로 정책이 전환된 것이다. 17세기 국가의 대민 지배정책은 광해군, 인조 때와 효종, 현종, 숙종 때의 그것 사이에서 일정한 차이가 발견된다.

우선 광해군 때의 정책을 살펴보면, 광해군은 자신이 왕세자로서 직접 전란을 경험한 바 있기 때문에, 광해군 때 국가정책의 방향은 선조 때의 그것에서 크게 벗어나지 않았다. 광해군 재위 기간 동안 가장 개혁적인 정책으로 평가되던 호패법이 양반층의 강력한 저항에 부딪쳐 시행 3개월 만에 폐기될 정도였다. 광해군 때의 최대 성과는 경기지방에 제한적으로 실시한 大同法이었을 뿐이었다. 反正으로 집권에 성공한 인조 때의 정국은 광해군 때의 실정에 대한 비판과 반성으로부터 시작되었지만 인조 때의 정국운영도 광해군의 그것에서 크게 벗어나지 않았다. 집권 초기 강력한 개혁 의지를 가지고 추진한 호패법이 丁卯胡亂의 발발을 계기로 철폐되고 있었던 사례에서, 인조 때에도 '여민휴식'의 기조로부터 크게 벗어나지 않았음을 알 수 있다. 인조 때 정국의 성격과 관련하여 이 시기 실시된 양안과 호적의 실결수 및 호구 파악 수준을 검토해 보자.

인조 13년(1635)에 끝난 하삼도의 量田에 따르면 당시 양안상의 등재 토지는 임진왜란 이전의 88.7% 수준인 89만 5천 856결[7]에 불과했다. 그리고 인조 26년에 작성된 戊子戶籍에서는 임진왜란 이전 戶摠, 口摠의 각각 49.8%(44만 1천 321호), 36.8%(153만 1천 365구) 수준에 머물러 있었을 뿐이었다.[8] 양안과 호적상에서 제시된 수치만으로 볼 때 임진왜란이 경과한 지 50여년이 지나도록 전란의 피해는 극복되지 않았던 것이다. 그렇지만 양안과 호적상의 수치가 실제 토지개간 정도나 인구의 증감 정도를 정확하게 보여주는 것은 물론 아니다. 그것은 국가 공권력이 토지와 인민에 대해서 미치는 영향력, 즉 국가의 대민 지배력의 강도를 보여주는 데 지나지 않는다. 그것은 '여민휴식'정책의 기조가 인조 때에도 계속되고 있음을 보여주는 것이다.

국가정책의 기조가 전환기를 맞이한 시기는 효종 때였다. 北伐論의 대두와 적극적인 전쟁 수행 의지의 표출은 그러한 시대 분위기를 반영하는 상징적인 사건이었다. 경기, 강원도에 머물러 있던 대동법이 충청도와 전라도 일대까지 확대 실시되는가 하면, 銅錢의 주조와 유통을 위한 지속적인 노력, 公奴婢推刷 사업의 실시와 같은 일련의 정책을 통해서 국가의 대민 지배강도는 이전 시기보다 한층 높아졌다. 이와 같은 국가의 정책기조는 현종 때에도 지속되어, 전라도 山郡에까지 대동법이 확대 실시되고 良役 자원의 확보를 위한 획기적인 방법인 奴婢從母法이 시행되기에 이를 정도였다. 이와 아울러 호적이 매 式年마다 작성되고 국지적이나마 양전사업 또한 계속해서 추진되었다. 당시 국가의 대민 지배력의 강도를 확인하기 위해서 효종, 현종 때, 그리고 숙종 전반기에 작성된 호적의 호구 증가 추이를 살펴보자.

---

7) 《增補文獻備考》 권 141, 經界 1, 朝鮮.
8) 《增補文獻備考》 권 161, 戶口考 1, 歷代戶口, 朝鮮.

〈표 2〉 17세기 호적상의 호구 증가 추이

연 대	가 호	인 구	호당 구수	비 고
인조 26년 (1648)	441,321	1,531,365	3.47구	* 한성부에서 작성한 民口總數(533,720호, 1,793,701구)와 오차가 많이 발생. * '與民休息'政策의 추진 시기.
효종 8년 (1657)	658,771	2,290,083	3.48구	* 국가의 대민 지배방식의 변화 : 北伐論 * 효종 즉위년(1649) 《經國大典》의 5家1統法 시행안 제시, 효종 9년에 재확인.
현종 10년 (1669)	1,313,453	5,018,644	3.82구	* 현종 7년(1666) 호적법을 엄격하게 운영 : 脫漏者에 대해서는 全家徙邊刑에 처함. * 한성부에서 작성한 民口總數(1,313,652호, 5,018,744구)와 오차가 크지 않음.
현종 13년 (1672)	1,176,917	4,695,611	3.99구	* 현종 11·12년(1670~71)의 庚辛大飢饉을 경험.
숙종 4년 (1678)	1,342,428	5,246,972	3.91구	* 숙종 원년(1675) 5家作統法의 전면 실시. * 紙牌法의 실시.
숙종 19년 (1693)	1,546,474	7,188,574	4.65구	* 숙종 7년(1681) 女子入籍法을 엄격하게 적용.
숙종 25년 (1699)	1,293,083	5,722,300	4.46구	* 숙종 21·22년(1695~96) 乙丙大飢饉과 이후의 전염병 유행으로 인구가 급격하게 감소.

인조 후반기까지 임진왜란 이전 호구수의 절반에도 못미치는 수준에 머물러 있던 호구수는, 효종 때에 접어들면서 급증하기 시작하여 불과 9년 만인 효종 8년(1657) 戶數 49.3%, 口數 49.6%가 증가하고, 그로부터 12년 후인 현종 10년(1669) 호수 99.4%, 구수 119.2%가 증가하는 등 급증추세를 보이다가 이후 점차 고정되는 경향을 보인다. 五家作統法의 실험 운영과 戶籍脫漏者에 대한 全家徙邊刑의 적용과 같은 강력한 호구정책에 힘입어 현종 때에는 主戶로 등재 가능한 실제 가호에 근접하는 수치가 확보될 수 있었던 것이다. 1가호당 평균 구수의 증가추세에서도 국가의 호구 파악 강도의 추이를 살펴볼 수 있다. 즉 호당 평균 구수는 3.47명(인조 26년)→3.48명(효종 8년)→3.82명(현종 10년)→4.46명(숙종 25년)으로 계속 증가추세를 보이다가 이후 고정되고 있다. 호적 등재상에 나타난 호구수를 통해서 국가의 대민 지배력의 강도를 측정할 때, 임진왜란 이후로부터 인조 때까지가 동일한 정책적 기조가 유지

된 시기로, 그리고 효종, 현종 때 이후 시기가 동일한 시기로 구분된다고 생각된다. 요컨대 효종, 현종 때에는 임진왜란 이후 인조 때까지 국가의 주요 정책기조로 활용되던 '여민휴식'정책이 철회되고, 민간경제와 사회에 대한 국가의 개입이 한층 강화되는 시기로 선회했다고 볼 수 있다.

효종 때 이후 국가의 강력한 대민 지배정책의 실시는 양반층에게는 결코 유리할 것이 없었다. 그것은 그들의 경제적 기반인 토지와 노비가 국가의 공권력 아래 노출된다는 것을 의미하는 것이었기 때문이다. 그렇지만 부세운영과 관련되는 한 국가는 양반층을 철저하게 보호해 주었다. 良役弊端의 모순이 점증하던 이 시기, 이 문제 해결에 임한 국가의 자세에서 그러한 사정을 읽을 수 있다. 양반층이 군역의 면역층으로 확인된 이후 군역, 곧 良役稅는 하층 양인층 일반이 부담해야 하는 일종의 신분세로 기능했다. 게다가 효종, 현종 때 이래 국가의 호구 파악의 강도가 높아지면서 호적 등재 가호수가 늘어나게 되었다. 바로 이 때 대동법 실시 이후 자체 재원조달의 기반을 빼앗긴 각 관청들은 새로운 재원으로 양역세를 주목하게 되었다. 그리하여 효종 때 이후 양역세 징수와 관련된 각종 모순이 커져갔으며, 그와 관련해서 몰락하는 양인층도 증가하고 있었다. 16~17세기 전반까지 농민층에게 피해를 집중시킨 貢物防納 폐단의 자리를 양역세가 대신하게 되었던 것이다.

이처럼 양역폐단이 중요한 사회모순으로 부각되자 국가에서는 양역폐단을 제거하기 위한 노력을 기울였다. 양역세를 양인층의 신분세, 곧 人丁稅로 고정시킬 것이 아니라 양반·상민 구분없이 모든 가호에서 부담하는 부세, 곧 家戶稅로 전환시키자는 주장이 그 과정에서 대두되었다. 戶布論이 그것이었다. 이 시기 가장 대표적인 호포론이라고 할 수 있는 兪棨의 호포론을 통해 당시 양반층이 이해한 호포론의 내용을 살펴보자.

> 호포론 주장의 뜻은 添丁에 있지 않고 均役에 있으며, 富足에 있지 않고 救急에 있으며, 士族을 侵削하는 데 있지 않고 영원히 免役을 허락하는 데 있다(《孝宗實錄》권 21, 효종 10년 2월 갑신).

유계의 호포론은 士族戶에 대해서도 收布를 허용하되 양반층의 면역이라는 이전 시기의 추세를 철저하게 보호하려는 것이었다. 그렇지만 당시 대부분의 양반층은 양역세의 가호세로의 전환을 촉구한 유계의 호포론에 대해서 거부반응을 보였다. 양반층은 일반 상민층과는 다른 특권 신분으로서 신분세인 양역세를 부담할 수 없을 뿐만 아니라 부세운영과정에서도 일반 상민층과는 차이가 있어야 한다는 명분론이 대세를 이루었다. 그리하여 양반층의 면역을 전제로 한 호포론은 실행에 옮겨질 수 없었다. 호포론의 논의과정에서 확인되듯이 효종 때 이후 국가에서는 대민 지배력을 강화하는 방향으로 정책을 전환하고 있었지만, 그것은 어디까지나 양반층의 존재를 인정하고 사회 주도세력으로서의 그들의 역할과 특권을 유지, 보호하는 방향에서 결정되었던 것이다.

(2) 공동납체제로의 전환과 18~19세기 호적 운영의 변화

임진왜란 이후 새로운 농법으로서의 移秧法이 삼남지방을 거쳐 경기도 일원까지 확대 보급되고 동일 경작지에서 이모작이 가능해지면서 이전 시기보다 농업 생산성이 크게 향상되었다. 이러한 농업 생산성의 향상을 바탕으로 임진왜란 이전 불완전한 5일장 체제로 형성되던 場市가 각 지역과의 유기적인 연계가 가능한 5일장 체제로 정착되면서 상품화폐경제 또한 한층 발전하게 되었다. 게다가 장시를 목표로 한 상업작물의 재배가 늘어나는 등 상품화폐경제의 발달에 힘입어 인조 때 이래 시험 유통 단계에 머물러 있던 금속화폐가 숙종 때에 이르러 전국적인 시행 단계로 접어들고 있었다. 농업 생산력의 발달과 상품화폐경제의 발달은 토지의 재화로서의 가치를 상승시켜 토지자본의 비중 또한 높아져 갔다. 이 과정에서 16세기 이래 17세기 전반기까지 양반층의 가장 중요한 재산으로 여겨지던 노비 노동력의 재산가치는 점차 약화되고 있었다.

집약적 농법의 발달과 토지 생산성의 증대에 힘입어 16세기까지 선진적인 농법으로 인정받았던 粗放的인 大農體制 아래 경영되던 農庄의 중요성도 점차 낮아졌다. 농장주의 감독 아래 노비 노동력을 동원하여 생산이 이뤄지던 강제적인 노동 형태, 곧 농장제가 역사적으로 해체되어갈 단계에 접어들고 있었다. 그리하여 생산과정에서의 상대적인 자율성이 보장되는 竝作制가 농장을 대신하여 확산되었다. 병작제 아래에서의 作人은 主家의 인신적 예속을 받는 노비 노동력으로만 구성될 필요가 없었기 때문에 노비 노동력의 중요성은 더욱 줄어들었다. 이러한 정황 아래 양반층이 토지보다 노비를 주요 재산으로 고집해야 할 이유가 소멸되어 갔다. 농장의 해체와 더불어 노비의 해방 가능성 또한 한층 높아지고 있었다.

민간경제의 발달은 임진왜란 이후 국가의 대민 지배정책의 기조였던 '여민휴식'정책에 의해서도 많은 영향을 받았다. '여민휴식'정책 아래에서는 국가가 민간경제의 자율적인 성장을 최대한 보장하고 있었기 때문이다. 개간이 활발하게 추진되는가 하면 향상된 영농조건 속에서 인구 또한 급증하고 있었다. 뿐만 아니라 16세기 이래 농민층 몰락의 가장 중요한 원인으로 작용했던 공물방납의 폐단이 대동법의 실시로 대부분 전세로 전환되어 가면서, 농민층의 재생산기반 또한 이전보다 안정적인 형태를 갖추어 갔다. 민간경제에 대한 국가 개입의 약화, 유예 상황에서 민간경제의 제영역이 발전을 거듭할 수 있었던 것이다.

이처럼 민간경제의 제영역이 안정, 발전되어 가는 상황에서 국가는 대민 지배에 대한 자신감을 회복하게 되었으며, 국가 공권력 행사의 폭 또한 한층 넓어지게 되었다. 효종 때 이후 국가의 대민 지배강도를 보여주는 호적상의 호구 수치가 눈에 띄게 증가한 것이 그러한 상황의 반영이었다. 현종 때를 거쳐 숙종 초기까지 이러한 정책기조는 계속 유지되었다. 특히 숙종 초년에 실시한 5家統法과 紙牌法, 그리고 女子入籍法은 임진왜란 이후 대민 지배와 관련한 여러 방식과 운영을 집약한 국가정책이었다.[9] 숙종 초반기는 국가의 대민 파악 강도가 절정에 이른 시기가 아닌가 여겨진다.

그렇지만 숙종 전반기까지 지속적으로 추진되던 국가의 적극적인 민간개입 정책은 이후 심각한 타격을 받게 되었다. 그 타격은 다름 아닌 전지구적 현상으로 발생하여 조선사회에까지 강타한 '소빙기' 기후현상에서 기인한 것으로, 이 때를 '17세기 위기'로 부른다.[10] 소빙기적 기후 현상에 의해 직접

9) 권내현, 〈조선 숙종대 지방통치론과 정책운영〉(《역사와 현실》 25, 1997).

10) '17세기 위기'론은 일찍이 서양사학계에서 논의된 이래, 1980년대 이후 한국사학계에서도 조심스럽게 논의되고 있는 주제이다. 그 내용은 이 시기 이상저온이 장기간에 걸쳐 지속된 '소빙기'현상이 도래했으며, 그에 따라 사회경제구조, 그리고 정치사상적 측면에 이르기까지 많은 변화가 초래되었다는 것이다(羅鐘一,

영향을 받은 이상저온, 냉해 발생은 효종 때 이후 점차 활성화되었지만 현종 때 이후 본격적으로 활동을 개시하고 있었다. 특히 140만여 명의 인명피해를 낸 현종 11~12년(1670~1671)의 庚辛大飢饉과 400만여 명 이상의 인명 피해를 낸 숙종 21~25년(1695~1699)의 乙丙大飢饉은 유례를 찾아보기 어려운 대재난이었다. 이 시기 재난은 이상저온, 냉해로부터 기인한 흉년의 도래, 기근 발생, 기민 발생으로 인한 영양 결핍자의 증가, 면역기능의 저하, 전염병의 창궐이라는 현상으로 연결되면서 대규모의 인명피해를 발생시켰다는 데 그 특징이 있었다.[11] 이와 같은 전근대적인 재난의 양상은 영조 전반기까지 지속되어 전염병의 창궐과 대유행이 주기적으로 반복되었다.[12]

소빙기에 의한 자연현상으로부터 직접 영향을 받은 이러한 재난은 당시 인간들의 과학지식과 노력으로는 극복될 수 있는 성질의 것이 아니었다. 이러한 재난기에는 국가의 구휼, 구료사업 또한 한계를 드러낼 수밖에 없었다. 이상저온과 냉해가 소강상태에 접어들고 그로 인해 흉년이 물러나고 전염병이 가라앉을 때까지를 기다리면서, 그리고 재난에 대한 인간의 자연 치유력이 회복되기를 기다리는 것 이외에는 다른 도리가 없었다. 특히 전체 인구의 25% 이상의 인명피해를 낸 숙종 21~25년의 을병대기근과 이후 천연두·홍역의 피해까지 가중된 숙종 31~35년에 이르는 재난이 연이어 발생하게 되면서, 경제 및 사회 영역 전반에 심각한 타격을 받게 되었다. 15년여에 걸쳐 진행된 이 시기의 대재난에 직면하여 국가는 대민 정책을 근본적으로 수정하지 않으면 안되었다. 국가의 적극적인 대민 지배정책으로부터 간접지배 형태로의 전환이 그것이었다.[13] 이러한 위기 상황에서 국가는 그동안 각 세력

〈17세기 위기론과 한국사〉, 《歷史學報》 94·95, 1982 및 李泰鎭, 〈'小氷期'(1500~1750년)의 天體 現象的인 원인-《朝鮮王朝實錄》의 관련 기록 분석-〉, 《國史館論叢》 72, 1996).

실록의 기록을 중심으로 17세기 심각했던 재난기를 확인해 보면, 광해군 4년(1612)~5년 6월, 인조 21년(1643) 4월~22년 2월, 효종 3년(1653)~4년 3월, 현종 원년(1600) 4월~2년 4월, 현종 5년 3월~6년 겨울, 현종 8년 4월~9년 봄 등을 들 수 있다. 그 중에서 가장 심각했던 대재난으로는 현종 11·12년의 庚辛大飢饉과 숙종 21~25년까지의 乙丙大飢饉을 흔히 꼽는다.

11) 김성우, 〈17세기의 위기와 숙종대의 사회상〉(《역사와 현실》 25, 1997).

12) 趙 珖, 〈19世紀 民亂의 社會的 背景〉(《19世紀 韓國傳統社會의 變貌와 民衆意識》, 高麗大 民族文化硏究所, 1982).

의 이해관계 때문에 추진이 지연되고 있던 각종 개혁사업을 적극적으로 추진하는가 하면, 사회의 장기지속적인 안정을 위해서도 노력을 기울이게 되었다.[14] 임진왜란 이후 왕실 재정의 수요 증대와 관련하여 각종 폐단을 야기하던 宮房田의 折受 문제가 숙종 21년 乙亥定式으로 일단락되는가 하면, 황해도 지방에까지 대동법이 실시되는 등(숙종 34년 ; 1708) 각종 개혁이 추진되었던 것이다.

그렇지만 이 시기 가장 어려웠던 개혁은 良役變通이었다. 그 이유는 조선 초기 이래 군역이 양인층의 신분을 결정하는 신분세의 성격을 띠고 있었기 때문이다. 그런데 양역폐단의 개혁 방안으로 제시된 戶布法, 結布法, 그리고 口錢法과 같은 大變通論은 良役稅를 家戶稅, 혹은 田結稅로 일원화시켜 신분세로서의 기능을 정지시키는 것을 최종 목표로 하고 있었다. 그렇지만 그것은 17세기 전반 이래 국가가 추구해온 신분정책, 곧 양반층만을 특권세력으로 인정, 면역층으로 간주하던 신분정책의 포기를 의미하는 것이기도 했다.

---

13) 乙丙大飢饉이 한창이던 숙종 23년(1697) 이조판서 崔錫鼎은 10조에 이르는 時弊 改革案을 제출했는데, 그 가운데 부세운영과 관련하여 다음과 같은 주목할 만한 개혁안이 제시되었다(《肅宗實錄》 권 31, 숙종 23년 정월 정묘).

(1) 田稅와 관련된 개혁안

1조 : 量田을 실시할 때 敬差官을 파견하지 말고 수령의 책임 아래 양전을 추진할 것.

7조 : 敬差官 踏驗을 폐지하고 중앙에서 각 도 별로 給災하여 수세액의 다과를 살필 것.

(2) 大同法과 관련된 개혁안

4조 : 황해도에 대동법을 확대 실시할 것.

(3) 軍制 및 良役變通과 관련된 개혁안

3조 : 良役弊端을 이정하기 위해서는 軍額을 감축하고, 奴婢從母法을 실시하여 양역자원을 확보할 것.

최석정이 제출한 개혁안은 국정운영이 마비될 정도로 재난이 극심했던 당시 상황에서 곧장 정책에 반영될 수 없었지만, 향후 국가의 국정운영의 방식과 관련하여 중요한 시사점을 던져주었다는 점에서 주의를 요한다. 황해도 대동법은 숙종 34년에 실시됨으로써 결실을 보았고, 전세와 관련된 개혁안은 이후 比摠制 방식으로 발전했다. 양역변통론과 관련된 개혁안은 이후 釐正廳이 설치되는 계기로 작용했으며 결국 均役法 시행을 끝으로 일단락되기에 이르렀다. 요컨대 소빙기적 기후 현상의 도래와 그로부터 영향을 받은 대재난 상황에서 제기된 최석정의 시폐 개혁안은 국가의 대민 지배방식을 적극적인 형태로부터 간접적인 형태로 전환할 것을 촉구하는 매우 포괄적인 시안이라는 점에서 중요했다.

14) 김성우, 앞의 글(1997b).

그런 이유에서 양역세 운영과정에서 班·常의 신분적 차이를 확인받으려 한 양반층의 격렬한 반대에 부딪쳐 양역변통론은 난항을 거듭하였다.

그렇지만 17세기 중반 이후 18세기 전반에 이르기까지 활성화된 소빙기 활동으로 이상저온과 냉해 발생, 기근과 전염병의 유행이라는 대재난의 악순환 상황에 직면하여 사회 분위기는 극도의 혼란 상태에 빠져들었다. 그럼에도 당시 최대 모순으로 등장한 양역폐단은 양반층의 저항에 부딪쳐 제대로 이정되지 않은 채 표류하고 있었다. 최고 집권자인 영조가 "양역세를 이정하지 않으면 조선이 망한다"고 인식할 정도로 양역변통 문제와 사회의 위기 상황은 상승작용을 일으키는 가운데 위기를 극대화시켰다. 이러한 혼란 상황과 위기의식이 증폭되어가는 가운데 양역폐단에 대한 개혁작업이 가속을 받게 되었다. 그 첫 성과는 숙종 30년(1704) 釐正廳에서 개혁안으로 제시한 〈5軍門軍制 變通節目〉·〈水軍 變通節目〉·〈軍布均役 變通節目〉, 그리고 〈校生落講者 徵布節目〉 등이었다. 여기에서는 신분세로서의 양역세에 대한 본질적인 문제, 곧 반상적 모순으로부터 기인한 양역세의 편중 부과라는 문제에까지 접근한 것은 아니었지만, 군제 변통, 군액 감축, 군포의 균일화, 교생층의 낙강 수포 등 당시 현안이 된 많은 문제를 제기하여 그 해결점을 찾으려 했다는 점에서 그 의의가 있다.

이후에도 양역변통론은 국가 차원에서 계속 논의되어 숙종 37년 〈良役變通節目〉으로 그 내용이 정리되었다. 〈양역변통절목〉은 향후 양역 개혁 방안이나 부세운영, 그리고 국가의 신분정책에 이르기까지 다방면에서 영향을 끼칠 중요한 내용이 포함되어 있었다. 그것은 里定法의 실시와 관련된 문제였다. 이정법은 군역자원에 대한 국가의 개별 인신적 파악 방식을 지양하고 面 혹은 里 단위에서 양역세를 공동납 형태로 징수하는 것을 목적으로 한 것이었다.[15] 이 방식은 국가가 이전처럼 부세징수과정에 직접 개입하는 방식으로부터 면과 리를 단위로 한 공동징수방식으로 전환했음을 의미하는 것이었다. 이 때 면, 리 단위로 확정, 부과된 부세는 군현→도→전국 단위로 집계되어 국가재정의 세입재원으로 활용되었다.

15) 金俊亨, 〈18세기 里定法의 전개-村落의 기능강화와 관련하여-〉(《震檀學報》 58, 1984).

따라서 이정법은 국가재정의 운영방식에도 많은 영향을 끼쳤다. 국가에서 필요한 재원인 田·民을 양안과 호적 작성으로 파악한 후 그것을 기초로 전체 국가의 재정규모를 산정하고 그 범위 내에서 지출을 제한하는 형태(量入爲出), 곧 摠額制에 의한 재정운영이라는 점에서는 이전 시기의 재정운영 방식과 큰 차이가 없었다. 그렇지만 이전 시기의 부세운영이 토지와 인민에 대한 국가의 개별적인, 직접적인 파악을 전제로 한 것이었다면, 이후 시기의 그것은 면, 리 단위로 징세 단위가 상향 조정되어 국가의 공권력이 미치는 범위가 면, 리 단위로 제한되었다는 점에서 재원의 파악 방식에서 커다란 차이가 있었다. 이후 공동납은 전세와 환곡에 이르는 모든 부세에 이르기까지 확대 적용되었다. 그에 따라 人丁稅는 良役의 庚午摠(영조 26년 ; 1750), 公奴婢의 庚申摠(영조 16년 ; 1740)에 의한 定摠法으로 시행되는가 하면,[16] 전세는 比摠制 방식으로, 환곡은 還摠制 방식으로 운영되는 등,[17] 모든 부세가 공동납 형태로 징수되었고 그를 기반으로 국가재정은 총액제 방식으로 운영되었다. 부세자원이 일정 규모 내에서 고정되어 총액제로 운영되었기 때문에 면, 리 단위 아래에서의 개별 인민과 토지는 상대적으로 자율성을 획득할 수 있게 되었다. 그것은 한편으로는 토지와 인민에 대한 국가의 직접적인 개입이 미치지 않게 되었음을, 그리고 국가의 적극적인 지배가 어려워졌음을 의미하는 것이기도 했다.

공동납 형태로 부세징수방식이 전환하고 그에 따라 국가의 대민 지배정책이 전환하는 등 우여곡절 끝에 양역변통안은 영조 26년 均役法의 실시로 최종 확정되었다. 양인층에 대해서 군포 1필만을 징수하고 그에 따른 부족한 재원은 田結稅와 給代 등을 통해서 충당시키고자 한 균역법에서는 신분제 운영과 관련하여 2가지 목적이 관철되었다. 양인층에게는 과세부담을 군포 2필로부터 1필로 줄여주고, 신분제로서의 양역제를 그대로 유지시켜 줌으로써 양반층의 저항을 완화시켰다는 점에서, 양인층과 양반층 양자의 입장이 동시에 고려된 것이었다. 그렇지만 양역제의 유지라는 목적을 관철한 양반층은

16) 全炯澤, 〈公奴婢 推刷政策의 전환〉(《朝鮮後期奴婢身分硏究》, 一潮閣, 1989).
17) 金容燮, 〈朝鮮後期의 賦稅制度 釐正策－18세기 중엽~19세기 중엽〉(《韓國近代農業史硏究》(上), 一潮閣, 1984).

향후 신분제 운영과 관련하여 중대한 양보를 하지 않으면 안되었다. 그것은 부족한 양역자원을 지속적으로 확보하기 위해서 부족한 수만큼의 양인을 재생산하는 문제에 대한 추인이었다. 즉 노비종모법의 허용과 公·私役 均一化 추세를 추인해 준 것이다. '一賤則賤'法에 의해 노비가 확대 재생산되어 오던 오랜 관행이 노비종모법의 실시로 차단되고,[18] 노비의 신공과 양인의 양역이 布 1필로 균일화되면서, 양인층의 노비로의 전환 가능성은 줄어들었고 노비와 양인 사이의 신분적 계선 또한 사라지게 되었다. 양반층의 면역층으로의 최종 확인, 그리고 양인과 노비의 신분적 차별의 철폐를 전제로 실시된 균역법은 17세기 이후 대세를 이룬 반상제에 의한 신분구조를 국가 차원에서 마지막으로 추인해 준 것이기도 했다. 곧 良人齊一化에 기반한 조선 초기 국가의 국역 부과 방식이 이제 常民齊一化를 기반으로 한 그것으로 전환했음을 공식적으로 선포한 것이라 할 수 있다.[19]

반상제에 대한 국가의 사실상의 추인은 이제 부세운영과정에서 더 이상 국가적 신분 규범으로서의 양천제가 기능할 수 없게 되었음을 의미하는 것이었다. 조선 초기 이래 국역 편성의 전제는 양천제였다. 그리하여 전체 인민은 국역 편성 방식에 따라 양인과 천인으로 호적에 등재되었다. 반면 반상제는 양천제와는 달리 사회적 현실관계를 반영하는 신분제였으므로, 여기에는 국가의 국역 편성 방식이나 부세징수와 관련된 어떠한 내용도 내포되어 있지 않았다. 그리하여 조선 초기 이래의 호적 기재 방식, 곧 양인 개개인이

---

18) 平木實, 《朝鮮後期奴婢制研究》(지식산업사, 1982).
全炯澤, 〈公私奴婢 身分規制의 緩和〉(앞의 책).

19) 金盛祐, 〈사회경제사의 측면에서 본 朝鮮中期〉(《大丘史學》 46, 1993).
조선 초기 이래 국가의 국역체제 운영의 주요 기조는 齊民政策이었다. 이 때 국역의 주요 담당자는 양인층이었다. 즉 국역체제는 양인층을 대상으로 하여 그들을 제민정책 아래 포섭시킴으로써 운영되었을 것이다. 그런 점에서 조선 초기 국가의 신분정책은 良人齊一化를 바탕으로 했다고 할 수 있다. 반면 16세기 중반 이래 국역체제가 동요, 변질되면서 양반층은 국역에서 면제되고 비양반층이 국역을 담당하게 되었다. 비양반층, 곧 상민층이 국역의 주요 담당층으로 고정되면서 양인제일화에 기초한 조선 초기의 국역체제 또한 점차 상민 중심으로 운영되기에 이르렀다. 이러한 추세는 균역법 실시 단계에서 국가의 주요 정책으로 추인 받기에 이르렀다. 그런 점에서 18세기 중반 이후 국가의 신분정책은 常民齊一化를 바탕으로 운영되었다고 할 수 있다.

국가에 부담해야 하는 국역에 따라 職役을 부여하던 방식에도 많은 변화가 나타났다. 부세징수방식이 공동납체제로 전환하고 양천제가 신분적 규정성을 상실하면서 호적상의 직역이 갖는 의미가 현저하게 약화되었던 것이다. 면, 리 단위로 호구수의 총액, 곧 戶摠과 口摠이 정해지면, 그 다음 단계에서 누가 어떤 직역을 갖고 있는가는 문제되지 않았다. 호총과 구총이 정해진 범위 내에서 양역세를 부담해야 할 직역을 책정, 고정시켜두면 그만이었다. 그것은 정액 이외의 인민에 대한 호적상의 직역 기재가 이전보다 자유로워졌음을 뜻했다. 호적 기재시 직역의 冒稱, 冒錄, 그리고 조작이 그만큼 쉬워지게 되었던 것이다.

공동납체제으로의 전환과 반상제의 사실상의 추인은 호적작성 과정에서 국가의 개입을 약화시키는 계기가 되었을 뿐만 아니라, 호적작성에 대한 양반층의 관심이 줄어드는 계기로도 작용했다. 호적은 해당 지역에 배당된 호총, 구총을 채우기 위해서 작성되고 있었을 뿐 호적상의 직역이 현실적인 사회관계를 반영하는 신분을 의미하는 것이 아니었기 때문이다. 그리하여 호적작성의 주체도 수령과 그 아래 행정 담당자인 書吏와 面任, 里任으로 고정되어 갔다. 이제 수령과 서리, 그리고 면, 리임의 주관 아래 혹은 그들의 결탁 아래 호적상의 직역이 결정되었다. 그리하여 상업이나 수공업에 종사하는 피지배층일지라도 직역상으로는 얼마든지 양반이나 중인의 직역인 幼學, 혹은 業武를 지칭할 수 있게 되었다.[20] 신분과 직역의 분리 현상이 나타나고 있었던 것이다. 그리고 잦은 재난의 발생으로 納粟이 권장되면서 직역 유지의 엄격성은 더욱 의미를 잃어 갔다. 納粟帖은 지방 군현 단위로 강제 할당된 후 富民을 대상으로 지방 차원에서 발급되는 형편이었다. 따라서 상민층 일반의 관심과는 별개로 수령권 차원에서 직역 상승이 강제되는 경우가 종종 나타나기도 했다.

---

20) 崔承熙의 〈朝鮮後期 身分變動의 事例硏究－龍宮縣 大丘白氏家古文書의 분석〉(《邊太燮博士華甲紀念史學論叢》, 1985)에 의하면 大丘白氏家는 18세기 말 양인 신분에서 중인신분(業武)으로, 19세기 초·중엽에 다시 양반신분(幼學)으로 상승하고 있었지만, 실제로는 지방의 목화를 서울에 내다파는 목화상인이었을 뿐이다. 白承鍾의 〈慶尙道 丹城縣 都山面 文太里의 私奴 興宗과 興龍 一家－1678년부터 1789년까지－〉(《震檀學報》 70, 1990)에 의하면 18세기 후반 중인층(業武)으로 직역이 기재된 私奴 興龍 후손의 실제 직업은 礪石匠이었다. 호적상에 양반호 혹은 중인호로 기재된 자들의 상당 부분은 이같은 冒錄層이었을 것이다.

호적상에 나타나는 직역의 모칭, 모록, 조작의 시기별 변동 추이를 확인하기 위해 현존하는 각 지역의 호적상의 직역, 특히 幼學戶의 증가 상황을 분석한 내용을 살펴보면 〈표 3〉과 같다.

〈표 3〉 공동납체제로의 전환 전후 시기 호적상의 유학호 구성비[21]

(단위 : %)

	1678	1684 1687 1690	1711 1717	1729 1732	1744 1747 1750	1783 1786 1789	1795 1798 1801	1813	1825	1843	1858 1861	1867	1876
大丘府 (四方博)		3.8		11.5		28.0					63.1		
大丘府 (金泳謨)		4.3			9.8		17.9					30.7	
丹城縣 (李俊九)	5.4		14.2		22.3	29.1							
丹城縣 (井上和枝)									38.9				
彦陽縣 (任敏赫)			9.3				49.8	58.4			77.7		
鎭海縣 (武田幸男)									48.2	50.5			73.4

〈표 3〉에 의하면 양반직역인 유학호는 里定法 실시(1711년) 이후 시기~均役法 제정(1750년) 이전 시기 사이에서 증가하는 현상이 목격된다. 이후 유학호는 가속을 받으면서 급증추세에 있었다. 18세기 전반을 기점으로 한 극심한 직역 변동 추이는 免役戶인 양반호와 중인호의 급증, 有役戶인 양인호의 급감, 그리고 천인호의 소멸로 나타나고 있었다.[22] 그 실례로 18, 19세기 울

21) 이 〈표 3〉은 李俊九, 〈18·19세기 身分制 변동 추세와 身分 지속성의 경향〉(《韓國文化》 19, 1997)의 〈표 1〉 各 時期別·地域別 幼學戶의 占有率에서 재구성한 것임.

22) 호적 분석에 의한 이와 같은 결론은 四方博, 〈李朝人口に關する身分階級的觀察〉(《朝鮮經濟の硏究》 3, 1938) 이래 대부분의 호적 연구자들 사이에서 동의를 얻고 있다. 그러한 연구 성과를 열거하면 다음과 같다.

金容燮, 〈朝鮮後期에 있어서의 身分制의 動搖와 農地所有〉(《史學硏究》 15, 1963).

鄭奭鍾, 〈朝鮮後期 社會身分制의 變化-蔚山府 戶籍臺帳을 중심으로-〉(《朝鮮後期社會變動硏究》, 一潮閣, 1983).

金泳謨, 〈朝鮮後期의 身分構造와 그 變動〉(《東方學志》 26, 1981).

〈표 4〉 18, 19세기 울산지역 신분별 인구 구성비[23]

연 대	양 반 호	상 민 호	노 비 호	총 호 수
영조 5년(1729)	168호(26.3%)	382호(59.8%)	89호(13.9%)	639호(100%)
영조 41년(1765)	225호(41.0%)	313호(57.0%)	11호(2.0%)	549호(100%)
순조 4년(1804)	347호(53.5%)	296호(45.6%)	6호(0.9%)	649호(100%)
고종 4년(1867)	349호(65.4%)	181호(34%)	3호(0.6%)	533호(100%)

산지역 호적상의 신분 구성비를 살펴보면 〈표 4〉와 같다.

임진왜란 이후 최초로 작성된 丙午戶籍(선조 39년 ; 1606)에 의하면 울산지역은 양반호 2.5%, 양인호 50.5%, 천인호 47%로 구성되는 등 소수의 양반층에 의한 다수의 양인 및 노비 지배가 가능한 전형적인 사족지배구조의 형태를 보이고 있었다. 그렇지만 18세기 이후 이 지역 직역 변동 추세는 다른 지역에서 나타나는 호적상의 변화상, 곧 免役戶의 급증, 有役戶의 급감이라는 양상이 나타난다. 그런데 앞서 확인한 바와 같이 이러한 양상이 이정법 실시를 계기로 본격화되고 있다는 점에서, 이정법은 국가의 부세 운영 방식의 전환뿐만 아니라 호적상의 직역 기재 방식에 이르기까지 일대 전환을 재촉했던 사건이었음을 알 수 있다. 여기에서 이정법 실시의 역사적 의의를 읽을 수 있다.

그러면 이정법 실시, 定摠法 확정 이후 시기, 곧 18세기 전반~19세기에 작성된 호적상의 호구 수치를 검토함으로써, 당시 국가에서 파악이 가능했던 호구수, 곧 호총과 구총의 총액, 그리고 그를 바탕으로 한 18, 19세기 戶政의 운영 양상에 대해서 살펴보도록 하자.

李俊九, 〈朝鮮後期 兩班身分 移動에 관한 연구－丹城帳籍을 중심으로－〉(《歷史學報》 96·97, 1982·1983).

이러한 연구 경향을 비판하면서 그 대안으로 향촌사회사의 성과와 호적의 직역 변동 추이를 비교 검토, 실제 양반호의 구성 비율을 추적한 연구로는 李泰鎭, 〈朝鮮後期 兩班社會의 變化－신분제와 향촌사회 운영구조에 대한 연구를 중심으로－〉(《韓國社會發展史論》, 一潮閣, 1992)가 있다.

23) 鄭奭鍾, 앞의 글, 〈표 2－1〉 時代別 身分階層別 戶口比率表를 재인용.

〈표 5〉 18, 19세기 호적상의 호구 증감 추이

연 대	가 호	인 구	호당구수	비 고
숙종 19년 (1693)	1,546,474	7,188,574	4.65	* 숙종 전반기 5家統法, 紙牌法, 女子入籍法의 지속적인 추진. * 임진왜란 이후 호구 파악 수치가 정점에 도달.
숙종 25년 (1699)	1,293,083	5,772,300	4.46	* 숙종 21·22년 乙丙大飢饉과 그 이후의 전염병 유행으로 400여만 명이 희생.
숙종 31년 (1705)	1,371,890	6,138,640	4.47	
숙종 43년 (1717)	1,560,561	6,846,568	4.39	* 숙종 37년 〈良役變通節目〉반포, 里定法실시. * 호적 작성 및 인민 파악 방식이 共同納體制로 전환.
영조 2년 (1726)	1,576,598	7,032,425	4.46	
영조 14년 (1738)	1,662,219	7,040,480	4.24	* 영조 11년 〈戶籍申飭事件〉을 반포하여 엄격한 호적 작성 강조.
영조 29년 (1753)	1,772,749	7,298,732	4.12	* 영조 26년 定摠法의 실시, 均役法의 시행. * 常民齊一化 추세를 국가에서 공식적으로 인정.
영조 44년 (1768)	1,679,865	7,006,248	4.17	
정조 원년 (1777)	1,715,371	7,238,523	4.22	
정조 10년 (1786)	1,737,670	7,356,783	4.23	* 정조 6년 호적의 엄격한 관리를 지시.
순조 7년 (1807)	1,764,504	7,561,403	4.29	* 조선왕조 사상 호구 파악 수치가 정점에 도달. * 정조대 국가의 지속적인 호구 파악 노력의 결과.
순조 19년 (1819)	1,533,515	6,512,349	4.25	* 勢道政權이 들어서면서 왕권이 약화되기 시작.
헌종 3년 (1837)	1,591,963	6,708,529	4.21	
철종 3년 (1852)	1,588,875	6,810,206	4.29	
고종 원년 (1864)	1,703,450	6,828,521	4.01	* 대원군 집권 이후 개혁정책의 추진.
광무 8년 (1902)	1,419,899	5,928,802	4.18	* 大韓帝國 시기 호적 작성의 결과.

〈표 5〉에 의하면 18세기 이래 조선왕조 최말기까지 국가의 호구 파악 수치는 영조, 정조 연간에는 호수 170만여 호, 구수 720만여 명으로 고정되는 추세를 보이다가 19세기에 접어들면서 지속적인 감소현상이 나타나, 호수 150만여 호, 구수 670만여 명 정도에서 등락이 반복하면서 한말까지 그 추세가 계속되었다. 물론 당시 국가에서 파악한 호적상의 수치가 실제 가호수, 인구수를 직접 반영한 것이 아니라는 점은 마지막 호구조사 사업(광무 8년 ; 1902)이 마무리된 지 23년 만인 1925년에 실시한 최초의 근대적인 인구조사에서 인구수가 1천 800만여 명이었다는 점에서 확인 가능하다. 조선 최말기까지 인구조사의 완전성은 40% 미만에 머물러 있었던 것이다.[24] 조선시대 호적이 내포하는 이러한 상황을 전제로 할 때 이 시기 호구 통계 수치는 17세기 후반~18세기 전반에 확립된 호총과 구총이 일정한 비례관계를 유지하면서 이를 기반으로 호적이 작성되었음을 보여주는 것이라고 할 수 있다. 그런데 국가의 호총, 구총의 확보 노력, 곧 국가의 대민 지배강도는 일정한 경향성을 보이고 있다. 강력한 왕권의 회복을 통해 개혁 지향적 정책을 추진하던 영조, 정조 때에는 18세기 중반에 확립된 호총과 구총이 유지되었지만, 勢道家門에 의한 국정 전반의 전횡과 왕권의 약화, 그리고 지배층의 부정부패가 확산되던 세도정권기에 접어들면서 점차 감소추세를 보여, 호총 150만여 호, 구총 670만여 명 수준을 가까스로 유지하고 있었을 뿐이다. 강력한 개혁정책이 추진된 대원군 집권기에 이르러 다시 수치가 올라갔지만 이후 대한제국기에 이르기까지 그 수치는 더욱 낮아졌다. 이를 통해서 조선시대 호적상의 호구수치는 국가의 대민 지배력의 강도를 보여주는 지표로 활용되고 있었음을 알 수 있다.

그런데 조선 후기 호적의 일반적인 경향에서 주목할 점은 숙종 21~25년의 乙丙大飢饉 이후 호구수는 완만하게 상승하여 戶摠은 숙종 43년(1717) 경에, 口摠은 영조 29년(1753) 경에 이르러 17세기 정점에 도달한 호적상의 수치에 근접하고 있다는 점이다. 이 시기는 이정법(숙종 37년 ; 1711)과 정총법(영조 26년 ; 1750)이 실시된 시기 사이에 놓여있었는데, 이를 통해서 균역

24) 權泰煥·愼鏞廈, 〈朝鮮王朝時代 人口推定에 關한 一試論〉(《東亞文化》 14, 1977).

법 실시 시기에서 국가가 최종 확정한 호총과 구총의 총액이 각각 170만여 호, 720만여 명 정도에서 고정, 유지되고 여기에 근거하여 양역세가 징수되었음을 알 수 있다. 공동납체제로의 전환과 균역법 실시가 확정된 18세기 중반 이후의 戶政은 호총과 구총이 일단 정해지면 그 수치를 기준으로 증감이 이뤄지는 방향에서 운영되었다.[25] 호총과 구총이 일정한 비례관계를 유지하면서 호정운영에 이상이 발생하지 않는 한 면역층의 급증, 유역층의 급감이라는 호적상의 직역 변동 양상은 문제되지 않았다. 따라서 18세기 중반 이후 현전하는 각 지역에서 공통으로 나타나는 양반호, 중인호의 급증, 상민호의 급감이라는 직역 변동 양상은 공동납체제로의 전환 이후 변화된 호적 운영 방식과 밀접한 관련을 맺고 나타난 사회현상이었다고 볼 수 있다.

조선왕조의 마지막 개혁이 정조 때를 기점으로 실패로 끝난 이후 세도집권기로 접어들면서 부세운영과 관련된 三政 문란은 이전보다 훨씬 더 심각한 모순을 노정시켰다. 이 때 삼정은 田政, 軍政, 還政으로 표현되지만 19세기 가장 중요한 모순으로 등장했던 부세는 환정이었다. 균역법 제정을 계기로 부세와 관련되는 한 신분모순은 크게 줄어들고 있었던 것이다. 따라서 조선왕조 사상 신분모순이 가장 격렬했던 시점은 17세기 중반~18세기 중반까지의 약 1세기 기간이라 할 수 있다. 이 시기는 소빙기의 활성화에 따른 자연환경적 위기상황의 도래와 반상제적 모순이 극대화되어 위기의 강도를 한층 강화시켰던 시기였다. 바로 이 시기 양반층을 제외한 양인층과 노비층은 단일 신분으로 고정되어 갔으며, 부세운영 과정에서의 개별 인신적 규정성이 사라지는 것과 추세를 같이 하여 호적에서의 신분과 직역이 상호 분리되어 갔다. 이처럼 양반층이 그들의 신분적 특권을 고수하고자 노력했던 바로 그 시기에 그들의 지배구조를 부정, 해체시킬 새로운 요인들이 그 태내에서 싹터 나갔다.

25) 《增補文獻備考》 권 161, 戶口考 1, 歷代戶口 朝鮮.

3) 사족지배질서의 동요와 민중의 성장

17세기 전반 사족지배구조의 정착과 아울러 양반사회에 불어닥친 가장 중대한 변화는 宗法의 본격적인 수용이었다. 이후 同姓村落이 형성되는가 하면 촌락 재산의 대부분이 宗家로 모아지는 등 異姓雜居村落, 男女均分相續과 같이 오랜 관행으로 내려오던 양반층의 생활방식에도 많은 변화가 나타났다.[26] 宗家型 地主가 새롭게 등장하고 양반층을 중심으로 한 班村이 생겨난 것은 宗法 수용의 결과였다. 이러한 현상은 성리학의 심화에 따른 양반층의 성장 모습을 보여주기도 하지만 동시에 양반층의 성장에 따른 자기 분열 과정이기도 했다. 16세기 이래 국가 혹은 상민층에 대해서 공동 대응하던 양반층이 17세기 전반을 거치면서 그들의 특권적 지위를 획득하게 됨에 따라, 작게는 향촌 주도권을 둘러싸고 크게는 중앙 권력을 두고 他姓 양반층과의 본격적인 분쟁을 시작한 것이다. 임진왜란 직후 경남우도로부터 시작된 이러한 양반층의 분열 양상은 17세기 중, 후반 무렵에는 서북, 양계지방을 제외한 모든 지역에서 공통적인 현상으로 나타났다. 鄕權을 둘러싸고 발생한 鄕戰은 양반층의 주도권이 일찍이 확립된 지역으로부터 시작되어 士族勢가 강한 여타 지역으로까지 확대되어 갔다. 향전은 당시 극렬하게 전개되는 중앙의 당쟁과도 직, 간접으로 관련을 맺음으로써 매우 복잡한 양상을 띠었다.

그렇지만 양반층의 동성촌락으로의 집결 현상은 양반층의 상호 대립, 분쟁 때문만은 아니었다. 이앙법의 보급과 상품화폐경제의 발달이라는 상황에서 점차 경제력을 축적해나간 상민층과의 대응에 있어서도 양반층의 조직화는 필요했다. 16세기 이래 양반층의 상민 지배 방식은 農庄主로서의 신분적, 경제적 권위를 앞세워 作人 혹은 隷農을 지배하는 일대일 대응이었다. 이러한 대응이 가능했던 것은 鄕約, 鄕案과 같은 조직과 기구를 이용한 양반층 상호간의 유대와 결속이 있었기 때문이었다. 그렇지만 양반층의 분열이 가속화되

---

26) 崔在錫, 〈17世紀 親族構造의 變化〉(《韓國古代史硏究》, 一志社, 1987).
李樹健, 〈古文書를 통해 본 朝鮮朝社會史의 一硏究〉(《韓國史學》 9, 1987).
――, 〈朝鮮前期의 社會變動과 相續制度〉(《韓國親族制度硏究》, 一潮閣, 1992).

는 시점에서 그에 따라 향약과 향안이 변질되는 시점에서, 그리고 중앙에서 벌어지고 있던 극심한 당쟁에 직, 간접으로 간여하지 않을 수 없는 상황에서, 이전과 같은 형태로는 상민층에 대한 지배가 불가능했다. 그 때문에 상민층에 대한 양반층의 공동대응방식을 대신하여 동성촌락에 의한 유력 성씨의 타성 지배방식으로 전환이 이루어졌다. 즉 班村의 성세에 힘입어서야 상민 촌락 곧 民村에 대한 지배가 가능할 수 있었던 것이다.

게다가 소빙기에 의한 17세기 위기의 도래 이후 국가의 대민 지배방식이 간접지배 형태로 전환하면서 상민층이 신분적 굴곡으로부터 자유로울 수 있는 여지가 한층 커져 갔다. 각종 부세가 공동납으로 운영되는가 하면 신분세로서의 양역세는 公·私役의 균일화 추세 아래 과세부담이 현저하게 떨어졌다. 게다가 대동법 실시 이후 양역세가 貢物防納을 대신하여 국가 기관의 주요 수세원으로 등장하면서 양역 대상층의 관청 및 군문으로의 투속이 훨씬 쉬워졌다. 각 관청과 군문이 자체 재정 조달을 위해서 필요 재원을 경쟁적으로 유입하는 상황에서 양역 자원의 투속을 부채질하고 있었기 때문이다. 이들의 일부가 서원, 향교, 군문, 관청 등에 冒屬하여 종래의 직역을 버리고 院生, 校生, 軍官, 胥吏 등을 冒稱함에 따라 중인 직역을 획득하는 자들도 늘어났다. 이와 같은 사회구조 속에서 이들의 사회적 성장이 가능하면서, 이들은 균역법 실시 단계에서 양반층과 아울러 면역층으로서 인정받기에 이르렀다.[27]

공동납체제로의 전환이 함축하는 국가의 대민 지배정책의 전환, 곧 간접지배방식으로의 전환 이후, 양안과 호적의 작성과 부세징수의 책임이 지방관에게 대폭 위임되었다. 부세체제의 운영, 징수와 관련되는 한 수령권은 이전보다 훨씬 강화되어 갔던 것이다. 그리고 이 시기에는 농업 생산력의 발전, 병작제로의 이행, 상품화폐경제의 성장이라는 새로운 환경에 조응하여 재부를 축적하는 신흥 부민층이 형성되고 있었다. 이들은 구래의 양반층이 기피하던 面任, 里任職을 수행하는가 하면, 鄕廳에서 지방관의 행정업무를 보좌하면서 점차 수령 행정의 하위 조직으로 포섭되어 갔다.

심지어 이들 가운데 일부는 一鄕 양반층의 배타적인 지위를 보장해 주던

27) 金盛祐, 〈조선후기 '閑遊者'層의 형성과 그 의의〉(《史叢》 40·41, 1992).

鄕案入錄을 시도했으며, 그 과정에서 양반층과 갈등, 대립하는 양상을 빚기도 했다. 그리고 사족세가 약한 지역에서는 지방관의 지원 아래 그 목적을 달성하기도 했다. 구래의 양반층과 신흥 부민들 사이에서 향안입록과 향권 주도권의 향방을 둘러싸고 향전이 진행되기에 이른 것이다. 따라서 18세기 전반기를 경과하면서 양반층과 신흥 부민층 사이에서 향전이 격렬하게 진행된 지역에서는 儒·鄕 分岐 현상이 발생하고, 新·舊鄕의 대립과정에서 향안이 罷置되거나 더 이상 작성되지 않는 사례도 나타났다.[28] 수령권의 지원 아래 향권 장악을 시도한 이들 신향층은 부세징수와 관련된 행정업무를 담당하는 한편, 守令-吏·鄕收奪構造 아래 편제되어 갔다.[29] 신향층은 부세징수와 관련하여 대민 수탈을 강화하는 역할을 맡았던 것이다.

신향층의 거센 도전을 받게 되면서 구래의 양반층, 곧 구향층은 대응책을 모색하지 않을 수 없었다. 그렇지만 종법 수용 이후 마을구조의 변화뿐만 아니라 친족제도 혹은 경제구조에도 많은 변화가 초래되면서 신향층에 대한 양반층 상호간의 공동 대응이 거의 불가능했다. 중앙의 권력장악을 목표로 양반층은 수많은 당파로 분기되어 격렬하게 당쟁을 벌이는가 하면, 一鄕의 주도권 확보를 위해서도 타성 양반층과 갈등을 빚었다. 문중을 기초로 한 양반층의 결집과 조직화 현상은 양반층 내부에서 치열하게 전개된 대결구도에서 더욱 가속을 받아 동성촌락의 형성을 부채질하고 있었다. 그렇지만 양반층 상호간의 분열, 대립 양상은 수령권과의 긴밀한 유대 아래 경제적으로나 사회적으로 영향력을 키워나간 新鄕層과의 대결구도에서 효과적인 공동 대응기구의 마련을 어렵게 하는 결과를 낳았다. 이러한 상황에서 그들의 전유물처럼 여기던 향안 작성과정에 지방관의 개입을 허용하는가 하면, 향권의 주도권을 두고 신향층과도 힘겨운 투쟁을 벌이지 않으면 안되었다. 고립, 분산성을 극복하지 못한 양반층은 향교의 주도권을 확보하거나, 문중 書院과 祠宇를 건립함으로써 門中을 단위로 일정 지역에서나마 그들의 지배를 유지

28) 金仁杰, 《조선후기 鄕村社會 변동에 관한 연구-18, 19세기 「鄕權」 담당층의 변화를 중심으로-》(서울大 博士學位論文, 1991).

29) 高錫珪, 《19세기 鄕村支配勢力의 변동과 農民抗爭의 展開》(서울大 博士學位論文, 1991).

하려 했다.30) 18세기 이후 서원, 사우의 濫設이라는 현상의 출현 배경에는31) 이처럼 양반층에게 결코 유리할 것이 없는 당시 상황이 전제되어 있었던 것이다. 이제 양반층과 상민층의 일대일 대응에서는, 특히 신향층과의 대립구도 아래에서는 그들이 양반층이라고 해서 반드시 신분적, 경제적 우위가 확보될 수 없는 시기로 접어들고 있었던 것이다.32)

이처럼 18세기 중반을 경과하면서 구래의 신분질서가 동요하고 새로운 계층이 성장하는가 하면 구세력과 신흥세력의 대립, 갈등이 심화되면서, 17세기 이래 확립된 사족지배구조는 점차 동요하기에 이르렀다. 양반층의 경우 18세기 이후 老論의 일당 전제화 과정 속에서 관직을 독점, 정국을 전횡하는 소수의 閥閱家門이 형성되기도 했지만, 당쟁에서 패배한 대부분의 양반층, 특히 南人과 少論은 관직진출로가 구조적으로 막힌 채, 동성촌락을 기초로 혹은 지주제를 배경으로 일정 지역에서나마 영향력을 행사하는 鄕班으로 자리잡아 갔다. 향반층 가운데 다수는 적장자상속이 강화되는 추세 아래 피지배층에 대한 사회경제적인 우위의 확보라는 지난날의 영광을 상실하고 자영농민, 심지어 작인으로 전락하는 사례가 많아졌다. 양반층이라고 해서 모두 지주로서의, 혹은 특권층으로서의 사회경제적 지위를 누릴 수 있는 상황이 아니었다.

반면 이 시기 새롭게 성장한 부민층은 수령권과의 결탁 아래 점차 부세행정의 말단 기구에 참여하면서 영향력을 키워갔다. 이들은 鄕所에 출입하거나 향안입록을 시도하면서 구래 양반층이 독점적으로 행사하던 향권을 점차 획득해 나갔다. 특히 사족세가 약한 지역에서는 향권의 주도권을 두고 양반층과 대립하는가 하면, 끝내 그들의 목적을 관철하기도 했다. 게다가 이정법 실시로 인한 공동납체제로의 전환 이후 戶政 운영방식에 변화가 나타나면서 호적상의 직역 조작이 한결 쉬워진 상황을 이용하여 상민층의 직역을 모칭하거나 모록, 조작하는 행위도 이전보다 많아졌다. 상민 직역으로부터 중인

30) 李海濬, 《朝鮮後期「門中書院」硏究－全南地域 事例를 중심으로－》(國民大 博士學位論文, 1993).

31) 鄭萬祚, 〈17~18世紀의 書院·祠宇에 대한 試論－特히 士林의 建立活動을 中心으로－〉(《韓國史論》 2, 서울大, 1975).

32) 이윤갑, 〈조선후기의 사회변동과 지배층의 동향〉(《韓國學論集》 18, 1991).

직역, 그리고 양반 직역으로 모칭하는 자들이 늘어났던 것이다. 이들 가운데 일부는 面任, 里任으로서 守令－吏·鄕收奪構造 아래 편입되어 대민 수탈을 담당했으며, 일부는 향안입록을 통해서 혹은 양반층과의 교류를 통해서 양반 사회에 편입되어 양반층으로의 실제적인 행세가 가능하기도 했다.

18세기 중반 이후에는 양반층에 의한 배타적인 향촌 지배, 혹은 사회적, 경제적 영향력의 일방적인 행사가 불가능한 시대로 접어들고 있었던 것이다. 양반층의 특권적 지위가 다방면에서 위협받는 상황에서 17세기에 확립된 사족지배구조는 동요하고 있었다. 李重煥은 18세기 중반 무렵의 각 신분 및 계층을 〈표 6〉과 같이 분류한 바 있다.[33]

〈표 6〉 18세기 중반 신분에 따른 계층 분류

신 분	계	층
兩 班	士大夫	朝廷縉紳之家(大家·名家)
	(下) 士大夫	鄕曲品官·中正·功曹
中 人	庶孼(士庶)	
	雜色人(將校·譯官·算員·醫官·方外閑散人)	
下 人	良民·軍戶·京外吏胥	
	奴婢·公私賤	

이중환은 양반층의 극심한 자기 분열 및 분화, 중인층의 새로운 신분층으로서의 자리매김, 양인과 천인의 동일 신분으로의 고정 현상이라는 신분구조의 변화 추세를 간파하고 있었다. 그것은 당시 진행되고 있던 사회현상으로서의 반상제의 고착화, 양반층의 분열, 호적상에서의 직역 모칭자의 사회적 성장, 公·私役 균등화 및 동일화와 같은 다양한 변화를 수용한 결과였다. 18세기 중반 당시 사회가 인정하는 계층별 신분구성은 이처럼 다기했다.

그렇지만 호적상에서 양반 직역과 중인 직역의 가호가 급증하고 상민 직역의 가호가 급감하는 양상이 대체적인 경향으로 나타난다고 해서, 18, 19세기 조선사회의 신분구조가 본격적으로 해체된 것은 결코 아니었다. 경상도 언양지역에서 그러한 실례를 찾아볼 수 있다. 언양지역은 조선왕조 500여년 동안 단 1명의 문과급제자만을 배출할 정도로 사족세가 미약한 지역이었는데도, 순조 13년(1813)에 작성된 호적에 의하면 양반호 59.5%, 중인호 9.2%,

33) 李重煥, 《擇里志》 總論.

상민호 31.3%로 나타나는 등 다른 지방의 직역 변동 추이와 큰 차이를 발견하기 어렵다. 그렇지만 18, 19세기 언양의 향촌사회는 남인 계통의 경주 김씨, 동래 정씨, 경주 이씨, 밀양 박씨, 진주 강씨, 영안 송씨 등 6대 성씨와 노론 계통의 안동 권씨, 영산 신씨 등 2대 성씨로 구성된 8대 성씨가 이끌어가고 있었다. 이들 8대 성씨들은 향교와 서원, 사우 조직을 통해서, 상호간의 교류와 결속을 도모하고 조직화를 시도하면서 그들의 사회적, 신분적 우위를 유지해 나갔다. 따라서 언양 지역에서 이들이 주도하는 집단에 속하기 위해서는 通婚을 바탕으로 하거나 향촌조직의 각종 有司職을 역임하는 형태로 주도 집단의 사전 승인이 필요했다.[34] 이러한 양상은 사족세가 강한 지역에서도 공통으로 나타난다. 전라도 순천의 경우 7大姓이 향교를 중심으로 서원과 사우를 통제하면서 향권을 주도하는가 하면, 나주의 경우 토착세력과 유입 사족세력인 '客班'이 향촌 주도권을 둘러싼 알력과 극심한 당색에 의해서 각 문중별로 서원과 사우를 설립, 운영하면서 향권을 분점하기도 했다.[35] 따라서 사족세가 강한 지역이든 그렇지 않은 지역이든 향촌사회에서는 그 사회를 이끌어가는 大姓, 곧 유력한 양반들이 있기 마련이었다. 호적상에 양반호로 기재되었다고 해서 그들이 바로 주도 양반세력에 끼어들지 못하는 이유가 여기에 있었다.

그런데 순조 13년(1813)에 작성된 언양호적에서는 직역 변동 추세 이외에도 挾人, 挾戶가 호적상에 기재되어 있다는 점, 그리고 호당 구수가 8.7명에 달하고 있다는 점에서 매우 특이한 호적이었다.[36] 대부분 호적상의 가호는 主戶만이 등재된다는 점, 그리고 호당 평균 구수가 4~5명 안팎이었던 점을 고려하면, 협인, 협호의 기재와 호당 구수의 상대적 고비율이라는 특징이 언양지역 호적에서 나타나는 이유는 무엇일까. 그 원인은 바로 19세기 전반까지 이 지역에 할당된 호총, 구총과 깊은 관련이 있었다. 정조 8년(1784) 언양

---

34) 南延淑, 〈朝鮮後期 鄕班의 居住地 移動과 社會 地位의 持續性(I · II)－彦陽 못안골 昌寧 成氏 家門을 中心으로－〉(《韓國史硏究》 83 · 84, 1993 · 1994).

35) 鄭勝謨, 〈書院 · 祠宇 및 鄕校 組織과 地域社會體系(上·下)〉(《泰東古典硏究》 3 · 5, 1987 · 1989).

36) 李榮薰, 〈彦陽戶籍을 통해 본 主戶－挾戶關係와 戶政의 運營狀況〉(《朝鮮後期社會經濟史》, 한길사, 1988).

지방의 호총은 1천 100여 호였는데, 雜頉戶를 제외한 應役戶는 656호에 불과했다. 그런데 이들 응역호가 부담해야 하는 軍摠은 1천 780명으로서 1호당 평균 3~4명의 군역을 져야 했다. 이와 같은 극심한 호총과 구총의 불비례관계를 해소하기 위하여 호총을 구성하는 주호뿐만 아니라 그 예하의 협호까지도 군역부담이 불가피했다. 이 때문에 여타의 호적에는 누락되었을 협호, 협인이 순조 13년 언양호적에는 기재되었던 것이며, 그에 따라 1호당 평균 구수가 상대적으로 과다책정된 것으로 나타난 것이다.

여기에서 조선 후기 양역변통의 추이와 호적 기재 방식의 변화, 양자의 상관성을 다시 한번 엿볼 수 있다. 양역변통 과정에서 양반층은 신분세로서의 양역세 유지를 고집하는 한편 균역법에서 면역층으로의 법적 추인을 얻어낼 수 있었다. 그렇지만 그 대가로서 양반층은 이정법, 노비종모법의 실시와 공·사역의 均一化 추세를 용인해줄 수 밖에 없었다. 그 결과 노비와 양인의 신분적 계선이 사라지게 되었고, 면, 리 단위에서 결정되고 摠額制로 운영되는 호총과 구총이 유지되는 한 호적상의 직역 기재는 문제되지 않았다. 양역변통에 대한 논의가 본격화된 숙종 30년대 이후, 특히 이정법의 실시가 확정된 숙종 37년(1711) 이후 양반호의 급증, 중인호의 증가, 상민호의 급감이라는 호적상의 변화는 이러한 상황을 보여주는 것이었다. 그렇지만 언양지역처럼 호총과 구총의 비례관계가 극심한 불균형을 이루는 지역에서는 어떤 형태로든 호총과 구총의 비례관계를 맞추어야 했다. 여기에서 다른 지방의 호적에서는 나타나지 않는 협인, 협호가 기재되는가 하면, 협인, 협호들까지도 양역세를 부담하지 않을 수 없었던 것이다. 언양호적은 부세징수, 특히 양역세를 원활하게 징수하기 위해서는 호적의 오랜 관행이 파기될 수도 있음을 보여주는 사례라고 할 수 있다.[37] 그렇지만 앞에서도 언급했듯이 언양호적에서 나타나는 60%에 가까운 양반호 모두가 실제로 이 지역 향촌사회를 주도하는 양반세력으로 성장한 것은 아니었다. 호적에 양반호로 등재된

37) 主戶와 挾戶가 동시에 기재되어 있는 언양호적은 이 지역에 할당된 戶摠과 口摠을 맞추기 위한 목적에서 元戶를 인위적으로 분할, 등재한 것이라고 볼 수 있다. 원호의 인위적인 분할, 곧 分戶 현상은 18세기 중반 무렵에 고정된 호총 및 구총의 총수를 채워넣을 수 없던 잔폐한 군현에서는 보편적으로 시행되던 방식이었다(《增補文獻備考》 권 161, 戶口考 1, 歷代戶口, 朝鮮, 영조 35년).

수많은 양반호 가운데 향교와 서원, 사우를 장악, 운영하고 폐쇄적인 신분혼을 통해서 사회를 조직화시켜 나간 8大姓만이 언양사회를 주도하는 실제적인 양반층이었던 것이다.

18세기 전반 이래 공동납이 양역세 징수의 원칙으로 채택된 이후, 호적상의 직역 기재는 호총과 구총의 상호 비례관계 아래 조절되고 있었다. 호총과 구총이 일정한 비례관계로 징수되는 상황에서는, 따라서 양역세 징수가 원활한 지역에서는, 호적상의 직역이 免役層으로 기재되든 有役層으로 기재되든 문제되지 않았다. 18세기 전반 이후 양반호와 중인호의 급증, 상민호의 급감이라는 호적 기재의 양상은 바로 이러한 현상을 반영하는 것, 그 이상도 그 이하도 아니다. 따라서 호적상에 양반호로 기재된 자들이 모두 그 지역 양반층으로 행세할 수 없었음은 물론이다. 일정 지역을 대상으로 향권을 행사하는 실제 양반세력은 향교나 서원, 사우를 장악하고 그들만의 사회를 조직화하고 있던 특정 성씨집단 뿐이었다. 그들이 해당 지역의 6대 성씨, 7대 성씨 등등으로 불리는 세력이었다. 이들은 물론 동성촌락을 기초로 반촌을 형성하면서 여타의 민촌들을 장악하는 경제외적 강제, 곧 신분적 강제를 행사하면서 향촌사회를 주도하고 있었다.

사실상 신분제의 해체는 2가지 요소가 전제될 때 비로소 가능하다. 그것은 노동의 객관적 조건인 토지, 즉 생산수단으로부터 자유롭고 또한 인신적 구속으로부터 자유로운 임노동자의 출현과정을 의미한다. 그렇지만 19세기 최말기까지 조선사회는 소유와 점유에 대한 구분이 불명확했으며, 이 때문에 생산관계 측면에서 경제외적 강제가 작용할 여지가 아직 많이 남아 있었다.[38] 그리고 이앙법의 확대 보급과 이모작, 상업적 작물의 재배 등을 통한 농법의 집약화 경향은 한편에서는 廣作을 가능하게도 했지만 그 대세는 경

38) 박명규는 개항 이전인 1872년과 甲午改革 이후인 1897년의 民狀 분석을 통해서 1897년에는 경작권의 移作, 奪耕에 대한 畓主 권한이 한층 강화되고 있음을 밝히고 있다. 점유권보다는 소유권 우선이라는 자본주의적 배타적 소유권이 갑오개혁 이후 대세를 이루고 있다는 사실은 이전 시기에는 여전히 점유권과 소유권이 불분명하게 나타나고 있음을 반영하는 것이라고 할 수 있다(박명규, 〈19세기 후반 향촌사회의 갈등구조—영광지방의 민장 내용분석〉, 《韓國文化》 14, 1993).

지 규모에서의 상·하층의 영세균등화 현상으로 나타나고 있었다.[39] 그리고 경영분해 측면보다는 소유분화 형태로 富益富 貧益貧이 재편됨으로써, 경영의 합리화를 통한 새로운 관계를 창출하는 과정과는 거리가 먼, 토지 집적에 의한 지주제의 확대·강화 추세가 또다른 경향으로 나타나고 있었다.[40]

이러한 상황에서 조선 후기 농촌장시를 중심으로 하는 상품생산과 사회적 분업관계는 이전 시기보다 훨씬 발달하고 있음을 인정하더라도 자연경제의 일부분으로서 농가의 자급자족적 생산구조를 補足하는 단계에 머물러 있었다.[41] 게다가 19세기 세도정권기에 접어들면서 국가의 대민 수탈 강도가 더욱 강화되어 자영농민층일지라도 가중된 부세를 다내고 나면 잉여생산물의 축적이 거의 불가능할 정도였다. 심지어 국가의 대민 수탈 양상은 호적 등재시 양반호로의 기재를 강제하면서 幼學錢을 강제 징수하는 형태로 나타나기도 했다.[42] 19세기 이후 幼學戶의 급증은 상민층의 신분상승 욕구 이외에도 신분상승을 강제하는 지방관의 대민 수탈 행위와도 관련이 있었다. 이러한 상황에서 소유 분화의 결과이든 대민 수탈로 인한 재생산 기반의 박탈의 결과이든 농민층이 토지로 방출되어 향촌사회를 유리하더라도, 이들을 흡수할 새로운 산업기반이 조성되기 어려웠다. 따라서 지역사회로부터 이탈된 유리민들은 재래의 산업기반인 농촌사회로 재흡수될 수밖에 없었다.

이처럼 19세기 최말기까지 조선사회의 현실은 경제외적 강제로서의 신분제가 기능을 상실할 여건이 충분히 조성되지 않았다. 호적상의 양반호의 급증 현상과는 상관없이 지역사회의 주도 세력은 동성촌락을 중심으로 향교와 서원, 사우를 조직, 운영하면서 향촌의 주도권을 내놓지 않았다. 게다가 향촌 주도 세력의 주요 기반이었던 서원과 사우는 국가의 빈번한 금지령과 훼철 지시에도 불구하고 계속해서 증설되고 있었다. 대원군 집권기에 전국적으로 47개 소만을 남겨두고 대대적으로 훼철된 서원들은 대원군 실각 이후 계속

---

39) 李榮薰, 〈19세기 農民經營의 分化趨勢와 階層別 存在形態－慶尙道 南海 龍洞宮庄土에 관한 事例分析－〉(《韓國의 社會와 文化》 13, 1990).
40) 都珍淳, 〈19세기 宮庄土에서의 中畓主와 抗租〉(《韓國史論》 13, 서울大, 1985).
41) 李憲昶, 《開港期 市場構造와 그 變化에 관한 硏究》(서울大 經濟學科 博士學位論文, 1990).
42) 《慶尙道監營啓錄》 고종 6년(1869) 12월.

해서 향촌사회를 주도하는 지배세력들에 의해서 복설되었으며, 서원과 사우의 복설을 주도하고 운영권을 장악한 세력들이 향촌사회를 실제로 주도하고 있었다. 향촌사회를 주도한 이들 양반층이 일본 제국주의의 주권 침탈에 맞서 저항하는가 하면 의병활동을 주도함으로써 민족적 위기를 타개하려 노력했던 것은 결코 우연한 일이 아니었다.

〈金盛祐〉

2. 민중의 사회적 결속

1) 공동체 질서와 민중

우리 역사상 민중이란 말이 전면에 부각된 것은 동학농민전쟁의 1차봉기에서였다. "兩班과 富豪 앞에 고통받는 민중과, 方伯과 守令 밑에 굴욕받는 무리들은 우리와 같이 원한이 깊은 자라. 조금도 주저치 말고 이 시각으로 일어서라"[1]고 하는 茂長起布 당시 띄운 격문의 한 구절이 민중의 위치를 명료하게 보여준다. 이 때의 민중은 자신들이 처한 현실을 직시하고 집단적인 힘에 의해 모순된 현실을 타개하고자 하는 층으로서, 이전의 백성의식이나 평민의식에서 한 단계 나아간 민중의식을 갖추어 나갔던 사회세력이라 하겠다.[2] 그런데 이들 민중이 역사의 전면에 나설 수 있었던 것은 조선 후기 이래 사회적 결속을 강화시켜 온 저력이 뒷받침 되지 않고는 불가능한 것이었다.

조선 후기 민중이 하나의 사회세력으로 결집하면서 역사의 무대에 나설 수 있었던 것은 장기간의 역사적 경험 속에서 기존 지배층이 중심이 된 공동체적 질서를 극복하고 자신들의 이해관계를 반영할 수 있는 힘을 키우며 조직적인 기반을 넓혀왔던 데서 가능한 것이었다. 따라서 여기에서는 민중이

1) 吳知泳, 《東學史》(永昌書館, 1940), 112쪽.
2) 鄭昌烈, 〈백성의식, 평민의식, 민중의식〉(《현상과 인식》 5-4, 1981).

어떻게 공동체적 질서 속에서 존재하고, 18, 19세기에 걸쳐 그 구각을 깨고 나오는가, 그리하여 자신들의 사회적 결속을 강화할 수 있었던가 하는 점들을 살피기로 한다.

기층민들은 신앙활동 혹은 경제적 활동을 수행하는 과정에서 일찍부터 공동조직을 형성하였으며 그러한 조직 내에서의 활동을 통해 상호 유대를 강화하고 사회적 결속을 다져나가고 있었다. 이같은 공동조직의 조선 전기 모습들은 주로 지연·혈연적인 배경이 강한 洞隣契나, 민속 고유의식을 주관하고 생활공동체적 기능을 수행하던 香徒, 淫祠 등에서 찾아볼 수 있다. 이러한 기층민들의 조직이 당시 광범위하게 존재하고 있었다는 사실은 선조 6년(1573) 경연석상에서 향약에 대한 논의가 있었을 때 좌의정 朴淳이, "우리 나라 풍속이 서울로부터 시골구석에 이르기까지 모두 마을의 계모임이 있어서(洞隣之契 香徒之會) 사사로이 약속을 맺고 서로 검칙 규제한다"[3]라고 언급했던 데에서 짐작해 볼 수 있다.

향도는 기층민의 공동조직이 어떠한 형태를 하고 있었으며 또 어떠한 변화를 겪게 되는가를 살피는 데 많은 단서를 제공한다. 향도는 고려 전기까지만 하여도 祈佛 단체로서의 성격이 중심이었으며, 그 규모는 하나의 군현 주민이 거의 대부분 그 구성원이 될 정도로 큰 것이었다. 고려 전기의 농업은 아직도 기술적으로 휴한법의 제약으로부터 완전하게 벗어나지 못하였으며, 이러한 제약을 가진 사회는 인력 통제의 필요성을 상대적으로 강하게 지녀 지역 공동체로서의 향도의 구성이 그와 같이 대규모적인 형태를 지니게 되었다. 휴한법 아래에서는 기본적으로 조방적 농업경영형태를 취하게 되므로, 노동력의 투입기간은 짧으면서도 한 차례의 동원 규모는 커야 하는 조건 때문에 농업경영에 투입되는 구성원들은 상대적으로 강한 집단성을 지니게 되는 것으로 이해된다.[4]

향도조직은 고려 말, 조선 초의 사회전환 과정에서 변질되면서 그 형태도 고려 전기적인 신앙결사, 자연촌 중심의 공동체적 유대를 기반한 수호신앙 형태로서의 淫祀, 祀神香徒契類, 喪葬扶助的인 洞隣契類, 乞人組織類 등으로

3) 《宣祖實錄》 권 7, 선조 6년 8월 갑자.

4) 李泰鎭, 〈17·8세기 香徒 조직의 分化와 두레 발생〉(《震檀學報》 67, 1989).

다양하게 분화되었다. 조선 전기의 다양한 향도류 조직들은 지배층에 의해 불법 혹은 자의적인 사조직으로 매도되면서 그 부정적 측면이 강조되고 있었지만 촌락조직으로서의 명맥을 여전히 유지하고 있었다.[5] 대체로 조선 전기의 향도조직들은 그 조직의 범위를 자연촌으로 하고 있었으며 구성원도 상천민이 중심이 되었다. 또한 이들이 주체가 되어 행하는 행사들도 공동노역이나 마을의 잡역, 그리고 무속적인 전통이 가미된 마을제사, 관혼상장의 공유와 부조가 주된 것이었다. 이러한 변화가 나타나는 배경에는 휴한법의 극복과 연작상경법으로의 이행이라는 농법상의 커다란 변화가 자리하고 있었던 것으로 보인다.

이러한 기층민들의 각종 조직은 16세기 사림세력이 향촌사회의 지배권을 완전히 장악하게 됨에 따라 커다란 변화를 겪게 되었다. 16세기에 들어 중앙정계에 진출하기 시작한 사림세력은 조선 전기의 향촌질서를 성리학적인 것으로 재편성하여 가면서 자신들 중심의 지배체제를 구축하여 갔다. 조선 초기부터 지연과 혈연을 바탕으로 同甲契·門人契·族契 등을 만들어 왔던 사족들은 향촌사회에 대한 지배력을 강화하기 위한 장치로 洞契를 만들었다. 동계를 만들어 나갔던 주 목적은 지주제를 기반으로 한 농촌경제의 안정과 부세체계의 장악을 통한 상하신분질서의 유지였고, 이를 위해 사족간의 결속뿐만 아니라 하민을 통제할 수 있는 洞案·洞規·洞財 등과 같은 장치를 갖추고 있었다. 이러한 과정에서 하층민들의 여러 조직들은 일차적인 통제의 대상이 되면서 그들 나름의 전통적인 동린적 기반을 잃고 동계에 흡수되어 나갔다. 하층민에 대한 통제는 동계의 約條에 다양하게 표현되고 있었는데 그것은 대체로 하층민에 대한 신분적·경제적 지배 예속관계의 확립 또는 재강화를 모색한 것이었다.

물론 사족이 하층민들에 대해 일방적으로 자신들의 계급적인 이해만을 강요할 수 있었던 것은 아니다. 하층민들의 소농경제는 양반지주층의 경제적 또는 경제외적인 착취로 인해 극히 불안정하였으며 그에 따른 저항 또한 만만치 않았기 때문이다. 향촌사회의 안정은 사족 중심의 향촌지배체제를 유지

5) 李海濬, 〈朝鮮時代 香徒의 變化樣相과 村契類 村落組織〉(《省谷論叢》 21, 1990).

하는 데 필수적인 조건이었다. 그에 따라 사족층은 하층민 안정, 즉 소농경제의 보호를 위해 최소한의 양보를 모색하였다. 동시에 하층민 통제의 방법으로 약속을 위반하는 경우 契員奴婢, 家門奴婢라 하더라도 각 노비주에 의한 것이 아니라 公議, 僉議에 의해 公事로 治罪하는 방식을 채책하고 있었다. 이러한 양반층의 공동대응은 당시 향촌사회에서 하층민의 저항이 심각했다는 점을 반증하는 것으로 볼 수 있고, 그러한 저항에 대해 당시 지배층이 공동으로 대처하지 않으면 안되었던 사정을 말해주는 것이라 하겠다. 그리고 동계 등을 기반으로 하여 재지사족은 군현 단위에서 그들 중심의 一鄕 지배체제를 운영해 나갔다.

그런데 성리학 중심의 사족 지배질서가 구축되어 가는 과정에서, 기층민조직이 동계나 향약조직의 하부구조로 편입되거나 해체의 위기에 직면하고 있었지만, 그같은 조건 속에서도 조선 전기 이래 기층민의 생활문화 기반 위에서 존속되던 향도, 음사 등의 촌계류 조직들은 명맥이 끊어졌던 것은 아니었다. 특히 사림 중심의 정치지배구조가 정착되었던 16세기의 경우 이들 기층민 조직들은 지배이념과 근본적으로 상충되지 않는 생활공동체로서의 기능을 담당하면서 지배계층의 하민 지배틀 속에 잠행하게 된다. 향도에 대해 成俔이 다음과 같이 설명한 데서 저간의 사정을 파악할 수 있다.

> 오늘날 풍속이 날로 야박하여 가지만 오직 香徒만은 그 아름다움을 간직하고 있다. 대체로 이웃의 천민들끼리 모여 회합을 갖는데 적으면 7~9인이요 많으면 혹 100여 인이 되며, 매월 돌아가면서 술을 마시고, 상을 당한 자가 있으면 같은 향도끼리 상복을 마련하거나 관을 준비하고 음식을 마련하며, 혹은 상여줄을 잡아주거나 무덤을 만들어주니 … 이는 참으로 좋은 풍속이다(成俔, 《慵齋叢話》 권 8, 葬儀).

16세기에 형성되고 있던 사족중심의 향촌 지배질서는 16세기 말, 17세기 초 왜란과 호란을 거치면서 크게 파괴되고 동요하게 되었다. 이에 사족들은 양란이 끝나자 洞契를 복구하고 鄕案을 중수하는 등 서둘러 향촌사회의 재건작업에 착수하였다. 그러나 새로 복구된 동계의 성격은 전쟁 전의 그것과는 상당한 차이를 보이는데, 특히 주목되는 사실은 上下合契의 형태가 새롭게 모색되고 있었다는 점이다.[6] 물론 16세기에도 하층민이 동계에 포섭되고는 있었지만 이들이 별도로 下契를 구성하였던 것은 아니었는데, 이제 동계 복구를 위해 하층민의 동원이 절실해지는 가운데 하계를 인정하기 시작했다는 점에서 의미가 큰 것이었다. 그러한 점은 민인에 대한 의식의 변화에서도 드러나고 있다. 비록 관념적이기는 하지만 '귀천을 따지지 않는다'거나 '하인, 노비들도 비록 명분은 다르나 天命之性을 함께 받았다'라는 등의 표현이 등장하고 있는데 이는 하민을 통제의 대상으로만 간주하였던 16세기의 인식과는[7] 분명 차이를 보이는 것이다.

위와 같은 변화가 나타나게 된 것은 양란 후 향촌사회의 복구과정에 민인들의 협조가 절실히 요청되었기 때문이었다. 또 난중에 보였던 민인들의 광범한 저항이 민인들을 일방적인 통제의 대상으로 둘 수 없다는 인식을 갖게 하였을 수도 있다. 사족들은 이미 임진왜란 전부터도 민인들에 의해 그 지위를 위협받고 있었다. 임진왜란 전에 강력한 재지적 기반을 구축하고 있던 재지사족들조차도 그들의 가문노비에 대한 통제의 어려움을 토로하고 있었으며 이들의 통제를 위해 洞令을 특별히 마련하는 경우도 있었다. 민인의 저항은 임진왜란을 겪으면서 더욱 격화되어 안동지방과 같은 경우에는 土賊을 방어하기 위해 義軍이 조직되고 있을 정도였다.

이제 향촌사회는 사족의 결속만으로는 민인을 일방적으로 통제할 수 없는 상황에 이르렀다. 이러한 상황에서 사족들은 상하 결속의 조직으로 동계를 재편, 중수함으로써 부분적이나마 위축된 자신들의 권위를 만회하고자 하였다. 사실 강력한 동족적 기반과 지주, 토착세력으로서 그들이 과거부터 누려왔던 동 단위에서의 사족으로서의 지위는 아직 흔들리지 않았고, 그 지위를 통하여 사족들은 상하합계 형태로 하민에 대한 지배력을 강화시켜 나갔던 것이다. 17세기에 일반화되는 상하합계 형태의 동계, 동약들은 바로 이같은 상황 아래서 자신들의 영향력이 미치는 주변의 수개 촌락을 동계체계 안에 묶어둠으로써

6) 朴京夏, 〈倭亂直後의 鄕約에 대한 硏究〉(《中央史論》 5, 1987).

7) 1568년에 만들어진 退溪의 〈溫溪洞規〉의 洞令에는 '本主나 他主에게 무례불손한 자(노비), 무리지어 술을 마시고 난동을 부리는 자, 천방에서 벌목하는 자, 밭에 모래흙을 흘려보내는 자' 등 통제 대상이 잘 드러나 있다. 이에 대해서는 鄭震英, 〈16세기 安東地方의 洞契〉(《嶠南史學》 창간호, 1985) 참조.

대외적인 대표성과 지위도 과시해보려는 목적을 갖는 것이었다.

동계조직이 마련되면서 기존의 촌계류 조직들은 상당 부분 흡수되었던 것으로 보인다. 물론 이러한 과정이 순조롭게만 진행되었던 것은 아니다. 지역에 따라서는 17세기 후반 당시에도 향약이 실시되지 못하던 곳도 있었다. 숙종 10년(1684) 漢城府에서 下契(香徒契)를 혁파하고 향약을 실시하는 문제에 대해 보고한 다음과 같은 내용은 향약 실시가 일률적으로 이루어지지 못했음을 말해준다.

> 大臣의 啓에 따르면 私契를 혁파하여 그 폐단을 제거하고자 하는데 … 오늘날 향도를 혁파하고 하나같이 鄕約之規로써 서로 送喪을 돕게하는 것이 그 뜻은 진실로 좋으나, 각 방 각 리에는 호의 많고 적음이 있어 (향약을) 두루 다 설치할 수는 없습니다. 또 각 리에 士夫戶가 많고 庶民戶가 적은 경우에, 사부의 喪에는 동리 서민이 당연히 스스로 힘써 그것을 봉행할 것입니다. 그러나 민서의 상에 있어서는 사부가에서 비록 約法에 따라 奴를 보내준다고는 하지만, 그 중 힘있고 사나운 노복은 반드시 약법을 따르지 않고 폐단을 일으킬 것이므로 제압하기 어려운 근심이 있습니다. 이것이 실로 백성들이 (향약을) 크게 불편하게 여겨 감당할 수 없다고 생각하는 것입니다. … 대저 대신의 뜻도 이와 같으니 각 방 각 리에서 향약으로써 서로 돕고자 하는 곳이 있다면 그에 따라 시행토록하는 방법이 실제 사의에 합당할 것입니다(《承政院日記》 303책, 숙종 10년 3월 23일).

위 한성부의 보고내용은 상당수의 지역에서 향약(동약)이 실시되기도 하였겠지만, 그렇지 않은 경우도 있어 향도계와 같은 것이 여전히 그 기능을 유지하고 있었음을 말해준다. 그러나 상장부조나 공동노역 등과 같은 극히 부분적인 자연촌락 단위의 자체 기능만을 담당하고 있던 향도류 조직들은 동계가 보편화되면서 그 하부 단위에 포함되는 것이 일반적이었다. 동계, 동약구조 속에서 확인되는 村契, 小契, 下契, 私契 등의 조직들이 바로 그 구체적인 모습이라고 할 수 있다. 또 촌계류 조직이 유지되는 경우라 하더라도 그 기능은 보다 위축된 상태였다. 그만큼 동계조직이 촌락사회에 미친 영향은 매우 컸던 것이다. 18세기 官主導의 향약이 사족들에 의해 추진되어 왔던 동계질서를 당연한 것으로 받아들이고 있었음도 그같은 현상을 말해주는 것이다.

결국 16~17세기 사족 중심 동계질서의 성립과정은 향촌사회 내에서의 기층민의 성장과 한계라는 양면을 극명하게 보여주는 것이라고 할 수 있다. 상하합계의 형식을 이끌어내고 동계 내에서 운신의 폭을 넓혀가고 있었던 점은 분명 기층민 성장의 결과였다. 그러나 그것이 민인들의 적극적인 저항에 의해 이루어진 것이 아니라 향촌사회에서 지배권을 재강화하려는 사족층의 이해 속에서 주어졌다는 점에서 기층민들은 지배층이 중심이 된 공동체적 질서 속에서 제약되고 있었던 것이다.

2) 18세기 향촌공동체의 변화와 민중조직의 활성화

(1) 면리제의 강화와 민

사족중심의 향촌질서는 18세기에 들면서 크게 흔들리기 시작하였다. 여기에는 여러 가지 원인이 있었지만 가장 중요한 요인은 사족들의 물적 토대의 동요, 축소였다. 조선 중기에 재지사족이 향촌사회에서 향론을 주도하고 각 권력기구를 장악하면서 그들의 지배적 지위를 확보해 나갔던 배경에는 토지와 노비를 비롯한 물적 기반이 있었다. 여러 자료에서 보이고 있는 것처럼, 향촌사회에서 대부분의 토지는 사족에게 집중되어 있었다. 공동체적 질서가 그것을 떠받쳐 주고 있었음은 물론이다. 그러나 소농경영의 지속적인 성장에 따른 노비의 자립, 노비도망 등으로 인해 사족들의 그러한 물적 토대는 크게 위축되어 나갔다. 또한 빈번히 발생하고 있던 전호들의 항조운동 역시 사족들의 경제기반에 큰 타격을 주었다. 이 시기의 변동은 기본적으로 농업 생산력의 발전에 기초한 소농경제의 성장, 농민층 분화에 기초한 것으로 이는 기존 사족지배체제의 물적 토대를 근본으로부터 흔들어 놓았던 것이다.

사족세력의 약화와는 반대로 민인들 가운데에는 17세기 이후 농업 생산력의 비약적인 발전과정에서 경영면적의 확대, 상업적 농업의 경영, 임노동의 고용 등을 통해 부농층이 새로이 대두하기 시작하였다. 이들 가운데 일부는 자신들의 경제적 능력을 바탕으로 수령과 결탁하여 新鄕으로 등장하였는데, 이들의 등장은 필연적으로 사족과의 마찰을 초래하게 되었고 나아가 향촌사회 모습을 바꾸어 놓았다. 향촌사회에서 나타나고 있던 변동은 기존의 권력기구상에도 반영되지 않을 수 없었다. 사족의 입장을 대변해 왔던 鄕所가 수령의 시녀로서 아전들과 어깨를 나란히 하게 된 것이 그 단적인 예라고 할 수 있다. 이러한 과정에서 향안을 모체로 한 鄕會, 鄕規(鄕約)에도 변화가 나타났다. 향안은 17세기 이래 복구되어 나름대로의 기능을 유지해 오고 있었지만 18세기 중엽을 전후로 하여 관권에 의해 罷置되거나 그 추가입록이 불가능해지고 있었다. 향안이 존속하는 경우라 하더라도 그 濫陞이 수령에 의해 조장되고 재정확보의 명목으로 이용되는 것이 고작이었다.[8)]

물적 토대가 크게 약화된 사족들은 국가의 부세정책과 그 운영에 있어서도 점차 배제되어 가고 있었다. 당시 변동하고 있던 경제질서, 신분 계급질서 속에서 국가는 일정한 재정기반을 확보하기 위해 총액제로 방향을 전환시키고 있었는데 그 과정에서 사족들의 역할이 크게 축소되었던 것이다. 향촌에서 敎化뿐만 아니라, 향회, 향소를 통하여 현실적인 향촌통제의 핵심이라고 할 수 있는 부세행정과, 그 실무자인 이서까지 그들의 수중에 장악하던 위치에서 밀려남으로써 사족들의 현실적인 기반은 더욱 위축될 수밖에 없었다. 이러한 상황에서 사족들은 族契·門契를 강화하거나 同族部落을 형성하면서 자신의 지위를 확보해 나가고 있었고,[9)] 그러한 기반 위에서 나름대로의 연대를 구축하고도 있었지만 더 이상 향론을 주도하고 향권을 그들의 손에 가두어 놓을 수는 없었다. 그에 따라 향회의 성격도 향촌지배층의 통치기구의 성격이 크게 탈색된 채 수령의 부세행정의 자문기구 정도로 변질되었다. 이러한 변화는 향촌사회에서의 권력이 사족의 손을 떠나 官權과 이를 둘러싼 吏·鄕層에게로 집중되어감을 의미하며, 기존 사족지배체제의 동요와 권력구조의 재편을 불가피하게 만드는 것이었다.[10)] 이 과정에서 이·향에 새로운 계층이 참여하게 되는 소지가 마련되었으며, 민인들이 향권에 접근할

8) 金仁杰, 〈조선후기 鄕案의 성격변화와 在地士族〉(《金哲埈博士華甲紀念史學論叢》, 知識産業社, 1983).

9) 李海濬, 〈朝鮮後期 長興傍村의 村落文書－湖南地方 한 同族部落의 組織－〉(《邊太燮博士華甲紀念史學論叢》, 三英社, 1985).

10) 金仁杰, 《조선후기 鄕村社會 변동에 관한 연구－18, 19세기 「鄕權」 담당층의 변화를 중심으로－》(서울大 博士學位論文, 1991).

수 있는 기회가 주어지고 있었다.

민인들의 향권 접근과 관련하여 주목되는 점은 18세기에 들어와 행정조직으로서의 面里制가 강화되고 있다는 사실이다. 면리제는 조선 초기부터 시행되었다고는 하지만, 당시는 方位面 체제를 유지하고 있었고 그 결속력이 컸던 것은 아니었다. 정부는 여러 개의 자연촌을 묶은 광역의 지역을 근간으로 행정질서를 구축하고 있었다. 그러나 16세기 이후 농업 생산력의 지속적인 발전에 따라 자연촌이 급속히 성장하였으며 이러한 추세 속에서 숙종 초에 들어 자연촌의 전반적인 성장을 기반으로 새로운 면리체제가 형성되었다. 국가는 면리기구 운영의 담당자인 면·리임에 사족을 임명함으로써 촌락질서를 안정시키고자 하였다. 그러나 이들 행정직임에 대한 수령의 침학이 심하여 사족들이 이를 기피하자 일반민은 면·리임에 참가함과 동시에 그러한 조직들을 통해서 그들의 의사를 표현할 수 있는 길을 열어갔다.[11] 다만 당시 향촌사회 권력기구에 참여하고 있던 새로운 층들이 자신들의 재생산기반을 갖추는 데는 미치지 못했으며, 정부 또한 그같은 현실을 관료체계 안으로 수렴하는 데까지 나아간 것은 아니었다.

자연촌락을 단위로 형성되는 '里中公論(公議)'은 일반적으로 사족층에 의해 주도되고 있었지만 거기에도 기층민들의 입장은 상당히 반영되고 있었다. 이 시기 촌락사회에는 官에서 임명한 尊位, 里任 계열과는 달리 洞論을 모으는데 중요한 역할을 담당했었다고 판단되는 頭民, 頭頭人이 있었다. 각각의 명칭과 그 담당자는 지역에 따라 일정한 차이가 있었지만 존위는 사족층이 담당하고 있었던 데 반해 두민은 '大小頭民'이라는 특수한 경우가 아니면 상민으로서 '老成稍知人事者',[12] '有根着身手膂力者'[13]를 지칭하는 것이 보통이었다. 順天과 같은 지방에서는 농민층만으로 구성되어 독자적으로 공의를 형성해가는 촌락이 상당히 존재하고 있었음이 확인되며 또한 사족이 있는 촌에서도 평민이 공의 형성에 참여하는 경우도 있었다. 즉, 전국적으로

11) 金俊亨, 〈18세기 里定法의 展開-村落의 기능강화와 관련하여-〉(《震檀學報》 58, 1984).

12) 《治郡要訣》(內藤吉之助 編, 《朝鮮民政資料-牧民篇》) 13, 正風俗, 20쪽.

13) 《備邊司謄錄》 217책, 순조 29년 12월 11일.

지역에 따라 차이가 있기는 하겠지만 자연촌락의 성장에 따라 그것의 독자적인 기능을 인정하는 새로운 면리편제가 이루어지고 또한 촌락 내에서의 민인들의 입장도 점차 강화되어 갔던 것이다.

위와 같은 촌락 내부의 상황은 숙종 37년(1711) 〈良役變通節目〉[14]의 반포에서 법제화된 '里定法'에 그대로 반영되고 있다. 양역 부과의 기능 일부를 촌락에 맡기는 것을 기본 내용으로 하는 이정법은 사족의 통제권을 인정하면서도 민인들 간의 자체적인 규제에 의해 양역제를 운영하도록 규정하고 있는 것이다. 이는 촌락 내에서의 일반민의 지위가 강화되어 가는 것을 인정한 조치라고 할 수 있다.

그러나 부농층 가운데 일부가 향권에 접근해 가고 洞論을 모으는데 민인의 역할이 커졌다고 해도 아직까지는 민인들이 이러한 과정에서 자신들의 이익을 관철시키는 단계에까지는 이르지 못하였다. 두민의 경우를 보더라도 그들의 영향력이 어느 정도 인정되었던 것은 사실이지만 그들이 임의대로 일을 처리하지 못하도록 하는 규정을 두고 있었던 것처럼[15] 그 자율성은 매우 제한적인 것이었다. 당시 일반 민들은 중세국가의 부세체계에 있어서 말단조직으로서의 면·리에 강하게 결속되어 있었고, 여러 무거운 부담을 감수해야만 했다. 그렇지만 면·리 단위의 共同納이 강화되면서 그에 대한 대응형태로 面會, 里會 등이 서서히 권력구조상에 표면화되고 거기에 일반 민의 목소리가 반영되기 시작하였던 것은 당시 민의 성장과 그들의 진로를 예고하는 것이었다.

(2) 동계의 변화와 분동

16~17세기의 재지사족은 당시 변동하고 있던 사회적 조건 아래에서 그들 중심의 지배체제를 강화, 유지하기 위해서 각종 동계를 조직하였다. 그러나 재지사족 중심의 동계와 그 운영원리는 17세기 후반에서 18세기를 거치면서 일정한 변모를 보였다. 그 변화는 우선 洞 재정의 운영면에서 나타나고 있었다. 대체로 이전까지는 동내에서의 상호부조는 구성원들이 그때그때 현물을

14) 《備邊司謄錄》 63책, 숙종 37년 12월 25일.

15) 《政要》(內藤吉之助 編, 《朝鮮民政資料－牧民篇》 1, 軍政(里定節目), 41쪽.

수합하는 방식으로 이루어지는 것이 일반적 관례였다. 洞穀을 마련하는 경우라도 그것의 利殖기능은 상당히 제한적이었으며 그 목적도 동민의 구제에 중점을 둔 것이었다. 그러나 17세기 후반에 들면서부터는 일정한 자금을 확보하여 그 이자를 가지고 비용을 충당한다던가, 경우에 따라서 契畓을 마련하여 거기에서 생기는 賭只로 각종 비용을 충당하는 경향이 주류를 이루게 되었다. 그에 따라 취식의 목적이나 대상도 달라져 나갔는데, 취식의 주대상이 '勤實下人'이 된다거나 빈한한 양반은 거기서 제외되고 있던 것은 그 자금의 성격을 단적으로 말해주는 것이었으며, 그 목적도 이전까지의 동민 구제로부터 洞內補役이라던가 講舍의 설립 등으로 달라져 나갔다.[16]

동계는 위와 같이 그 운영에 있어서 변화가 나타나고 있었을 뿐만 아니라 그 구성원 역시 달라져 가고 있었다. 16~17세기의 동계는 上, 下契員을 모두 그 대상으로 포함하고 있었지만 이제 18세기에 이르면 상계원들만의 조직으로 크게 제한되어 폐쇄적인 성격을 띠게 되는 것이다. 이러한 변화에는 물론 상계원 자체 내의 갈등, 예를 들면 嫡庶 간의 갈등이나 빈부차의 격화 등이 그 한 요인으로 작용하고 있었을 터이지만, 그보다는 소농경제가 성장함에 따라 취해진 정부의 향촌사회통제책, 즉 공동납의 강화가 중요한 역할을 하였다.

지주제가 발전하고 소농경제가 성장하는 가운데 토지소유관계나 동내의 계층 구성이 변화함에 따라 정부는 이제 기존의 재지사족을 매개로 해서만은 부세제도를 원활하게 운용할 수 없게 되었다. 그에 따라 정부는 효과적인 수세행정의 일환으로 기존의 동계를 하나의 수세 단위로 재편하고, 그 내부의 구성원리를 유지시킨 채 공동납을 강화하였던 것이다. 숙종 37년(1711) 법제화된 '里定法'은 전세에서의 比摠制, 환곡에서의 里還, 잡역세에서의 공동납 등과 일련의 관련을 갖고 있던 것으로 추측된다. 이 과정에서 사족들이 중심이 된 洞契, 洞約 조직들이 부세의 단위로 활용되어 17세기 말, 18세기에 있어서 동계는 수취체계의 하부 단위로 고정되어 갔다.

공동납의 실시는 어느 단계까지는 효과적일 수 있었지만 과거의 전통적인

16) 金仁杰, 〈조선후기 鄕村社會統制策의 위기－洞契의 성격변화를 중심으로－〉(《震檀學報》 58, 1984).

촌락기반 위에서 유지될 수 있던 촌락간의 유대를 근본으로부터 변화시키는 계기로 작용하였다. 공동납은 신분제, 지주제를 그대로 유지하면서 수취를 강화하는 것이기 때문에 소농경제가 발전하고 그로 인해 사회 계급관계가 변질되고 복잡해짐에 따라서 원만하게 운영되기란 쉬운 일이 아니었다. 공동납의 강화가 기존 향촌사회 자치조직이라 할 동계를 하나의 수세 단위로 고정시켜 나가게 되었을 때, 그것이 어느 단계까지는 구속력을 가질 수 있었지만, 결국은 향촌사회 내부의 구성원간의 갈등을 유발하는 원인으로 되는 것이었다. 즉 동계조직 내에 묶인채 잠재되어 있던 상·하민간의 대립, 촌락간의 대립 등과 같은 다양한 갈등이 표면화되어 나타나게 되었던 것이다.

동민간의 갈등은 인적 조직으로서의 동계조직의 변화를 불가피하게 만들었다. 17세기까지만 하더라도 '上下合契'의 형태로 조정할 수 있었던 동계가 이제 18세기에 들어오면서는 下契를 포섭할 수 없게 되었던 사실이 그 점을 단적으로 반영하는 것이다. 동계에서 하계원의 참여 기피나 下契案이 없어지는 현상이 일반적인 것이 되었으며, 지역에 따라서는 하계가 동계의 통제권 밖에서 존속하는 경우도 있었다.

물론 18세기에 재지사족의 영향력이 촌락사회에서 곧바로 상실된 것은 아니었다. 위와 같은 변화를 기초로 정부에서 관주도의 향촌통제책을 강화시켜 나가는 가운데서도 사족들을 적극적으로 끌어들이려고 하였던 것은 아직도 이들의 영향력을 배제할 수 없었던 시대적 상황을 반영하는 것이다. 당시 재지사족들은 그것을 이용하여 기존의 체제를 고수하려는 시도를 하면서 또다른 자구책을 강화해 나갔다. 17세기 말, 18세기 관주도의 향약에 그들이 참여했던 것이 전자의 예라고 한다면, 동족촌락을 형성하고 족계·문계·학계 등을 강화하거나 義莊을 설치하고 자신들의 족적 결합을 다지고자 했던 것은 후자의 예라고 할 수 있다.

그러나 18세기 말에 이르러서는 사정이 달라지게 된다. 동약의 대표적 사례 가운데 하나였던 대구 夫仁洞 洞約이 18세기 말에 이르러 하민들의 요구에 의해 그 기능이 축소, 상실되어 갔던 것은 그 단적인 예를 보여준다.[17]

---

17) 鄭震英, 〈朝鮮後期 鄉約의 一考察－夫仁洞洞約을 中心으로－〉(《民族文化論叢》 7, 1982).

이러한 사정은 관에서 주도하였던 동약의 경우에도 마찬가지였다. 이미 이 시기의 각 동(리)은 사족의 통제에서 벗어나고 있었던 것이다. 이 점은 18세기 후반, 특히 광범위하게 작성되고 있던 牧民書類의 하나인 《七事問答》의 文狀條에 '分洞'이 하나의 항목으로 포함되고 있던 데에서도 잘 나타난다.[18)]

지역에 따라 차이가 있었겠지만 사족지배질서가 유지되던 16~17세기의 촌락은 대개 일정한 지연적 공동체로서 수개 또는 10여 개 자연촌락들이 하나의 연합체로 묶인 모습을 하고 있었다. 그리고 이 가운데 사족들이 집거하거나 영향력 있는 사족이 거주하는 '洞'과 '里'가 중심촌락으로 이들의 전체명칭으로 불려지고 있었다. 리와 동에 집거하였던 사족들은 동계나 동약 등을 통해 거의 常賤民으로 구성되어 있던 것으로 보이는 하위의 수개 또는 10여 개의 마을을 지배하였던 것이다. 그런데 이들 광역의 리 밑에 묶여 있던 자연촌들이 바로 18세기 후반 이후 독자적인 조직과 규모를 지니면서 독립된 마을로 분화되기 시작하였다.[19)] 이같은 촌락사회 구조상의 변모가 야기된 데에는 상품경제의 발달, 화폐경제의 진전과 같은 여러 요소가 지적될 수 있지만 주목되는 사실은 촌락 분화과정에서 하민들의 分洞 요구가 중요한 역할을 하고 있었다는 점이다. 이는 이제 일반 민들이 사족들이 주도하던 향촌지배체제의 모순과 한계성에 직면하면서 자신들의 진로를 모색하기 시작하였음을 보여준다. 그들은 사족지배체제의 굴레에 대항하는 과정에서 동질감을 확인하고 또 자신들의 요구가 수용되었을 때에는 구체적인 삶의 공간에서 결속력을 강화하여 나가게 되었다. 이는 이후 민인이 변혁의 주체로 기능할 수 있을 만큼 성장하는 토대가 되는 것이었다.

(3) 민중조직의 활성화

16~17세기의 향촌사회에서는 사족들을 중심으로 동계나 동약이 광범하게 실시되고 있었지만 향촌조직이 사족들의 동계나 동약만 존재하고 있었던 것은

———, 〈18, 19세기 士族의 村落支配와 그 해체과정－대구 부인동 동약의 분쟁을 중심으로－〉(《조선후기 향약연구》, 민음사, 1990).

18) 《七事問答》 文狀 二十八條.

19) 李海濬, 앞의 글(1990).

아니었다. 사족지배체제가 강화되는 속에서도 기층 촌락민의 생활문화 기반 위에 존속하던 향도, 음사 등의 촌계류 조직들은 여전히 유지되고 있었다. 물론 그러한 조직이 향촌사회에서 지배권을 강화하고자 하였던 사족들에 의해 그 기능이나 역할이 크게 위축되고 있던 것은 사실이다. 그러나 18세기에 들어 향촌사회에서 사족의 지배력이 약화되고 하층민의 요구에 따라 분동이 널리 이루어지면서 민중조직이 활성화될 수 있는 기반이 마련되게 되었다.

그간 향촌사회의 운영원리로 작용해오던 동계·동약이 더 이상 기층민에게 영향력을 행사할 수 없게 되면서 민의 촌계류 조직들이 새롭게 부상하였다. 그러한 상황을 반영하듯 18세기 말, 19세기의 향촌사회에는 각종 조직들이 발달하고 있었다. 19세기 중엽 전라도 무주의 경우에는 다음의 평가가 있다.

> 우리 東國의 경우에 이르러서는 촌마다 계가 있고 각 집안마다 계가 있으니, 이르기를 科契·筆契·墨契·紙契·洞契·射契라 하여 그 이름이 다단하다. 혹 서로 모여 추렴해서 술을 마시고 돌아다니며 웃고 즐김으로써 한때 비용을 다 써버리고 하룻나절 즐기는 것으로 끝나는 경우도 있다. 오직 宗契와 譜契가 효의 정신에 가까운 것이나 이 또한 순정치 못한 것이다(《裳谷八里孝稧鄕約節目》茂州, 철종 7년).

또한 19세기 전반 李圭景은 다음과 같이 표현하였다.

> 契라는 것은 王逸少의 蘭亭修契에서와 같이 상서롭지 못한 것을 떨치는 모임이 아니다. 옛날의 里社와 같이 一里가 서로 모여 식리하는 것을 계라고 한다(예를 들면 漁夫契·四亡契·四寸契 등과 같이 일에 따라 이름을 붙인다)(李圭景, 《五洲衍文長箋散稿》 권 36, 香徒辨證說).

이와 같이 민간에서는 각각의 목적에 따라 각종의 계조직이 만들어지고 있었다. 이 시기의 자료들은 일반 민들 사이에 셀 수 없을 정도로 많은 종류의 계가 성행하고 있었음을 보여주고 있다. 농사에 관련된 일을 공동으로 수행하기 위해 조직된 農契·農具契·牛馬契, 상례를 치르기 위해 결성된 喪契·喪輿契 등은 그 가운데 대표적인 것들이었다. 이 시기의 지역 단위의 계는 사족주거의 동(리) 아래에 예속되어 있다가 조선 후기 촌락의 분화과정에서 독립되어 나온 하위의 마을을 기본단위로 하여 운영되고 있던 것으로 보인다. 이같은 조직이 각 촌락사회에서 갖는 위상이 어떠한 것이었는지, 또 구체적 내용이 어떠한 것이었던가는 관련자료가 많지 않아 명확히 밝혀내기가 쉽지 않다. 그러나 당시 일반적으로 계는 구성원들의 요구에 따라 일정한 자금을 마련하고 그것을 취식하는 것을 그 중심 내용으로 하고 있었다. 또 동제나 당제 등과 같은 공동체적인 祭儀 역시 계조직을 매개로 하여 이루어지고 있었을 것이다.

이 시기의 민중조직의 활성화와 관련하여 또 하나 주목되는 것은 공동노동조직으로서의 두레이다. 두레조직은 수전농업지역에서 17세기 후반 이후 이앙법이 보급되고 있던 상황에 조응하여 발달되고 있던 것으로 추정된다. 그 구성의 기본단위를 각 동, 촌락으로 하고 있던 두레는 황두군과 같은 이전의 직파법 아래에서의 공동노동조직이 벼농사 기술의 발달에 따라 새로운 변화를 일으킨 것이었다.

두레는 조직의 구성에서도 지주층의 참여와 간섭을 배제하고 자작·소작농민을 성원으로 하였기 때문에 농민사회의 자율성을 높이는 성과를 올리고 있었다. 자·소작농만을 구성원으로 한 것은 황두군도 마찬가지였지만 두레는 지주와의 관계를 철저하게 賃銀 관계로 처리하여 농업경영으로부터 봉건적·신분제적 강제를 배제하였던 것이다. 신분제적 강제로부터 벗어나는 것은 이전의 노동조직도 바라는 것이었을 것이나, 조선 전기에서처럼 그것들이 지방관의 직접적인 통제대상으로 오르거나, 16~17세기 사족층이 주도하는 동계의 하부조직으로 편입되는 상황에서는 달성되기 어려운 것이었다.[20] 그것은 두레 자체의 향상된 경제력을 발판으로 보다 더 공고한 결속을 발휘함으로써 획득될 수 있었다.

두레는 집약적인 노동력의 필요와 생산력의 발전을 토대로 이전의 공동노동조직들과는 비교되지 않을 정도로 촌락사회 내에서 위상을 강화할 수 있었으며 그 비중은 18세기에 稻麥 이모작이 보급되면서 더욱 높아져 갔던 것으로 보인다. 이들 두레조직은 기본적으로 마을 단위의 조직이었던 데에다 지주층의 간섭을 배제하고 있었으므로 두레를 통한 공동노동 과정에서 농민

---

20) 李泰鎭, 앞의 글(1989).

들의 자의식은 고양될 수 있었다. 이것은 이후 촌락공동체적 질서체계와 연관관계를 지니면서 지역적 한계를 극복하고 다른 마을의 두레와도 연대감을 가질 수 있는 단계에까지 나아가게 된다.

이러한 조건과 관련하여 주목되는 것은 이 시기 민중들이 합법적 공간을 이용하여 집단적으로 자신들의 의사를 표명하고, 국가에서도 이에 대한 일정한 대책을 마련하기 시작했다는 점이다. 대체로 이전까지의 민중저항의 일반 양상은 유리, 도망이었고 이것이 가장 강력한 저항 수단이었으며, 조직적인 항쟁을 하는 경우에 있어서도 농촌에서 유리된 층이 중심이 된 도적이나 명화적의 형태가 일반적이었다. 18세기에도 이같은 현상이 지속되고 일층 강력해지는 모습을 보였으나, 이제 이 시기에 이르면 농촌에 토착해서 사는 농민들을 중심으로 수령이나 감사를 상대로 等訴, 議送을 제출하는 것이 빈번해졌다. 여기에서의 중심 내용은 토지, 부세문제 등 사회경제적 이해관계를 반영한 것이 주류를 이루고 있었다. 이 시기 활발하게 작성되는 목민서에 여러 이유로 제기되는 소장에 대한 처리, 특히 등소 처리에 관한 '套書', 즉 사건의 처리방식에 관한 형식이 실리고 있는 것은 이제 생활기반을 가지고 토착해서 사는 이들이 자신들의 의사를 집단적으로 표출할 만큼 성장하고 있었다는 사실을 반영한 것이라고 하겠다.

조선 후기에 들어와 민의 요구가 증가되자 국왕의 입장에서도 16세기 중엽까지 '四件事', 즉 자신이 직접 刑을 받는 일, 父子 관계를 가리는 일, 嫡妾을 가리는 일, 良賤을 분간하는 일 등 4가지의 경우에만 왕에게 직접 호소하는 것을 허락하고 그 밖의 사안은 擊錚하는 것을 허락하지 않았는데, 이제 그 대상을 확대하여 일반 民隱 전반에 대해 호소함을 허락하여 합법적 공간에서의 민의상달을 제도적으로 보장하려 하였다.[21] 이같은 조치로 인해 일반 민인들이 수령, 감사, 나아가 비변사에까지 자신들의 집단적 의사를 표명하는 것이 더욱 용이해졌다. 당시 민중은 합법적인 등소 외에도 집단행동을 통한 '호소'도 많이 행하였는데, 이같은 방법을 통해 부세감면, 민전침탈, 상업적 이익 등 공동의 문제를 집단적으로 해결하려 하였다. 이같은 등소와 호소

---

21) 韓相權, 《朝鮮後期 社會와 訴寃制度－上言·擊錚硏究－》(一潮閣, 1996).

를 통한 집단항쟁의 경험이 이후 '민란'과 같은 대중투쟁의 토양이 되었다.

이상과 같이 18세기의 일반 민들 사이에서는 여러 조직이 발전하고 있었고, 민중의 집단적 목소리가 사회 전면에 나타나고 있었지만 아직까지는 그것이 변화되는 조건에 상응하여 촌락사회를 이끌어 갈 새로운 운영원리를 제시하는 단계로까지 나아간 것은 아니었다. 오히려 그 틈을 이용하여 관권이 깊숙히 침투하고 있었고, 향촌사회 내부에서 사회적 갈등이 심화되고 있었다. 그렇지만 기층민들은 각종 목적계나 두레를 자체적으로 결성 운영하면서 자신들의 자치력과 결속력을 다져가고 있었던 것으로 보인다. 이렇게 획득된 자치력이나 결속력은 이후 사족이나 관권과 갈등이 생겼을 때 자신들의 의사를 적극적으로 표현할 수 있는 중요한 기반이 되는 것이었다. 또 계나 두레의 조직은 대중동원을 위한 조직으로 바로 전화될 수 있었다. 때문에 정부측에서는 민인들의 집단행동을 흔히 '作契'라는 용어로 표현하였고, 그것이 집단행동으로 나타날 경우 '結黨作亂'으로 크게 문제삼게 된다.

18세기 '결당작란'의 주체는 일반 민인, 아전, 토호 등 다양하였고, 그것에 동원되는 층이 주도자의 족당이나 수하인이 일반적이었지만, 그 가운데 토호가 주체가 된 경우에는 다수의 민인을 동원하고도 있었다. 대표적인 예로 영조 17년(1741) 밀양부에서 발생한 '汨董契'사건을 들 수 있다.[22] 이는 밀양지방의 토호가 수백 명의 민인과 더불어 돈을 모아 골동계라는 조직을 결성한 후 수령을 바꾸고 향임을 차출하는 등 실력행사를 하여 큰 문제가 되었던 사건이다. 정조 6년(1781) 함창 토호가 수령의 체형에 반발하여 무리를 모아 단체를 결성하고 돈을 거두어 수령축출을 도모한 것[23] 역시 마찬가지 사건이다. 토호들이 주도하였던 사건들에서 민인을 모으는 데 계를 이용하였던 것은 당시 계조직이 민중의 결속에 일반적으로 이용되고 있었다는 점을 잘 보여주는 것이다. 그리고 그러한 조직체를 통해 결집된 힘은 수령을 교체할 정도로 향촌사회 내부에서 강한 영향력을 발휘하고 있었던 것이다.

촌계류나 두레가 촌락사회를 기반으로 한 것이었지만, 촌락사회 내에 정착하지 못하고 있던 부류들이 조직화되고 있던 현상 역시 주목할 필요가 있다.

---

22) 《英祖實錄》 권 53, 영조 17년 정월 갑술.
23) 《正祖實錄》 권 13, 정조 6년 정월 신해.

조선 후기의 사회변화와 함께 17세기 말에서 18세기 초에 걸치는 기간에는 농지에서 유리되거나 도시로 유입된 하층민들이 광범위하게 존재하고 있었다. 유망민은 어느 시기에나 존재하는 것이지만 이 시기에 오면 그 수가 크게 급증하여 정부 내에서도 유망민 문제가 심각하게 논의되는 상황이었다. 자신의 생활근거지를 잃고 도성이나 읍성 주위에서 거주하던 이들은 생계의 수단으로, 혹은 자위적인 집단조직으로 향도계를 조직하여 잡역을 담당하고 있었다. 그러나 열악한 조건으로 인해 그들 가운데에는 도적화하는 경우가 많았으며 특수한 목적의 조직을 구성하기도 하였다. 그 대표적인 예로 들 수 있는 것이 17세기 말 서울 지역의 하층민 중심으로 결성되어 사회적으로 큰 문제가 되었던 '劍契'이다. 검계는 유망하여 서울로 흘러들어온 자들이 중심이 된 조직으로서, 여기에는 평민뿐만 아니라 사대부가나 궁가의 종까지도 참여하고 있었다. 이들이 어떤 행동목표를 지니고 있었는지는 알 수 없지만 사사로이 군사훈련을 하고 있던 것으로 보아 상당한 조직성을 갖추고 있었던 것만은 틀림없다.

한편 노비들 가운데에는 자기 주인뿐만 아니라 양반 일반을 대상으로 살육과 약탈을 목적으로 하는 '殺主契'를 조직하는 경우도 발견되는데,[24] 이들의 성격 역시 검계와 크게 다르지 않았던 것으로 짐작된다. 17세기 말부터 시작된 이러한 흐름은 영조 초년의 戊申亂을 거치면서 무신란에 동원되었던 사회세력의 경험과 지배권력에 대한 저항의식이 확산되고, 18세기에 들어 더욱 증폭되는 가운데 明火賊과 같은 보다 대규모적이고, 지속적인 항쟁활동으로 전개되어 나가게 되었다.[25] 물론 이들 세력이 사회적 전망을 가지고 있던 것은 아니어서 바로 변혁세력의 주체로 부각될 수는 없는 것이었지만 이후 사회변혁세력화할 수 있는 가능성을 보여주고 있다.

결국 17, 18세기에 사족이 주도하던 동계조직의 모순과 한계성에 직면하면서 기층민 조직들은 자체의 새로운 자생력과 진로를 획득하게 되었고, 그것

---

24) 鄭奭鍾, 〈肅宗朝의 社會動向과 彌勒信仰〉(《朝鮮後期社會變動硏究》, 一潮閣, 1983).

25) 영조 연간에 전개된 명화적의 성격과 활동에 대해서는 韓相權, 〈18세기 前半 明火賊 활동과 정부의 대응책〉(《韓國文化》 13, 1992) 참조.

은 이후 기층민이 중세 말기의 변혁주체로서 사회 전면에 나설 수 있게끔 하는 토대가 되었던 것으로 보인다.

3) 19세기 민중의 사회적 결속

(1) 향회의 활용

19세기 전반의 촌락사회는 그 내부에 각기 지향을 달리하는 인적 결합관계, 조직을 포함하고 있었다. 그 가운데에는 과거의 조직이 생명력을 상실하는 속에서 일부 조직이 보다 극단적인 형태로 강화되기도 하고 그와는 달리 새롭게 형성되어 발전하고 있던 농민조직이 영향력을 행사하기도 하였다. 族契나 門契조직 등이 전자의 예라고 한다면 두레조직, 樵軍조직 등은 후자의 대표적인 예라고 할 수 있다. 그렇지만 아직까지는 그 어느 조직논리도 당시 변화된 조건 속에서 촌락사회를 이끌어갈 새로운 지배논리로까지 전화된 단계에는 도달하지 못하고 있던 것으로 보인다. 오히려 전환기에 힘의 공백을 틈타 관권의 개입이 노골화되면서 촌락사회는 관의 깊숙한 통제 아래에 놓이는 것이 일반적 상황이었다. 그러나 관주도의 통제체제는 곧 위기를 맞게 된다.

19세기에 들어와 향촌사회의 위기 징후는 여러 부면에서 표출되고 있었다. 그것은 이미 관주도 향촌통제책이 구조적으로 내포하고 있던 모순이 현상화한 것으로 이해할 수 있다. 수령과 그에 결탁한 이서층과 향임층, 심지어 면임·이임들까지도 각종 수탈을 공공연하게 자행하고 있었으며, 그 규모나 방법도 18세기 때와는 비교할 수 없을 정도로 커지고 다양해졌다.[26] 그리고 그에 편승하여 조금이라도 부를 갖고 있는 자들은 그 수탈을 면하기 위해서 수단을 가리지 않았다. 농민층 분해, 상품경제의 발달, 화폐의 전국적 유통 등 사회경제적 변화로 촌락민들을 묶어맬 수 있는 공동체적 끈이 느슨해지는 가운데, 이제 공동체적 강제로는 더 이상 당시 폭발하고 있던 민인의 욕구를 해결할 수 없게 되었다.

---

26) 高錫珪, 《19세기 鄕村支配勢力의 변동과 農民抗爭의 양상》(서울大 博士學位論文, 1991).

이 시기 향촌사회의 각 사회세력들은 사회모순의 실체를 구체적으로 인식하고 있었으며, 그에 따라 기존의 체제에 안주하지 않고 자신들의 주장을 보다 적극적으로 개진하기 시작하였다. 그 주장은 각자가 처한 입지에 따라 개인적 차원에서 때로는 집단적 차원에서, 합법적 공간에서 때로는 그것을 뛰어넘는 차원에서 제기되고 있었다. 그리고 그 대상도 부차적이고 개별적인 문제부터 당시 사회가 안고 있었던 기본 모순에 이르기까지 다양한 것이었다. 여기에서 주목해야 할 것은 그같은 문제제기가 이 시기에 이르면 단지 개인적인 차원에서 머무르는 것만이 아니라 집단적으로, 지속적으로 이루어지고 있었다는 사실이다. 그 가운데에서 당시 지배기구였던 鄕會가 크게 활용되고 있었음이 주목된다.

향회는 당시 합법적 공간에서 중심적 역할을 담당하면서 민인들의 이해관계를 반영하고 있던 기구였다. 향회는 본래 儒鄕層과 같은 지배층들이 참여하여 결속을 다지고 향촌질서를 보다 안정적으로 유지할 목적으로 운영되던 것이었다. 그러나 18세기에 들어 사족의 향권장악이 불가능해지게 된 상황에서 향회는 과거와 같은 기능을 유지할 수 없었다. 향회의 성격변화는 특히 부세수취 방식의 변화와 직접 관련되어 나타났다. 당시 부세납부는 전세에서의 比摠制, 군역에서의 里定法, 환곡에서의 里還(統還)法 등과 같은 공동납제로 운영되고 있었는데, 동내에 부과되는 부담분을 관권의 전횡만으로는 해결할 수 없는 것이며 그것은 최소한의 범위 내에서라도 주민들의 의사를 반영해야 했다. 이 때 주민들의 의사는 향촌사회 내부의 조직을 매개로 모아지고 있었으며 여기에 향회가 이용되었다. 18~19세기에 향회가 士類(儒林)들의 儒會, 수령의 부세행정의 자문역할을 하는 향회를 지칭하였던 것이지만, 일반적으로 후자의 경우로 사용되고 있던 사실은 향회가 수령의 부세자문기구적 성격으로 변화하고 있었음을 보여준다.

향회의 성격변화는 그 구성원이 바뀌는 데서도 기인하였다. 신분적인 특권이나 혹은 향촌에서 누리고 있던 권위에 바탕을 두고 형성된 층과는 다른 새로운 인물들이 유향층에 포함됨에 따라 향회의 구성원은 질적으로 변해나갔다. 그런데 향회의 구성원이 일률적이었던 것은 아니다. 一鄕이라 하여 주로 향안에 기록된 자들이 중심이 되기도 하였지만, 유향이 구성원이 될 경우 그것에 새롭게 참여하게 되는 新儒(別儒)와 新鄕이 그 성격을 주도하는 방향으로 바뀌어 나갔다. '大小民齊會'라 하여 양반·평민의 구별이 없이 참여하는 향회도 나타나고 있었다. 혹은 이와 더불어 향회와 座首, 別監 등의 鄕任과 面, 里任 頭民들이 그때그때 안건의 내용과 편의에 따라 회의를 가졌던 경우도 있었다.27)

향회에 새로 참여하게 되는 계층 가운데 가장 주목되는 부류는 '饒戶'라 불리는 부민층들이었다. 요호부민들은 농민층만이 아니라 상인층 혹은 광산을 경영하여 부를 축적한 자 등 그 출신기반이 다양하였다. 그런데 이들은 토호나 대민들이 누리고 있던 면세의 혜택을 입는 자들은 아니었으며, 오히려 풍부한 경제력으로 인해 18세기 이래 부세수취 과정에서 가장 많은 부담을 지고 있던 부류들이었다. 요호들이 일방적인 착취의 대상으로 설정되었던 것은 경제력에 상응하는 사회적 지위를 가지고 있지 못했던 데서 연유하는 측면이 컸다. 때문에 그들은 賣鄕 등 여러 가지 방법을 동원하여 적극적으로 향권에 접근하기 시작하였다.

그러나 향권에 접근함으로써 요호층의 기대가 용이하게 이루어지지는 않았다. 수령은 오히려 향임 임면을 구실로 그 대가를 요구하는 상황이었으며, 과외의 수취나 부정기적인 재정수요가 발생했을 때 그 부담은 여전히 요호층에게 전가되고 있었다. 기존의 체제에 편승하여 신분상승을 이루고자 했기 때문에 그들은 수령을 비롯한 지배층에 말려들면서 여러 가지 부담을 강요받고 있었던 것이다. 이처럼 부민층들의 사회적 성장의 한 방편이 되고 있던 장치들이 결국 요호층들에 대한 침탈의 도구로 확인되면서, 그리고 결국 그 부담이 일반 농민층에게로 전가되는 가운데 본질적인 대립구도가 형성되어 갔다. 관과 요호부민들의 대립, 관권에 기생하면서 그 맹위를 떨치던 吏鄕層과 민간의 대립이 바로 그것이었다.

18세기까지만 하더라도 체제 내에서 성장을 모색하고 있던 부민층이, 그리하여 자신들 스스로가 중세적 모순을 심화시키는 데 일정한 역할을 담당하기

---

27) 安秉旭, 〈朝鮮後期 自治와 抵抗組織으로서의 鄕會〉(《聖心女大論文集》 18, 1986).
———, 〈19세기 壬戌民亂에 있어서의 「鄕會」와 「饒戶」〉(《韓國史論》 14, 서울大, 1986).

도 했던 이들이 자신의 성장의 한계를 자각하게 되면서 19세기에 들어와 새로운 방향을 모색하는 데 선두에 서게 된 것도 우연한 일은 아니었다. 기본적으로 당시 사회체제에서 모든 부담을 떠맡아야만 했던 민인들과 함께 그들은 19세기 중엽 구체제를 타도하고자 하는 대열에 동참하게 되었던 것이다.

새로이 향회에 참가하게 된 이들의 이해관계가 기존의 지배층과 동일할 수는 없었다. 이들이 향촌사회에서 어느 정도 발언권을 얻었을 때 일차적으로는 기존 지배층으로부터 자신들의 이익을 보호해야 했다. 그에 따라 향회는 점차 민의를 결집하고 대변하기 시작하였다. 향회에서는 불법수취를 강요하는 관권에 대항하는 방법이 논의되었으며, 등소운동과 같은 구체적인 행동을 주도하는 이들의 합법적 공간이 되었다. 이전 시기까지 재지사족층의 지배기구였던 향회가, 그 구성원에 있어서도 일정한 변동이 있게 되면서, 단지 부세결정 과정에서 관권을 대변하는 차원에 머무르지 않고, 이제 역으로 기층민의 이해를 대변할 수 있게까지 된 것은 이 시기 민중의 성장을 보여주는 것이라 할 수 있다.

19세기 중엽까지 향회에서 논의되었던 내용들은 매우 다양하다. 충청도에서는 전세의 結價를 정하기도 했으며, 洪州의 경우 江主人의 호소에 따라 급가방법을 둘러싼 민원을 처리하고, 德山에서는 鄕廳 보수비용을 마련하기 위해 賣鄕까지도, 茂長에서는 의연을 핑계삼아 부민들에게 權分을 강제하는 일까지 향회가 주관 논결하였다. 처음에는 향회가 단순히 여론 참작 기구 정도에서 출발하였는데 이 때에 이르러서는 수령이 읍정의 대부분을 향회의 논의나 동의하에 수행할 만큼 그 역할이 다양해지고 있었다. 수령에 대한 인사문제를 제외하고는 거의 모든 읍정을 향회에서 주관하는 것처럼 보일 정도였다.[28] 한편 순조 말경 천안에서 都結價를 놓고 수령과 민간의 대립이 나타났을 때 수령이 임의적으로 결가를 올리자 이에 항의하여 향회가 열리고 거기에서 관리가 治罪까지 당하는 사태가 발생되었던 것은 이후 향회가 저항운동에서 어떻게 이용될 수 있는가를 보여준다. 이같은 과정을 거치면서 이제 향회는 민중운동의 중요한 기간조직으로 전화되어 나갔다.

---

28) 安秉旭, 위의 글(a), 113쪽.

항쟁의 조직기반으로 향회가 기능하고 있던 예를 가장 잘 보여주는 것은 철종 13년(1862) 영남지방의 丹城항쟁이었다.[29] 단성에서 향회의 향론을 주도하고 그것을 항쟁으로 이끄는 데 주도적 역할을 하였던 사람은 재지사족이었던 金靈, 金麟燮 부자였는데, 이들은 鄕論을 빌어 鄕任, 里任을 차출하는 등 읍권을 장악하고 있었다. 通文을 돌려 읍회를 개최한 후 다중의 힘을 동원하여 수령을 축출하고 읍권을 장악했던 전라도 益山의 예도 향회가 항쟁과정에서 중요한 역할을 하고 있었음을 보여준다. 또 이 밖에 일읍의 민인들이 정소운동에서 나아가 향교에서 모여 논의하는 가운데 직접 관청을 공격하였던 충청도 林川이나, 관의 '結錢豫捧'을 철회하도록 만들었던 延豊의 경우에서도 항쟁과정에서 향회가 중요한 역할을 하고 있었음을 보여주고 있다.

그러나 이와 같이 기존의 향회를 이용하는 방식은 상당한 한계를 갖는 것이기도 하였다. 향회를 이끌어가는 것은 신분적으로 대부분 양반에 속하는 지배층이었고 계급적 속성상 그들은 관의 입장을 대변하는 것이 일반적이었기 때문이다. 丁若鏞의 다음과 같은 설명은 19세기 전반 향회 성격의 일면을 잘 보여준다.

> 鄕中의 不肖子弟 수십 인, 부리기 쉬운 자를 객관에 모이게 한 후 돼지를 잡고 술을 걸러 잔치를 연다. 그들을 불러 말하기를 향회에서 役價를 올리는 일을 의논해야겠다고 하면 모두 좋다고 한다. 누가 감히 다른 의견을 내겠는가. … 舊令이 가고 新令이 이르면 또 전과 같이 하여 열 섬을 더하니, 시간이 지나면서 극한에 이르게 된다. 이것이 바로 역가가 늘어나는 까닭이다(丁若鏞, 《經世遺表》 권 7, 地官修制, 田制 7).

정약용이 지적한 향회는 수령에 의해 역가를 올리기 위한 기구로 이용되고 있던 향회인 것이다. 이와 같이 향회는 여전히 大民들 중심으로 운영되면서 관권의 시녀 역할에서 크게 벗어나지 못하고 있던 것이 일반적 상황이었으며, 그로 인해 향회가 민인들의 의사와는 대립적 위치에 있던 경우도 적지 않았다. 그에 따라 민인들은 기존의 향회와는 별도의 모임을 통해 자신들의

---

29) 이하 1862년 삼남 각 지역에서의 농민항쟁의 조직기반에 대해서는 金仁杰, 〈朝鮮後期 村落組織의 變貌와 1862년 農民抗爭의 組織基盤〉(《震檀學報》 67, 1989) 참조.

문제를 해결하지 않으면 안되었다. 그러한 상황은 1862년 농민항쟁 과정에서 뚜렷하게 나타나고 있었다.

민인들이 별도의 모임을 결성했던 예는 '진주민란' 과정에서 잘 나타난 바 있다. 당시 항쟁 초기에는 관주도의 향회와는 달리 대민들이 중심이 되어 水谷市에서 별도의 都會를 갖고 여기에서 문제를 논의하고 있었다. 그러나 항쟁의 주체들은 실제 항쟁의 구체적인 전개과정에서는 수곡도회와는 별개로 회의를 개최하고 이를 통해 거사계획과 조직을 점검하고 있었던 것이다. 이 때 조직의 기반이 되었던 것은 '樵軍'이었으며 이들의 동원을 위해 한글로 된 통문을 사용하기도 하였다. 당시 초군조직은 동 단위로 편제되어 있었고, 이들의 동원에는 면임과 동임 및 동내 頭民들이 상당한 역할을 담당하기도 하였다. 항쟁의 주체들이 기존 향회와는 다른 도회라고 하는 별도의 집회를 가져야 했던 것은 기존의 향회가 민중의 이해를 제대로 반영하고 있지 못했음을 말하는 것이다.

향회의 성격으로 인해 기층민들이 독자적인 움직임을 가져야 했던 사정은 尙州의 경우에서 보다 확연히 드러나고 있다. 상주에서는 小民들이 면임 金日福을 중심으로 항쟁을 전개하고 있었다. 즉, 상주에서는 대민들이 여러 차례 향회를 열었음에도 불구하고 전혀 문제를 해결하지 못하고 있던 점을 비판하면서 소민들이 독자적인 행동에 나서고 있었던 것이다. 이 때의 모임이 民會라 불렸음이 상징적이다. 물론 그 진행과정에서 표면상으로는 朝官兩班을 狀頭로 삼아 결가, 환곡, 군포 등의 문제를 관과의 타협을 통해 합법적으로 해결하려 한다면 生員·進士 등 대민을 장두로 삼는 것보다 훨씬 용이할 것으로 생각했고, 일을 추진하는 과정에서 문제가 야기된 것이라고 표방하고 있었다. 그렇지만 어디까지나 소민들이 주체가 되고 있었다는 점에서 다른 지역과 차이를 보이고 있다.

위의 예들은 농민항쟁과정에서 향회가 이용되고 있었으며 그 유형은 요호들이 주도하는 경우, 소민들이 중심이 되는 경우 등 다양하였음을 보여준다. 이러한 다양한 예는 결국 민인들이 자신의 계급적 기반을 인식하고 그러한 인식 위에서 사회변혁운동의 주체로 서게 되며, 민중이 기존 지배기구를 자신들의 조직으로 만들어 나가는 과정을 보여주는 것이었다.

(2) 민중조직과 농민항쟁

위에서 살핀 바와 같이 관의 부세자문기구로 변질된 향회가 민중의 의사를 결집하고 농민항쟁의 조직기반으로까지 전환할 수 있었던 것은 그것을 활용하여 자신들이 모순으로 느끼는 상황을 타개하고자 하는 주도층의 적극적인 노력이 있었기 때문이었다. 그렇지만 동시에 그들이 민중을 동원할 수 있었던 객관적 조건이 성숙되고 있었던 사실도 고려되어야 할 것이다. 당시 새롭게 편성된 里洞조직의 기능강화라던가, 두레 등과 같은 농민조직의 출현 등 기층민들이 기존 지배층 중심의 공동체적 질서를 벗어나 새롭게 자신들의 결속력을 강화할 수 있는 계기가 마련되고 있었던 것이다. 이들 민중적 공동체 자체가 모두 농민항쟁의 조직으로 전환하고 있었던 것은 아니었지만, 그 공동체적 질서가 민중의 결속력을 강화하고 민중이 그것을 통해 자신의 의사를 보다 효과적으로 드러내고 있었던 사실을 주목하게 된다.

아울러 앞서 보았듯이 18세기 이후에는 삶의 현장에 뿌리를 내리고 있는 기층민들이 자신들의 목소리를 낼 수 있을 정도로 성장하고 있었다는 사실이 그같은 민중의 결속력의 기반이 되는 것이기도 하였다. 上言·擊錚에 대한 분석에서 드러나듯 17~18세기를 거치며 합법적인 공간에서 민인들이 의사를 개진할 수 있는 여지가 크게 확대되고 있었으며, 민인들은 등소나 호소 또는 作亂을 통해 집단적으로 문제해결을 시도하기도 하였다.[30] 아직까지 초기 단계에서는 문제의 해결방식이 개인적인 차원 또는 친족을 동원하여 보복을 가하는 것이 일반적인 방식이었고 조직적인 차원으로까지 나아가고 있지는 못한 상태였음에 비해, 이제 19세기에 들면서 민인들은 개인적인 호소의 차원에서 벗어나 당시의 폐단을 개선해 줄 것을 요구하는 집단적인 움직임을 보이고 있었다.

민중의 조직적인 움직임에는 다양한 조직들이 이용되고 있었는데 향회가 여러 계층의 의사를 결집하는 기구로 운영되던 사실은 앞에서 살펴본 바와 같다. 그런데 향회가 당시 민인들의 이해를 전반적으로 반영하지 못하는 경우가 많았고, 때문에 민인들은 향회와는 별도의 조직을 통해 자신들의 이익

30) 韓相權, 앞의 책, 228~247쪽.

을 보호해야 했으며 그러한 역할은 역시 村契나 두레와 같은 전래의 민중의 공동체적 조직이 담당하고 있던 것으로 보인다. 순조 26년(1826) 경주 민인들이 장기현감을 공격한 사건을 기록한 자료에는 '契民輩'라는 표현이 등장하고 있는데 이는 거사과정에서 민인들의 촌계가 매개역할을 하고 있던 사실을 보여주고 있다.31)

농민항쟁에서 민중조직이 이용되고 있던 예는 앞서 본 진주항쟁의 경우에서 잘 나타나고 있다. 당시 봉기의 주도자들은 面任·洞任 등에게 통문을 발송하였으며 그에 따라 훈장·면임·동임들이 자신의 관장하는 향촌내 공동체조직 내에서 농민을 선발하고 있었다. 이 때 민인을 동원하는 과정에서 항쟁에 참가하지 않을 경우 闕錢을 거두거나 혹은 가옥을 파괴하겠다는 협박이 가해지고 있었는데, 이는 항쟁과정에 촌락의 공동체적 구속력이 강하게 작용하고 있었음을 말해준다. 이처럼 향촌내 공동체조직이 봉기주도층과 연결됨에 따라 많은 민인들이 항쟁에 참여하게 되었던 것이다.

한편 농민층 내부에서는 계층분화가 계속되는 가운데 기존의 조직과는 다른 별개의 새로운 조직이 형성되기도 하였다. 농민항쟁과정에서 중요한 역할을 담당하게 되는 초군조직이 그것이다. 樵軍은 본래 생계유지를 위해 나무를 베어다 땔감으로 팔아서 살아가는 존재였다. 대다수의 초군은 생계가 어려워 머슴이나 婢夫로 살고 있었지만 소규모의 토지를 소유하거나 소작지를 경작하는 이들도 있었다. 각종 수탈이 농민의 안정을 위협하는 당시 상황에서 초군은 지속적으로 양산될 수밖에 없었는데 그런 의미에서 농민은 초군의 모집단이라고도 할 수 있다.

이들 초군조직은 일반 농민들이 공동노동을 위해 두레를 이용하고 있던 것과 마찬가지로 나름대로의 조직을 갖추고 있었다. 그 규모는 대체로 10여 명 정도로 구성되었지만 100여 명이 넘는 큰 조직도 있었고, 樵魁·座上·頭目 등으로 불리는 자들이 조직을 지휘하고 있었다. 이러한 특성으로 초군들은 대규모적인 공동노동조직을 통하여 집단화하고 세력화할 수 있는 기반을 마련하고 있었던 것이다.

---

31) 한명기, 〈19세기 전반 반봉건항쟁의 성격과 그 유형〉(《1894년 농민전쟁연구 2》, 역사비평사, 1992), 194쪽.

농민과 초군들은 공동노동조직으로 자체적인 결합력을 지니고 있었으며 또 서로 계급적 기반을 같이하고 있었다. 때문에 그들은 강한 결집성을 갖춘 채 향촌내 지배층인 토호·양반들에 의해 주도되지 않고 독자적으로 봉기에 나설 수 있었던 것이다. 이같은 모습은 1862년 농민항쟁 당시 함양 지방과 같은 경우 사족, 향원들이 중심이 되어 군현 차원에서 활동하고 있을 당시에도 50여 명의 咸陽民이 독자적인 활동을 전개하고 있었던 사실, 전라도 일대에서는 뚜렷한 주모자가 없이도 500~600명 혹은 300여 명씩 둔취하면서 宣撫使의 巡行을 가로막고 자신들의 요구조건을 제시하였던 사실 등에서 확인된다. 또 懷仁에서 초군들이 士夫家에 저항하여 봉기하고 있는 것이라던가, 懷德의 초군 수천 명이 읍을 공격하고 더 나아가 淸州의 반촌을 공격하고 있었는데, 이러한 사실은 모두 읍회나 향회 등을 매개하지 않고서도 항쟁이 전면화될 수 있다는 점을 보여주는 것이었다.

1862년의 농민항쟁의 조직기반은 다양하였다. 항쟁의 주도층과 관련해서 유형화해보면 첫째 향원(사족, 양반토호)들이 민중을 동원하는 경우, 둘째 기존 향회에 반발하는 주도층이 향회와는 별도의 모임을 통하여 항쟁을 이끌어나가는 경우(진주가 이같은 예에 속한다), 셋째 별도의 와주가 있어서 항쟁을 주도하는 경우, 농민(초군) 스스로 집단을 이루어 자신의 의사를 표시하는 경우 등이 그것이다.[32] 이 때 그 조직기반이 확연하게 구분되는 것은 아니었지만 앞의 두 경우는 각 동(리)에 거주하는 동민들이 동원의 대상으로서 기존의 향촌조직이 이용되고 있었던 것으로 파악되고, 뒤의 두 경우에는 보다 민중적 기초가 강한 것이었지만 그 규모에 있어서는 군현 차원으로까지 확대되지는 못하였다. 진주의 경우 초군조직 자체도 초군청이라는 지방행정기구의 지휘 아래에 있던 공적 조직이었다는 점에서[33] 당시 민중 일반이 처한 조건과 크게 다른 것은 아니었다.

조직기반이라는 측면에서 보았을 때 1862년 농민항쟁의 주류적 경향은 향회와 같은 기존의 지배기구를 이용한 것이었다. 그리고 대부분 그 기본 동력

---

32) 金仁杰, 앞의 글(1989), 66쪽.
33) 金容燮, 〈朝鮮王朝 最末期의 農民運動과 그 指向〉(《韓國近現代農業史硏究》, 一潮閣, 1992), 363쪽.

이 되었던 일반 농민, 그들과 연결된 초군조직 등과 같은 민중조직이 아직은 공동체적 질서를 완전히 벗어나 있는 것이 아니었다. 그럼에도 불구하고 이들 민중은 자신들의 결속에 기초한 항쟁과정을 통해 자신들의 처지를 자각하고 한단계 높은 항쟁의 주체로 전화해 갔다. 향회에 기반한 농민항쟁이 결국 당시 사회모순의 담당자였던 농민들의 이해를 충분히 대변할 수 없었기 때문에 단기간의 항쟁으로 결말나고 있었음은 당시 사회모순의 기본 성격이 어떠한 것이었는가를 잘 말해 주는 것이었다. 1862년 농민항쟁의 준비와 초기 단계에서는 지주, 부농 등 진보적 요호부민들이 주도적 역할을 수행하지만 항쟁의 발전과정에서 그들이 탈락하고 주도권이 빈농 초군에게 넘어가면서 보다 철저한 '반봉건운동'으로 나아가게 되었음은 이제 민중이 주체적으로 역사의 전면에 부상하고 있는 모습을 보여준 것이었다.

1862년 농민항쟁 과정을 통해서 농민들은 물론 당시 항쟁을 주도했던 사회세력이 자신들이 처한 객관적 조건을 보다 분명히 인식하게 되었으며, 역량의 한계를 체험하게 됨으로써 다음 단계의 항쟁을 준비하게 된다. 이후 변혁운동이 지배계급의 울타리에서 벗어나고 단순한 경제투쟁의 단계를 뛰어넘어 더욱 치열하게 전개되어 나가게 되는 것은 자연스런 과정이었다.

〈金仁杰〉

3. 민중운동의 사상적 기반

1) 성리학에 대한 사상적 도전

(1) 성리학의 교조화

조선 후기의 사회는 농업 생산력의 진전을 기본 동력으로 하여 사회 전분야의 변동이 촉진되었다. 그 결과 봉건체제의 모순이 더욱 드러났고, 이러한 모순을 타파하려는 民衆運動이 두드러졌다.

정치적으로는 숙종 때의 환국 정치기를 거쳐 영조·정조 때의 탕평기로 접어들었다고 하나, 정치집단 내부의 대립과 갈등은 상존하였다. 사회경제적으로는 농업 생산력의 향상으로 농민층 분화가 촉진되었으며, 상품화폐경제가 발달하였다. 이러한 변화는 신분제의 동요로 이어지면서 여러 사회세력이 성장할 수 있는 토대로 작용하였다. 사상적으로는 성리학의 지배이념이 강화되는 가운데서도 實學을 표방한 새로운 움직임이 활발해졌고, 아울러 鄭鑑錄이나 彌勒信仰 등 民衆思想이 확산되었다.

이러한 사회변동의 여러 모습은, 중세봉건체제를 유지, 강화하려는 지배층의 움직임으로 나타났고, 반면에 이같은 모순구조를 극복하고 타파하려는 민의 저항, 즉 민중운동을 수반하였다. 이러한 민중운동은 정치·경제·사회·사상의 여러 변동 양상에 따라 다양한 형태로 일어났다.

조선 후기의 민중운동은 크게 두 갈래의 형태로 전개되었다. 하나는 향촌사회에 근거하여 일어난 民亂, 즉 농민항쟁이며, 다른 하나는 정감록과 같은 민중사상을 기반으로 일어난 變亂이다. 이 때 민란 형태의 민중운동에서는 민중사상과의 관련성이 잘 드러나지 않는다. 이를테면 민란 형태 민중운동의 정형으로 일컫는 '1862년 농민항쟁'의 경우에도 민중사상과의 연관성은 거의 찾아볼 수 없다. 반면에 변란 형태 민중운동의 가장 큰 특징은 민중사상을 그 저항운동의 기반으로 삼고 있다는 점이다. 요컨대 민중운동의 사상적 기반이나 특성이라고 했을 때, 그것은 대부분의 경우에 '민중운동=변란'이라는 등식에서 파악해야 할 것이다. 그러므로 조선 후기 민중사상에 대한 이해 없이는 민중운동의 성격을 제대로 파악할 수 없는 것이다.

조선 후기의 민중사상은 단순히 민중 속에 널리 퍼져 있는 사상이 아니라, 민중의 이익을 옹호하려는 사상이다. 민중사상은 곧 성리학의 지배이념에 반대하여 민중의 입장을 대변하는 논리체계이다. 그러므로 이 때의 민중사상은 민중운동을 논리적으로 받쳐주고 나아가 그 저항을 이끌어가는 적극적 의미로서, 정체되어 있는 개념이 아니라 민중의 변혁욕구를 수렴하여 그들의 저항의지를 북돋아주는 동적인 개념이다.

조선 후기의 민중사상에 대한 이해는 조선사회의 지배이념인 성리학에 대한 이해를 전제로 한다. 성리학은 조선왕조가 공식으로 채택한 유일한 종교요, 사상이다. 그러므로 성리학은 정치·경제·사회 등 국정 전반의 지배질서를 구축하는 역할을 담당하였다. 지배층은 공식적 활동은 물론이고 개인적 생활까지 성리학의 틀 속에서 수행하려 했다. 더욱이 정부에서는 일반 민중의 생활까지도 성리학의 틀 속에서 아우르려고 했다.

조선시대의 성리학은 학자들의 연구와 자체의 여러 논쟁과정을 거치면서 더욱 발전하였으며, '正學'으로 자리잡았다. 그 가운데에서도 李滉과 李珥 등의 이른바 '四端七情' 논쟁은 성리학의 수준을 한 차원 끌어올렸으며, 이후 성리학 연구를 더욱 심화시키는 계기를 마련하였다. 조선 후기에 들어와 사회변동이 촉진되면서 18세기 이후에는 성리학도 뚜렷한 변화의 모습을 보이기 시작하였다.

18세기의 성리학은 16세기 이래의 사단칠정 논쟁을 계속하면서 이와 함께 인간과 사물의 본성이 같은가 다른가 하는 이른바 '人物性同異論'을 놓고 보다 발전된 형태의 철학적 논쟁을 벌였다. 이는 조선 후기 성리학자들이 주자의 이론을 무비판적으로 수용하지 아니하고, 이를 비판적으로 재검토하여 독자적 철학체계로 발전시켜 나가고 있었음을 말해주는 것이다. 그러나 이 논쟁에는 중세적 인간상이 형태를 달리하여 강조되고 있었을 뿐, 근대적 세계관에 대한 이해는 없었다.[1] 더욱이 이러한 유형의 논쟁은 성리학의 사변적·관념적 경향을 강화하는 결과를 가져왔다.

성리학의 주체로서 정부 당국자를 포함한 지배층은 사회변동이 촉진되는 과정에서 자신들의 물적 토대를 비롯한 기존의 여러 특권을 지켜내기가 쉽지 않았다. 그들이 기득권을 지킬 수 있는 가장 확실한 방법은 중세적 지배질서를 유지, 강화하는 것이었다. 그리하여 그들은 교화라는 이름으로 성리학적 지배이념, 즉 성리학의 사회윤리를 민중에게까지 보급하고 이를 통하여 중세적 지배질서를 안정적으로 유지하려고 하였다. 성리학적 사회윤리의 내용은 성리학의 인성론과 명분론에 근거를 둔 三綱五倫, 곧 人倫으로 요약된다. 조선사회의 지배층은 삼강오륜의 인륜을 불변의 진리, 곧 하늘의 이치에 따라 분수를 다하는 것으로 파악하였다. 따라서 인륜은 실천도덕으로 생활화되고 관념화되어 오히려 법 조항보다 앞서는 보편적 질서의 기틀이 된다고

1) 趙 珖, 〈朝鮮後期 思想界의 轉換期的 特性－正學·實學·邪學의 對立構圖－〉(《韓國史 轉換期의 문제들》, 지식산업사, 1993), 155~156쪽.

믿었다. 그러므로 이러한 사회윤리의 보급이야말로 민중을 가장 효율적으로 아우를 수 있는 수단이었다.

이러한 방안 가운데서도 각종 성리학 윤리서의 간행, 보급은 그 대표적 예이다. 정부에서는《朱子家禮》와《小學》을 비롯하여《孝經》·《五倫行實圖》·《東國新續三綱行實圖》등 인륜과 관련된 서적들을 간행하고 보급하였다. 더욱이 이 때는 이미《小學諺解》·《家禮諺解》등 諺解本 윤리서가 보급되어 있었다. 이러한 작업은 민중을 성리학 사회윤리의 틀 속으로 끌어들이는 효율적 방안으로 기능했다. 또한 정부에서 충신·효자·열녀 등을 기리는 旌閭를 시행하고 있었던 것도 같은 맥락이다. 요컨대 정부의 이러한 정책은 민인들에게까지 성리학적 통치질서의 수용을 강제한 것으로, 정부의 대민 통제책의 일환이다.

이와 같이 정부에서는 성리학적 사회윤리의 보급과 같은 방법으로 지배체제의 강화를 시도하였으나 향촌사회는 결코 안정적으로 유지될 수 없었다. 이는 정부의 정책이 사회변동의 가속성을 따라잡을 수 없었기 때문이다. 생산력의 총체적 수치는 증가되었다고 하나 그 혜택의 대부분은 지주들에게 돌아갔을 뿐이고, 부농으로 성장한 자영농은 소수에 지나지 않았다. 이에 많은 농민들은 토지로부터 이탈하지 않을 수 없었다. 그 결과 숙종 37년(1711)에는 전라도에서 대량의 유민이 발생하였는데, 무안에서만도 5천호 가운데 2천호가 유민화할 정도였다.[2] 숙종 43년에는 충청도에서 10만 명의 유민이 발생하였고,[3] 경상도에서도 영조 9년(1733)에 약 17만 명의 유민이 발생하였다.[4] 이처럼 피폐한 향촌사회의 현실에서 성리학적 지배체제를 강화하려는 시도는 적지 않은 부작용을 낳았다. 지배층은 사회윤리의 보급을 표방하였지만, 그 이면의 목적은 민중에 대한 경제수탈을 효율적으로 해내려는데 있었다. 따라서 정부의 지배체제 강화 시도는 향촌사회 안팎에서 민중의 저항을 불러왔다.

아울러 성리학은 공리공담과 형식에 치우치는 경향이 심해져 점차 관념화, 사변화되어 갔을 뿐 아니라, 교조주의로 흐르고 있었다. 그리하여 오로지 성

---

2)《備邊司謄錄》611책, 숙종 37년 2월 20일.
3)《肅宗實錄》권 59, 숙종 43년 3월 계해.
4)《英祖實錄》권 34, 영조 9년 10월 신묘.

리학만을 '正學'으로 내세우고 그 나머지는 어떠한 사상이나 이념과 종교도 수용하지 않았다. 정부에서는 西學, 즉 天主敎는 물론이고 기존의 佛敎, 道敎, 圖讖을 左道나 邪學·異端 등으로 배격하였을 뿐 아니라, 유교의 일파인 陽明學까지도 이단으로 파악하며 성리학의 유일화에 힘을 쏟았다. 이러한 현상은 필연적으로 사상의 停滯를 가져왔다.

이에 성리학의 정체성을 극복할 수 있는 새로운 사상체계가 요구되었다. 그리고 이것은 '사회변동의 가속화'라는 현실문제와 연결되면서 그 필요성이 더욱 절실해졌다. 이미 교조화의 경향을 띠고 있던 성리학의 사상체계로는 이러한 여러 변화를 수용할 수 없었기 때문이다. 그리하여 현실개혁에 필요한 사상체계가 요구되었고, 이것이 곧 '實學'이다.

실학사상은 정치권력에서 배제된 근기지방의 남인들을 중심으로 형성되기 시작하여 그 수용 범위가 넓어져 갔다. 그들은 기존의 성리학 연구를 답습하는 것에서 벗어나 그것을 비판하고 개혁하고자 하였다. 그리고 先秦儒學에서 그 대안을 찾고자 하였다. 이러한 사상적 경향이 현실문제를 해결하려는 의지와 연결됨으로써 '실학=개혁사상'의 논리가 성립할 수 있었다.

실학은 성리학이 조선왕조 지배이념으로서의 한계가 더욱 분명해지고 있던 상황에서, 체제 속에서 현실문제를 해결하려는 노력을 기울였다. 이러한 실학자들의 현실문제의 해결 의지와 방법론은 이른바 '체제 속의 개혁'이었다. 이것은 실학사상이 유학적 틀 속에서 이루어졌으며, 탈성리학을 표방하였으나 성리학을 부정하지 못한 사상적 제약으로 말미암은 것이다. 요컨대 실학자들은 성리학을 비판하고 그 틀에서 벗어나려 했을 뿐이고, 그 자체를 부정한 것은 아니었다. 그러므로 실학사상은 처음부터 '민중사상'으로 부를 수 없는 한계를 그 자체로 갖고 있었다. 실학은 민중의 이익을 대변했다고는 하나 그것은 단편적이었다. 따라서 사회변동이 촉진되는 과정에서 보다 민중의 정서에 맞는 민중사상의 확산은 불가피하였다.

(2) 민중사상의 확산

조선 후기의 가장 대표적 민중사상은 鄭鑑錄思想이다. 정감록은 風水圖讖에서 비롯된 것으로 보인다. 풍수도참 관련 예언은 왕조나 왕권의 교체기,

정치사회적 변동기에 자주 등장하였다. 조선 초기부터 풍수도참과 관련한 각종 서책들이 넘쳐났고, 이에 따른 폐단도 적지 않았다. 이에 태종·세조·예종·성종 때에는 書雲觀에 소장하고 있는 것은 물론 민간에서 개인적으로 보관하고 있는 풍수도참 관련 서책까지도 모두 焚書하도록 하였다.[5)]

정감록은 조선 초기부터 '鄭氏', '鷄龍山' 등 반조선왕조를 상징하는 구조 속에서 형성되어 왔다. 그러다가 임진왜란과 병자호란 같은 전란을 겪으면서 사회모순이 심화되어 가던 시대상황 속에서 '뜻을 잃고 나라를 원망하는 무리'가 기존의 풍수도참을 현실에 맞게 정리하여 '정감록'을 만들어 내고 이를 유포하였다.[6)] 그리고 정조 때에는 '한글판 정감록'이 나돌 정도로 정감록은 민간에 널리 유포되고, 이는 곧 민중사상으로 정착되었다. 이와 관련하여 "정감록은 선조 때부터 정조 때에 이르는 어느 시기에 혁명운동의 필요로 자료를 민간신앙 방면에서 취하여 未來國土의 희망적 표상으로 만들어 낸 듯 하다"[7)]는 견해는 타당하다.

'정감록'이라는 이름은 영조 때부터 나타나기 시작하였다. 그러나 정감록이 특정한 서책이나 논리만을 말하는 것은 아니다. 이에 정감록을 전래의 비기·도참의 논리 중에서 현실과 결부시켜 예언한 사상의 총체로 이해하고, 이에 따라 정감록 사상의 내용과 특징을 살펴보려 한다.

첫째, 정감록은 현실 사회의 불평등 구조를 직관하고, 이의 타파를 염원하고 있다. 흔히 정감록의 正本으로 불리는 〈鑑訣〉에는 이러한 논리가 잘 묘사되어 있다. "부자는 돈과 재물이 많기 때문에 섶을 지고 불로 들어가는 것 같고, 가난한 사람은 일정한 직업이 없으니 어디를 간들 빈천하게야 살지 못하랴", "가난한 사람은 살고 부자는 죽을 것이다"는 등의 표현처럼, 경제적 불평등 구조에 따라 '가진 자'에 대한 적대감이 드러나 있다. 뿐만 아니라 "만일 말세에 이르면 아전이 태수를 죽이고도 조금도 꺼리낌이 없고, 상하의 분별이 없어지고 綱常의 변이 잇따라 일어난다", "사대부의 집안은 인삼으로

5) 梁銀容, 〈鄭鑑錄信仰의 再照明〉(《傳統思想의 現代的 意味》, 韓國精神文化硏究院, 1990), 47쪽.
6) 李能和, 《朝鮮基督敎及外交史》 하, 3장 鄭鑑錄迷信之由來, 18~19쪽.
7) 崔南善, 《朝鮮常識問答》(三星文化文庫 16, 1972), 161쪽.

망하고 벼슬아치의 집안은 탐욕으로 망할 것이다"는 등 신분사회에 대한 적대감이 묘사되어 있다. 이처럼 정감록 사상이 현실사회의 구조를 철저히 부정하고 있는 것은 민중의 정서에 따른 것이다. 그들은 신분제도에 따른 사회적 불평등 구조, 빈부격차의 심화에 따른 경제적 불평등 구조를 직접 겪고 있었고, 정감록 사상은 이러한 민중의 정서를 받아들인 것이다.

둘째, 정감록에는 사회경제적 모순이 가중되어 가는 현실에서 자신과 가족을 보전할 길을 찾으려는 염원이 들어 있다. 이것은 당시 전란에 대한 민중의 공포감을 반영한 것으로, 〈감결〉에는 난리를 당했을 때 일신을 보전할 수 있는 곳으로 '十勝地'라는 지명을 구체적으로 열거해 놓았다. 그리고 이러한 장소는 "병화가 미치지 않으며 흉년이 들지 않아서 평범한 사람끼리 만나서 결혼하고 형제들이 화기롭게 살아갈 수 있다"고 하였다. 이것은 당시 사회의 여러 모순이 난리로 나타날 것에 대해 민인들이 심한 위기의식을 느끼고 있었음을 반영한 것이다. 그리고 자신들에게 가중되는 현실의 고통으로부터 벗어나려는 민중의 열망을 담아낸 것이다. 그러나 이러한 논리는 현실의 모순을 숙명적으로 받아들이고 있을 뿐이고, 이를 타파하기 위한 구체적 대안이라고는 할 수 없다. 이것은 정감록이 갖고 있는 논리의 한계이며, 당시 민중이 지닌 현실인식의 한계이다.

셋째, 정감록 사상에는 왕조교체를 주요 내용으로 하는 역성혁명사상의 논리가 구체화되어 있다. 즉, "鷄龍山 아래 도읍할 땅이 있어 鄭氏가 나라를 세우리라. 그러므로 福德이 李氏에게는 미치지 않으리라"[8]고 하여, 이른바 '李亡鄭興'에 의한 역성혁명사상을 담고 있다. 〈감결〉에는 이러한 내용이 보다 구체적으로 나타나 있다.

> 沁이 말하기를 白頭山에서 내려온 脈運이 金剛으로 옮아가고 太白·小白에 이르게 되니 山川鍾氣가 鷄龍山으로 흘러들어 가서 鄭氏의 팔백년 도읍지가 될 것이고, 그 후에 伽倻山으로 흘러들어 가니 趙氏의 천년 땅이 되고, 다음으로 全州 范氏의 육백년 땅이 된다. 松岳에 이르면 王氏가 도읍을 부흥할 것이다(安春根編, 《鄭鑑錄集成》, 亞細亞文化社 影印本, 1981, 〈鑑訣〉).

---

8) 安春根編, 《鄭鑑錄集成》(亞細亞文化社 影印本, 1981) 〈三韓山林秘記〉.

여기에서는 역성혁명의 구체적 대상뿐만 아니라 각 왕조의 교체순서 및 왕조의 존속기간까지를 풍수지리설로 풀어서 설명했다. 정감록에 의하면 조선왕조의 존속기간이 보통 300~500년 사이로 설정되어 있어 18세기는 조선왕조가 망하고 새로운 왕조가 탄생하는 시기에 해당한다.[9] 이러한 '이망정흥'과 '鄭氏가 계룡산에 도읍한다'는 내용은 거의 모든 정감록류의 비기에 나타나 있을 만큼 정감록 사상의 기본 줄기를 이루고 있다. 그리고 혁명의 구체적 실현 방법은 계룡산 도읍의 주인이 정씨라는 사실에서도 나타났듯이, 鄭眞人이라는 메시아적 인물의 출현에 의해서 이루어진다는 것이다.

넷째, 이와 관련하여 '海島起兵說'은 정감록 사상 가운데 가장 강력한 저항논리로 기능하였다. 해도기병설은 진인이 해도에서 군사를 이끌고 나와 현재의 왕조를 무너뜨리고 새로운 왕조, 즉 이상사회를 건설한다는 내용이다. 일반적으로 진인은 도를 닦아 높은 경지에 이르러 용력이나 무술이 뛰어나며, 나라를 차지하거나 세상을 구하는 성스러운 과업을 담당할 존재로 이해할 수 있다.[10] 그러므로 해도기병설과 관련된 진인의 존재는 해도의 군사를 이끌 군사지도자로서의 의미와 함께 민중의 현실적 고통을 구제할 수 있는 메시아적 인물로서의 의미가 함께 있다.

이러한 해도기병설이 민인들에게 설득력을 가질 수 있었던 것은 두 가지 이유 때문이다. 첫째는 현실성과 관련된 문제로, 당시 해도에 둔취해 있던 민인들의 존재와 관련이 있다. 조선 후기, 특히 18세기 이후에는 도망노비나 유민들을 비롯한 많은 사람들이 해도로 몰려들어 저항세력화하고 있었다. 이때의 해도세력의 존재가 해도기병설의 논리를 뒷받침하고 있는 것이다. 이때 해도의 저항세력을 정감록에서 말하는 해도의 군사로, 그리고 저항세력의 우두머리를 정감록의 진인으로 설정할 수 있다. 둘째로 해도기병설은 이상사회 구현의 문제로 귀착된다는 것이다. 이 때의 이상사회 문제는 체제모순으

9) 우 윤, 〈19세기 민중운동과 민중사상〉(《역사비평》 2, 1988), 248쪽.

10) 조동일, 〈진인출현설의 구비문학적 이해〉(《韓國 說話와 民衆意識》, 정음사, 1985), 87쪽. 한편 張泳敏은 용력이나 무술이 뛰어난 존재는 將軍이며, 진인에게는 이러한 성격을 찾기 힘들다고 하였다. 아울러 진인은 '天師'의 역할을 담당하는 존재로서 하늘의 명에 따라 민중을 구원할 구원자라고 하였다(張泳敏, 《農學農民運動硏究》, 韓國精神文化硏究院 博士學位論文, 1995, 80~81쪽).

로부터 벗어나려는 민중의 폭발적 에너지를 수렴한 것으로 이해할 수 있다. 물론 해도기병설에서 제시된 이상사회는 비현실·비합리·비과학적인 논리임에 틀림없다. 그러나 이러한 논리의 약점은 적어도 온갖 현실의 고통과 좌절을 일상적으로 겪는 민중에게는 크게 문제되지 않는다. 문제는 얼마나 민중에게 호소력을 갖고 있느냐에 달려 있을 뿐이다.

그렇다면 해도기병설의 도달점, 즉 진인에 의해 구현된다고 믿고 있는 이상사회 문제는 어떻게 받아들여야 할까. 이것은 이른바 '南朝鮮信仰'의 검토를 통하여 어느 정도 그 답을 얻을 수 있다. 崔南善은 남조선신앙에 대하여, "우리의 앞에는 남조선이 있어서 때가 되면 진인이 나와서 우리를 그 곳으로 이끌어 간다. 그러면 지금 시달리고 졸리는 모든 것이 다 없어지고, 바라고 하고자 하는 모든 것이 다 이루어지게 되는 좋은 세월을 맞이하게 된다"[11]는 논리로 설명하였다. 즉 최남선은 남조선이 우리 마음속에 있는 이상사회임을 분명히 하고 있는 것이다. 이 무렵 민인들은 남조선을 "남해의 가운데 제주도 밖에 있는 지역으로 매우 넓고 토지가 기름져 살만한 곳"[12]으로 인식하였다. 그러므로 남조선은 '민중의 염원이 깃들어 있는 미래의 조선', 즉 해도기병설에서 추구하는 도달점인 이상사회 그 자체로 민중의 마음속에 새겨져 있는 것이다.

한편, 彌勒信仰도 민중사상으로 기능했다. 미륵신앙은 석가모니 이후의 세계를 주관할 미래의 부처인 미륵불을 숭배대상으로 삼는다. 그러므로 이 미륵불은 未來佛이며 말법의 시대에 마땅히 나타날 當來佛로서의 성격을 갖고 있다. 흔히 변혁의 논리로 이용되는 彌勒下生信仰은 말법의 시대에 미륵이 지상으로 내려와서 龍華樹 아래에서 세 차례에 걸친 법회(龍華三會)를 열 때 여기에 참여하여 구원을 얻는다는 것이다. 그러므로 미륵신앙의 참 뜻은 단순히 도솔천에 왕생하는데 있는 것이 아니라, 미륵의 하생을 기다려 용화삼회의 설법장에 참여하여 모든 중생이 구제 받는 데 있는 것이다.[13]

---

11) 崔南善, 앞의 책, 162~165쪽. 그는 여기에서 남조선을 "본래 조선민족의 현실고에 대한 정신적 반발력으로부터 만들어낸 하나의 이상사회 표상이며, 어의상으로 보면 朝鮮語에 南을 '앞'으로 새기니 남조선이란 전방에 있는 조선, 곧 미래 영원의 조선을 나타낸 것으로 언제까지나 희망으로 품는 조선"이라고 하였다.

12) 《雞鴨漫錄》 坤, 奎 가람 古 813.08 G997m.

조선시대는 종교, 사상적으로 불교의 폐해를 극복하고 성리학을 지배이념으로 채택한 사회였다. 그러므로 조선시대 전기간을 통하여 '崇儒抑佛策'의 기조가 유지되었다. 이러한 정책에 따라 조선 초기에는 불교가 왕실과 사대부의 부녀자들을 중심으로 신봉되기는 하였지만 점차 쇠퇴하였으며, 중기 이후에는 국가·사회적 성격이 약화되고 민중의 종교로 명맥을 유지하여 갔다. 정부의 억불정책은 불교의 대중화 내지는 민중화를 촉진했던 것이다. 그리고 이러한 과정에서 민중과 함께 했던 것이 미륵신앙이다. 조선 후기에 들어와 체제모순이 심화되고 사회변동이 촉진되면서 미륵신앙은 민중 사이에서 더욱 성행하였다. 이 때 미륵신앙에는 크게 고통받는 개개인을 구원해주는 기복신앙으로서의 기능과 함께 새로운 이상사회가 도래한다는 변혁사상으로서의 의미가 있다.

먼저 개인이나 집단이 사사로이 복을 기원하며 신앙행위를 하는 경우로, 이 때는 흔히 주술적 성격을 띠면서 민간신앙으로 전개되었다.[14] 민간신앙으로 전개되는 미륵불의 신앙형태와 그 기능은 여러 유형으로 구분할 수 있다. 첫째 득남을 기원하는 신앙행위가 이루어졌다. 이는 바위 등 자연물을 대상으로 득남을 기원하던 전래의 풍속이 미륵신앙으로 이어진 것이다. 둘째 치병을 기원하였다. 샤머니즘적 사고에서 비롯된 치병에 대한 기원행위가 계속되면서, 한편으로는 미륵불을 대상으로 치병을 염원하였다. 셋째 수호의 기능으로 주로 마을 단위로 행해졌다. 이 또한 전래의 마을제와 맥락을 같이 하는 것이다. 넷째 기복신앙으로, 기존의 기복신앙에 불교적 색채가 더해져 일월맞이 때 미륵에 치성드리는 행위, 장승이 미륵으로 불교화되는 현상 등이다. 이 밖에도 미륵신앙은 흔히 무속과 습합되어 나타나는 경우도 많았다. 이를테면 미륵을 '萬神'이나 '七星님'·'미륵님'으로 부르는 경우, 미륵이 山神閣이나 七星閣에 모셔지는 경우 등이 있다.

이러한 사례들은 결국 미륵불에 대한 숭배를 통하여 개개인의 현실에 직면한 문제를 해결하려는 것으로 소승적 입장이다. 그러므로 이 때 미륵신앙

---

13) 洪潤植, 〈韓國史上에 있어 彌勒信仰과 그 思想的 構造〉(《韓國思想史學》 6, 1994), 81쪽.

14) 金三龍, 《韓國彌勒信仰의 硏究》(同和出版公社, 1983), 184~199쪽.

의 주체는 승려나 미륵경전을 공부하는 전문적 미륵신도들이 아니라, 일상생활 속에서 미륵불에 치성을 드림으로써 자신이 소망하는 바를 이루려는 일반 민인들이다. 이들은 불교, 즉 미륵신앙을 고등종교로 받아들인 것이 아니라, 기존의 민간신앙과 다름없이 받아들였다.

다음은 미륵신앙이 갖는 변혁사상으로서의 기능이다. 미륵불은 말법의 시대에 출현할 未來佛이다. 그러므로 미륵불은 현세에 고통받고 있는 민중에게 이상사회의 구현에 대한 희망을 주는 '希望佛'로서의 성격을 갖는다.[15] 민중이 이상사회에 대한 희망을 미륵신앙을 통하여 구현하려는 것은 미륵신앙이 사회변혁사상으로서 합당하다고 판단했기 때문이다. 이 때 미륵신앙의 변혁사상으로서의 성격은 주로 미륵하생신앙 속에 있다. 민중의 이상사회 구현에 대한 희망은 미륵불이 하생하여 龍華三會를 통한 용화세계를 구현할 때 이루어진다고 믿었다.

그런데 미륵하생신앙에 따르면, 미륵불은 석가모니 사후 56억 8천만년이 지나서야 도솔천에서 인간세상으로 하생하여 용화삼회를 통해 중생을 구제하고 새로운 세계를 구현한다고 한다. 물론 이 세계는 모든 사람이 평등하고 온갖 고통으로부터 해방된 이상세계이다. 그러나 미륵불의 출현 시기를 56억 8천만년으로 설정한 것은 현실의 질곡에서 당장 벗어나려는 민중에게는 공염불로 들릴 뿐이다. 그들은 미래불이며 당래불인 미륵불이 현실에 출현하기를 바랐으며, 사실 그렇게 믿고 있었다. 이를 통하여 용화세계라는 절대평등사회이며 이상사회에 대한 염원을 구현하려 했다. 이러한 미륵하생은 현실세계를 인정하는 데에서 이루어 지는 것이 아니라, 질곡의 세계인 현실을 완전히 부정하는 데에서 비롯한다. 그러므로 미륵하생신앙은 그 자체로 메시아의 출현이라는 혁명적 이념을 갖고 있는 것이다. 그리하여 조선후기에는 이와 같은 미륵신앙의 논리를 내세워 민심을 끌었던 사례들이 적지 않았다.

조선 후기에는 미륵신앙이 민중불교를 대표하며 민인들 사이에 확산될 때, '生佛信仰'도 민인들 사이에 널리 퍼졌다. 생불신앙은 민중운동의 사상기반으

15) 洪潤植, 앞의 글, 74~76쪽.

로 이용되었다. 이 때 생불신앙은 승려들에 의해서라기보다는 흔히 무녀들에 의해 주재되고 있음이 주목된다. 흔히 무녀들이 '생불'을 일컬으며 妖言을 퍼뜨리면 많은 사람들이 몰려들었다.[16] 그러므로 생불신앙은 민중불교와 무격신앙이 얽혀 있는 민중사상의 범주에 해당한다. '龍信仰'도 민간신앙 내지 민중사상으로서의 성격을 지녔다. 민간신앙에서의 龍은 물을 지배하는 水神으로 신앙되면서 기우를 비는 대상신이었다. 또한 용은 미륵불의 출현 직전에 흉년과 재해가 넘치는 사회를 다스리며 미륵불의 강림을 예비한다고 한다. 조선 후기에 용신앙은 무녀들 사이에서 널리 신봉되었고, 민중운동을 뒷받침하는 강력한 민중사상으로 떠올랐다.

道敎도 민중사상의 성격을 일부 지니고 있었다. 조선시대의 도교는 齋醮를 위주로 하는 科儀的 성격을 지녔다. 그러나 도교 행사에 대한 논란 끝에 중종 때 국가의 공식 기구인 昭格署가 혁파된 이래 그 성격이 변화하였다. 이러한 변화의 모습은 크게 두 갈래로 나타났다. 첫째는 修鍊的 도교의 성격이 강화되었다. 수련적 도교는 엄격한 자기 수련을 통해 인간 생명력의 원기인 精·氣·神을 보전하는 방법 등으로 神仙이 되는 것을 목표로 한다.[17] 조선 후기에는 도교수련에 종사하는 사람들이 많아졌다. 경제적으로 열악한 '유랑 지식인'들은 도술을 수련한다는 명목으로 산수를 떠돌기도 하였다. 이들은 서로 어울려 도맥을 형성하며 사승관계도 맺었다.[18] 이 때에는 《海東傳道錄》·《靑鶴集》과 같이 도인들의 활동이나 사승관계를 밝힌 책들이 널리 읽혀졌다. 둘째로 본래 민간신앙과의 습합 속에서 생겨난 도교가 이 때 들어 민간도교적 현상이 심화되었다. 이러한 사실은 민간신앙과 도교에서 신앙하는 神의 존재가 일치하는 경우가 매우 많다는 점에서도 알 수 있다. 그 가운데서도 도교의 城隍·七星·竈王神 같은 경우는 도교 쪽에서보다 민간신앙 쪽에서 더욱 신앙되었다.

그런데 이러한 도교의 두 갈래 흐름 속에는 정감록 사상과 같이 민중운동의 사상적 배경으로 삼을 만한 저항적, 변혁적 요소는 많지 않다. 그러나 조

---

16) 《受敎定例》 妖邪惑衆二條.

17) 金洛必, 〈海東傳道錄에 나타난 道敎思想〉(《韓國宗敎》 9, 1984), 106~109쪽.

18) 車柱環, 《韓國의 道敎思想》(同和出版公社, 1984), 143쪽.

선 후기에 민중사상을 기반으로 일어난 민중운동의 흐름 속에는 도교적 요소가 적지 않다. 이 때 민중운동의 주체들은 '神仙術'이나 '長生術'에 가탁하는 방법으로 민심을 끌었다. 이들은 仙人이나 神人들이 혼란한 세상을 구제하고 새로운 세상을 연다는 점을 전파하였다. 이 과정에서 일부는 스스로 선인이나 신인의 행세를 하였다. 아울러 민중운동의 주체들은 도교의 한 부분으로 통하는 縮地術이나 遁甲術 등을 이용하였다. 이들은 '呼風喚雨'나 '虛步法' 등을 구사하는 초인적 능력의 소유자로 통했다.

天主敎는 기존의 민중사상과는 또 다른 성격의 민중사상으로 부각되었다. 천주교는 정조 8년(1784)에 공식 수용된 이래 그 세력을 빠르게 확장시켜 나갔다. 이 때의 주역들은 李承薰·李蘗·丁若銓·權日身 등 이른바 '星湖左派' 계열의 학자들이었다. 그러나 정부에서는 천주교를 異端邪說의 일종으로 파악했고, 정조 15년의 '珍山事件'으로 國禁을 공식화했다. 이는 전라도 진산에서 양반 尹持忠과 權尙然이 북경 주교의 지시에 따라 조상의 神主를 불사르고 제사를 폐지한 사건을 말한다.[19] 이 사건은 유교 제일의 사회윤리인 '孝'를 송두리째 뒤집었다. 정부에서 볼 때, 그들은 '無父無君'·'滅倫敗常'의 무리일 뿐이었다. 결국 이 사건은 '辛亥迫害'의 계기가 되었다.

천주교는 정부의 금지 속에서도 계속 교세를 확장해 갔고 점차 민중지향적 성격을 띠었다. 천주교가 민중 속에 파고들 수 있었던 것은 무엇보다도 '평등사상'과 같은 민중의 마음을 끌 수 있는 교리가 들어 있었기 때문이다. 그리하여 정부에서도 "천주교도들은 비록 노예와 천인이라 하더라도 서로를 형제처럼 대하여 신분의 차이가 없으므로 백성들이 빠져든다"는 인식을 가질 정도였다. 아울러 천주교 확산의 또 다른 계기는 이러한 사상을 민중에게 올바로 전달해줄 한글 번역본 천주교 서적이 나왔기 때문이다. 그리하여 '서학'은 都下에서 시골에까지 퍼지고 아무리 '田氓'이나 '村夫'라고 할지라도 그 책을 諺文으로 베껴 神明처럼 받드는 현상이 일어났다.[20]

이러한 흐름 속에서 정부에서는 천주교도들을 '思亂'·'變世'의 마음을 가진 자들로 인식하고 그들에 대한 탄압을 더욱 강화했다. 천주교도를 효율적

19) 《正祖實錄》 권 33, 정조 15년 11월 무인.
20) 《正祖實錄》 권 26, 정조 12년 8월 신묘.

으로 사찰하기 위해 기존의 향촌 조직망인 五家作統法을 강화하기도 하였다. 이에 천주교도는 비밀결사화하고 있었으며, 천주교는 일종의 민중종교운동의 성격을 띠었다.[21]

2) 민중운동의 사상적 특성

(1) 민중운동 속의 사상경향

조선 후기에 민중사상을 기반으로 하여 일어난 민중운동은 妖言, 掛書·凶書, 擧事謀議 등 여러 형태로 전개되었다. 그리고 이러한 형태의 민중운동을 '變亂'으로 불렀다. 이 때의 민중사상은 여러 秘記를 포함한 정감록 사상을 비롯하여, 미륵신앙과 생불신앙 등 민중불교, 신선술이나 장생술 등의 도교사상, 용신앙과 같은 재래의 민간신앙이 이에 해당한다. 신흥종교로서의 천주교도 민중사상으로서의 성격을 지녔다.

변란 유형의 민중운동은 언제, 누가, 어떠한 민중사상을 기반으로, 어떠한 형태의 저항을 하였는가에 따라 그 성격이 달라진다. 그러므로 이러한 면을 고려하여 민중운동의 추이 속에서 민중사상이 적용되는 틀을 파악하려 한다.

18세기 초반, 戊申亂 이전까지의 민중운동에서는 정감록이 사상적 기반으로 활용되기는 했으나, 아직 그 틀이 본격적으로 갖추어지지 못했다. 이 때 민중운동을 사상적으로 받쳐주는 중심은 미륵신앙이나 생불신앙 등의 민중불교였다. 이 민중불교에는 불교적 요소 못지 않게 무격신앙이나 용신앙 등 재래의 민간사상이 함께 어우러져 있었다.

먼저 미륵신앙을 내세운 민중저항운동으로는 숙종 14년(1688) 8월에 呂還을 비롯한 미륵신도들이 경기도 양주를 중심으로 거사를 모의한 사건이 대표적이다.[22] 사건의 주동 인물들은 여환을 비롯하여 地師 黃繪, 巫女 元香(龍女夫人)과 戒化(鄭聖人), 아전 鄭元泰를 꼽을 수 있다. 이들은 "석가가 멸하고

21) 趙 珖, 《朝鮮後期 天主敎史 硏究》(高麗大 民族文化硏究所, 1988), 137~142·172~177쪽.

22) 鄭奭鍾, 〈肅宗朝의 社會動向과 彌勒信仰〉(《朝鮮後期社會變動硏究》, 一潮閣, 1983).

미륵이 마땅히 세상을 주장한다"는 논리로 인물을 모으며 서울공격을 결정하였다. 이 때 이들이 내세운 최대의 무기는 우수한 물리력이 아니라, 미륵신앙의 논리였다. 여환과 계화 등은 "큰 비가 내릴 것이고 그러면 산악이 무너지고 國都 역시 탕진할 것이다"라는 미륵하생의 조짐을 예고하면서 궁궐공격의 타당성과 자신감를 내보였다. 그러나 거사를 예정한 날에 비가 내리지 않았고 이 때문에 거사를 연기하였다가 사건이 발각되었다.

아울러 이 사건에는 여환 등이 주장하는 미륵신앙의 논리에 원향과 계화 등이 내세우는 재래의 용신앙이 결합되어 있다. 이 때의 용신앙은 미륵불이 하생하기 전에 龍이 아들을 낳아 나라를 주관하지만, 비바람이 고르지 못하고 오곡이 맺지 않아 사람들이 굶어죽게 되면 결국 미륵불이 출현한다는 논리이다. 그러므로 여환 등 미륵신도가 용신앙의 대변자인 원향과 계화 등을 포섭하는데 성공했음을 뜻한다. 이 밖에도 이 거사모의에는 칠성신앙이나 도교적 요소까지 복합되어 있으며, 황회의 측근인 鄭好明은 민간신앙의 대상으로 추앙되던 崔瑩장군의 靈을 자칭하기도 하였다.[23] 그리고 주동 인물들은 미륵신앙과 용신앙을 중심으로 하는 민중사상을 단순히 동조자를 끌어들이려는 수단이 아니라, 사건을 이끌어가는 추진 동력이며 사건의 성패를 판가름하는 잣대로 인식하였다.

이 사건은 미륵신앙과 용신앙을 사상적 기반으로 거사모의까지 이어졌다. 그렇지만, 18세기 이전 대분분의 민중저항운동은 요언 단계의 수준을 넘지 못했다. 대표적으로 '首陽山 生佛出現說'을 들 수 있다. 숙종 17년(1691)에 무격인 車忠傑·曺以達·愛珍 등은 황해도 일대에서 생불이 출현할 것이라는 따위의 주장으로 민심을 동요시켰다.[24]

이들은 여러 차례의 모임에서 "漢陽이 장차 망하고 奠邑이 일어날 것이다"는 정감록의 논리를 주고받았다. 그리고 이른바 '天機'를 공부하였다. 이 때의 결론은 首陽山 정상의 義相庵에 鄭弼錫이라는 생불이 살고 있는데, 그가 자신들의 천기 속에 항상 나타났다는 것이다. 그리고 정필석이 곧 나라를 얻을 것이라고 하였다. 그 때를 대비하여 산 속에서 생불에게 제사를 지냈으

23) 鄭奭鍾, 위의 글, 50·65쪽.
24) 《推案及鞫案》 104책, 신미 車忠傑推案.

며, 이 제사는 인간의 일이 아니라 부처가 주관하는 일이라고 하였다.

이 '수양산 생불출현설'은 승려에 의해서가 아니라 무격에 의해 일어났다. 더욱이 애진은 무속에서 사용하는 '靈山十王'·'世尊靈氣' 등을 칭하였고 산속 제사를 주도하였다. 그러므로 이 사건은 민중불교로 파악할 수 있는 '생불'을 정점에 올려놓고 있지만 실제로는 불교적 색채보다 오히려 무속적 성향이 더욱 강하다. 아울러 이들의 주장에 정감록의 '李亡鄭興'의 논리가 들어있는 것도 주목되는 사실이다. 이 사건은 민중불교 논리의 일종인 생불을 내세운 妖言 단계의 전형적 민중저항운동이다.

이 밖에도 숙종 때에는 여러 차례에 걸쳐 요언 단계의 저항이 일어났다.[25] 숙종 2년(1676) 11월에 神僧을 자처하는 處瓊이 충청도와 경기도 일대를 떠돌면서 민인들을 끌어모았고, 이에 민인들이 그를 '생불'로 받들었다. 숙종 14년 11월에는 李龍錫이 신령스러운 무당임을 자처하면서 민중을 미혹시키자 민인들이 재물을 갖고 몰려들었다. 숙종 38년 8월에 양주의 李檦은, 같은 마을의 白尙福과 白尙祿 형제가 "赤帝와 白帝를 자처하며 자신의 집을 대궐이라 하고 자신의 옷을 곤룡포라 일컬으며, 왕후장상의 씨가 따로 있느냐"는 따위의 말을 했다고 무함하였다. 숙종 39년 12월에는 충주의 李東奭이 大院寺의 승려 道洞 등과 함께 벽돌에 讖記를 새겨넣어 축성하고 僧軍을 기르려고 하였다. 숙종 44년 8월에는 무격을 생업으로 삼는 金城의 常漢 申義先과 淮陽의 백성 尹風立이 각각 聖人과 公子를 자처하며 각종 요언을 퍼뜨렸다.

이처럼 17세기 후반과 18세기 초반, 즉 戊申亂이 일어나기 전까지의 민중저항운동은 요언 단계에 머물렀다. 그리고 대부분의 경우에 승려나 무격들이 저항을 주도하였다. 이 때 이용된 민중사상도 객관적으로 잘 다듬어진 논리라기 보다는 조악한 수준의 단편적 논리에 지나지 않았다. 그럼에도 불구하고 이들 요언 단계의 저항은 체제부정적인 논리와 함께 민중에게 미치는 파급효과가 매우 컸다. 흔히 한 지역에서 요언이 발생하면 인근 지역으로 급속히 퍼지면서 민심이 크게 동요하였다. 이를 통해 당시 민심 흐름의 일단을 읽을 수 있다.

---

25) 高成勳,《朝鮮後期 變亂硏究》(東國大 博士學位論文, 1993), 69~70쪽.

18세기에 접어들어 민중운동은 그 형태와 민중사상을 이용하는 틀이 변화한다. 이렇게 된 직접적 계기는 영조 4년(1728)의 무신란이다. 물론 무신란 이후에도 이전과 같은 요언 단계의 저항은 계속되었다. 더욱이 미륵신앙이나 생불신앙과 같은 민중불교를 내세운 요언도 몇 차례 발생하였다. 영조 34년에는 황해도 일대에서 무녀 英梅·福蘭臺·英時 등이 미륵불과 생불을 자칭하자, 수많은 사람들이 몰려들어 무녀들을 생불로 떠받든 일이 있다.[26] 아울러 영조 말년의 '잡술'을 이용하여 체제를 비방한 요언 사건도 주목을 끈다. 그러나 그 추세는 요언 단계의 저항에서 괘서나 흉서 단계의 저항으로 옮아가고 있었다. 즉 영조 때의 민중운동의 형태는 대부분 괘서나 흉서 단계의 저항이었다. 이를테면 명백히 드러난 괘서사건의 경우만 해도, 숙종 때 발생 건수가 4건에 불과한 반면에 영조 때에는 무려 15건에 이른다.[27]

영조 9년에는 남원에서 《南師古秘記》와 관련한 '八空庵' 흉서 사건이 일어났다.[28] 평민 金元八, 양반 崔鳳禧, 승려 太眞 등이 주도하였다. 김원팔은 '筆墨契'를 주도할 정도의 자금력을 지니고 있었다. 최봉희는 '유랑 지식인'으로, 김원팔의 食客이었다. 그는 태진이 소지하고 있던 《남사고비기》를 베껴 이를 김원팔에게 넘겨주었고 김원팔이 다시 이를 베껴 보관하였다. 이들이 《남사고비기》를 이용하여 어떠한 구체적 일을 도모한 흔적은 없다. 그러므로 이 사건은 일종의 흉서소지의 수준에 불과할 수도 있다. 그러나 이 때의 흉서가 무신란 때 괘서했던 내용과 《남사고비기》의 내용이었다는 사실은 주목할만하다. 이 때 南師古는 민중에게는 이인으로 존경받았지만, 지배층에서는 인심을 妖惑시킨 자로 폄하되었던 인물이다.[29]

이 때 흉서의 내용 가운데 무신란의 일에 대해서는 "피가 흘러 내를 이루고 길이 막히며 민가에 연기가 끊긴다"는 따위로 기록하였다. 아울러 "백성이 보존될 수 있는 곳은 山林"이라는 식의 피장처의 논리도 들어 있다. 이들은 《남사고비기》를 사상적 기반으로 삼고 있으나 거사를 준비하는 단계로까

26) 《受敎定例》 妖邪惑衆二條.
27) 李相培, 〈朝鮮後期 漢城府 掛書에 관한 硏究〉(《鄕土서울》 53, 1993), 155~156쪽.
28) 高成勳, 앞의 책, 96~112쪽.
29) 《英祖實錄》 권 35, 영조 9년 8월 갑술.

지는 나아가지 못했다. 그러나 이들은 서로 신분의 차이에도 불구하고 '필묵계' 모임 등을 통해 어울리며 현실을 비판하는 등 체제저항을 기도했다.

영조 24년(1748) 4월에는 청주와 문의에서 《道詵秘記》의 내용을 기반으로 '文義'괘서가 일어났다.[30] '戊申餘黨'인 李之曙와 朴敏樞, 士族 吳命垕 등은 청주와 문의에서 요언을 유포하여 민심을 동요시켰고, 이에 자극 받아 청주에서 소요가 일어났다. 이들은 이 과정에서 문의에서 괘서사건을 일으켰다. 이들이 유포한 요언은 "倭人 같지만 왜인이 아닌 것이 남쪽에서 올라온다. 물이 이롭지 않고 산도 이롭지 않으며 '弓弓'이 이롭다"는 따위의 《도선비기》의 내용이다. 이 때 왜인 같지만 왜인이 아닌 집단의 정체는 해도에 있는 '무신여당'이라는 것이다. 또 "울릉도 건너편에 黃鎭紀 등 무신란의 여당이 있으며, 황진기가 죽지 않으면 반드시 나올 것이다"라고 하여, 무신란 때 주요 수배 대상이었던 황진기가 죽지 않고 해도를 근거로 세력을 이루고 있다는 '黃鎭紀不死說'을 내세웠다. 이 사건은 무신여당 가운데 황진기 세력을 해도기병의 주체로 설정하고 있음을 알 수 있다.

위의 두 사건에서[31] 알 수 있듯이 영조 때의 변란 유형의 민중운동은 무신란과 연관되어 있다. 그리하여 사건이 일어났을 때는 흔히 '무신년의 일과 같다'라고 하며, 그 주체들은 '무신여당'으로 불리는 경우가 많았다. 그리고 이 때 이용된 민중사상의 특징으로는 정감록 사상이 《남사고비기》나 《도선비기》 등의 이름으로 등장하고 있다는 사실이다. 특히 《도선비기》의 '似倭非倭'說은 이후에도 여러 저항과정에서 반복하여 나온다.

또한 이 무렵에는 왜구나 오랑캐가 침공할 것이라는 따위의 와언이 퍼져 위기감이 조성되었다. 이를테면 '문의'괘서 직전에는 청주에서 "왜구가 곧 쳐들어 올 것"이라는 와언이 퍼져 충청도와 경기도의 민인들까지 산 속으로 피난을 떠나는 사태가 일어났다. 정조 11년(1787)에는 경기와 호서지방에서 "북방족의 기병이 들이닥칠 것이다"[32]는 와언이 퍼져 백성들이 집을 비우고

30) 高成勳, 앞의 책, 112~125쪽.

31) 李能化는 이 두 사건을 정감록과 관련하여 일어난 대표적 사례로 꼽은 바 있다(李能化, 《朝鮮基督敎及外交史》 하, 3장 鄭鑑錄迷信之由來, 25~26쪽).

32) 《正祖實錄》 권 23, 정조 11년 4월 병진.

달아나는 소동이 있었다. 이러한 유형의 '외세침공설'은 정감록에 들어 있는 내용이다. 이 때 와언의 유포자들은 전란에 대한 두려움이 남아 있는 사회 분위기를 이용하여 향촌사회를 동요시키려고 했다. 그러므로 이 때 '山林'이나 '弓弓'과 같은 피장처의 논리가 이에 대한 대책의 일환으로 제시된 것도 주목되는 사실이다.

18세기 말기, 특히 정조 때의 민중운동은 무신란과의 연계성이 점차 약화되어 갔다. 이에 따라 영조 때와는 다른 민중운동의 형태를 보이고 있다. 영조 때 민중운동의 일반적 형태로 15차례나 발생했던 괘서는 단 한 차례밖에 보이지 않는다.[33] 이 때는 괘서나 흉서보다는 오히려 거사모의 형태의 저항이 주로 일어났다. 이러한 운동형태의 변화는 그 운동을 뒷바침하는 사상적 기반의 변화이기도 하다.

이 때에도 강릉에서 미륵불을 자칭하는 요언 사건이 일어나는 등 민중불교는 관심의 대상이었다.[34] 그리고 영조 때 각종 민중운동의 저항논리로 이용되었던 《道詵秘記》의 '사왜비왜'설과 같은 경우도 여전히 유효하게 이용되고 있다.[35] 이러한 사례들은 단편적 현상이었다. 영조 15년에 평안도 지역에서 '鄭鑑錄'이라는 이름이 처음 나온 이래,[36] 정조 6년(1782) 文仁邦과 李京來 등의 '서울공격' 거사모의 때 '정감록'이라는 이름으로 그 사상이 본격 전파되었다.[37] 이들은 정감록의 논리를 유포하며 전국에 걸쳐 동조인물을 모으고, 都元帥-先鋒將-運糧官 등의 조직체계를 갖춘 후 襄陽에서 거사하여 杆城→江陵→原州→東大門으로 입성한다는 계획으로 거사를 준비하였다. 요컨대 이들의 목표는 물리력에 의한 정권의 쟁취였다.

이들은 거사의 준비과정에서 정감록을 주요 사상기반으로 삼았다. 문인방은 白天湜 등과 함께 충청도 진천에서 '잡술'을 유포하며 민심을 모으다 포도청에 체포되었다.[38] 문인방 등은 거사를 준비하는 과정에서 《乘門衍義》·

---

33) 李相培, 앞의 글, 156쪽.
34) 《受教定例》 妖邪惑衆二條.
35) 《正祖實錄》 권 19, 정조 9년 3월 계유~기묘·4월 경진.
36) 《備邊司謄錄》 105책, 영조 15년 6월 15일.
37) 高成勳, 앞의 책, 139~155쪽.
38) 《正祖實錄》 권 14, 정조 6년 4월 경오.

《經驗錄》·《神韜經》·《金龜書》 등을 학습하면서 동조 인물들을 모았다. 이 책들의 내용은 알 수 없다. 그러나 이 책들이 '정감록'으로 통칭되고 있으며, 공초과정에서 그 내용은 말하지 않고 정감록의 '六字凶言'이라는 말로 표현하는 것으로 보아 체제를 비판, 부정하는 내용임에 틀림없다.

이 사건으로 민중운동에 있어서의 정감록 사상은 질적으로 변화하였다. 그것은 이 때 '한글판 정감록'의 출현이 확인되었기 때문이다.[39] '한글판 정감록'의 출현은 지금까지 정감록이 한문을 독해할 수 있는 지식인의 전유물이었는데, 이제부터는 그 대상이 민중으로까지 확산되어 갔음을 뜻한다. 정감록이 민중사상의 중심으로 부각되고 일반에 확산된 것은 정감록이 체제부정, 혁명성, 이상향 등의 파격적 내용을 갖고 있었기 때문이다. 여기에 '한글판 정감록'의 출현은 곧 정감록의 대중화를 보다 촉진하는 중요한 계기였다.

이처럼 정조 때는 정감록 사상이 확산되고 질적으로 변화하면서, 여러 민중운동에는 정감록의 논리 가운데 가장 강력한 '해도기병설'이 본격적으로 이용되기 시작하였다. 물론 이전에도 해도기병설은 이용되어 왔다. 그러나 그것은 정감록의 문구 자체를 단편적으로 이용하는 수준이었다. 이 때에 들어서 여러 사건에서 구체적 섬 이름이 등장하는 등 해도기병설은 보다 틀을 갖추어 갔다. 앞의 '서울공격' 거사모의가 바로 이 경우에 해당한다.

이 사건에서의 해도는 곧 '小雲陵'으로, 여기에 해도기병설의 실체가 응축되어 있다. 문인방은 정감록을 유포하는 한편 해도기병설을 제기하였다. 그는 단순히 정감록에 들어 있는 해도기병설의 내용을 인용한 것이 아니라, 그 내용을 차용하여 보다 구체적인 논리로 발전시켰다. 소운릉의 기능은 물산이 풍부하여 경제적으로 가치가 큰 섬, 즉 자체적으로 경제생활을 꾸릴 수 있을 만큼 자연조건이 탁월한 곳이며, 그 자체로 민중의 이상사회에 대한 열망을 수렴한 곳이다. 아울러 소운릉은 戰場으로 간주되는 등 군사적 의미도 지녔다. 그리고 여기에는 해도기병설의 도달점인 이상사회의 논리가 관철되고 있다. 그리고 소운릉은 당시 해도가 저항세력의 근거지 역할을 하고 있던 현실을 반영한 것이기도 하다.

---

39) 《推案及鞫案》 235책, 임인 逆賊仁邦京來等推案 朴瑞集供, 169쪽.

이 밖에도 정조 9년(1785)의 '山人勢力' 거사모의[40] 때 文洋海는 해도기병설의 일종인 '東國三分說'을 전파하였다. 그는 '동국삼분설'을 설명하면서, "조선의 산천과 천문지리는 모두 삼분의 조짐이 있다. 임자년에 도적이 나타나고 그 후에 삼분되었다가 다시 하나로 합쳐진다. 삼분의 姓은 鄭·劉·金哥인데 필경 鄭哥가 하나로 통일시킬 것이며 남해의 섬 가운데에 있다"라고 하여, 삼분 후 통일을 말하면서 통일의 주체는 해도에 있는 鄭眞人이라고 하였다. 요컨대 정감록의 '해도에서 정진인이 기병한다'는 논리를 적용한 사례이다.

정조 11년 6월에는 충청도 제천의 金東翼·金東哲 형제와 강원도 횡성의 鄭武重 등이 '無石國' 관련 요언을 유포하면서 거사를 모의하였다.[41] 이들은 수시로 "왜적 같지만 왜적이 아닌 것이 남쪽에서 올라온다"라고 하여, 《道詵秘記》의 '似倭非倭'의 논리를 유포하였다. 그리고 이들은 보다 구체적으로 해도의 이름을 적시하고 그곳에서 군사를 양성하고 있음을 밝혔다. 그 요지는 김동철의 아들 曾悅이 일본과 동래의 중간에 있는 '무석국'이라는 섬을 정벌하였고, 현재 그 섬 근처에 있는 '痲島' 또는 '薪島'라는 섬에서 군사를 양성하고 있다는 것이다. 또 鄭希亮의 손자 醎을 추대하여 6월 11일에 거사할 예정인데 거사를 단행하면 전국에서 호응할 것이라고 주장하면서, 거사 성공을 예상하여 미리 관직의 배분까지 해놓았다.

이 때는 정감록과 도교의 신선사상이 함께 저항과 변혁의 논리로 이용된 사례도 있다. 마치 숙종 때 미륵신앙과 용신앙이 습합되어 있던 사례와 비슷하다. '서울공격' 거사모의 때 朴瑞集의 공초에 의하면, "문인방은 仙道를 배웠으며 長生術에도 관심이 있었다"고 진술했다.[42] 그러나 정감록과 도교의 신선사상이 본격적으로 결합한 것은 앞의 '산인세력' 거사모의 때였다. 이 때 정감록은 그 저항을 이끌어가는 주요 논리였다. 그러나 이 사건의 핵심 인물인 떠돌이 지사 문양해는 정감록뿐만 아니라 도교에 대해서도 해박한 지식을 지녔던 인물이었다. 문양해는 도교의 정통 의식인 齋醮를 거행할

40) 高成勳, 앞의 책, 155~172쪽.
41) 《正祖實錄》 권 23, 정조 11년 6월 경술.
42) 《推案及鞫案》 234책, 임인 逆賊仁邦京來等推案 朴瑞集供, 195~197쪽.

정도였다. 그는 사건을 배후에서 움직이는 주체로 '산인세력', 즉 仙人(異人·神人)을 내세웠고 이들의 근거지를 '智異山 仙苑'이라고 했다.

'산인세력'은 각각 고유의 이름과 함께 香嶽先生(成居士), 白圓神, 一陽子(茅仙) 등 도교적 색채가 물씬 풍기는 별호들을 사용했다. 또 우리 나라 도교의 시조로 평가받는 崔致遠이 등장하여 鹿精·熊精과 대화를 나누기도 했다. 또 坤帝니 水君이니 하는 神仙의 우두머리들도 등장한다. 문양해는 이들의 나이가 수백 살이라고도 했다. 그는 선인들의 譜帖을 만들어 유포하기도 했다. 그의 공초에 의하면, 이들 선인들은 '동국삼분설'·'해도기병설'·'北賊出現說'·'靈巖起兵說' 등을 주장하여 '三道起兵說'의 계획을 뒷받침하고 하동에 근거지를 마련하도록 했다. 도교와 정감록 사상이 서로 결합한 논리이다.

정부의 조사에 따르면 이들과 관련된 모든 것들은 문양해의 조작에 의한 허구로 드러났다. 그럼에도 불구하고 金鍾秀의 "그것의 정황을 볼 때는 苗脈이 있다"[43]라는 주장은 음미해볼 만하다. 지리산 기슭에 위치한 하동을 중심으로 지리산 일대에 변혁 지향적인 일단의 집단이 도교를 수련하고 정감록을 익히며 조직적으로 체제저항을 기도했을 가능성이 충분히 있었기 때문이다. 이를테면 하동이 거사들의 집단 거주지로 널리 알려져 있었음은 이러한 추론을 가능하게 한다.[44]

한편 이 무렵에는 천주교와 정감록 사상이 함께 저항의 논리로 이용되었다. 이러한 현상은 주로 천주교도 가운데 일부가 정감록 사상에 기울어져 있었던 데서 확인할 수 있다. 정조 21년(1797)에 서울과 지방을 떠돌던 '저항지식인' 姜彝天과 여주의 문벌로서 유력 천주교도인 金建淳 등은 수시로 회합하면서, "바다 가운데 品字 모양을 닮은 섬이 있는데 병마가 强壯하다"거나, "바다 가운데 진인이 있는데 六任과 둔갑술을 알고 있다"는 따위의 해도기병설 관련 요언을 퍼뜨리면서 민심을 동요시켰다.[45] 또한 천주교도 柳觀儉은 "聖世에 인천과 부평 사이에 밤에 배 일천 척을 댄다"는 비기의 내용을

43) 《承政院日記》 1579책, 정조 9년 3월 23일.
44) 《正祖實錄》 권 21, 정조 10년 2월 을미.
45) 《正祖實錄》 권 47, 정조 21년 11월 병자·정축·무인·신사·을유.
《純祖實錄》 권 2, 순조 원년 4월 병인.

알고 있었다. 그는 이를 이용하여 "예수가 庚申年에 태어났으니 경신은 곧 성세이다"라고 하였는데, 여기에서 경신년은 곧 1800년이다. 이로 볼 때 천주교와 정감록 사상이 서로 연결되어 드러나고 있음을 알 수 있다.[46] 이처럼 천주교가 다른 종교나 사상과 함께 등장하자 정부에서는 천주교를 불교, 도교, 참위설 등과 비슷한 것으로 잘못 알기도 했다.

18세기의 민중운동이 무신란의 영향 아래서 확산되었다면 19세기의 민중운동은 洪景來亂으로 폭발하였다. 잘 알려졌듯이 홍경래 난의 사상적 기반은 정감록의 해도기병설이다. 홍경래 난의 창의문에는 紅衣島에서 태어난 鄭聖人이 鐵騎 10만을 거느리고 東國을 숙청할 뜻을 가졌다는 내용이 있다. 이 내용은 해도(홍의도)에서 정진인(성인)이 군사(철기 10만)를 이끌고 나와 조선(동국)을 정벌하고 새로운 국가를 건설한다는 해도기병설의 내용과 같다. 이처럼 홍경래 난 때 해도기병설이 출현한 이래 이와 비슷한 논리를 내세운 민중저항운동이 이어졌다.

이로 볼 때 19세기 전반기의 민중운동과 그 운동을 뒷받침하는 사상체계는 정감록의 해도기병설이 강력한 논리로 적용되고 있었다는 점에서 정조 때의 그것과 별 차이가 없다. 그리고 민중운동의 형태도 앞 시기와 크게 다르지 않다. 18세기 이전의 요언, 영조 때의 괘서, 정조 때의 거사모의가 민중운동의 주류였다면, 순조 때는 요언, 괘서, 거사모가 비교적 고르게 일어났다. 그러나 이 때의 요언이나 괘서도 거사모의를 전제로 한 것이 대부분이어서 운동의 주류는 양이나 질적으로 보아도 역시 거사모의였다.

이 때 요언 단계의 저항에 그친 경우를 보면, 순조 30년(1830) 3월 영남 사람 郭必周가 잡술을 핑계대고 요사한 말을 만들어 서울과 지방을 오르내리며 인심을 선동하다가 포도청에 체포된 사실이 있다.[47] 순조 32년에는 영변의 申士化·李以德·李斗千 등이 "진인을 따라야 한다"는 정감록의 말을 유포하며 인심을 선동하였다.[48] 그러나 대부분의 경우는 해도기병설과 연관되어 있으며 요언 단계에 머물지 않고 거사모의로 발전하는 특징을 보이고 있다.

---

46) 趙 珖, 앞의 책, 161~162쪽.
47) 《純祖實錄》 권 31, 순조 30년 3월 경술.
48) 《純祖實錄》 권 32, 순조 32년 10월 임자.

한편 이 무렵에도 鷄龍山 관련설은 민인들 사이에 널리 퍼져 있었다. 순조 21년(1821) 朴灝源 · 沈亨鎭 등은 '鷄龍山卜居說'을 퍼뜨렸다.[49] 이들은 정감록의 계룡산 관련 내용, 즉 '鷄龍山 五百年 新都說'에 따라 계룡산에 들어갔다. 이들은 계룡산을 답사하고 나서 "산천이 수려하고 살기에 합당한 곳이어서 그 곳을 얻으면 자손들이 榮貴할 것이다"라고 하였다. 그리하여 이들은 壯士 137명과 함께 계룡산에 들어가 살 계획을 세웠다. 이 사건은 정감록에서 新都로 알려져온 계룡산을 소재로 한 요언 사건으로, 이 때의 계룡산은 '남조선신앙'에서 말하는 이상사회라 해도 좋을 것이다.

19세기 전반기 민중운동의 중요한 사상적 특성은 해도기병설의 틀을 유지하면서도 홍경래 난의 영향으로 '洪景來不死說'이 크게 유행하였다는 사실이다. 순조 17년 3월에 蔡壽永 · 安有謙 등은 명화적과 결탁하여 거사를 준비하면서, "홍경래와 李禧著가 생존하여 馬島로 잠입하였다"는 등의 '홍경래불사설'을 퍼뜨렸다.[50] 순조 26년의 金致奎 · 李昌坤 등의 괘서에도 "홍경래 · 이희저가 서쪽에서 제주도로 들어갔다"라고 하거나, "홍경래와 禹君則이 제주에서 취회한다"는 주장이 이어졌다.[51]

순조 26년에 鄭尙采와 朴亨瑞 등의 주도로 해도기병설과 관련한 거사모의가 일어났다.[52] 정상채는 군사를 기르는 해도는 '紅霞島'이며, 군사를 이끌 진인은 鄭在龍이라고 하였다. 그리고 새로운 도읍, 즉 '福州(安東)'를 新都로 설정한 가운데 거사를 준비하였다. 이 때 '복주'는 전래의 신도로 알려져온 계룡산을 극복하고 새롭게 '남조선신앙'이 구체화된 곳으로, 곧 해도기병설의 도달점인 이상사회를 가리킨다는 점에서 주목된다.

이 때 출륙의 과정에서 주목되는 것은 조선을 정벌하기 전에 對馬島를 먼저 攻取한다는 '對馬島征伐說'이다. 이것은 현실의 군사적 의미로는 대마도를 아우르고 그 병력을 이용하려 했던 것으로 보인다. 그러나 해도기병설의 관점으로 볼 때는 군사적으로 큰 의미를 갖는다기보다는 '南賊出現說'을 뒷받

49) 《左捕盜廳謄錄》 4책, 신사 7월 14일, 71~78쪽.
50) 《純祖實錄》 권 20, 순조 17년 3월 기미.
51) 《推案及鞫案》 282책, 병술 罪人致奎昌坤柳聖浩李元基鞫案.
52) 《推案及鞫案》 281책, 병술 罪人亨瑞尙采申季亮鞫案.

침하는 논리로 작용했다고 이해할 수 있다. 이와 관련하여 정상채와 박형서가 주창한 "西賊이 나온 이후에 南賊이 마땅히 나오고, 진인이 해도에서 나온다"53)라는 말을 검토할 필요가 있다. 이 때의 서적은 봉기에 실패한 홍경래군을 뜻하며, 그들은 陳勝·吳廣의 무리에 불과하다는 것이다. 이는 홍경래 난 이후 '남적출현설'이 '서적출현설'을 대체하면서 유력하게 전파되는 상황으로 설명할 수 있다.

이처럼 19세기 전반기의 민중운동은 정조 때 이래의 해도기병설을 주요 논리로 삼고 있는 가운데 여러 저항과정에서 '홍경래불사설'이 크게 유행하였다. 이것은 홍경래 난의 영향 아래서 민중운동이 전개되고 있었음을 말해준다. 한편으로 '남적출현설'은 '서적출현설'을 대체하는 것으로 홍경래 난의 실패를 반성하고 새롭게 일어나려는 움직임의 일환이었다.

(2) 민중사상 전파의 주체

앞에서 민중운동 과정에서 포착된 민중사상의 흐름을 바탕으로 민중운동의 주체, 말하자면 민중사상을 체계화하고 유포한 주체에 대해서, 그리고 이들이 민중운동을 통해 추구한 정치·사회적 목표는 어떠했는지 살펴보려 한다. 조선 후기의 대부분의 변란, 즉 요언이나 괘서, 또는 거사모의 단계의 저항에서 '민간사상의 유포자=변란의 주체'이다. 그러므로 변란 형태의 민중운동 주체는 곧 민중사상을 전파하는 사람들이다. 이 때 민중운동의 주체, 즉 민간사상을 유포한 주체는 어떠한 사람들일까. 그것은 물론 구체적 사상에 따라 다르다.

먼저 18세기 초반까지 유력한 민중신앙으로 기능했던 민중불교, 즉 미륵신앙이나 생불신앙 등을 주재한 집단으로 승려들을 떠올릴 수 있다. 그러나 문제는 승려들이 독점적으로 미륵신앙이나 생불신앙을 주재하지 못한데 있다. 이를테면 숙종 14년(1688) 거사모의 때 승려 여환 등 미륵신도들이 거사준비를 주도한 것처럼 보이지만, 원향이나 계화 등 무녀들도 용신앙뿐만 아니라 미륵신앙에 대한 일까지 예언하면서 적극 참여하였다. 이를테면 '龍女夫人'으

---

53) 《推案及鞫案》 281책, 병술 罪人亨瑞尙采申季亮鞫案 鄭尙采供, 787쪽.

로 불리는 무녀 원향이 황해도 문화에서 경기도 양주까지 올 때 수 많은 사람들이 그녀를 따랐다는 사실, 무녀 계화가 서울공격을 계획할 때 그 논리적 분수령이 되었던 이른바 '雨注傾蕩'을 주장했던 사실로 보아도 무녀들의 영향력이 적지 않았음을 알 수 있다.

한편 생불신앙은 무녀들에 의해 장악된 것으로 나타났다. 숙종 17년(1691)의 '수양산 생불출현설'을 주동한 차충걸·조이달·애진은 모두 무격이며, 더욱이 애진은 실질적으로 생불과 관련된 일들을 주재했다. 영조 때의 생불 관련 요언도 모두 무녀들에 의한 사건이다. 그러므로 생불신앙은 정통 불교의 범주라기보다는 무격들에 의해 주재되었던 민간신앙에 해당한다.

이들은 미륵신앙이나 생불과 관련된 요언을 퍼뜨리며 사람들을 끌어모았는데, 그 영향력은 적지 않았다. 그러나 이러한 형태의 저항은 더 이상의 단계, 이를테면 거사모의로 옮아갈 수는 없었다. 그것은 이들이 무격신앙을 자신들의 사상적 토대로 삼고 있기 때문에 미륵신앙이나 생불신앙을 단편적으로 이용할 뿐 완전히 소화할 수 없었다. 그리하여 몰려드는 사람들을 조직화하고, 이후의 계획을 세우는 단계로 나아갈 수 없었다. 그리고 이들은 체제를 비판하거나 부정하는 말을 하고는 있으나, 그것은 거의 개인적 차원의 일로서, 기복을 추구하거나 재물을 모으는 데 목적이 있었다.

영조 4년(1728)의 무신란 이후에는 정감록 사상이 확산되면서 그 주체도 변했다. 영조 때 정감록을 유포한 주체는 정치집단에서 탈락하여 떠돌이 생활을 하는 지식인들과 이른바 '戊申餘黨'으로 불린 자들이 주축을 이룬 가운데 승려들도 적지 않았다.

앞의 '팔공암' 흉서 때 《南師古秘記》를 입수하고 보관한 인물은 승려 태진이었으며, 이를 베껴 김원팔에게 전한 사람은 각지를 떠돌던 몰락양반인 地師 최봉회이다. 영조 19년에 거짓으로 "姜世發이 거사를 모의했다"고 고변한 金殷昌의 경우는 각지를 떠돌다가 승려가 되었고 이후 다시 환속하여 堪輿術을 익혔던 자이다.[54] '文義'괘서를 이끈 이지서와 박민추는 '무신여당'이다. 영조 36년에 "해도에 수만 명이 모여있다"는 와언을 유포한 淸潤은 승려이

54) 《英祖實錄》 권 58, 영조 19년 5월 갑오.

다.[55] 영조 38년(1762)에 궐문에 괘서하려다 체포된 裵胤玄은 '잡술을 하는 허탄한 사람'[56]으로 곧 지사이다. 영조 40년 영남에서 잡술로 민심을 혼란시켰던 李達孫은 '무신여당'이며, 者斤萬은 지사로 보인다. 이 때는 道行·文淡·達文 등 승려들도 참여하였다.[57] 영조 44년에 호남에서 잡술로 민심을 교란했던 申弼周는 '奇門堪輿術'을 익히고 있던 떠돌이 지사이다.[58]

이 때 '유랑 지식인'이 정감록 전파에 쉽게 참여한 것은 경제적 기반의 악화로 말미암아 떠돌이 생활을 하는 지식인의 숫자가 많아졌기 때문이다. 이를테면 '팔공암' 흉서 때의 양반 최봉희가 떠돌이 생활 끝에 평민 김원팔의 식객이 된 사실도 같은 맥락이다. 더욱이 무신란에 직간접으로 연관되어 있는 사람들이 '유랑 지식인' 집단에 동조 또는 합류함으로써 그들의 단순 수치가 늘어났을 뿐만 아니라 체제비판의 강도도 높아졌다.

이 때의 승려들은 정부의 억불정책 등으로 말미암아 매우 위축된 상태에서도 체제비판의식을 지니고 있었다. 이들은 신분이 천민으로 떨어진 대신에 國役의 의무를 지지 않았다. 이에 피역하려는 일반 민중이 승려로 투탁하는 사례가 많아졌다. 이들은 대부분 생활의 방편으로 승려를 택했기 때문에 수도생활보다는 현실의 일에 관심이 많았다. 그리하여 이들 가운데 학문적 소양이 있는 자들은 정감록과 같은 민중사상을 전파하며 체제를 비판하고 민중을 끌어모았다. 그리고 일부는 明火賊이 되기도 하였다.

정조 때 이후에도 민중사상 전파의 주체는 크게 변하지 않았다. 이 때도 '유랑 지식인'들이 민중사상의 전파를 주도했다. 이들의 생업은 대부분 地師였다. 조선시대에는 풍수가 성행하였다. 그리하여 "指南針을 차고 있는 사람은 천리 길을 나서도 양식을 갖고 다니지 않는다"[59]라고 할 정도였다. 그러므로 '유랑 지식인'들은 지사의 일을 생업으로 삼았다. 아울러 이들은 훈장노릇을 병행하거나 의술을 펼치기도 하였다. 또 이들은 한 곳에 정착하지 않고 여러 곳을 떠돌면서 동조 인물을 모았다. 그리고 이 과정에서 신분을 속이거

55) 《英祖實錄》 권 95, 영조 36년 2월 갑진 및 3월 병진·정사·병인.
56) 《英祖實錄》 권 99, 영조 38년 2월 계사.
57) 《英祖實錄》 권 103, 영조 40년 4월 무술.
58) 《英祖實錄》 권 110, 영조 44년 5월 경신·신사.
59) 朴齊家, 《北學議》 外編, 葬論.

나 이름을 바꾸는 등의 방법을 이용하였다. 이들의 일은 점차 전문화되고 직업화되어 갔다. 이제 이들은 단순한 '유랑 지식인'이 아니라 '저항 지식인'[60]으로 자리잡아 갔다.

이러한 인물로는 정조 6년(1782) 11월의 '서울공격' 거사모의의 주역인 文仁邦이 대표적이다. 그는 천민 신분임에도 불구하고 洪國榮의 측근으로 이조판서를 지낸 宋德相에게 학문을 배웠고, 그에게 직접 '玉圃先生'이라는 書號까지 받았다. 이로 보아 문인방이 어느 정도 학문적 소양을 쌓았음은 쉽게 알 수 있다. 문인방은 거사모의가 발각되기 10년 전인 영조 48년(1772)에 李京來와의 만남을 계기로 거사를 생각했다. 두 사람은 이후 여러 차례 회합하면서 정조 원년부터는 거사준비를 본격화하였다. 이들은 동조 인물을 모으는데 힘을 쏟았다. 문인방은 함경도에서 훈장과 의원을 가칭하는 방법으로 동조 인물을 모았다. 아울러 각지를 떠돌면서 정감록을 입수하고 이를 전파하였다. 정조 6년 봄에는 진천의 산속에서 '잡술'을 전파하였다. 그는 이 사건으로 해도에 유배중일 때에도 朴瑞集을 끌어들이는 등 끊임없이 거사를 준비하였다. 아울러 정감록의 강력한 논리인 해도기병설을 '小雲陵'이라는 섬에 가탁하는 등 보다 정제된 형태로 정감록 사상을 전파하였다.

이와 같이 민중사상 전파의 주체들은 문인방과 비슷한 경로를 밟은 '유랑 지식인'이자 '저항 지식인'들이다. 이를테면 앞의 '산인세력' 거사모의 때의 文洋海·朱炯采·李奎運(吳道夏)·朱炯魯, '無石國' 거사모의 때의 金東翼·金東喆 형제, 擧事說을 퍼뜨린 陳東喆 등도 모두 문인방의 경우와 크게 다를 바 없다. 이규운은 지사로서 서북지방과 서울을 오가며 훈장과 의원을 병행하였고, 주형로는 충청도 단양에서 훈장노릇과 침술로 생계를 꾸렸으며 풍수와 관상도 보았다. 특히 문양해는 앞에서 보았듯이 도교의 수양법, 즉 仙術을 익힌 자로 알려졌는데 仙人들과 관련한 온갖 논리를 만들어 냈다.

이들은 오랜 기간에 걸쳐 거사를 준비하였으며 여러 지역을 떠돌며 동조 인물을 포섭하고, 거사의 조직체계를 갖추기도 하였다. 그리고 발생 지역이나 사건의 상호 관련성 면에서 볼 때, 일회성 사건으로 그치는 것이 아니라 연속선

60) 吳洙彰, 《朝鮮後期 平安道民에 대한 人事政策과 道民의 政治的 動向》(서울大博士學位論文, 1996), 223~226쪽.

상에서 저항이 일어나는 경우도 적지 않았다. 이러한 사실은 18세기 후반, 정조 때에는 흔히 말하는 '직업적 봉기꾼'들이 존재하고 있었음을 말해주는 것이다.

이 밖에 승려들도 여전히 민중사상 전파의 일부를 담당하며 거사에 참여하였다. 이 때 승려들이 전파한 민중사상은 미륵신앙과 같은 민중불교보다는 정감록이었다. 이는 정감록이 민중사상의 중심적 위치를 확고히 했음을 말해준다. 이를테면 구례 花嚴寺의 승려 尹藏은《鄭鑑錄》을 사찰에 숨겨두었다가 발각되어 유배당했다.[61] 또한 일부 승려들은 민중운동의 주체들과 교류하면서 민중사상을 전파하거나 지역적으로 떨어져 있는 운동주체들 사이의 연락을 돕기도 하였다.

한편 '非僧非俗'의 무리, 즉 居士들도 민중사상을 전파하였다. 이들은 호적에서 이름이 빠지고 신역이나 군포도 없는 자들로, 떠돌아 다니는 백성들 가운데 가장 수상하다고 지목되었다.[62] 이 무렵에는 역모를 꾀하는 자들이 거사 집단 속에 많았으며, 하동은 거사들의 집결지였다.[63] 이들은 작게는 명화적이 되고, 크게는 반역을 기도하였다. 그리고 정조 9년(1785) 11월 '三水府' 거사모의[64]에 柳漢敬·柳泰守(李泰守) 등 거사들이 주도적으로 참여하였다. 이들은 '李亡鄭興'을 주장하였으며, 체포 당시 정감록으로 보이는《鑑影錄》과 같은 책들을 소지하고 있었다. 아울러 이 때의 거사모의에 李龍範을 비롯하여 많은 미륵신도들도 적극적으로 참여하였다. 그리하여 그 모습을 "甲山에 형세가 있는 사람은 미륵신도의 명단에 들어있지 않은 사람이 없다"라고 표현할 정도였다. 이들은 거사들과 연계하여 미륵세계를 구현하려 했다. 이 때의 사상기반은 미륵신앙과 정감록 사상이 습합된 독특한 민중사상의 틀이다.

19세기에 들어와 홍경래 난을 겪으면서 민중사상 운용의 틀에 변화가 일어났지만, 그 사상을 전파하고 민중운동을 이끌어간 주체는 18세기 후반, 정조

61)《正祖實錄》권 19, 정조 9년 3월 을축.
62)《正祖實錄》권 21, 정조 10년 2월 병신.
63)《正祖實錄》권 21, 정조 10년 2월 을미.
64) 全信宰,〈居士考-流浪藝人集團硏究序說-〉(《韓國人의 生活意識과 民衆藝術》, 成均館大 大東文化硏究院, 1984).
裵惠淑,《朝鮮後期 社會抵抗集團과 社會變動硏究》(東國大 博士學位論文, 1994), 181~205쪽.

때와 변함이 없다. 이 때도 '유랑 지식인'이자, '저항 지식인'들이 민중사상을 전파하고 운동을 이끌었다. 순조 4년(1804) 거사모의를 주도한 李達宇와 張義綱, 순조 17년 명화적과 결탁하여 거사모의를 주도한 蔡壽永과 安有謙, 순조 26년 청주괘서의 주역 金致奎, 같은 해 '紅霞島' 거사모의를 주동한 鄭尙采, 철종 2년(1851)에 '海西獄事'를 주도한 蔡喜載와 柳興廉 등을 꼽을 수 있다.

이들 가운데서 정상채의 경우를 보기로 하자. 정상채는 경기도 용인에서 태어나 부모를 따라 평양으로 옮겨 그 곳에서 자라난 후에 다시 강원도 영월로 옮겼다. 그는 의술과 풍수 등을 생업으로 삼아 각지를 전전하였다. 그는 평소 이곳저곳에 출몰하여 종적이 홀연하고 이름과 나이를 수시로 바꾸며, 《幻妙門》과 같은 비기를 이용하여 환술을 부렸다.[65] 그는 '呼風喚雨'의 新異한 능력의 소유자로 알려졌고 그의 동료들도 그러한 말을 믿을 정도였다. 이 때 대부분의 민중사상 주재자들의 경우는 정상채와 비슷한 경로를 걸었다. 이러한 현상은 19세기 중반 東學이 창도되기 이전까지는 크게 변하지 않은 것 같다.

이 때 '저항 지식인'과 같은 민중운동의 주체들은 매우 열악한 조건 아래서 거사를 준비했다. 이들에게 가장 어려운 문제는 거사자금을 확보하는 일이었다. 이들은 재력 있는 자를 끌어들여 자금을 마련하는 경우도 있었다. '산인세력' 거사모의 때 양형과 문양해는 홍국영의 4촌 동생 洪福榮을 끌어들여 '하동에 거처를 마련한다'는 명목으로 수천 냥의 자금을 모았다. 그러나 이런 일은 드물었다. 거사의 성공을 보장할 수 없는 상황에서 이러한 방법으로 거사자금을 마련하기란 쉽지 않았기 때문이다. 아울러 군사력의 확보도 어려웠다. 정감록 등 민중사상을 통해 동조 인물을 모으는 데는 한계가 있었기 때문이다. '서울공격' 거사모의 때 문인방은 '流丐' 등을 동원할 방법을 생각하기도 했다. 그러나 이 방법도 자금확보가 전제되어야 하는 일이었다.

한편 민중운동의 주체들은 대부분 현실의 정치집단에서 배제된 인물들이다. 영조 때 무신란 이후의 '무신여당', 이를테면 이지서・박민추 등이 그렇고 정조 초반 홍국영과 송덕상 등이 실각된 정국과 직간접으로 관련된 인물

---

65) 《推案及鞫案》 281책, 병술 罪人亨瑞尙采申季亮鞫案 罪人尙采結案, 847~848쪽.

들, 즉 이경래·문인방·홍복영 등이 이에 해당한다. 아울러 체제를 부정하고 권력의 장악을 목표로 하는 변란의 특성상 그 주체들은 정치지향적이고 권력지향적 성향이 강했다. 이를테면 앞의 '무석국' 거사모의 때 팔도의 감사와 수령을 미리 임명했다고 했으며, 이에 따라 金東翼은 강원감사로, 金商圭는 광주부윤으로 행세하며 동조 인물들을 모았던 사례가 전형적이다. 그리하여 이들은 물리적 방법을 통하여 권력을 장악하고 정치집단으로 진입하기 위한 노력을 끊임없이 기울였다.

더욱이 19세기에 접어들면, 이들은 정치집단으로 들어가기 위해 '외세와의 연계'까지도 계획하였다. 이들은 거사의 준비과정에서 대마도나 일본과 연결을 맺거나 그들에게 청병할 계획을 세우기도 했다. 이러한 일은 정감록의 '외세침공설'의 연장으로 이루어진 것이다. 이 때까지도 민중운동의 주체들은 외세문제의 심각성을 깨닫지 못했거나 이를 철저히 외면하였다. 이는 '반외세'를 고려하지 않을 정도로 이들의 엽관적 성향이 강했음을 말해주는 것이다. 외세문제에 대한 인식의 전환, 즉 '반외세'의 주장은 1860년대에 들어가서 이루어지기 시작하였다.

그러나 민중운동의 주체들이 단지 엽관적 행태만을 보인 것은 아니다. 이들은 저항을 통하여 무엇을 추구하였을까. 그들은 권력의 장악을 거사의 목표로 삼았다. 이 때 정감록과 같은 민중사상의 여러 체제부정 논리는 이러한 목표를 합리화하는 이론적 배경이 되었다. 그들은 거사의 목적으로 '撥亂反正'을 내세웠다. '산인세력' 거사모의 때 문양해는 거사의 목적에 대해, "지금 세상은 쇠퇴할 운명에 이르렀으니 만일 인재가 있으면, 웅당 반란을 다스리고 나라를 회복할 기회가 있을 것이다"[66]라는 주장으로 거사의 명분을 확보하려 했다. 이 때 양반으로 사건의 핵심이었던 李瑮은 자신들의 하는 일에 대해 《水滸志》의 宋江의 말을 빌려 "하늘을 대신하여 도를 행한다"라는 말로 정당성을 확보하려 했다.[67] 이들은 민중사상을 논리적 틀로 삼고 권력장악을 목표로 거사를 준비하였으나, 이 단계에서는 권력장악 후의 정치구도를 그려내는 데까지는 이르지 못하였다.

---

66) 《正祖實錄》 권 19, 정조 9년 3월 임신.
67) 《正祖實錄》 권 19, 정조 9년 2월 기유.

이들은 사회적으로는 신분제의 불평등 구조를 비판하는 등 평등의 논리를 주장하였다. '팔공암' 흉서 사건 때 주동 인물들 사이에서 "우리들이 오랫동안 평민으로 있는 것은 부당하다. 어찌 왕후장상의 씨가 따로 있는가"68)라는 대화가 오가는 등 피상적이나마 신분제를 부정하는 요소가 나타났다. 앞의 '문의'괘서 때에도 비슷한 주장이 나왔다. 이 때 양반 吳命垕는 李恒延에게, "양반의 권세를 의지하지 말라. 마땅히 귀한 자가 천하게 되고 천한 자가 귀하게 되는 세상이 있을 것이다"라고 하였으며, 그의 부친 吳遂萬도 "양반의 교만한 기세를 부리는 짓을 하지 말라"는 말을 하였다.69)

민중운동의 주체들은 단편적이나마 경제적 평등을 추구하기도 했다. 그러나 이들이 토지나 부세문제 등 경제의 현안에 대해 자신들의 입장이나 대안을 내놓은 경우는 매우 드물었다. 다만 순조 4년(1804) 거사모의를 주도했던 안악의 李達宇가 공초과정에서 주장한 토지개혁안이 주목된다. 이달우는 당시 극심했던 토지겸병의 폐해와 농민층 분화의 실상을 지적하고, 이를 당시 정권의 制産의 실패 때문으로 돌렸다. 그리하여 그는 정전제와 균전제를 기반으로 하는 토지개혁안, 즉 한 가구마다 70負의 토지를 지급할 것을 주장하였다.70)

이러한 주장들은 보편적으로 제기되었던 것이 아니라, 일부의 저항에서만 단편적이고 피상적으로 언급되었다. 그러므로 이러한 주장이 곧 민중운동 주체들의 거사 목적이라고 말할 수는 없다. 그러나 여기에는 그들이 처해 있던 현실의 좌절을 통해 형성된 사상과 철학이 들어있다. 그리고 그것은 현실에 대한 비판과 저항으로 발전되어 갔다.

(3) 정부의 대응책

조선 후기 민중사상의 확산은 正學, 즉 성리학의 지배이념을 더욱 강화하려는 정부의 입장과 배치되는 것이다. 이에 정부에서도 확산일로에 있는 민중사상과 민중운동에 대처하기 위한 적절한 방안을 강구하지 않을 수 없었다.

---

68) 《推案及鞫案》 165책, 계축 元八推案 罪人鳳禧元八一處面質, 471~472쪽.
69) 《推案及鞫案》 184책, 무진 罪人之曙推案 李恒延供, 46~47쪽.
70) 한명기, 〈사회세력의 위상과 저항〉(《조선정치사 1800~1863 상》, 청년사, 1990), 293~294쪽.

정부는 정감록과 같은 민중사상을 正學, 즉 성리학을 강화하는데 걸림돌로 작용하는 雜術, 左道, 異端, 邪學의 일종으로 인식하였다. 그러므로 민중사상의 확산을 막기 위해서는 성리학의 지배논리를 강화하고 '이단'을 물리치는 것, 이른바 '衛正斥邪'가 최선의 방법이라고 믿었다. 그리하여 정조는 민중사상이 확산되고 있던 사회현상과 관련하여 "선비를 높이고 유교를 중시하는 것이 금일의 급선무"[71]라는 인식을 가졌다. 즉 조선왕조 개창 이래 지배이념인 성리학의 강화를 통해 민중사상의 확산을 막고, 이에 가탁하여 일어나는 민중운동을 차단하려 했다.

이러한 정부의 인식은 민중사상의 주창자들에 대해서도 마찬가지였다. 정부에서는 흔히 민중사상의 주창자들을 '怨國之心'이나 '思亂樂禍之心'을 품은 자들로 인식하였으며, 이들에 의해 변란이 일어난다고 믿었다. 특히 18세기 후반 이후 현안으로 떠오른 천주교도들에 대해서는 五斗米徒, 黃巾賊, 白蓮敎徒나 盜賊, 綠林의 무리로 인식하였다.[72] 그러므로 정부에서는 "讖緯, 妖書, 妖言을 짓거나 이를 전용하여 민중을 미혹시킨 자는 모두 斬한다"[73]라는 법조항을 엄격히 적용하여 일반 민중이 여기에 빠지는 것을 방지하려 했다.

요컨대 정부는 변란 형태의 민중운동이 일어났을 경우에, 사건 그 자체보다도 그 속에 내재해 있는 민중사상을 근절하려 했다. 그러므로 정부의 대응은 민중운동의 형태, 즉 요언, 괘서, 거사모의 등 저항의 수준이나 강도에 따라 달라지지 않았다. 정부의 모든 조치가 민중사상을 근절하는 데로 모아졌다. 구체적 대응 방식은 사건을 해결하는 과정에서 또는 해결한 후에 신하들이 '민중사상을 금하는' 조처를 취해줄 것을 건의하고, 이에 국왕이 교지를 내리는 방법으로 이루어졌다.

영조 9년(1733)에 호남 일대에서 정감록에 바탕을 둔 변란이 잇따라 일어나자 정부에서 잡술을 근절하기 위한 논의가 있었다. 이 때 藥房提調 尹淳은 호남에 잡술이 성행하게 된 연유와 전파의 갈래 및 이와 관련해 일어나는 구체적 사건에 대해서도 설명하였다.[74] 아울러 잡술을 금지하는 조치를 취할

71) 《正祖實錄》 권 14, 정조 6년 12월 경인.
72) 趙 珖, 앞의 책, 175~176쪽.
73) 《大明律》 권 18, 刑律 造妖書妖言.

것을 강력히 건의하였다. 이러한 논의 끝에 국왕은 讖緯를 금지하라는 교서를 내렸다.

이처럼 변란에 대한 정부의 인식은 변란의 근저에 민간사상이 깔려 있으므로, 이것을 금지시켜야 한다는 것이었다. 영조 15년에 평안도에서 정감록과 같은 참위서가 성행하자, 이 책들을 불사르라는 요청이 잇따랐다.[75] 같은 해 남원에서 일어난 梁纘揆 흉서의 처리 과정에서 국왕은 많은 사람들이 잡술을 비판하면서도 거기에 물드는 현상을 걱정하였다.[76] 그리하여 영조 38년에 국왕은 "참서와 비기를 감추어 두었다가 발각된 자는 해당 감사로 하여금 장문케 한 후에 세 차례 嚴刑하여 해도에 定配하라"는 전교를 내렸다.[77] 참위서의 소지자들에 대한 처벌을 구체적으로 명시한 것은 이전의 피상적 조치로는 효과를 얻지 못했기 때문이다. 그러나 민중사상과 관련하여 변란은 잇따랐고, 이에 정부에서도 잡술을 금하는 교지를 내리거나 해당 지역에 어사를 파견하여 단속하는 방법으로 대처하였다.[78]

민중사상 관련 저항은 그 성격상 실체가 불명확한 요언이 이어지게 마련이었다. 그러므로 정부는 철저한 수사를 하지 않을 수 없었다. 그렇다고 필요 이상으로 시간을 끌 수는 없었다. 그리하여 철저한 사건의 규명과 조속한 마무리를 통해 민심을 수습하는 것이 급선무였다. 숙종 때 '首陽山 生佛出現說'의 조사과정에서 생불로 알려진 鄭弼錫을 체포하기 위해 수양산 義相庵 일대의 여러 사찰들을 철저히 수색했다. 정조 때 '山人勢力' 거사모의 조사과정에서 '智異山 仙苑'의 '仙人'들의 실체를 규명하기 위해 지리산 일대를 샅샅이 수색하였을 뿐만 아니라, '선인'들이 옮겨 다녔다는 평안도 香山까지 여러 차례 수색하였다. 그 결과는 이들 모두 실체가 없는 가공의 인물로 판명되었다.

이 때 신하들은 확대수사를 요구하였으나, 국왕은 사건의 핵심이 밝혀졌으므로 조속히 마무리하여 민심을 안정시키는 데 힘을 기울였다. 이 때 정조는

74) 《英祖實錄》 권 35, 영조 9년 8월 갑술.
75) 《英祖實錄》 권 50, 영조 15년 8월 경진.
76) 《英祖實錄》 권 51, 영조 16년 정월 정묘.
77) 《英祖實錄》 권 99, 영조 38년 2월 계사.
78) 《英祖實錄》 권 110, 영조 44년 4월 신사.

삼남의 관찰사들에게 훈유하여 "소요가 발생하여 民情이 불안하니 경들은 특히 주의하여 민심을 안정시키라. 지난번에 훈유하였음에도 소란의 기미가 보이니 이번에도 안정시키지 못하면 兵使·水使에게 무거운 책임을 묻겠다"[79]라고 하여 사건을 조기에 수습함은 물론이고 요언의 확산으로 인해 소란스러워진 민심을 달래고자 하였다. 정조가 陳東喆 등에 의한 '擧事說' 관련 요언 사건을 처리하는 과정에서 사건을 확대하지 말 것을 지시하며 홍충도 관찰사 沈豊之를 파면한 것도 같은 맥락이다.[80] 요컨대 정조의 생각은 '진정시키는 데'에 있었던 것이다.

한편 정부에서는 사건이 마무리 될 무렵 사건이 일어난 지역에 대해서도 처벌하였다. 그것은 주로 해당 도의 이름을 바꿔버리거나, 해당 읍호를 떨어뜨리는 방법으로 이루어졌다. '서울공격' 거사모의 주역 문인방의 출신지인 谷山府가 谷山縣으로 떨어졌다. 순조 때의 '홍하도' 거사모의와 관련하여서도 淸州牧이 淸州縣으로 떨어졌으며, 忠淸道도 公忠道로 바뀌었다. 이와 때를 같이 하여 국왕은 신하들로부터 역적 토벌에 대한 축하를 받기도 하며, 민심 위무책의 일환으로 중앙과 지방에 大赦免令을 공표하기도 한다.[81]

정부에서는 특정 계층에 대해 회유책도 썼다. 회유의 대상은 '힘있고 재주있는 자'로서 현실을 불평하고 기회가 오기를 기다리는 자들이다.[82] 이들은 '좌도'에 쉽게 빠져들었고 변란을 모의하는 주요 집단이었기 때문이다. 그리하여 '좌도'를 철저히 금지하는 대신에 힘있고 지략있는 자들에게 벼슬길을 열어줌으로써 변란을 사전에 예방하려고 하였다.

이러한 정부의 조처에도 불구하고 정감록 등의 민중사상과 여기에 바탕을 둔 민중의 저항은 계속되었다. 이것은 민중사상이 체제모순의 심화 속에서 더욱 확산되고 있었기 때문이다. 민중사상은 그 속성상 사회변동을 배경으로 하여 성행했던 것이기 때문에, 체제모순에 대한 근본적 처방이 없는 상황에서 민중사상을 근절시키기란 불가능하였다. 그러므로 민중사상은 정부의 끈

79) 《正祖實錄》 권 19, 정조 9년 3월 을해.
80) 《正祖實錄》 권 19, 정조 9년 3월 정축.
81) 《正祖實錄》 권 15, 정조 7년 정월 정미.
82) 《正祖實錄》 권 24, 정조 11년 8월 을묘.

질긴 탄압에도 불구하고 사회변동을 가속화시키는 방향으로 기능하였다.

이같은 변란 형태의 민중운동은 조선 후기 민중항쟁의 주류인 민란, 즉 농민항쟁과는 또다른 형태의 저항이었다. 그것은 이 때의 민중사상의 한계인 비현실·비합리·비과학적 틀을 벗어날 수 있는 새로운 저항논리를 창출하지 못했다는 점, 그 주도층이 농민들을 끌어들일 수 없는 정치, 경제적으로 몰락한 '유랑 지식인'들이었다는 근본적 한계를 갖고 있다.

그럼에도 불구하고 조선 후기 변란 형태의 민중운동은 저항이념과 저항공간의 측면에서 민란, 즉 농민항쟁보다 진전된 성격을 지녔다. 민란이 정치, 사회적 이념을 제시하지 못했던 반면에, 변란은 신분의 평등→撥亂反正→새로운 세계의 구현을 통해 저항의 정당성를 확보하려 했다. 또한 민란이 부세문제를 둘러싼 국지적 저항 형태를 극복하지 못했으나, 변란은 일정 지역에 구애받지 않고 지역간의 연대를 통해 전국을 저항의 무대로 활용하였다. 그러므로 19세기 전반까지의 변란 형태의 저항은 거사를 실행하는 단계에까지 이르지 못한 채 '思亂'의 수준에 머물렀다는 한계에도 불구하고 유력한 민중운동으로 평가할 수 있다. 나아가 홍경래 난 때 변란과 민란의 결합이 시도된 이래, 동학농민전쟁 때 본격 결합함으로써, 민중사상을 기반으로 삼은 변란 형태의 민중운동은 민란 형태의 농민항쟁과 같이 본격적 민중항쟁으로 규정할 수 있게 되었다.

〈高成勳〉

Ⅱ. 18세기의 민중운동

1. 사회경제적 배경과 정치적 과제
2. 유민과 명화적
3. 여러 지역의 항쟁과 '무신란'

Ⅱ. 18세기의 민중운동

1. 사회경제적 배경과 정치적 과제

조선 후기는 중세사회의 모순이 심화되는 가운데, 기존의 봉건적 사회구성이 급속도로 변동·해체되는 시기였다. 그리고 그 과정 속에서 새로운 질서가 활발하게 추구되던 시기였다. 변화의 움직임은 정치·경제·사회·문화 등 각 분야에서 거세게 일어나고 있었다. 조선 후기라는 시간적 범주 속에서도 특히 변혁의 시기로 인식되고 있는 19세기는 민중의 저항이 집중적으로, 그리고 전국적으로 발생한 시기였다. 이 때의 민중항쟁은 외형상 봉건지배층의 가혹한 탐학과 빈발하고 있던 극심한 재해 등이 계기가 되었지만, 기본적으로는 당시의 사회구조가 민중의 삶과 극도의 마찰을 빚어내지 않을 수 없게끔 모순이 심화되고 있었고, 나아가 그러한 상황 속에서도 오히려 봉건권력에 대항할 수 있을 만큼 민중의 의식이 성장했기 때문이다.

그런데 이같은 19세기의 사회변동은 결코 19세기 역사 안에서만의 우연적 현상이 아니었다. 그것은 18세기의 조선사회가 지니고 있던 역사적 모순의 산물이었다. 어느 시기에 어떠한 사회현상이던간에 그 현상은 변화가 불가피하다고 할 때 역사적 繼起性을 띠게 된다. 말하자면 19세기의 역사전개는 18세기의 역사전개, 그리고 18세기의 역사전개는 17세기의 역사전개의 연장선상에서 이해되어야 한다는 것이다.

18세기는 절대연대상으로 숙종 26년(1700)에서 정조 23년(1799)까지이지만, 대체로 영·정조 때를 지칭한다. 이 시기의 성격을 한 때 '안정기', '부흥기', '또 하나의 전성기'로 이해한 바도 있었다. 그러나 이 시기의 사회는 결코 안정된 사회는 아니었다. 양란으로 흐트러졌던 기존의 질서가 제대로 복구되지도 않았다. 오히려 변화의 모습이 뚜렷해지고 있었다. 기존 질서를 극복하고 새로운 질서를 모색하려는 움직임이 사회 저변에서 꾸준히 추구되고 있었고, 기득권층의 이익에 대한 신진세력의 도전이 강인하게 제기되고 있었다. 즉 18세기의 조선사회는 이전 시기부터 나타나기 시작한 여러 변화가 한층 증폭되어 사회 전반으로 확산되는 力動性을 지니고 있었다. 농업 생산력의 증대와 상품화폐경제의 발달은 18세기의 사회를 역동성있게 움직이는 힘의 바탕이 되었다. 그런가하면 지배구조의 모순은 날로 경직화되어 민중의 고통을 가중시켰고, 소외계층을 확대시켜 그들로 하여금 지배체제에 대한 저항을 촉진시키고 있었다.

본래 조선사회는 양반 중심의 사회였기 때문에 일반 민중의 사회생활은 매우 제약받았다. 민중은 정치적으로 지배권력에 예속되어 있었고, 신분적으로 양반층에 억압받고 있었다. 그런데 강압적이고 폐쇄적이었던 봉건적 지배체제는 이미 16세기 중엽 이래로 체제를 이끌던 힘이 약화되더니, 倭亂과 胡亂을 겪으면서는 사회운영의 기본 질서였던 신분제가 정상적으로 기능을 발휘하지 못하였고, 지배이념으로서의 성리학의 지위도 흔들리기 시작하였다. 그러나 17세기 조선사회의 이러한 움직임은 변화의 시작에 불과하였으며 사회 전반에까지 확산된 것은 아니었다. 변화가 본격화한 것은 18세기에 이르러서였다. 지배구조의 모순이 여러 방면에서 심하게 드러나면서 그러한 현실을 묵과만 할 수는 없는 상황에 이르렀다. 더구나 이 시기의 변화에서 주목되었던 것은 기층민이 변화의 주체로 등장하기 시작했다는 점이다. 당시 민중의 다수를 이루고 있었던 것은 기층민으로서의 농민이었다. 지배체제가 마련한 모순구조 속에서 맹목적으로 복종하며 신음하던 농민들이 사회의 모순을 깨닫기에 이른 것이다. 더 이상 봉건지배층에게 자신들의 삶을 맡길 수 없다고 생각하게 된 농민들은 나름대로 살 길을 강구해야만 했다. 그들은 황폐된 농촌에서 자신들이 당면한 생활조건을 스스로 개선해 나가야 했다.

농민들은 농토를 개간하고 수리시설을 복구하면서 생산력을 높이기 위하여 영농방법을 개선하였는가 하면, 시장경제에 편승하여 보다 많은 소득을 올리고자 새로운 작물을 재배하기도 했다. 한편, 농촌사회의 변화 속에서 불가피하게 농촌을 떠나야 했던 일부 농민들은 도회지에 모여 상공업 활동을 시도하거나, 포구, 장시, 광산 등지를 찾아 임노동에 종사하였다. 그러나 그들의 삶은 평탄하게 전개되지 못하였다. 봉건지배층의 가혹한 손길은 그들로 하여금 삶을 여유있게 지내도록 하지 않았고, 오히려 나날이 가난에 쪼들리고 빚에 몰리게 했다. 이에 지금까지는 불평과 불만이 있어도 내색하지 못하고 순종하는 체 하거나, 아니면 가족을 거느리고 몰래 야반도주하여 고향을 떠나는 방도밖에 생각하지 못하던 농민들은 두레와 같은 공동체 조직을 통해 유대감과 자율성을 높여가면서 생존의 응집력을 키웠고, 마침내 집권층의 독선과 탐관오리·악덕 지주의 탐학에 대하여 도전적 행동으로 그들의 의사를 표명하기에 이르렀다. 힘겨운 부담을 피하기 위하여 고향을 떠나는 流亡도 어찌보면 지배구조에 대한 도전이었지만, 그것은 소극적 행동이었다. 이제 농민들은 종래의 소극적 자세를 바꿔 적극적으로 대처하고자 했다. 변혁의 주체로 나서기 시작한 것이다.

민중의 저항은 다양한 형태로 표출되었다. 봉건적 수취체제에 대하여 避役·抗租·拒稅 등의 형태로 저항했는가 하면, 壁書·掛書·疏請 등의 방법으로 지배체제의 모순과 탐관오리의 비리를 비판하였다. 심지어는 張吉山·邊山群盜·戊申亂과 같이 무력을 동원하여 변란을 일으키기도 했다. 廢四郡團·流團·才團·後西江團과 같은 조직체계를 갖춘 명화적, 즉 도적집단이 횡행하기도 했다. 또한 지배층의 멸망을 예언하는 秘記나 圖讖說이 널리 유포되었고, 미륵신앙이 사회 저변에 확산되기도 했다. 이러한 민중의 저항운동은 18세기의 역사적 상황 속에서 일정한 한계를 지니고 있었지만, 봉건지배층의 구조적 모순을 배경으로 한 필연적 현상이었다. 특히 그 모순은 민중의 생존권과 직결되고 있었기 때문에, 민중의 삶이 담겨져 있는 당시의 사회경제적 배경에 대한 이해가 없는 한 18세기의 민중운동이 지향하는 바를 바로 진단할 수 없다. 즉 18세기의 민중의 동요는 기본적으로 당시 조선사회에 널리 확산되고 있던 사회경제적 변화의 산물이었다. 다시 말하면 18세기의 민중은 향촌에서, 도시에서 또는 농업적 측면에서, 상공업적 측면에서, 이 시기 사회경제적 변화를 주목하고서 거기에서의 자신들의 사회적·경제적 이익을 보다 분명히 자각하고 이를 빼앗기지 않으려고 각종 침탈에 맞서면서 도전적 존재로 성장해 가고 있었던 것이다. 자신의 존재를 점차 깨우치게 된 이 시기의 민중은 힘을 축적하기 위해서도 당시의 사회경제적 변화가 봉건적 질서에 유리하게 편입되도록 관망하고만 있을 수는 없었던 것이다. 물론 이 시기 그들의 움직임은 의식의 수준이나 힘의 축적에서 일정한 한계를 지니고 있는 것이어서 외형상 群盜나 변란의 모습으로 나타날 수밖에 없었다.

민중이 일정한 지위를 구축하는 것은 쉽지 않았다. 모순이 심화되고 변화가 추구되고 있던 18세기의 향촌사회였지만, 이 시기에 있어서도 향촌의 사회적·경제적 권한과 이익은 봉건지배층이 강인하게 장악하고 있었기 때문이다. 민중이 자율적으로 성장하기 위해서는 그 틀을 깨야만 했다.

1) 민중세계의 각성

민중이 자신의 삶을 보다 적극적으로 이끌어 나가기 위해 변혁의 주체로서 나서기 시작했다고 할 때, 그 첫째의 사회경제적 배경은 의식의 변화였다. 18세기에 이르면 여러 가지 조건에 의해 농민을 중심으로 한 민중의 의식은 확실히 종래와 크게 다른 모습을 보여주고 있었다.

의식의 변화는 조선 후기 심화되고 있던 농민층의 분화, 즉 농촌사회의 동요에서 비롯되었다. 그런데 농촌사회의 동요는 크게 보아서 두 측면에서 야기되고 있었다. 즉 조선왕조가 재정기반을 위해 규정한 봉건적 수취체제의 한계와 그 운영과정에서 나타난 봉건지배층의 횡포가 그 한 측면이었고, 또 하나의 측면은 17세기 이래 두드러진 생산력의 발전과 상품화폐경제로의 편입이 그것이었다. 그 중에서도 가혹한 수취체제가 일차적으로 농촌경제를 악화시키고 있었다. 가혹한 수취체제로 인한 농민의 유망은 본래부터 간헐적으로 야기되고 있었는데, 18세기에 이르러는 자연재해의 빈발, 사회기강의 이완, 가치관의 변화 등에 의해 보다 조장되었다. 그러나 18세기 전후의 농촌사회의 동요가 갖는 역사적 의미는 기본적으로 농업 생산력의 획기적 발전과 상품화폐경제의 활성화의 토대에서 규정된다고 할 수 있다. 후자의 조건은 전자와는 달리 농민들로 하여금 힘의 축적에 대한 가능성을 엿보게 했고, 삶의 방향과 주체적 의지의 상관관계를 헤아려볼 수 있게 하였다. 특히 상품화폐경제의 진전은 민중세계를 보다 합리적으로 깨우쳐 농민들로 하여금 보다 객관적으로 현실을 인식시켰고, 그리하여 궁극적으로 농촌사회의 동요를 갈등 구조로 전화시키는데 작용하였던 것이다. 농민층의 분화라는 모습으로 보여진 농촌사회의 동요는 여러 방면에서 여러 양상으로 나타났다. 우선 토지소유관계의 변화가 농민층의 분화를 촉발하였다. 본래 조선 초기의 토지소유관계는 기본적으로 토지의 사적 소유를 토대로 하면서 科田法이란 토지분급제에 의해 그 사적 소유를 일정하게 제약하고 있었다. 즉, 소유권의 측면에서 지주전호제가 존재했는가 하면, 수조권의 측면에서 田主佃客制가 성립되고 있었다.[1] 그런데 16세기 직전법이 폐지되면서 수조권은 제도적으로 소멸되고 지주전호제가 지배적 생산관계로 발전해 갔다. 지주제는 양반·토호 등이 토지를 집중함에 따라 전면적으로 확대되어 갔다. 17세기에 이르면 농법의 개량이나 농업 생산력의 발전 및 이에 수반하여 일어나는 경영의 확대, 그리고 봉건적 지배층의 토지개간과 토지겸병에 의해 양적으로 지주제가 확대되어 갔을 뿐 아니라 질적으로도 신분제와 관련하여 인신적 지배·예속관계를 내포하고 있던 기존의 봉건적 지주제가 신분질서의 동요, 유통경제의 성장을 배경으로 佃戶의 신분적 외피가 제거되고 경제적 관계에 의한 새로운 지주제로 전개되어 갔다.[2] 비특권적 서민지주에 의한 순수한 지주적 농업경영도 나타났다. 이러한 현상은 18세기 이후 더욱 심화되어 갔고 따라서 토지소유에 있어서의 격차는 보다 현저해져 갔다. 토지는 극히 소수의 부유층에 의해서 소유되는 경향이 두드러져 갔고, 그에 반해서 대부분의 농민들은 영세한 토지를 소유하거나 토지가 없이 남의 땅을 소작해야 하는 無田農民으로 전락해 갔다. 18세기 초반 토지 소유의 상황은 약 6%의 농가가 농토의 약 44%를, 약 63%의 농가가 농토의 약 18%를 소유하고 있었으며, 토지가 없는 농가도 전 농가의 약 20%를 차지하고 있었다.[3] 18세기 후반 농촌의 실상을 비교적 소상하게 알고 있던 朴趾源도 자기 농토를 가지고 농사짓는 자는 열 사람 가운데 한두 명도 되지 않는다고 하였다.[4]

그런데 18세기 이래 토지소유관계의 변화는 이전 시기와 달리 상품화폐경

1) 李景植, 《朝鮮前期 土地制度硏究》(一潮閣, 1986), 94쪽.
2) 李景植, 〈17世紀의 土地開墾과 地主制의 展開〉(《韓國史硏究》 9, 1973), 122쪽.
3) 金容燮, 《朝鮮後期 農業史硏究》 I (一潮閣, 1970), 202쪽.
4) 朴趾源, 《燕巖集》 권 16, 課農小抄 限民名田議.

제의 발전에 의해 이루어지고 있었다는 데에 특징이 있다. 종래의 토지소유 관계는 주로 정치적 권력을 배경으로 이루어졌고, 또 정치적 권력의 확장을 위해 토지를 획득하였으나, 이 시기에 와서는 그보다는 농촌사회가 상품화폐 경제에 편입되는 분위기 속에서 화폐에 의해 토지를 구입했고, 토지를 정치적 권력을 얻는 수단으로 보다는 경제적 이익, 화폐재산의 증식을 위해 구입했다.[5] 15세기의 농업 생산력 증대는 16세기 상품유통을 촉진시켰고, 17세기 이래로 금속화폐가 유통되면서 그 경향을 심화시켰다. 이러한 분위기 속에서 양반관료, 토호, 상인 등은 재화를 축적하였고, 그들은 축적된 재화의 많은 부분을 수익성이 비교적 안정된 토지에 투자하였다. 특히 봉건지주층은 경쟁적으로 토지집적에 힘썼다. 봉건지주들은 勒買를 하지 않아도 토지를 쉽게 겸병할 수 있었다. 당시 상품화폐경제가 전개되는 속에서 농민들은 경제가 파탄하여 농토를 내놓는 경우가 많았다. 따라서 지주들은 쉽게 토지를 집적하였는데, 대지주는 전국에 그 이름을 떨칠 만큼 많은 농토를 소유하고 있었으니, 경상도의 崔氏와 전라도의 王氏는 萬石꾼으로 알려지고 있었다.[6]

양반관료, 토호 등의 봉건지주뿐 아니라 상업활동으로 막대한 재화를 축적한 상인들도 토지집적에 힘썼다. 예컨대 인삼을 재배 판매하고, 대외무역에도 깊이 관여하여 부를 축적하고 있던 松商은 향촌의 토호들과 결탁하여 토지를 겸병하여 대지주가 되기도 하였는데,[7] 이같은 사례는 송상의 경우만이 아니었다. 토지의 상품화는 이 시기 이후 두드러진 사회현상의 하나였다.

부유층의 토지집적 과정을 통해서 상대적으로 농토로부터 배제되는 농민층은 더욱더 늘어나지 않을 수 없었다. 농민층은 이제 부농층과 빈농층으로 확연히 구분되어 갔고, 그리하여 농토를 잃은 농민들은 머슴이나 품팔이 등 농업노동자로서 농촌에 계속 머물기도 하였지만, 일부는 생산수단인 토지로부터 완전히 분리되어 도시·광산·포구 등으로 나가서 새 일자리를 찾아야 했다. 농민층의 계급분화가 이루어져 간 것이다. 토지소유관계로 인한 농민

---

5) 전석담·허종호·홍희유, 《조선에서 자본주의적 관계의 발생》(이성과 현실, 1989), 107쪽.

6) 丁若鏞, 《與猶堂全書》 권 11, 田論.

7) 《松商日記》 을묘(1855) 7월 19일.

층의 분화는 지역차는 있었지만, 18세기에는 대체로 어느 곳에서나 볼 수 있는 현상이었다.

농민층의 분화는 농업경영형태의 변화에 의해서도 촉진되었다. 조선 후기에는 각 산업분야에서 커다란 진전이 있었는데, 특히 농업분야에서 두드러진 모습을 보여 주었다. 농업분야에서의 새로운 모습은 경영형태의 변화였다. 예컨대 廣作이 행해지고 상품작물이 재배된 것이다. 그런데 그같은 농업분야에서의 변화는 생산력의 증대에 기초하고 있었다. 14·15세기에 이루어진 連作法의 일반화, 施肥法의 발달, 16세기의 수리시설의 개발은 생산력을 상당히 높여주었다.[8] 18세기에 이르면 농법이 크게 달라지면서 생산력이 획기적으로 증대하였다.

농촌사회는 봉건지배층의 중농정책에 의해 그 동안 완만하지만 진전을 보이고 있었는데, 양란을 맞으면서 전국이 전장화되고 그리하여 농토의 대부분이 황폐해졌고, 그에 따라 농민층은 생업의 기반을 잃었다.[9] 이러한 상황은 농업에 그 경제적 기반을 두고 있던 봉건지배층에게는 위기로 인식되었다. 그리하여 정부는 서둘러 농경지의 확충에 나서 개간사업을 널리 장려하였다. 그러나 개간사업은 오히려 봉건지주층의 토지겸병과 지주세를 확대시켰을 뿐, 농민층은 오히려 소유지를 잃거나 감축당해야 했다.[10] 농민들은 생존을 위해 나름대로 자구책을 강구해야만 했다. 즉 농법의 개량을 통하여 수확을 증대시킴으로써 활로를 개척하고자 했다. 농법의 개량은 논농사와 밭농사에서 두루 진행되었다. 논농사에서는 移秧法이 전면적으로 보급되어 갔고, 밭농사에서는 作付體系가 개선되었다. 특히 이앙법의 발달은 농가경제에 큰 도움을 주었다. 모판을 만들어 싹을 틔우고 그것이 자라면 논에 옮겨 심는 이앙법은 조선 전기에도 경상도 일부 지역을 중심으로 실시되고는 있었지만 아직까지는 자연적 조건의 제약 등으로 인하여 볍씨를 뿌린 땅에서 그대로

8) 이태진, 〈14·5세기 농업기술의 발달과 신흥사족〉(《東洋學》 6, 단국대 동양학연구소, 1978), 337쪽.
9) 《宣祖實錄》 권 140, 선조 34년 8월 무인.
10) 李景植, 앞의 글(1973), 123쪽.
宋讚燮, 〈17·8세기 新田開墾의 확대와 經營形態〉(《韓國史論》 12, 서울大, 1985), 293쪽.

키우는 直播法이 일반적이었다. 이앙법에 의해 벼농사를 짓기 위해서는 모내기철에 충분하게 물을 확보해야 하는데, 봄에 비가 거의 오지 않는 우리 나라 기후조건에서 수리시설을 확보하지 못한 지역에서는 좀처럼 채택하기가 쉽지 않았다. 그리하여 당시 정부에서는 가뭄의 피해를 우려하여 이앙법을 금지하였으나, 농민들은 洑와 같은 작은 규모의 수리시설을 개발하면서 이앙법을 계속 확산시켜 나갔다. 그리하여 18세기 후반에 오면 삼남지방의 경우 거의 90%에 가까운 지역에서 이앙법을 실시하고 있었다. 이앙법은 직파법에 비하여 김매기, 피사리 등에서 노동력을 덜어주었고, 단위 면적당 생산력을 크게 높여 주었다. 또 이앙법은 논농사에 있어서 벼와 보리의 二毛作을 가능하게 하여 농민의 소득증대에 큰 도움을 주었다.[11] 밭농사의 경우에도 사정은 마찬가지였다. 16세기 이래 다양한 쟁기가 개발되면서 땅을 깊이 파고 밭두둑을 높이하여 이랑과 두둑에 각각 알맞은 작물을 재배하는 작부체계의 발달이 이루어지면서, 특히 畎種法이 널리 보급되어 갔다. 이로써 지역적 특성에 맞는 1년 2작, 2년 3작의 윤작체계가 정립되었고, 그에 따라서 토지생산성이 높아져 갔다.[12]

농법의 변화는 생산력을 증대시켰을 뿐 아니라 농업경영에도 변화를 가져왔다. 이른바 광작이란 새로운 농업경영양식이 나타난 것이다. 즉 이앙법의 보급으로 노동력을 덜게 되면서 농민 1인당 경작할 수 있는 면적은 종래보다 약 5배로 늘어났고, 단위 면적당 경작 노동력을 약 80% 가량 감소시켰다. 이에 따라 경작능력이 증대하면서 농민들은 많은 농지를 경작할 수 있게 되었는데, 지주들은 토지 자체의 확대를 통해서, 자작농이나 소작농은 소작지 경영의 확대를 통해서 광작을 해나갔다. 직파법으로 10두락도 못짓던 농가에서 이앙법으로 20두락 내지는 40두락까지도 농사를 지을 수 있었다고 한다.[13]

그러면 광작은 누구에 의해서 시도되었을까. 아마 광작을 처음 시도한 것

11) 金容燮, 《朝鮮後期 農業史硏究》 Ⅱ(一潮閣, 1971), 34쪽.
12) 金容燮, 위의 책, 117쪽.
閔成基, 《朝鮮農業史硏究》(一潮閣, 1988), 169쪽.
13) 宋贊植, 〈朝鮮後期 農業에 있어서의 廣作運動〉(《李海南博士華甲紀念史學論叢》, 1970), 107~118쪽.

은 직접 생산자인 농민, 즉 자작농 내지는 소작농이었을 것이다. 그러나 광작의 이로움, 즉 생산력 발전의 성과를 보다 많이 흡수할 수 있다는 이로움은 곧 지주층에 의해서도 파악되었고, 그리하여 광작운동의 주도권은 이내 지주층, 특히 在地 지주층에게 넘어갔다. 재지 지주들은 종래에는 자기 소유 토지의 대부분을 소작농에게 대여하면서 한편 일부 농토는 자기 소유의 노비나 머슴을 사역하여 직접 경작하였는데, 이제 노동생산성이 발전하고 단위 면적당 수확량이 크게 늘어나자 소작농에게 대여하던 토지의 상당부분을 自耕地로 돌려 노비·머슴 등의 노동력을 이용하여 경작하고자 하였다. 그런데 이는 지주에게는 소득을 높이는 것이었지만, 소작농민들은 그만큼 자신의 借耕地를 빼앗기는 것이었다. 지주와의 대립에서 주도권을 빼앗긴 소작농민들은 이제 그들 소작농민끼리 소작지를 확보하고자 경쟁관계에 돌입하기까지 하였다. 그리하여 차경지마저 전부 상실하게 된 무전농민들은 농업노동자로서 계속 머물기도 하지만, 농촌을 떠나야 하는 경우도 적지 않았다.[14)]

농촌사회는 상품화폐경제가 발달하면서 보다 심하게 동요하였다. 상품화폐경제가 발달하면서 농민들은 점차 소상품생산자로 전화되어 갔다. 15세기 후반 생겨난 장시는 18세기에는 전국적으로 설치되고 있는데, 또한 이 시기에는 교환수단으로 금속화폐가 널리 통용되고도 있었다.[15)] 이같은 상품화폐경제의 발전은 상품화할 수 있는 농업생산품의 출하를 요청하였다. 그리하여 인삼, 담배, 목화, 채소 등의 작물이 판매를 목적으로 재배되어 갔다. 생산물의 교환이 점차 화폐를 매개로 이루어지면서 화폐는 누구에게나 긴요한 것으로 되었다. 지주나 부유한 농민은 물론 가난한 농민들도 어떠한 물건이던지 돈이 아니고서는 살 수 없기 때문에 화폐취득의 욕망이 컸다. 그리하여 농민들은 자기의 생산물을 시장을 목표로 하여 상품으로 생산하고자 하였다. 게다가 장시를 통한 거래에서 이득이 있음을 알게 된 일부 농민들은 농사를 포기하고 상공업에 종사하는 경우도 나타났다.[16)] 이와 같이 상품화폐경제의

14) 《備邊司謄錄》 90책, 영조 7년 8월 24일.
15) 전석담·허종호·홍희유, 앞의 책, 65쪽.
元裕漢, 《朝鮮後期 貨幣史硏究》(韓國硏究院, 1975), 104쪽.
16) 전석담·허종호·홍희유, 위의 책, 136쪽.

발달은 종래의 봉건적 경제질서를 해체시키면서, 한편으로는 농민층의 분화를 촉진시키고 있었다. 즉, 상품화폐경제의 발달에 능동적으로 대처한 일부 농민들은 재화를 축적하기도 했지만, 대다수의 농민들은 상업적 농업을 하기에는 제약이 너무 컸고, 비록 이윤을 추구했다고 하여도 이를 가로채는 봉건지배층의 탐학으로 인하여 파산의 길을 면할 수 없었다. 당시 농민에게 지워지는 부담은 전술한 바와 같이 가혹한 것이었다. 부세 외에도 관혼상제 등의 비용으로 고리대금업자에게 가산을 전당잡히고 돈을 빌려써야 했기 때문에 朴趾源은 해마다 땅을 팔아버리는 농민이 10에 7~8이나 된다고 하였다.[17] 농촌사회는 점차 부농과 빈농으로 양극화되고 있었다.

농민들이 생존을 위해 농법을 개량하면서 자구책을 강구했다고 하지만, 그것을 유익하게 전개한 것은 일부 농민층에 국한되었고, 대부분의 농민들은 그러한 과정에서 오히려 더욱 몰락해 갔다. 더구나 농촌사회가 상품화폐경제에 편입되면서 농민의 계급분화는 보다 확연히 나타났고, 그러한 속에서 드러나는 봉건적 사회구성의 모순과 그 모순을 둘러싼 갈등 속에서 일부 농민들은 점차 삶의 방향에 대하여 주체적 의지를 갖게 되었다.

민중세계가 서서히 각성되고 있었지만, 봉건지배층의 현실감각은 크게 바뀌지 않고 있었다. 사회체제가 동요하는 속에서도 지배층으로서의 양반관료들은 여전히 미봉적 대책으로 그 위기를 모면하려 하였다. 이러한 상황하에서 지배층과 민중 사이의 간격은 날로 커갔다. 그 간격은 수취체제의 미봉적 개편에 의해서 한 때 조정되는 듯 하였으나, 모순을 본질적으로 시정하고자 한 것이 아니어서 18세기 이후 다시금 농촌경제를 악화시켰다. 농촌사회의 동요는 수취체제의 파탄에 의해 더 이상 제어할 수 없는 상황에 이르렀다.

기록에 의하면 조선왕조는 거의 만성적으로 재정적자를 면하지 못하고 있었다. 조선왕조의 공적 경제기반은 기본적으로 토지에 있었다. 그러나 15세기 말 이래로 토지의 사유화가 광범위하게 전개되고 있었으며, 양반관료들의 농장이 도처에 생겨났다. 이는 상대적으로 봉건국가의 공적 경제기반을 약화시켰다. 더욱이 사회변동에 따라 기강이 동요하면서 국가의 수취체제도 정상

---

17) 朴趾源,《燕巖集》권 16, 課農小抄 限民名田議.

적으로 운영되지 못하였고 중간에서 누탈되어 국가의 재정수입은 날로 감축되어 갔다. 그 상황은 양란을 겪으면서 매우 심각한 모습으로 나타났다. 특히 7년간에 걸쳐 전국을 휩쓴 왜란은 농촌사회를 황폐화시켰고, 각 고을의 토지문서도 상당수가 소실되어 선조 34년(1601) 국가가 파악한 전국의 토지 면적은 30만 결 정도였다.[18] 이에 왜란이 끝나고 나서 황무지를 개간하고 양전사업을 실시하여 국가가 조세를 부과할 토지가 어느 정도 확보되었으나, 쉽게 국가재정은 호전되지 않았다. 인조 2년(1624) 호조의 보고에 의하면, 녹봉으로 관료들에게 지급해야 할 양곡이 쌀 10,500여 석, 콩 4,600석인데, 당시 창고에 비축되어 있는 것은 쌀 880석, 콩 230석뿐이었다고 한다.[19] 국가의 재정형편이 이와 같이 파산 직전에 있었건만, 5군영의 설치 등 군비 증강에 따른 국방비의 증대와 국가 기구의 증설로 인한 행정비의 증대로 당시 국가의 경비는 오히려 팽창하는 추세에 있었다. 17세기 초 국가의 재정은 실로 왕조의 체제와 질서를 유지하기 힘들 정도로 어려운 상태에 직면하고 있었다. 달리 재정수입의 방도를 강구하지 못하고 있던 봉건국가는 당면한 재정 위기를 賦稅의 징수로만 타개하고자 하였다. 여러 차례에 걸쳐 양전을 시도하고 농민에게서 가외의 잡다한 명목으로 부세를 징수하였다.[20]

그러나 당시 농촌의 현실은 매우 피폐한 상태에 있었다. 양반관료들의 토지겸병이 광범위하게 전개되면서 농토를 잃게 된 농민들이 다수 생겨났고, 봉건지배층의 수탈이 가중되면서 농민들의 마음은 농토에서 떠나 있었다. 이와 같은 상황임에도 불구하고 정부는 대책을 강구하기 보다는 체제를 유지하는 데에 급급하여 농민으로부터 부세의 징수에 철저하였다. 田稅의 경우 법제적으로는 1결당 4두씩이었으나, 17세기 이래 농민들에게 부과된 세목은 삼수미, 역가미, 결미, 가등미, 작지미 등 잡다한 부가세가 있었고, 그 액수도 1결당 25두를 훨씬 상회하고 있었다. 그러나 이는 외견상 가볍게 보이는 부담이었다. 17세기에 있어 가장 큰 부담이었던 군포 징수의 문제는 결국 그 폐단으로 *均役法*이 시행되었지만, 당시 군포 때문에 파산하는 농민들 가운데

---

18) 《宣祖實錄》 권 140, 선조 34년 8월 무인.
19) 《仁祖實錄》 권 4, 인조 2년 정월 기미.
20) 崔完基, 〈大同法 實施의 影響〉(《國史館論叢》 12, 1990), 217쪽.

는 비단 가난한 농민들뿐만이 아니었다. 한 집이 파산되어 유망하면 인징·족징이 가해지기 때문에 끝내는 온 마을이 연쇄반응을 일으켰다.[21] 한편 당시 농민의 대부분은 소작농이었는데, 그들이 지주에게 부담하는 소작료 역시 매우 과다하여 농민의 생존을 위협하였다. 병작농민은 명색이 半作이라 하였지만, 때와 곳에 따라서는 1년에 농사지은 수확 중에서 70% 이상을 고정적으로 수탈당하는 경우가 적지 않았다.[22] 때로는 지주가 부담해야 할 전세까지 부담해야 했고, 그리고 정부의 각종 요역은 농민을 극도의 빈궁 상태로 몰아넣었다. 더욱이 조선 후기에는 재난이 유난히 심했는데, 정부와 지주들은 아무리 흉년이 심하고 질병이 만연되어도 부세 징수에 가혹하였다.

그런데, 농민에 대한 수탈의 가혹성은 세액이 과다한 데만 있는 것이 아니었다. 부과의 대상을 확실히 하기 위하여 농민을 토지에 긴박시켜 이동을 억제하였으니, 號牌法·五家作統法 등은 그러한 정책의 구체적 표현이었다.[23] 그리하여 농민들은 대를 이어가며 한 곳에 살면서 지급자족적인 봉건경제권에 묶여 있어야만 했다.

그러나 사회체제가 어떠하든 간에 한 사회의 통치자들이 그 구성원들에게 한계 이상으로 생존문제에 제약을 가한다면, 그 구성원은 마침내 그 사회체제에서 이탈하게 된다. 생존능력 이상의 제약은 구성원들로 하여금 본능적으로 순응할 수 없게 만들기 때문이다. 조선사회에서도 예외일 수가 없었다. 지배체제에 거의 무조건적으로 순응하던 조선사회의 농민들이었지만, 그들이 부담할 수 있는 능력 이상으로 부담이 가중되고 수탈이 강화되자, 마침내 농민들은 그들이 소속되어 있는 체제에서 이탈을 시도하기에 이르렀다. 부세의 과중한 부담과 봉건지배층의 무도한 억압을 견딜 수 없게 된 농민들은 가족을 거느리고 고향을 떠나 사방으로 유리하였다. 농민층의 유망은 이전 시기에도 널리 나타나고 있었지만, 17세기에는 그 양상이 심각하였다. 인조 때 이조판서를 지낸 趙翼의 보고에 의하면, 가난한 농민들은 거의 모두 파산하

21) 鄭演植, 〈17·18세기 良役均役化政策의 推移〉(《韓國史論》 13, 서울大, 1985), 137쪽.
22) 전석담·허종호·홍희유, 앞의 책, 139쪽.
23) 《仁祖實錄》 권 9, 인조 3년 7월 경신.
《孝宗實錄》 권 2, 효종 즉위년 11월 병인.

여 생업을 잃고 타향을 전전하다가 마침내는 토호의 소작인이 되어 겨우 호구를 면하는 경우가 태반이라는 것이다.[24] 문제는 유망민 당사자에만 그친 것이 아니었다. 봉건지배층은 유망민의 부세 부담을 남아있는 이웃, 친족에게 전가시키니 그들도 견디지 못하고 유망하지 않을 수 없었다.

이와 같은 농촌사회의 현실은 농민층 자체에게 뿐만 아니라 정부로서도 심각한 문제였다. 왜냐하면 정부의 재정수입에 있어서 근간이었던 부세수취는 농민층의 토지에의 긴박을 전제로 한 것이었는데, 16, 17세기를 통한 농민층의 광범위한 토지 이탈현상은 최소한도나마 그것의 유지를 곤란하게 했기 때문이다. 따라서 봉건지배층은 자신들을 위해서도 농촌사회의 파산을 예방하기 위한 미봉책이라도 강구해야 했으니, 이에 실시된 것이 大同法과 均役法이었다. 특히 대동법은 위기에 봉착한 국가재정을 나름대로 극복하고, 아울러 봉건적 질서를 보다 강화하고자 한 경제적 측면에서의 지배구조의 재편성이라 하겠다.[25] 따라서 잠시 안정을 보이는 듯하던 농촌사회였지만, 본질적으로 문제를 해결한 것이 아니었기 때문에 18세기에 이르러서도 농촌사회의 동요는 지속될 수밖에 없었고, 오히려 이 시기를 전후하여 농민들의 의식이 각성되면서 그 양상은 소극적인 모습에서 적극적인 모습으로 전화되어 갔다. 농민들의 일부는 봉건국가와 봉건지배층이 그들의 편이 아니라는 것을 인식하여 갔던 것이다. 그들은 조선왕조가 내세웠던 農本政策이 봉건지배층의 정치적 구호였다는 것과, 따라서 그것은 기대할 수 없는 허구임을 점차 깨닫기에 이르렀다. 농민층의 분화가 심화되는 속에서 각 계층간의 갈등이 격렬해지고, 마침내 폭발하기도 했는데, 그러한 갈등은 우선 무전농민·영세작인 들에 의해 야기되었다. 토지의 상품화에서건 가혹한 수취체제에서건 토지를 상실하고 몰락해 갔던 빈농들은 그들이 대대로 경작해 오던 토지로부터 배제되면서 당시의 사회적 모순에 대하여 매우 민감하게 반응하였다. 그들은 가족의 생계를 책임지지 못하는 스스로에 대한 자괴심과 아울러 현실에 대하여 매우 비판적이지 않을 수 없었다. 그런데 그들은 사회구조가 갖는 모순에 대해 인식하기보다는 외형적으로 토호지주의 횡포와 봉건지배층

---

24) 趙 翼, 《浦渚集》 권 2, 因求言論時事疏.
25) 崔完基, 앞의 글, 207쪽.

의 수탈에 의해 몰락하였기 때문에 우선 토호지주나 봉건지배층에 대해 적대의식을 표명하였다.[26]

물론 이 시기 몰락농민의 모두가 그러한 것은 아니었을 것이다. 대다수가 그들이 처한 상황의 변화를 갈망하고 있었지만, 아직은 강인한 봉건질서 앞에서 별다른 묘안이 없었던 것이다. 그들은 탐관오리의 횡포에 대하여 효과적으로 대항할 수 있는 방법을 갖고 있지 못하였다. 그러나 농민들의 일부는 개성이 강하여 매우 비판적이기도 했으니, 민중의 동요는 그들에 의해 주도되었다.

봉건사회의 구조적 모순이 심화되는 속에서 지배층의 탐학과 횡포가 날로 농촌경제를 파탄시켰는데, 여기에 더하여 질병, 기근과 같은 자연적 재해가 겹치면서 농민들의 생활은 매우 곤궁해졌다. 따라서 자연적 재해도 민중이 동요하는 주요한 요인이 되고 있었다. 물론 홍수나 가뭄, 전염병의 유행 등이 민중운동의 직접적 요인으로 작용하지는 않았다. 그러나 이러한 자연적 재해들은 지배층에 대한 불신을 촉진하는 계기가 되었으며, 재해를 수습하는 과정에서 지배층의 무능이 여지없이 드러나기도 하였다. 그런데 조선 후기에는 재해가 유난히도 심했다.[27] 영조 9년(1733)에 충청도와 경상도 지방을 엄습한 기근으로 연인원 40만 명의 飢民과 13,000여 명의 아사자가 발생하였다. 영조 39년 호남지방의 기근에서는 50만 명에 가까운 기민이 생겨났다. 그리고 기근과 함께 발생한 전염병은 기근으로 인한 피해를 심화시켰다. 콜레라·장티푸스·천연두 등으로 알려진 전염병이 유행하면 숱한 사망자가 생겨났다. 18세기 전반은 전염병이 특히 맹위를 떨쳤는데, 영조 20년에는 전염병으로 인한 사망자가 6~7만 명이라 하였고, 영조 25년에는 50~60만명이 전염병으로 병사하였다고 기록되어 있다. 이러한 상황 속에서 기민들이 서로를 잡아먹는 사건이 발생하기도 했다.[28] 실로 조선 후기 민중세계는 극도로 불안한 상태에 놓여 있었다.

이러한 상황하에서 지배층에 대한 민중의 불만은 날로 커 갔다. 사회의

---

26) 정창렬, 〈조선후기 농민봉기의 정치의식〉(《韓國人의 生活意識과 民衆藝術》, 成均館大 大東文化硏究院, 1984), 53쪽.

27) 趙 珖, 〈19世紀 民亂의 社會的 背景〉(《19世紀 韓國 傳統社會의 變貌와 民衆意識》, 高麗大 民族文化硏究所, 1982), 185~203쪽.

28) 《英祖實錄》 권 58, 영조 19년 11월 계해.

분위기는 주변에서 그들을 자극하는 움직임이 있게 되면 쉽게 폭발할 수 있는 가능성을 내포하고 있었다.

민중세계의 각성은 18세기에 이르면 도처에 개설되어 전국적 시장권을 형성하고 있던 場市나 浦口 자체에 의해서도 조장되었다. 이들 장소는 물화의 교역 장소였을 뿐 아니라 교통의 요지에 위치하여 사람들의 왕래가 빈번한 곳이었고, 그 곳에 있던 객주나 주점에 머무는 상인, 여행자들을 통해 곳곳의 소식을 들을 수 있는 정보교환 또는 오락을 즐길 수 있는 장소이기도 했다.[29] 장시에 나온 사람들은 서로 어울려 대화와 주연을 하는 가운데 사회의식을 키웠고, 판소리·타령·잡가 등을 통해 양반들의 비행을 비판하였다. 그리고 장시나 포구는 괘서나 벽서의 형태로 사회의 불평, 불만을 품고 있거나 개인적인 억울함을 호소하기 위한 장소로도 활용되었다. 18세기에 두드러지게 나타난 괘서나 벽서는 일종의 대자보로서 민심을 선동하고 불만을 고조시키는 역할을 하였다.[30] 이처럼 장시나 포구는 사람들이 자연스럽게 많이 모이는 장소였기 때문에 민중을 일깨우는 장소로, 나아가 민중운동의 장소로 이용되기도 하였다. 정부로서도 이 점에 유의하여 장시나 포구에 관리를 보내 민심의 동태를 관찰하거나 파악하기도 하였다.

조선 후기에는 한글소설이나 판소리가 널리 보급되면서 민중의 의식을 일깨우는 역할을 하기도 하였다. 이 시기에 널리 읽혀진 許筠의 《洪吉童傳》은 서얼 차대의 철폐와 탐관오리의 응징을 주장하는 등 시대상황을 날카롭게 비판하면서 사회의 부정과 비리에 대하여 강하게 고발하고 있다. 그리고 조선 후기 문학작품 중에서 최대의 걸작품으로 손꼽히고 있는 《춘향전》은 원래 판소리의 형태로 전해졌는데, 여기에서는 상민이나 천민도 양반과 동등한 인격의 소유자임을 밝히고 있다. 사람들은 춘향이 수령에 대해 항거함을 통해서 평등의 문제를 실감할 수 있었고, 춘향이 자기가 추구한 사랑을 실현하는 결말에서 미래에 대한 희망을 가질 수 있었다. 민중은 점차 현실을 직시하게 되었고, 자신의 위치를 깨닫게 되었다. 자신들이 어떻게 행동해야 할 것인지도 미숙하나마 가늠하기에 이르렀다.

---

29) 金大吉, 〈朝鮮後期 場市의 社會的 機能〉(《國史館論叢》 37, 1992), 185쪽.
30) 李相培, 〈英祖朝 尹志掛書事件과 政局의 動向〉(《韓國史硏究》 76, 1992), 72쪽.

2) 유대관계의 강화

민중이 그들이 처한 고통스러운 현실에 불만을 갖고, 나아가 봉건지배층에 대하여 적대감을 갖고, 봉건적 사회구조가 갖는 모순을 각성했다고 하여도, 그들이 모순을 해결하기 위한 행동으로 구체화하기에는 아직 때가 일렀다. 봉건적 질서가 완강히 그들을 억압하고 있었을 뿐 아니라, 그들이 억압에서 스스로 벗어날 수 있을 만큼 주체적 역량이 성숙되어 있지 못했기 때문이다. 물론 이 시기에 있어 보여진 민중세계의 각성은 다음 시기에 있어 전국적으로 일어난 민중운동의 사회적 토대가 되었다. 민중세계의 각성은 이 시기에는 행동으로 구체화된 모습을 보여주지는 못했지만, 내면적으로는 민중의 저항의식을 오히려 강화시키고 있었으며, 변혁의 주체로서 나서기 위한 틀을 예비시키고 있었다. 고통에 허덕이던 민중은 개별적이고 간헐적인 抗租나 掛書 또는 群盜나 變亂에의 참여를 통해 현실세계를 비판하고 탈출해 보고자 하였다.

한편, 그들은 보다 근원적으로 현실을 극복하기 위한 움직임을 전개하고자 했다. 개별적이고 간헐적인 힘을 강인하게 집합하고자 시도하였다. 공동체적 조직인 두레나 契가 그러한 시도의 결과로, 이들 조직은 민중의 지위와 역량을 강화시킴에 있어 중요한 토대로 역할하였다. 민중은 자율적으로 마련한 이들 조직을 통해 봉건지배층의 통제를 극복하고자 하였으니, 이들 조직은 새로운 질서를 의도한 민중의 사회적·경제적 기반이기도 했다.

특히 17세기 후반 이래 이앙법의 보급을 계기로 대두한 두레는 농민들의 향상된 경제력을 발판으로 조직의 구성에서 지주층의 참여를 적극적으로 배제하였으니, 강인한 조직력과 자율성을 토대로 그들의 지위와 역량을 강화시키는데 크게 기여하였다.[31] 따라서 그 발달은 민중의 삶에 장애가 되고 있던 봉건적 질서를 깨는데 원동력으로 작용하였다.

두레가 생겨나기에 앞서 농촌사회에는 香徒라는 지역공동체가 있었다. 고

---

31) 신용하, 〈두레 공동체와 농악의 사회사〉(《문제와 시각》 13, 문학과 지성사, 1985), 225쪽.

려말 休閑法의 제약을 극복하기 위해 자연촌락 단위로 그 규모가 작아진 향도는 많은 노동력이 요구되는 벼농사에 동원되기 시작하였다. 황두라고도 불리는 향도는 김매기에 능한 장정 20~30명으로 구성되었다고 추정되는데, 능률적이고 규율적이었다. 조선 전기에 이르러서는 수리에 대한 안전이 보장되지 않는 조건에서 벼농사는 直播法이 일반적이었다. 향도는 곧 직파법에서 김매기에 동원된 공동 노동조직이었다. 그러한 향도가 이앙법이 보급되어 보다 강도높은 노동력이 요구되면서 공고한 결속력을 갖는 두레로 발전해 갔던 것이다.[32] 즉, 자체의 조직적 개성이 강한 인위적 두레가 나타나면서 종래의 자연촌락에 토대한 향도와 같은 공동체적 질서는 더 이상 지탱하지 못하게 된 것이다. 두레는 이모작이 보급되면서 그 비중이 더욱 높아졌다.

두레는 농사작업을 공동노동에 의해 수행하면서 구성원들의 공동체적 유대관계를 강화시켰는데, 農樂과 農旗는 규율적 행동과 유대관계를 조장하였다. 두레의 조직은 한 마을의 16세 이상에서 55세 이하의 성인남자를 구성원으로 하여 평균 20~30명으로 이루어졌다. 큰 두레는 약 50명으로 구성되는 경우도 있었다. 두레의 구성원은 흔히 두레꾼, 두레패라고 불렸다. 두레는 반드시 자연촌락인 마을 단위로 조직되었다. 행정단위로서의 洞과 里는 두레조직의 단위가 아니었다. 두레 가입에는 전체적, 의무적 성격이 있어 공동체적 구속력이 존재하였다. 그러나 양반이나 지주 등 비생산 노동계급은 두레에서 배제되었으며, 대신 머슴을 두레에 참가시켰다. 즉, 두레는 생산노동에 종사하는 건실한 농민으로 구성된 민중의 작업 공동체였다. 두레는 반드시 농기와 농악이 있었는데, 농기는 두레의 상징으로 농민의 자부심과 단결을 나타내는 표상이었다. 그리고 농악은 공동노동에서의 노동능률을 높이고 노동을 즐겁게 하며, 두레를 작업공동체로 단결시키는데 기능하였다.

두레가 이와 같이 공고한 결속력과 농민의식의 함양에 기능하였다고 할 때, 농민의 지위와 역량은 이를 통해서 강화되고 있었다. 그러한 기능은 농촌사회가 동요하고 농민층이 분화하는 갈등구조 속에서 보다 강렬하게 발휘하여, 농민들이 그들의 삶을 주체적으로 의식하고 개척해 나감에 있어 역동

32) 李泰鎭, 〈17・8세기 香徒조직의 分化와 두레 발생〉(《震檀學報》 67, 1989), 21쪽.

적으로 활기를 부여해 주었다.

정부에서도 이 점에 유의하여 두레의 동태를 주목하고, 통제하고자 하였다. 영조 13년(1737) 湖南別遣御使로 임명된 元景夏는 두레의 농기와 농악기가 민중의 소요시에 이용될 수 있다고 하여 압수한 바 있다.[33] 이 때는 戊申亂의 여파가 채 가시지 않았던 때이어서 각지의 민심이 흉흉한 상황이기도 했다. 그렇다고 하여도 조직력, 자율성, 규율성이 강한 조직체가 형성되어 갔다고 하는 것은 이 시기 민중의 지위를 충분히 가늠하게 해준다.

논농사에서 두레를 이용하여 공동노동이 이루어지고 있었을 때 밭농사에서는 품앗이라는 공동노동조직이 운영되고 있었다.[34] 품앗이는 소겨리, 들계 등의 이름으로 15세기 이래 존속되고 있었는데, 소겨리는 밭갈이를 함에 있어 소를 가진 집을 중심으로 5호 정도가 하나의 노동조직을 이루었다. 그리고 들계는 김매기에 있어서 함께 노동하는 조직으로, 자연촌락을 단위로 이루어지는 것이 일반적이었으나, 큰 마을에는 4~5개의 들계가 있는 경우도 적지 않았다. 이들 품앗이 조직도 두레와 마찬가지로 공동노동조직으로서, 노동의 능률을 높이는데 기여하였으나, 조직력이나 자율성에 있어서는 두레에 미치지 못하였다. 그렇다고 하여도 이들 조직 역시 농민들의 결속력을 강화하고 사회의식을 키우는데 나름대로 이바지하고 있었다.

두레나 품앗이에 의해 노동력이 집약되어 생산성이 비약적으로 증대하고, 그러한 농민층의 이익을 분점하고자 국가가 수취체제를 里·洞 단위의 共同納 제도로 전환하여 간 것이 18세기였다. 이에 농민들은 그 부담을 완화하고자 각종의 계를 조직하기에 이르렀다. 경제적 조직체인 계는 농민간의 상부상조를 위해서도 요청되었지만, 이 시기에는 사회의식의 결집으로서도 활용되었다.[35] 17세기 이래 농민층의 분화로 인해 유민이 다수 발생하였다. 그들은 도성 주변으로 모여들었는데, 자신들이 대를 이어 살던 농촌에서 쫓겨나야 했던 운명이어서 지배구조에 매우 저항적이었다. 그리하여 劍契, 殺主契, 香徒契 등의 조직을 만들어 잦은 정변 속에서 특정한 정파의 무력 행사에

33) 《承政院日記》 881책, 영조 14년 11월 17일.
34) 李泰鎭, 앞의 글(1989), 14쪽.
35) 金仁杰, 〈朝鮮後期 鄕村社會 統制策의 위기〉(《震檀學報》 58, 1984), 142쪽.

이용되기도 하였다.[36] 이와 같이 18세기에는 두레뿐 아니라 계와 같은 조직도 성행하여 민중의 결속을 다졌다.

두레나 품앗이 또는 계를 중심으로 농민들이 결집하여 주체적으로 행동해 나갔다면, 그것들은 곧 농민들이 대다수인 민중사회에서 사회적으로 구심점 역할을 한 것이라 하겠다. 이에 대해서 민중의 정신적 구심점 역할을 한 것이 鑑訣思想이었다. 鄭鑑錄으로 대변되는 감결사상은 18세기 이래 특히 성행하였다.

조선 후기에 이르러 지배체제의 모순이 여러모로 나타나고, 그에 대한 반발이 간헐적으로 나타나고 있음에도 불구하고 봉건지배층은 모순에 대한 근본적 대책을 강구해내지 못하고 있었다. 오히려 자신들의 지위를 보다 공고히 하고자 성리학적 질서를 강화하였다. 그러나 성리학은 현실의 문제를 해결할 수 있는 사상적 기능을 상실하고, 그것은 민중세계와는 거리가 먼 관념세계였다. 기존의 가치관이 무너지는 속에서 말세의 도래, 왕조의 교체, 변란의 예고 등 근거없는 감결사상이 유행하였다. 감결사상의 현실 부정적 성격은 당시 민중세계에 혁명적 기운을 불어넣기도 하였다. 감결사상은 현세에 대한 강한 거부의식과 더불어 理想鄕에 대한 추구를 특징으로 하고 있다.[37] 그리고 감결사상에서는 현세의 질곡에서 자신을 해방시켜주고, 이상향의 도래를 가능하게 할 존재의 출현이 임박했음을 이야기하고 있다. 영조 24년(1748)의 李之署 事件, 영조 36년의 愼後一 사건, 영조 39년의 宋永興 사건, 영조 40년의 李達孫 사건, 영조 44년의 黃應直 사건 등은 모두 감결사상을 배경으로 하여 발생하였으며, 더욱이 정조 6년(1782)의 文仁邦·李京來 사건에서는 정감록이 본격적으로 이용되었다.[38]

감결사상과 더불어 미륵신앙, 도교사상 등도 민중세계를 동요시켰다. 17세기 후반부터 문제가 되고 있는 미륵신앙운동은 영조 13년 황해도·강원도·경기도를 중심으로 확산되어 정계에 문제화된 바 있었는데, 기존의 질서나

---

36) 鄭奭鍾, 《朝鮮後期社會變動硏究》(一潮閣, 1983), 23~29쪽.
37) 趙 珖, 〈朝鮮後期 思想界의 轉換期的 特性〉(《韓國史 轉換期의 問題들》, 지식산업사, 1993), 167쪽.
38) 高成勳, 《朝鮮後期 變亂硏究》(東國大 博士學位論文, 1993), 149~155쪽.

이념체계에 매우 부정적이었다.[39] 그리고 일찍부터 민간신앙으로 전승되어 온 도교사상도 반체제적 사상이었는데, 정조 9년(1785) 洪福榮·李瑮 등은 정감록과 함께 도교를 배경으로 조선왕조의 전복을 시도하였다.[40] 이러한 민간신앙은 과학적이고 합리적이지는 않았지만, 고통과 불안에 허덕이는 민중세계를 현혹하면서 사회 저변으로 널리 확산되어 갔다. 즉, 이는 당시 민중의 정신적 피난처 구실을 하였으니, 민중은 감결사상 등을 통하여 저항력을 응집시켜 나갔던 것이다. 민중을 지배하고 있던 이같은 민간사상은 민중의 정신적 구심점으로서 삶의 새로운 방향을 일깨웠을 뿐 아니라 힘의 원천으로 작용하였던 것이다.

조선 후기 민중세계의 동태는 시간이 흐를수록 심상치 않았다. 봉건적 사회구조가 모순을 드러내는 속에서 상품화폐경제가 진전되어 사회변동이 기층사회로부터 제기되고 있었다. 특히 18세기에는 농민층의 분화가 본격화하면서 몰락농민을 중심으로 한 민중들은 현실세계의 모순을 직시하기에 이르렀고, 나아가 두레나 감결사상 등을 통해 응집력을 강화시켜 가면서 공동체적 유대관계를 강화하여 새로운 사회를 주동할 힘을 구축해가고 있었다. 물론 그들이 가지는 주체적 의식은 아직 낮은 수준에 있었다. 그러나 사회 전반에 잉태되고 있는 봉건질서에 대한 저항의식은 어느 시기에 이르면 결집되어 분출되게끔 갈등의 앙금은 나날이 보다 더 축적되어 가고 있었다. 이러한 상황 속에서 지금까지 향촌사회를 신분제적 지배를 통해 장악해 왔던 봉건지배층, 즉 在地士族의 지배력도 동요를 일으켰으니, 그것은 민중세계를 종래와 같은 방식으로는 더 이상 지배할 수 없음을 뜻하는 것이었다. 이에 봉건지배층은 향촌사회를 통제하고자 서원, 향약, 洞契의 기능을 강화해 보려 하지만, 18세기에 이르러 그것은 한계를 드러내고 있었다. 이같은 사회적 움직임 속에서 한편에서 鄕權을 둘러싼 다툼이 일어나고, 다른 한편에선 잔반, 중인, 서얼, 노비, 농민 등 각계층의 동향 역시 심상치 않게 전개되고 있었다.

---

39) 鄭奭鍾, 〈朝鮮後期 肅宗年間의 彌勒信仰과 社會運動〉(《韓沽劤博士停年紀念史學論叢》, 지식산업사, 1981), 430쪽.

40) 《正祖實錄》 권 19, 정조 9년 3월 기유.

3) 향권의 추이

조선시대 농민의 본거지인 향촌은 수십 호의 자연촌으로 형성되어 있었다. 각 촌락에는 班村·良村의 구분이 있기도 했지만, 대개 두서너 씨족이 서로 인척관계를 맺고 있었으며, 양반·평민·노비 등이 섞여 살았다. 이러한 향촌사회를 지배해 온 것은 이른바 兩班社會라는 호칭에서 짐작할 수 있듯이 양반, 즉 士族이었다. 그들은 향촌사회에서 경제적으로는 지주로, 사회적으로는 양반으로서 확고한 기반을 가지고 있었는데, 16세기 후반 사림들이 중앙의 정치무대에서 주도권을 장악하면서 그 지위가 크게 성장하였다. 그리하여 비록 정계에 진출하지 못한 사족일지라도 그들은 서원이나 향약·향회 또는 동계를 토대로 지배력을 행사하고 있었다. 사족들은 불안정한 농촌경제를 향약이나 동계를 통해 안정시키고자 하면서 농민들을 지배하고자 하였다. 그리고 사족들은 鄕案의 작성, 鄕會의 운영을 통해 스스로의 자치권을 신장시켜 갔고 때로는 수령과 대등한 지배력을 행사하면서 그들의 사회적 기반을 굳혀갔다.[44] 물론 지금까지 농민에 대하여 나름대로 행세하고 있던 吏族이나 국가권력의 대행자인 守令의 견제가 전혀 없었던 것은 아니었다. 그렇다고 하여도 사족들의 향촌사회지배는 서원과 향약이 정상적으로 기능하는 17세기 후반까지는 계속되었다.

그러나 18세기에 이르러 그러한 사족지배체제는 약화되어 갔다. 그것은 기본적으로 이 시기의 사회변동에 토대하였다. 농업 생산력의 발달과 상품화폐경제의 보급으로 농촌사회가 동요하고, 그리하여 농민층의 계급분화가 촉진되는 속에서 토지와 노비를 토대로 구축되었던 사족들의 경제적 기반이 동요된 것이다. 그리고 화폐경제의 발달로 부세의 金納化가 진전됨에 따라 국가는 사족을 매개로 하지 않고서도 부세를 수취할 수 있게 되었으며, 따라서 사족과의 협조관계에 더 이상 긴박한 필요성을 느끼지 않게 되었다. 이러한 변화는 사족들의 향촌사회에서의 지배력을 약화시키는 요인으로 크게 작

44) 金仁杰, 〈朝鮮後期 鄕權의 추이와 지배층 동향〉(《韓國文化》 2, 서울大 1981), 173쪽.

용하였다. 이에 사족들은 종래의 신분적 지배를 관철하기 위하여 鄕案을 중수하고 향약의 실시를 다시 시도하였다. 그러나 사족의 신분적 지배를 상징하는 향안은 新鄕의 도전에 의해 18세기 중엽에 이르러는 파기되었으며, 향약 실시도 수령이 주도하는 형태로 바뀌어 갔다.[45] 이러한 현상들은 이제 재지사족이 향촌사회에서 행사하고 있던 지배력이 유명무실해져 가고 있음을 뜻하는 것이었다. 그리하여 이후 향촌사회는 官의 일방적 통제하에 놓이게 되었다.

사족지배체제의 약화는 신분제의 동요과정에서 양적으로도 극명하게 드러났다. 재지사족의 지위는 본래 경제적 위치보다도 신분적 특권에 의해 보장되고 있었다. 신분제는 봉건지배층과 국가의 상호 이해관계 속에서 성립되었다. 조선사회는 지주제를 경제적 토대로 하면서 신분제를 사회구성의 기본원리로 한 봉건사회였다. 조선사회는 지주적 토지소유를 부정해 본 적이 없고, 마찬가지로 신분직역제를 포기한 적도 없었다. 국가가 지배계급의 이해에 일정한 제동을 가한 적은 있었지만, 지배층은 자신들의 계급적 위치를 준수하기 위해 호적법을 강화하고 호패법을 실시하면서 기존의 틀을 관철시켜 나가려 하였다. 그러나 17세기 후반 이래 지금까지의 봉건적 사회구성이 크게 동요하는 가운데 계급구조가 질적으로 달라지기 시작했다. 신분별 구성비도 시간의 흐름에 따라 크게 달라져 갔다.

조선 후기 신분관계를 일정하게 반영하는 호적대장의 분석에 의하면 각 지역에서 다소 차이는 있지만 양반호구는 크게 늘어나고 노비호구는 격감하고 있다. 경상도 울산지역의 분석 결과에 의하면 영조 5년(1729)에 양반호 26.3%, 상민호 59.8%, 노비호 13.9%이던 구성비율이 영조 41년에는 양반호 41.9%, 상민호 57.0%, 노비호 2.0%로 달라지고 있고,[46] 경상도 단성지역의 경우는 숙종 43년(1717)에 양반호 19.9%, 상민호 52.5%, 노비호 27.6%의 구성비율이 정조 10년(1786)에는 양반호 32.2%, 상민호 59.0%, 노비호 8.8%로 달라지고 있었다.[47] 이같은 경향은 19세기에 이르면 더욱 심해지고 있다. 17

45) 金仁杰, 〈조선후기 鄕案의 성격변화와 在地士族〉(《金哲埈博士華甲紀念史學論叢》, 지식산업사, 1983), 548쪽.

46) 鄭奭鍾, 앞의 책, 248쪽.

세기까지만 해도 10%를 넘지 않던 양반의 신분구성비가 이와 같이 격증하고 노비호구가 격감해 갔음은 전통적인 신분구조가 더 이상 유지될 수 없게 된 당시의 사정을 보여준 것이라 하겠다.

그런데 그러한 신분제의 동요는 신분상승운동에 의한 결과였다는 점이 주목된다. 즉 사회경제적 변동 과정에서 일정하게 재화를 축적할 수 있는 여건이 조성됨에 따라 그를 바탕으로 하여 상민, 노비들이 이 시기에 대대적으로 신분상승을 추구하였던 것이다. 또한 국가도 재정적 위기 속에서 신분제를 부정함이 없이 변화된 조건 속에서 어쩔 수 없이 신분상승을 허용하는 자기모순을 보여주었다. 이른바 納粟策이 그 징표였다.[48] 그리하여 농민들은 합법적·비합법적인 여러 방법을 동원하여 신분의 상승을 꾀하였다. 신분의 상승은 지위를 높여주었을 뿐 아니라 役의 부담을 모면시켜 주었기 때문이다. 요컨대 조선 후기에 있어서의 신분제 동요는 2중적 계기와 성격이 있었던 것으로, 한편으로는 역사의 발전과정에서 농민층의 내재적 성장으로 제기되는 봉건질서의 붕괴과정을 표현해주는 것이었으며, 다른 한편으로는 위기에 처한 봉건지배층이 그에 대한 대책으로 어쩔 수 없이 취하게 된 사회정책의 한 소산이었다.[49] 신분제 자체가 무력화되고 신분질서가 허구화되면서 그 토대 위에서 군림하던 사족의 권위는 빛을 잃었고, 사족을 중심으로 하는 향촌질서는 더 이상 정상적으로 기능하지 못하게 되었다.

18세기 후반 이래 향촌사회의 권력구조는 수령과 이향을 중심으로 하여 관의 주도하에 재편되어 갔다. 물론 그렇다고 하여서 재지사족들이 지금까지 장악해 왔던 향촌사회에서의 지배권을 쉽게 포기한 것은 아니었다.[50] 지금까지 향촌사회에서 재지사족들이 지배권을 행사한 것은 鄕會를 통해서였다. 향회는 글자 그대로 한 고을의 모임이나, 그것은 신분적으로 양반에 속하는 봉건지배층의 집합이었다. 그것은 16세기 이래 사족들이 기존의 鄕規에 성리학적 규범을 가미하여 발전시킨 향약의 보급과 더불어 활성화되었다. 즉 성리

---

47) 金錫禧·朴容淑, 〈18世紀 農村의 社會構造〉(《釜大史學》 3, 1979), 35쪽.

48) 金泳謨, 〈朝鮮後期 身分構造와 그 變動〉(《東方學志》 26, 1981).

49) 金容燮, 〈朝鮮後期에 있어서의 身分制의 動搖와 農地所有〉(《史學研究》 15, 1963), 48쪽.

50) 金仁杰, 앞의 글(1981).

학을 이념적 무기로 하던 사족들이 一鄕을 중심으로 성리학적 질서를 안정적으로 유지하려는데 본질적 의도가 있던 것이 향회의 발족이었다.[51] 따라서 향회가 추구하는 바는 향약의 덕속과 거의 다를 바 없었으니, 시기와 지역에 따라서 형식이나 내용에는 차이가 있었겠으나 궁극적 목표는 유교적 이념의 실천에 있었다.

향촌의 교화와 향풍의 糾正을 명목으로 한 향회를 통해서 사족들은 서로간의 결속을 꾀하면서 농민에 대한 지배력을 행사하고 이서들의 횡포를 견제하고자 하였다. 이를 위해 향회에서는 각종의 규제조항, 예컨대 立議·約束·鄕規 등을 마련하고 있었는데, 그 실시는 물론 관과의 적절한 타협을 전제로 하고 있었다. 향회에서는 鄕內의 여러 일들을 지휘 감독하였으며, 향안에 등록할 자를 결정하고, 수령의 자문기구인 鄕廳에서 일할 座首·別監 등 향임을 추천하였다. 그리고 봉건적 질서에 어긋나는 제반 행위를 적발, 留鄕所나 관으로 하여금 처벌하도록 하는 한편, 선행자를 포상하기도 했다. 이렇듯이 재지사족은 관과의 유착 속에서 향회를 통해 향촌사회의 권력기구를 장악하고 향촌의 이서와 농민들을 지배하고 있었다. 그것이 가능했던 것은 당시 현물납으로 부세가 징수되던 체제 아래에서 국가의 지방에 대한 지배가 향촌사회의 공동체적 질서와 그 안에서의 지배계급을 매개로 하지 않으면 안되었기 때문이었다. 기본적으로는 재지사족의 물적 토대가 그만큼 확고했기 때문이다.

그런데 향회의 구심체는 향안이었다. 향안은 원래 재지 品官의 명단이었으나, 17세기 향안이 재작성되는 속에서 內外鄕에 신분적 하자가 없어야 入錄될 수 있는 폐쇄적인 재지사족의 명단으로서 개념화되고 있다. 즉 재지사족의 公論에 따라 작성된, 말하자면 재지사족의 신분적 권위를 드러내주는 상징이었다. 재지사족은 이 향안을 기반으로 향촌사회를 지배하기 위한 장치로서 향회를 구성 운영하였던 것이다.

향안의 위치가 중요하였기 때문에 향안을 작성하는 일은 매우 신중함이 요청되었다. 그것이 자신들의 계급적 이해와 관계가 깊다고 할 때는 더욱 그

51) 金仁杰, 앞의 글(1983).

려하였다. 따라서 향안은 신분적 폐쇄성을 주요 특징으로 하였다. 향안에 입록될 수 있는 자는 반드시 사족이어야 하며, 그도 친족·외족·처족에 모두 신분적 하자가 없어야 했다. 그리고 향안은 한 고을 재지사족의 공론에 의해 작성되었으니, 즉 향안의 작성은 그 지방 지배세력의 동향과 밀접한 관련을 갖고 있었다. 따라서 향촌의 여론이 분열될 때 향안은 폐기될 소지도 있었다. 이같은 향안의 기능은 한마디로 재지사족을 결속시키고 향촌사회에서 지금까지 누려왔던 사족중심체제를 계속 유지시킴에 있었다.

그러나 향회·향안을 통해서 재지사족들이 지배구조를 계속 관철시키고자 하는 움직임은 18세기에 이르러 한계에 부딪치고 있다. 농민층의 계급분화가 이루어지는 속에서 농민층에 대한 지배가 효율적으로 이루어지지 못했고, 사회경제적 변동 속에서 사족들의 물적 토대가 취약해지는 한편으로 신분질서가 크게 동요되어 사족지배체제는 더 이상 정상적으로 기능할 수 없게 되었다. 향회·향안의 성격이 변모될 수밖에 없었다. 이같은 움직임에는 두 가지 측면에서 요인이 작용하고 있었다. 첫째 사족 내부에 분열이 일어나고 있었다. 신분제의 동요 속에서 확실한 권위의 근거가 없이 양반 신분에 오르는 경우가 많아지면서 그들은 향안을 근거처로 삼았으니, 예컨대 서얼·부농층 등이 수령과 결탁하여 新鄕으로 등장한 것이다. 당시의 기록에 의하면 누구든지 일정한 돈만 있으면 향임이 될 수 있다고 하였다. 그러한 자들은 기존의 사족과는 물론 신분적 계통이 같지 않았다. 그리하여 향안을 통해 구래의 신분을 유지하려는 경우도 있었지만, 자긍심이 강한 기존의 재지사족은 향안을 크게 문제삼지 않고, 오히려 향안에의 입록을 기피하기도 했다. 경우에 따라서는 독자로 院案을 만들어 서원을 그들의 근거처로 삼기도 했다. 향안의 권위를 계속 지키려는 舊鄕들은 영조 말기 庶孼通淸 때도 서얼의 향안 등록을 허락하지 않았는데,[52] 이에 신향은 향안의 폐쇄성에 도전하여 신·구향 사이에 鄕戰이 발생하기도 했다. 둘째 정부의 對地主政策도 향안의 기능 변화에 일정하게 작용하였다. 즉, 사족들의 물적 토대가 취약해지고 새롭게 경제력을 지닌 부민층이 성장해 나옴에 따라 중앙정부 및 그 대행자로서의

52) 《英祖實錄》 권 119, 영조 48년 12월 무자.

수령은 새로운 동반자로서 부민층을 향촌사회 권력구조 안에 끌어들이게 되었다. 그것은 부세정책과 깊이 관련되어 있었다.[53] 조선 후기 부세정책의 특징은 모든 부세가 토지를 중심으로 집중되어가는 경향을 보이고 있었고, 또 摠額制라 하여 공동납의 형태를 채택하고 있었다는 데에 있다. 大同法과 均役法이 전자의 경향이라면, 比摠制와 里定制는 후자의 모습이었다. 향회와 관련하여 특히 주목되는 것은 후자의 특징으로, 정부는 최소한의 수입을 보장받기 위하여 부세를 총액제로 수취하고자 하였다. 정부의 총액제 실시는 기존의 사회체제를 그대로 유지하기 위해 불가피한 조처였겠지만, 그러나 그 같은 부세정책은 향촌사회 여러 세력간의 갈등을 필연적으로 심화시켰다. 왜냐하면 그것은 어느 단계까지는 부세수입을 확실히 보장해 주었다고 하여도, 농민층의 분해가 가속화되어 더 이상 농민층의 유망을 막을 수 없는 단계에 이르러서는 한계를 드러내지 않을 수 없었다. 납세자의 절대부족으로 총액이 결코 보장되지 않았다. 따라서 부세수취의 책임을 맡고 있던 수령은 어떠한 형태로든 부농층을 납세대상으로 끌어들여야 했고, 또한 그는 형식적으로라도 납세자의 동의를 얻어야 했다. 이 때 수령의 입장에서는 향회를 적절한 방편으로 이용하는 것이 편리하였다. 그리하여 향회의 구성원은 다양해졌다. 부세문제가 향회에서 논의되면서 각 계층간의 대립과 갈등이 표출되기도 하였다. 그 과정에서 향회는 수령에 의해 조종되어 수령의 요구사항을 충족시켜 주는 선으로 그 역할이 저하되어 갔다. 재지사족의 권위를 상징하던 향회의 본래 의미는 크게 탈색되고 있었다. 기존의 향안은 18세기 중엽을 전후하여 사족 내부의 분열과 향안 기능의 변질로 말미암아 더 이상 지속될 수가 없었다. 또 19세기 초반까지 지속되는 경우가 있다고 할지라도 그 기능은 거의 소멸된 것이었다. 향회·향안의 성격 변화로 인하여 재지사족은 향회·향안을 더 이상 그들의 무기로 삼지 않았다. 18세기 후반에 이르러 향권은 鄕任·面任·吏胥들, 그리고 이들을 비호하면서 향회를 조종하던 수령에 의해 천단되고 있었다. 그러나 18세기에는 新鄕이 향권을 장악하여 갔다고 하더라도 아직은 신향이 舊鄕을 완전히 배제하거나 부정하지 못하였으므로 이 시

53) 金仁杰, 〈朝鮮後期 社會經濟의 發展과 農民抗爭〉(《韓國史의 硏究》, 서울大, 1989), 205~206쪽.

기의 향권변동은 유동적이었다. 분명한 것은 재지사족의 지배력이 약화되고 있었다는 점이다. 이러한 분위기 속에서 유향소의 직임을 둘러싸고 유향이 분기되며, 그 과정에서 향족이 새로이 성립되어 갔고, 수령권이 강화되어 새로운 面里編制가 실시되었는데 그것은 역으로 재지사족의 지배력을 약화시키는 역할을 하였다.[54] 이 때에 면임·이임 등이 향회에 참여하기도 하였으며, 그들 역시 새로이 성장한 세력으로서 사회변혁운동에서 디딤돌이 되고 있었다.

이와 같이 18세기 후반에는 재지사족의 지위가 약화됨에 따라 상대적으로 서얼·부농·이서 등 새로이 성장한 사회세력들이 향권을 장악하고자 시도하고 있었으며, 그러한 형세를 직시하고 있던 국가는 국가대로 향촌사회에 직접 지배력을 행사하고자 시도하기에 이르렀다. 그런데 그것이 부세문제를 중심으로 전개되면서 각 계층간의 갈등이 표출되지 않을 수 없었고, 그 과정에서 향회에 참여하고 있던 새로운 계층의 입장이 점차 강화되어 갔다.

4) 사회세력의 동향

18세기 후반 향촌사회에서 기존세력과 신진세력 사이의 갈등이 심화되면서 향권의 향배가 재지사족이나 서얼·부민 등에게는 매우 예민한 관심사였지만, 민중에게는 그것이 아직까지는 심각한 관심사로 받아들여지지 않았다. 향회가 일반 농민의 이해와 관련되는 일을 처리하면서 점차 그 기능이 확대되었다고 하여도, 실제로 향회에 참여할 수 있었던 것은 부민에 한정되었고, 부민의 이해가 우선되었기 때문이다. 따라서 빈민과 부민의 이해는 서로 모순되었으며, 더구나 이 시기에는 향회가 부세수취를 위해 필요성을 느끼고 있던 수령의 들러리 기구에 지나지 않았다. 즉 향회는 다만 민심을 탐지하는 여론 수집 기구에 불과하였다. 향회에 일반 농민들도 참여하여 기층사회의 성장한 힘이 안으로 결집되는 것은 19세기에 들어서였다. 민중운동 과정에서 농민 동원의 한 형태로 향회가 기능하는 것도 19세기에 이르러서였다.[55]

---

54) 金俊亨, 〈18世紀 里定法의 展開〉(《震檀學報》 58, 1984), 95쪽.
金仁杰, 앞의 글(1981), 180쪽.

물론 18세기 향촌사회의 이같은 움직임이 일반 민중과 전혀 관계가 없었던 것은 아니었다. 향권을 둘러싼 향촌사회의 일련의 동요 속에서 봉건지배층의 절대적 지위가 상대적으로 전락되었고, 그들의 권위가 상실되는 모습이 민중 앞에 적나라하게 드러났다. 이는 민중으로 하여금 그 동안 사회경제적 변동 속에서 내면적으로 육성되어 온 사회의식을 점증시키는 계기가 되었고, 두레나 계와 같은 조직을 통해 다져온 유대관계를 보다 확고히 하여 규격화된 봉건적 질서에서 벗어나고자 다짐하는 계기가 되었다. 그리고 향권에서 배제된 재지사족은 17세기 후반 이래 중앙정계의 격렬한 정쟁과정에서 몰락한 양반관료와 더불어 殘班이란 새로운 사회계층을 형성, 기층사회와 유기적 관련을 가지면서 민중을 각성하고 자극하였으니, 그들은 지식인으로서 반체제적 성향을 지니고 있었기 때문에 그 영향이 적지 않았다. 즉 기층사회의 변동에 대응하는 상층사회의 변동은 서로 영향을 미치면서 사회변동의 폭을 넓혀 갔다. 이같은 사회변동은 당시의 정치권에도 영향을 미쳤다. 왜냐하면 이 시기의 사회변동은 지배세력의 물적·인적 기반까지 동요시키며 전개되었기 때문이다.

현실적으로 특정의 사회세력은 기층사회의 움직임을 정계와 연계시키면서 변혁을 추구하고 있었다. 그것은 변란이란 모습으로 나타났다. 변란이란 체제 자체에서 소외되어 있는 집단이 물리력으로 집권체제를 붕괴시키고 새로운 체제를 수립하고자 봉기하는 사태를 말한다. 18세기 각 사회세력의 저항이 총체적으로 표출된 변란이 영조 4년(1728)의 戊申亂이었다.[56] 무신란에는 양반관료 출신을 비롯하여 잔반, 군관, 향임, 소상인, 소작인, 노비 등 다양한 계층이 참여하고 있었는데, 이 시기 민중운동의 흐름을 바로 이해하기 위해서는 이들 사회세력의 동향을 파악할 필요가 있다. 그리고 무신란이 일어났던 때를 전후하여 민중운동의 또 다른 양상이라고 볼 수 있는 邊山群盜나 明火賊이 사회문제화되고 있었는데, 거기에 노비, 유민 등이 다수 참여하고 있었다고 할 때, 그들의 동향 역시 주목되어야 한다.

---

55) 安秉旭, 〈朝鮮後期 自治와 抵抗組織으로서의 鄕會〉(《聖心女子大學論文集》 18, 1986), 24쪽.

56) 李鍾範, 〈1728年 戊申亂의 性格〉(《朝鮮時代 政治史의 再照明》, 汎潮社, 1985).

민중운동이란 본질적으로 봉건질서가 초래한 모순을 민중 스스로가 극복하려는 움직임으로서, 기존의 통치질서를 부정하려는 면을 필연적으로 내재하게 되며, 그리하여 민중운동은 궁극적으로 정치적 성격을 예민하게 띠지 않을 수 없다. 18세기에는 그러한 움직임이 사회 저변에 점차 잉태되고 있었으며, 때로는 국지적으로 분출되기도 하였던 것이다.

그런데 체제에 대한 반발 움직임은 17세기 말에 노비·유민·역관·서얼·승려 등에 의한 비밀결사와 미륵신앙운동에서 이미 드러났다. 일반적으로 민중운동은 대다수 구성원인 민중에 의해 주도되기에 앞서 그 초기에는 사회모순에 특히 민감한 특정한 사회세력에 의해 발동된다. 조선 후기 민중운동에서도 당시 민중의 주류인 농민이 주체적으로 변혁운동에 나서는 것은 훨씬 시간이 지난 뒤였다. 17세기 말 이래 특정한 사회세력이 다양하게 나타났다.

숙종 10년(1684)경 한양 청파동에는 殺主契가 있었고, 이 보다 앞서 전라도 남원에는 殺人契가 있었는데 그 구성원은 대개 노비들이었다.[57] 숙종 39년 전라도 변산반도에서 수년 동안 횡행하던 군도 역시 대부분 노비로 이루어져 있었다고 한다.[58] 노비는 봉건적 신분질서 아래에서 가장 핍박받는 존재였다. 조선 후기에 이르러 그들의 지위가 어느 정도 향상되었다고 하지만, 노비는 원칙적으로 벼슬할 수가 없었고, 자유민이 아니어서 신분이 세습되고, 매매·양도·상속되었다. 특히 私奴婢는 주인에 의해 임의로 강제되고 때로는 私刑을 받기도 했다. 자신의 존재에 대한 의식이 생겨나면서 그들은 주인에 대한 절대 복종에 회의하게 되었고, 그러한 현실에 불만을 갖게 되었다. 특히 원한이 깊어지면서 주인, 즉 양반을 제거하고자 하는 움직임까지 나타나기에 이른 것이다. 비록 그러한 물리적 힘에 의한 그들의 노력은 성사되지 않았으나, 노비들이 그 신분에서 벗어나려는 움직임은 그 후 끈질기게 추구되어 노비제는 점차 허구화되어 갔다.

숙종 14년에는 미륵신앙 사건이 발각되었는데, 승려·무녀·아전·노비·농민 등이 관계되었다.[59] 그들 모두가 불우한 계층으로서 미륵신앙을 구심점

57) 《朝野會通》 15책, 숙종 10년 9월.
58) 《推案及鞫案》 36책, 무진 宋進裕獄事文書.

으로 하여 세력을 결집, 현실의 질곡을 벗어나려 하였던 것이다. 그 중에서도 승려세력은 숙종 23년(1697) 몰락농민으로서 규모가 큰 도적집단을 이루고 있던 장길산 등과 거사를 계획하다가 고변되었다.[60] 조선왕조는 유교국가였기 때문에, 불교는 초기부터 지도이념으로서의 지위를 잃었고 민간신앙으로서 명맥을 유지하였다. 따라서 승려의 신분은 천시되는 존재였다. 더구나 16세기 이후 승려들은 군역을 회피하기 위하여 입산한 양민들이 대부분이었기 때문에 정부에서도 불량한 무리로 파악하는 경향이 있었으며 그들 자신들도 현실사회에 대하여 불만이 많았다. 그들은 농민들을 선동하여 규합하기에 유리하였고, 그들 자신들도 노력에 따라서는 조직력과 군사력을 갖추기에 용이하였다.

거사계획에는 당초 서얼 세력도 가담하였다. 서얼은 양반의 자제이면서도 신분질서를 엄격히 지키려는 봉건지배층의 성리학적 명분론에 의해 차별대우를 받아 사회진출에 각종 제한이 가해졌다.[61] 따라서 양반가문에서 지식을 습득하고, 또 능력이 뛰어난 경우에도 소외될 수밖에 없어 불만이 컸다. 이들은 사회경제적 변화를 배경으로 꾸준히 신분상승을 추구하였으나, 그것이 쉽게 이루어지지 않자 변혁운동에 참여하기에 이른 것이다. 그들의 움직임은 봉건지배층으로서도 무시할 수가 없어 18세기 후반에는 일정한 지위를 획득하기도 했다.

이 시기에는 서얼층과 더불어 吏胥·譯官 등 중인층의 동향도 예사롭지 않았다. 중인층은 상당한 전문적 교양을 가지고 행정직이나 기술직에서 실무를 맡고 있었는데, 그 업무의 중요성에 비하여 양반사대부와 크게 차별을 받았다. 역사적 신분배경과 기술천시풍토가 그들을 중인층이라는 고정적 신분층으로 굳혀서 정치에는 결코 참여할 수 없었다. 따라서 그들 역시 사회변동 속에서 부를 축적하며 이를 토대로 꾸준히 신분상승의 기회를 엿보았다.[62]

---

59) 《承政院日記》 332책, 숙종 14년 7월 27·28일.
60) 鄭奭鍾, 〈肅宗年間 僧侶勢力의 擧事計劃과 張吉山〉(《東方學志》 31, 1983), 122쪽.
61) 李俊九, 〈朝鮮後期의 「業儒·業武」와 그 地位〉(《震檀學報》 60, 1985), 42쪽.
62) 韓永愚, 〈朝鮮後期 '中人'에 대하여－哲宗朝 中人通淸運動자료를 중심으로－〉(《韓國學報》 45, 一志社, 1986), 89쪽.
李樹健, 〈朝鮮朝 鄕吏의 一硏究〉(《文理大學報》 2, 嶺南大, 1974), 80쪽.

그리고 자신들의 지위 향상을 위해 중인층의 단결을 시도하였다. 그들은 특히 봉건적 질서가 갖고 있던 모순을 누구 못지않게 인지하고 있었다. 따라서 그들의 향배는 이 시기 민중운동에 있어 그 영향이 적지 않았다.

한편 18세기에는 다수의 양반들이 몰락하여 잔반 계층이 형성되고 있었다. 중앙정계에서는 붕당정치가 변질되어 가면서 양반 상호간에 일어난 극심한 정치적 갈등은 양반층의 자기 도태를 가져왔다. 이와 같은 현상은 일당 전제화가 전개되면서 보다 현저해져서, 권력을 장악한 일부의 양반을 제외하고는 다수 양반들이 몰락하기에 이르렀다. 그들은 관직에 등용될 기회를 얻지 못한 채, 향촌사회에서나 겨우 위세를 유지하는 鄕班, 즉 재지사족이 되거나 더욱 몰락하여 잔반이 되어 갔다. 그리고 향촌사회에서는 상품화폐경제의 진전에 따라 거기에 능동적으로 대응하지 못한 재지사족이 그들의 물적 기반이 취약해지면서 향권 장악에 실패하고 소외되어 잔반이 되어 갔다. 잔반 계층은 실학자들의 경우와 같이 교양과 지식 수준이 매우 높았다. 대부분 농촌에서 궁박한 생활을 감수해야 했던 잔반들은 심하면 소작으로 생활을 유지하거나 상업으로 생활을 꾸려나가야 하는 처지로 전락하였다. 따라서 체제에 대하여 그들은 매우 비판적이었다. 그들은 書堂 등을 통해 농민층의 자제를 훈도하면서 농민층의 입장을 지지하고 농촌사회의 문제를 논리적으로 개진하면서 기층사회를 각성시켰다. 무신란에 그들이 참여하고 있었던 것은 자연스러운 처사였으며, 그들의 활동은 사회모순이 심화될수록 보다 더 기대되고 있었다.

18세기 기층사회의 동향에서 특히 두드러진 현상은 농민층 분화에 따른 유민의 광범위한 발생이었다. 여러 변란에 다수 구성원으로 참여하고 있는 것이 유민이었으며, 각지에서 횡행한 도적도 유민으로 거의 구성되고 있었다. 토지소유관계의 모순, 상품화폐경제의 진전, 부세구조의 문제 등으로 인해 토지를 상실한 무전농민들은 자신의 노동력만이 생존의 수단이었는데, 자연재해가 빈발하고 탐관오리의 횡포가 가혹해지면서 마침내는 농촌을 떠나야 했다. 18세기 농민의 유망은 17세기보다도 더 심해졌고, 전국적으로 광범위하게 전개되고 있었다. 그들은 도시나 광산, 포구 등에서 賃勞動으로 가족을 거느리기도 하였지만, 대부분 궁벽한 산골을 찾아 火田을 일구거나 도적이 되었다. 때로는 居士가 되어 걸인·행상·연예활동 등을 하며 전국을 순회하였는데, 1만 명에 가까운 인원이 전국적 연결망을 가지고 있기도 하였다.[63] 그런데 유민의 증가는 봉건정부로서도 심각한 문제의 하나였다. 재정기반을 농민으로부터의 부세수취에 두고 있었기 때문에 농민의 유망은 결과적으로 정부로 하여금 수탈의 기반을 잃게 하는 것이었다. 그리하여 농민의 이농을 막기 위하여 호패법을 실시하고, 오가작통법을 강요하는 등 법제적으로 통제하지만, 생존의 수단을 상실한 농민을 물리력만으로 억제할 수는 없었다. 이 시기에는 특히 기근이 심하였기 때문에 농민의 유망은 매우 광범하였다. 이들 유민은 기본적으로 현실에 불만을 가지고 있었고 기회만 있으면 저항세력화할 소지가 대단히 컸다. 따라서 그들의 움직임은 향촌사회의 동요, 나아가 체제에 대한 도전이란 측면에서 봉건지배층에게 커다란 위기의식을 불러일으켰다.[64]

그런데 당시 기층사회의 움직임은 특정한 사회세력에 의한 별개의 움직임으로 보고되고 있으나, 그 내면을 살펴보면 그들 각 사회세력은 서로 긴밀한 연계 속에서 변란을 시도하고 있었다.[65] 그들 모두가 체제의 변혁을 공감하고 있었기 때문이다. 각 사회세력 모두가 권력에의 참여를 의도한 것은 아니었지만, 봉건적 질서가 갖는 모순으로 인해 억압과 핍박을 받고 있었음은 서로간의 결속을 용이하게 하였던 것이다. 이러한 상황에 직면하여 봉건지배층은 정치적 갈등을 스스로가 조정하면서 수취체제를 개선하여 농민층의 불만을 해소시키고자 하지만, 그것은 어디까지나 일시적이고 미봉적이어서 문제를 근본적으로 해결하는 것과는 거리가 멀었다. 그러한 조치가 미봉적이었음이 드러나면서 민중운동은 보다 적극화되었다. 민중은 이제 더 이상 정부에 의존하려 하지 않았다. 삶의 길은 스스로 개척하고 강구하는 것 뿐임을 알게 되었다. 봉건적 질서의 변혁만이 그들의 살 길임을 점차 확인하기에 이르렀다.

---

63) 全信宰, 〈居士考－流浪藝術人集團硏究序說－〉(《韓國人의 生活意識과 民衆藝術》, 成均館大 大東文化硏究院, 1984), 469쪽.

64) 李鍾範, 앞의 글, 227쪽.

65) 鄭奭鍾, 앞의 책, 4쪽.

이상에서와 같이 18세기의 조선사회는 봉건적 질서가 갖는 모순으로 인하여 더 이상 정상적으로 진전되지 못하는 가운데, 새로운 질서가 활발하게 추구되고 있었다. 변화의 움직임은 봉건적 지배체제의 토대였던 농촌사회가 동요하면서 유발되었다. 농촌사회의 동요는 토지소유관계의 변화, 농업 생산력과 경영형태의 변화, 상품화폐경제의 편입 등 내재적 측면과 탐관오리의 횡포, 부세구조의 모순, 자연재해의 빈발 등 외연적 측면의 요인이 복합적으로 작용하면서 심화되고 있었는데, 그 결과에 의해 농민층이 양극으로 분화되어 갔고, 다수의 농민을 무전농민으로 변신시키기에 이르렀다. 농촌사회가 극도로 불안한 속에서 농민들은 조선왕조가 내세웠던 농본정책이 기대할 수 없는 허구였음을 깨닫고 자활의 길을 모색하여 힘의 결집을 시도하였다. 그 징표가 농민들만으로 구성된 두레였다. 사회체제에 대한 변혁의 움직임은 농촌에서 배제된 유민들에 의해 보다 고양되고 있었다. 자신의 노동력밖에는 생계수단이 없고, 그것도 충분히 활용할 수 없는 조건 아래에서 그들이 할 수 있는 일은 도적이나 변란에 가담하여 새로운 세상을 기대하는 것뿐이었다. 민중의 봉기는 시간상의 문제였을 뿐, 필연적으로 예비되고 있었다.

〈崔完基〉

2. 유민과 명화적

1) 유 민

(1) 유민발생의 배경

농민들이 지배층의 수탈에 저항하는 일차적인 형태로 流亡이 있다. 유망은 농민들이 사회경제적인 요인과 자연재해 등으로 인해 생존기반을 점차 상실하여 現居住地에서 더 이상 살 수 없게 되었을 때, 자신의 현거주지를 自意로 이탈하여 다른 곳으로 옮겨가는 행위이며, 이들 流亡民을 일컬어 流民이라 할 수 있다. 따라서 유민의 입장에서 보자면 유망의 결과는 첫째 거주지의 변화를 가져오고, 둘째 생계수단의 변화를 가져오기도 한다. 셋째 경우에 따라서는 유민 자신의 신분상의 변화를 가져오며, 넷째 일시적으로나마 국가의 파악 내지는 통제에서 벗어나는 결과를 가져오고, 다섯째 가족간의 離散을 가져와 가족구성상의 변화를 가져오기도 한다.[1)]

유망은 농민층의 입장에서 보면 기존 수취체제에 대한 避役저항의 성격을 갖는 것으로서 국가의 입장에서 보면 수취기반의 동요를 의미한다. 그리고 일부 농민이 국가의 부세를 피하는 방편으로 유망하면 그 부담은 향촌에 남은 농민들에게 疊役 등의 형태로 추가되었다. 즉 유망이 유민 당사자의 입장에서 보면 부세수취를 피하는 임시방편적인 방안이었지만 이것은 남은 농민의 희생을 전제로 한 것이다. 따라서 이러한 현상의 일반화는 상대적인 賦稅不均의 심화와 사회통제력의 이완을 가져와 민인들 상호간의 계층분화를 촉진하는 계기로 작용하기도 하였다.[2)]

이러한 농민의 유망은 전근대사회에 있어 일반적 현상이라 할 수 있으나, 발생배경을 살펴보면 각 시기마다 그 나름의 특성을 갖고 있는데, 18세기 유망현상의 가장 큰 특징은 유민의 수가 이전 시기에 비해 크게 증가한다는 점과 유민들의 일부가 토지에 재긴박되지 않고 완전히 유리되어 간다는 점이다. 18세기 유망현상의 이러한 특성은 이 시기의 사회경제적인 조건과 밀접한 관련이 있다. 즉 18세기 조선사회는 조선 후기 이래로 진행되어온 농업생산력의 증대, 상품화폐경제의 발전, 신분제의 동요 등에 따라 중세사회가 해체되는 여러 모습들이 드러나는 시기였다. 그리하여 이러한 사회경제적 변동에 따른 모순의 증대로 농민의 유망현상은 더욱 잦아지고 규모가 급격하게 커지면서 중세사회의 지배체제를 근본적으로 위협하였다.

농업생산력의 발전과 상품화폐경제의 발달은 농업경영에 있어서 몇 가지 중대한 변동을 초래하였는데, 그것은 지주층의 토지집적에 따른 토지 소유관계의 양극분화 현상과 廣作經營의 확대에 따른 경영분화 현상으로 파악할 수 있다. 이 시기의 지주층과 새롭게 성장한 부농, 상인들은 토지 상품화가

1) 邊柱承, 《朝鮮後期 流民硏究》(高麗大 博士學位論文, 1997), 1~2쪽.
2) 安秉旭, 〈朝鮮後期 民隱의 一端과 民의 動向-正祖代 應旨民隱疏를 중심으로-〉(《韓國文化》 2, 서울大, 1981), 281쪽.

일반화되면서 토지매매에 의하여 토지를 집적하여 나갔고, 여기에 이앙법 등을 비롯한 농법의 발전 및 곡물시장을 비롯한 유통경제의 발달은 이들에 의한 토지집적을 더욱 가속화시켰다.[3] 반면 경제구조의 변동에 잘 대처하지 못한 영세농민은 부세부담, 고리대부담에 농사의 흉작까지 겹쳐 헐값에 자신의 토지를 내놓아야만 했다. 이렇듯 토지집중이 극단화되어가는 한편에서는 토지임대차 관계를 통한 경영상의 변화가 나타나고 있었다. 즉 이앙법·견종법 등의 보급으로 현저히 상승된 농업 생산력은 필요노동력을 절감시킴으로써 광작경영을 가능케 하였으며, 이에 따라 소유분화로 인하여 양산된 貧農·無土之民은 借耕地 획득마저도 어렵게 되었다.[4] 그리하여 농지의 차경에서 배제되어 자립적인 재생산이 불가능해진 無田農民들은 挾戶·婢夫 등의 형태로 지주층에 포섭되거나 雇工 등 농촌 임노동자층을 형성하기도 했지만, 이마저 불가능했던 빈농·무토지민들은 토지로부터 축출되어 유민화할 수밖에 없었다.

18세기 유민발생의 배경에는 이와 같은 농업경영의 변동과 상품화폐경제의 발달 외에도 국가권력에 의한 대민 수탈이 주된 요인으로 작용하고 있었다. 이 시기에 들어 부세운영이 전세에서의 比摠制, 군역세에서의 里定制, 환곡에서의 里還·結還制 등과 같이 공동납의 형태로 운영되고, 중앙 및 지방의 재정수요가 늘어가게 됨에 따라 각종의 불법적인 수세관행이 파행적인 형태로 진행되어 나갔다. 수령은 증대된 지배력을 바탕으로 각종 비리를 자행하였으며, 수령과 결탁한 吏鄕 심지어 面·里任들까지도 각종 수탈을 공공연하게 자행하였다.[5]

한편 신분제의 동요와 더불어 부민들은 각종의 부담에서 빠져나가게 됨에 따라 국가의 부세수탈은 빈농층으로 집중되었다. 즉 부민들이 양반신분을 모칭하거나 이서배에게 뇌물을 제공하는 대가로 각종 신역과 白地徵稅, 환곡 등 각종 부담으로부터 벗어나게 됨에 따라 빈농·무토지민들이 이들의 부담까지

---

3) 李世永, 〈18, 9세기 兩班土豪의 地主經營〉(《韓國文化》 6, 1985), 80쪽.

4) 宋贊植, 〈朝鮮後期 農業에 있어서의 廣作運動〉(《李海南博士華甲紀念史學論叢》, 1970).

5) 金仁杰, 《조선후기 鄕村社會 변동에 관한 연구—18, 19세기 〈鄕權〉담당층의 변화를 중심으로—》(서울大 博士學位論文, 1991).

떠맡아야 했다.[6] 이처럼 稍實·饒戶之民이 부세부담에서 벗어남에 따라 빈민층으로 조세수탈이 집중되고, 이로 말미암은 유망으로 인하여 疊徵·族徵 등이 농민층에게 강요되자 유망현상은 더욱 촉진되었다.

이러한 사회경제적 모순의 심화와 함께 조선 후기의 극심한 자연재해는 민의 유망현상을 더욱 가속화시켰다. 조선 후기에는 자연재해가 빈번하여 대규모 기근은 평균 3~6년에 1회, 전염병은 2~6년에 1회 정도 발생하였는데, 재해가 심할 때에는 영조 16년(1740)의 경우처럼 전국에서 일시에 50~60만 명이 전염병으로 사망하기까지 하였다.[7] 일정한 생업기반을 갖지 못한 유민들은 특히 기근·홍수·전염병과 같은 자연재해에 거의 무방비로 노출되었다. 굶주림에 지친 이들은 주인을 결박한 채 수확하지 않은 들판의 곡식을 베어먹거나 방목한 牛馬를 잡아먹었으며,[8] 심지어 한동네 여인을 살해하여 식육하기도 하였다.[9] 한겨울에도 볏집으로 겨우 등과 배를 가린 채 추위에 떨다 무덤을 파헤쳐 斂衣를 결쳐입기도 하였지만 부지기수가 얼어죽었다.[10] 이러한 기근의 참상 속에서는 가족간의 인륜마저 저버리게 되어서 유랑의 과정에서 6~7세된 어린 자식을 버리거나,[11] 어머니를 길에다 내버리기도 하였으며,[12] 추위와 굶주림 속에서 살길을 찾지 못하던 유민 일가족의 가장이 처자를 목졸라 죽이고 자신도 목매 죽기도 하였다.[13] 이처럼 불안정한 상태에서 떠도는 유민들은 "무뢰유민이 도성 안으로 몰려들어 처음에는 소나 말을 훔치는 도적이 되었으나 지금은 인가를 약탈하는 도적이 되었으며, 성 밖 수십 리 지역까지 그 피해를 입고 있다"[14]고 한 데서 알 수 있듯이 호구지책의 한 방편으로 도적질을 자행하기도 하였다.

---

6) 安秉旭, 앞의 글.
7) 趙 珖, 〈19世紀 民亂의 社會的 背景〉(《19世紀 韓國 傳統社會의 變貌와 民衆意識》, 高麗大 民族文化硏究所, 1982).
8) 《顯宗改修實錄》 권 23, 현종 11년 8월 갑오.
9) 《肅宗實錄》 권 31, 숙종 23년 8월 신유.
10) 《顯宗改修實錄》 권 23, 현종 12년 정월 계해.
11) 《顯宗改修實錄》 권 24, 현종 12년 4월 갑신.
12) 金壽增, 《谷雲集》 권 6, 記流民事.
13) 《英祖實錄》 권 89, 영조 33년 정월 신해.
14) 《肅宗實錄》 권 54, 숙종 39년 5월 갑자.

(2) 유민의 실태와 유입처

18세기 유민 발생양상의 특징은 제반 사회경제적 변동으로 인해 유민의 수가 이전 시기에 비해 크게 증가한다는 점과 유민 중의 일부는 농촌으로부터 완전히 유리된다는 점이다. 이 시기 농민층 유망현상의 이러한 특징은 지방관의 보고와 진휼관계기록 등을 통해 살펴볼 수 있다. 먼저 정조 13년(1789)에 발생한 황해도 지역 유민 9,345명의 환집 추이를 관찰사 李時秀의 보고에 따라 정리하면 〈표 1〉과 같다.

〈표 1〉 정조 13년(1789) 황해도 지역 유민 9,345구 환집추이

시 기	환 집(%)	미 환 집(%)	출 전
14년 3월 5일	2,526구(27.0%)	6,819구(73.0%)	《정조실록》
14년 6월 1일	4,143구(44.3%)	5,202구(55.7%)	《일 성 록》
15년 정월 2일	5,022구(53.7%)	4,323구(46.3%)	《정조실록》

여기서 주목되는 점은 유망한 지 3년이 되었음에도 유민의 반수 정도가 아직 본거지로 되돌아오지 않았다는 점이다. 이러한 양상은 평안도의 경우도 정조 14년의 평안도 流亡民 2,353명 중에 942명이 8월 이전에 환집하였으며, 9월에서 12월 사이에 331명이 추가로 환집하는데 그치고 유망민의 거의 절반인 1,083명은 본거지로 되돌아오지 않고 있다.[15] 이처럼 해가 바뀌었음에도 불구하고 유민의 거의 반수 정도가 본거지로 되돌아오지 않는다는 것은 이제 유민들 중의 일부는 농촌에 재긴박되는 것이 아니라 농촌으로부터 완전히 유리되었음을 의미한다. 한편 영조 29년(1753)년부터 33년까지 松都府에서 飢民과 流丐에게 행한 진휼사실을 기록한 〈松都設賑啓錄〉[16]의 분석을 통해 이 시기 유민의 이러한 특징을 구체적으로 살펴볼 수 있다. 이들에 대한 진휼은 매년 2월에서 5월 사이에 행해졌는데, 이 때 양곡을 지급받은 기민과 유개 숫자의 변동추이를 월별로 정리하면 다음과 같다.

15) 《正祖實錄》 권 31, 정조 14년 12월 갑인.
16) 《松都設賑啓錄》(《各司謄錄》 京畿道篇 4, 國史編纂委員會, 1982).

〈표 2〉 〈송도설진계록〉의 기민·유개 구수 월별 변동추이[17]

연 대	구 분	2 월	3 월	4 월	5 월
영조 30년 (1754)	기 민	2,587	2,646	4,911	4,948
	유 개	73	140	271	427
영조 31년	기 민	5,806	5,911	5,943	6,124
	유 개	180	113	154	220
영조 32년	기 민	7,350	7,357	7,412	7,514
	유 개	16	360	420	492

위 〈표 2〉를 통해 알 수 있는 것은 토지에서 완전히 축출된 유망층이 상존하고 있었다는 점이다. 즉 토지에 어느 정도 긴박된 飢民과는 달리 토지로부터 완전히 유리된 유개의 숫자가 3년여에 걸쳐 기록되고 있는데, 송도부의 진휼담당자들은 이들 유개들을 '無田無族屬者', '籍外流乞' 등이라 하여, 이들을 토지로부터 완전히 이탈한 유망층으로 파악하고 있었다. 뿐만 아니라 "경기도가 이와 같으니 나머지 여러 도의 실정도 가히 알 수 있다"고 말하고 있는 점으로 미루어 이 시기 토지로부터 이탈한 유망층의 확대현상을 이해할 수 있다.

광범위하게 발생한 유민들의 존재형태는 다양하였다. 유민들 중의 일부는 농촌으로부터 완전히 이탈하여 상업이나 수공업·광업 등 자본제적 관계 아래에서 임노동층으로 나타나는 경우도 많았지만, 또한 불완전하게나마 토지와 재결합하여 잔존하는 경우도 있었다. 먼저 유민층의 향촌내 존재형태로 일정한 거처가 없는 '無根無着之類'가 사료에 보이는데, 이들은 농업노동자로서 고용처를 찾거나, 그렇지 않으면 무리를 지어 몰려다니는 떼거리로 표현되듯이 이곳저곳을 편력하는 농민층이었다. 유개의 지경에 이르지 않고 옷입은 겉모습이 일반인과 다름없는 자들이 남녀를 막론하고 閭家에 돌입하여 공갈치고, 주구를 일삼는다는 기사는[18] 향촌내 유망층의 일면을 보여준다 하겠다.

17) 分給은 매달 10일 간격으로 3번 하는 것이 원칙이나, 경우에 따라서는 한두 번에 그친 경우도 있다. 위 표의 口數는 해당 월의 마지막 지급 때의 구수를 기준으로 정리한 것이다.

18) 《備邊司謄錄》 201책, 순조 11년 5월 6일.

한편 토지와 향촌으로부터 완전히 이탈한 유민들도 있었는데, 이들은 살길을 찾아 다양한 지역으로 유망하였다. 이들의 유입처를 그 지역을 기준으로 구분해 볼 수 있는데, 첫째로는 도시 특히 서울지역으로의 유망을 들수 있다. 이것은 도시가 갖는 임노동자의 수요와 서울지역에서 집중적으로 행해지는 진휼대책에서 기인하였다. 당시로서는 서울이 가장 훌륭한 구휼제도를 구비하고 있었으며, 상공업의 발달면에서도 다른 지방에 비해 훨씬 앞서 있었던 까닭에 유민들의 상당수가 서울로 몰려들고 있었다.[19] 일례로 영조 17년(1741)에 경기·황해·강원도 삼도의 유민 중 서울로 몰려든 수가 1,400여명이나 되었다.[20] 영조 33년에는 通津·金浦·陽川·富平 등지의 유민들이 京江가에 몰려들어 새로운 촌락을 형성하였는데, 한성부에서는 호적에 누락된 이들을 입적시키는 조치를 취하였다.[21] 이처럼 유민들의 서울 집중으로 서울의 인구는 17세기 중엽을 고비로 크게 증가하였으며, 나아가 공간적으로 확대되어 행정구역의 재편을 가져왔다.[22] 18세기 전반에는 경강의 중심부인 용산·서강·한강·두모포 등지가 각각 한성부 五部 밑의 행정단위인 坊으로 편입되었고, 18세기 후반에는 경강 하류지역인 망원·합정 지역이 다시 연희방·연은방·상평방으로 편제되었으며, 坊制에 편입되지 않았던 동대문 밖 지역도 숭인·창신방으로 편입되었다.[23]

서울로 들어온 유민들은 뚜렷한 거처가 없이 길거리를 떠돌며 노숙하거나 성 밖 교외지역 곳곳에 움막을 짓고 살면서 걸식하는 것이 일반적이었으며, 조금 나은 자들은 貰居 또는 借居하면서 자신의 노동력을 팔아 용역으로 임금을 받아 먹고 사는 임노동자가 되었다.[24] 당시 한강 연안에는 稅穀船을 비롯한 각종 선박에 의해서 쌀·어물·목재를 비롯한 전국의 물산이 집중되고 있었는데, 배에 상품을 선적하고 하역하는 작업을 비롯한 각종 노동에 많은

19) 孫禎睦, 《朝鮮時代 都市社會硏究》(一志社, 1977), 157~165쪽.
20) 《英祖實錄》 권 53, 영조 17년 3월 신묘.
21) 《承政院日記》 1144책, 영조 33년 5월 23일.
22) 楊普景, 〈서울의 공간 확대와 시민의 삶〉(《서울학연구》 1, 1994), 54~56쪽.
23) 高東煥, 《18·19세기 서울 京江地域의 商業發達》(서울大 博士學位論文, 1993), 298쪽.
24) 조성윤, 《조선후기 서울 주민의 신분 구조와 그 변화-근대 시민 형성의 역사적 기원-》(연세대 박사학위논문, 1992), 51쪽.

임노동자들이 고용되고 있었다. 또한 정부가 시행한 山陵役·築城役 등과 같은 대규모 토목공사와 도로 보수, 개천 준설과 같은 공사에도 도시로 흘러온 유입민들이 募軍으로 고용되기도 하였는데, 이들 모군은 종래의 징발 役軍과는 달리 임금을 지급받는 임노동자층이었다.[25]

둘째는 조선 후기 상품화폐경제의 발달에 따른 광업·수공업·상업 발달 지역으로의 유망이다. 조선 후기 생산력의 발전은 사회적 분업을 진전시키고 있었는데, 이는 곧 借地경쟁에서 배제된 빈농·무토지민이 농촌에서 축출된다 하여도 이들이 흡수·수용될 수 있는 고용기회가 그만큼 확대되었음을 의미한다.

조선 후기 광산업의 발전에 따라 성립된 18세기 '別將'制下의 官設民營鑛業과 18세기 말 19세기 전반기 '物主'制下의 자본제적 민영광업에서 생산을 담당하는 광산노동자들은 "생활할 터전도 없고 호적에도 들어있지 않은 무리" 또는 "의지할 곳 없는 부류들로 稅役을 피해 투입된 자들"로서 이들은 농촌에서 유리된 빈민들이었고 세역을 도피한 농민들이 대부분이었다.[26] 이처럼 광산에 몰려든 유민들은 대개 店所의 채굴 제련작업에 고용되어 그 수가 한 점소 당 대개 백여 명 이상에 달했으며, 매일 또는 매월 일정한 雇價를 받고 종사한 임노동자들이었다.[27] 또한 조선 후기 이래의 수공업의 발달과 더불어 출현한 자영수공업체인 유기점·야철점·직조점 등에는 '店主' 또는 '物主'라고 부르는 고용주가 있었고 그 고용주는 많든 적든 일정한 노동자를 고용하고 있었다. 이들 노동자 역시 농민층 분해과정을 통하여 분출된 소위 '농토가 없어 농사를 짓지 못하는 농민'으로 구성되어 있었다.[28]

한편 상품화폐경제의 발달은 전국적인 場市의 발달 및 상업도시의 성장을 가져왔다. 이러한 상품화폐경제의 발달과 더불어 巨商으로서 개성상인·의주상인·동래상인·경강상인 등의 활동이 두드러진 것도 새로운 현상이었지만,

---

25) 尹用出, 《18世紀 徭役制의 變動과 募立制》(서울大 博士學位論文, 1991), 273~275쪽.

26) 柳承宙, 《朝鮮時代鑛業史硏究》(高麗大 出版部, 1993), 309~311·385~387쪽.

27) 柳承宙, 〈朝鮮後期 金銀銅鑛業의 物主制硏究〉(《韓國史硏究》 36, 1982), 146쪽.

28) 金泳鎬, 〈朝鮮後期 手工業의 發展과 새로운 經營形態〉(《19世紀의 韓國社會》, 成均館大 大東文化硏究院, 1972), 185~186쪽.

몰락한 농민층이 스스로 이농하여 상업적 이익을 추구하는 것도 당시의 실정이었다. 특히 상공업도시로 발달하고 있던 서울의 亂廛商人·潛商·私商들은 바로 농촌을 떠난 유민들이었다. 즉 이들 유리민들은 다시 농촌에 돌아가지 않고도 상업을 통하여 생계를 이을 수 있었으며, 그 결과 상업도시의 발달과 더불어 도시인구의 증가를 가져오기에 이르렀다.[29)]

셋째는 국가의 수탈이 미치지 않거나, 상대적으로 덜한 지역으로의 유망으로써 대체로 화전지대, 海島지역, 북쪽 국경지역 등으로의 유망을 들 수 있다.

조선 후기에 광범히 개간되고 보급되던 火田은 단순히 원형에 가까운 遊農火田이 아니었다. 이러한 화전과 더불어, 여기서 발전하면 1, 2년 혹은 3년 정기로 휴한하고 경작하는 歲易田으로, 나아가서는 常耕田의 개발이 동반되었다. 화전은 山多野少한 평안·함경·강원·황해도 등 북부지역 및 충청도 산읍에서 특히 성행하였는데 이러한 화전지대로 많은 수의 유민이 몰려들고 있었다. 즉 인구증가·토지겸병과 소작지의 광작 등으로 토지에서 배제되는 농민들이 속출하여, 이들은 산간계곡으로 유랑하며 화전을 가꾸었던 것이다. 특히 화전은 田役·賦役 등의 부세를 피할 수 있었기 때문에 국가의 부세수탈로 인해 유망하게 된 많은 유민들이 몰려들고 있었다.[30)] 산간지대로 몰려든 유민은 '入作'이라 불렸는데,[31)] 현종 7년(1666)에 도승지 金壽興은 이들의 성격에 대해 다음과 같이 언급하였다.

> 여러 도의 入作한 무리들이 열 명이나 백 명씩 떼를 지어 신역을 피하기 위해 산골짜기 속에서 살고 있는데, 이들은 名籍이 관가에 소속되지 않은, 일종의 교화를 벗어난 백성이다(《顯宗改修實錄》 권 14, 현종 7년 3월 임오).

이처럼 많은 유민들이 산중으로 몰려들어 화전을 개간함에 따라 수백 년 된 숲이 불타 없어지고, 이로 인해 시내가 말라붙어 가뭄의 한 요인이 되기도 하였다.[32)] 이에 따라 조정에서는 현종 7년의 〈入作流民入籍事目〉과 숙종

29) 李世永, 〈18, 9세기 穀物市場의 形成과 流通構造의 變動〉(《韓國史論》 9, 서울大, 1983), 206~208쪽.
30) 申虎澈, 〈朝鮮後期 火田의 擴大에 대하여〉(《歷史學報》 91, 1981).
李景植, 〈朝鮮後期 火田農業과 收稅問題〉(《韓國文化》 10, 1989).
31) 《顯宗改修實錄》 권 6, 현종 2년 윤 7월 경인.

원년(1675)의 〈火田禁斷事目〉 등 다양한 대책을 시행하였으나 그 근본적인 원인인 유민에 대한 안집책이 효과적으로 시행되지 않는 한, 이러한 대책은 실효를 거둘 수 없었다.

한편 국가의 부세수탈을 피하고 살길을 찾아서 많은 수의 유민들이 섬 지방으로 들어가거나, 북쪽의 국경지역으로 유망하였으며 나아가 越境하기도 하였다. 유민들의 海島入住는 주로 17~18세기에 걸쳐 전라도 연안의 도서지역을 중심으로 집중적으로 이루어지고 있었다.[33] 유민의 해도입주 이유에 대해 효종 6년(1655) 해남에 거주하던 尹善道는 海島民의 폐단을 언급하면서 "유민들이 해도에서 거주하는 까닭은 인구는 많고 땅은 적어서 육지에서 살아갈 길이 없기 때문으로, 그 수는 수만 명에 이른다"고 하였다.[34] 유민의 해도입주 실태를 보면 숙종 33년(1707)에는 전라도의 可佳島에만 100여 호의 유민이 몰려들었으며,[35] 영조 7년(1731) 호남어사 黃晸은 "남해 연안의 여러 섬들이 悍民 중 군역을 도피한 자와 역모 연좌자의 소굴이 되고 있다"[36]고 보고하였다.

이처럼 많은 수의 유민들이 섬으로 몰려들어 거주함에 따라 이에 대한 다양한 대책이 강구되었다. 조정에서는 기존의 민인의 해도입주를 금지하는 정책에서 전환하여 身役을 부담하지 않는 이들에게 民役을 부담시키는 방안과,[37] 이들을 적극적으로 통제하기 위해 도서에 대한 '設邑論'이 제기되었다.[38] 또한 정조 17년(1793)에는 인구증가에 따른 경작지 부족현상을 타개하고 海防에 이용하기 위해 長淵의 大青島·小青島에 민인들이 들어가서 경작하는 것을 허락하는 한편 이들의 정착을 돕기 위해 農牛와 종자를 공급하기도 하였다.[39]

한편 유민들의 일부는 북쪽 국경지역으로 유망하였는데, 영조 17년 成川江

---

32) 《備邊司謄錄》 23책, 현종 4년 12월 18일.
33) 李海濬, 〈新安 島嶼地方의 歷史文化的 性格〉(《島嶼文化》 7, 1990), 110쪽.
34) 尹善道, 《孤山遺稿》 권 2, 時弊四條疏.
35) 《備邊司謄錄》 58책, 숙종 33년 8월 21일.
36) 《英祖實錄》 권 29, 영조 7년 정월 무진.
37) 《英祖實錄》 권 62, 영조 21년 9월 기축.
38) 《英祖實錄》 권 73, 영조 27년 2월 기축.
39) 《正祖實錄》 권 37, 정조 17년 4월 경인.

沿邑의 山谷 개간처에 많은 수의 南土流民이 몰려들었다.[40] 정조 원년에는 함경도 北青의 天坪지역 공활지에 유민이 몰려들어 거처하는데 그 수가 100여 호에 이르러 창고를 개설하고 환곡을 시행하기도 하였다.[41] 이처럼 북쪽 국경지역으로 많은 유민들이 몰려듦에 따라 厚州·茂昌·閭延·虞芮·慈城 등 廢四郡지역의 복설과[42] 함경도 長津 등에 대한 '설읍론'이 제기되었다.[43] 한편 유입민의 증가로 새로운 개간지가 필요하게 되자 조정에서는 개간처를 확대하고 新接民에 대한 安接방안을 강구하였다. 정조 17년 강계부의 痲田嶺과 慈柞嶺 사이에 三川坊을 설치하고 유민들의 개간을 허락하자 1년 만에 1,161호가 신접하였는데,[44] 이들에 대한 안접방안으로 우선 해당 민가에 대해 陳荒田을 起耕하면 3년 동안 조세를 면제해주고 風憲·禁監·尊位 등의 책임 아래 家座와 田土를 헐값에 구입할 수 있도록 주선해주었으며, 農糧·農牛 등과 같은 생산수단을 대여해주도록 조치하였다.[45]

한편 北界지역의 유민들 중 일부는 살 길을 찾아 국경을 넘나들기도 하였다. 西北兩道民을 중심으로 특히 함경도민이 다수를 차지한 이들은 채삼·수렵·벌목을 통한 경제적 이익을 얻기 위해 월경하였다.[46] 숙종 11년(1685)에 三水·甲山·江界 등지의 채삼인들이 월경하여 淸人을 살해하는 사건이 발생하였는데, 犯越作變罪人을 체포 조사한 결과 이들은 대부분 산골의 유망민이었다.[47] 조정에서는 범월이 청과의 외교적 마찰을 일으킴에 따라 숙종 12년 〈南北蔘商沿邊犯越禁斷事目〉과 숙종 14년 〈邊邑採蔘犯禁之律〉 등 처벌법을 강화하고 변경의 수비를 엄칙하였으며 어사를 파견하기도 하였다. 그러나 이러한 각종의 대책에도 불구하고 유민들의 범월은 계속되었으며, 영조 23년(1747)에 국경을 넘어 14년을 거주하며 자식을 낳아 기르다가 체포, 압송된

40) 《備邊司謄錄》 109책, 영조 17년 8월 3일.
41) 《正祖實錄》 권 3, 정조 원년 4월 임인.
42) 《正祖實錄》 권 5, 정조 2년 정월 갑술.
43) 《承政院日記》 1629책, 정조 11년 7월 4일.
44) 《日省錄》 정조 18년 11월 19일.
45) 《江州文蹟》(《地方史資料叢書》 5, 驪江出版社, 1987) 新來民除役事傳令及節目 新來民安接事傳令.
46) 金慧子, 〈朝鮮後期 北邊越境問題 硏究〉(《梨大史苑》 18·19, 1982).
47) 《備邊司謄錄》 39책, 숙종 11년 11월 10일.

慶興府婢 參禮와 小業의 예에서 알수 있듯이 영구이주 양상이 나타나기 시작하였다.[48)]

이처럼 유민들은 살길을 찾아서 다양한 지역으로 유망하였는데, 한편으로 유민들의 일부는 국가의 부세수탈을 벗어나기 위한 방편으로 승려, 居士가 되기도 하였다. 이 시기 피역유민의 승려화 추세는 "일반 백성 중에 부세를 안내려고 피하는 자들이 잇따라 머리를 깎고 중이 되어 良丁이 날로 축나고 군졸의 정원을 채우기 어려울 정도"[49)]로 심각한 사회문제로 대두하였다. 이에 따라 조정에서는 이에 대한 대책으로 이미 유명무실해진 도첩제의 실시를 강화하거나,[50)] 사찰을 훼파하여 승려를 환속시키자는 논의 등이 제기되었다.[51)] 한편 조선 전기에 환속 승려를 중심으로 형성된 거사배에, 조선 후기에 와서 유민의 일부가 합세하여 그 수가 점차 늘어나고 있었다.[52)] 정조 10년(1786)에 경상도 河東 일대에 몰려든 거사집단에 대해 조정에서는 이들을 "중도 아니고 속인도 아니며 이름은 호적에서 빠져 있고 身役은 지지 않으니 유민 중에 가장 수상한 자"로 규정하고, 이들을 병역에 충정하거나 絶島의 노비로 삼는 등의 대책을 강구하였다.[53)]

이상에서 살펴본 바와 같이 유민들은 다양한 경로로 유망하고 있었다. 그런데 국가권력 및 지주층의 수탈에 따라, 농촌으로부터는 생산력 발달에 따라 절감된 필요노동력 이상이 유출되었으며, 상공업 및 도시로는 필요 이상의 과잉노동력이 유입됨으로써 이들을 흡수·수용할만한 고용기회가 상대적으로 결여되고 있었다.[54)] 따라서 농촌에서 벗어난 다수의 유민들은 광업·수공업 등의 비농업 분야로 흡수되었지만 사회적 분화의 미숙성과 지주층 및 국가권력의 중첩되는 수탈로 유민들의 일부는 유개·도시빈민·부

48) 《英祖實錄》 권 66, 영조 23년 12월 갑술.
49) 《備邊司謄錄》 28책, 현종 10년 12월 22일.
50) 《英祖實錄》 권 61, 영조 21년 5월 갑신.
51) 《肅宗實錄》 권 31, 숙종 23년 5월 정유.
52) 全信宰, 〈居士考〉(《韓國人의 生活意識과 民衆藝術》, 成均館大 大東文化硏究院, 1984), 463쪽.
53) 《承政院日記》 1596책, 정조 10년 2월 22일.
54) 裵亢燮, 〈壬戌民亂 前後 明火賊의 活動과 그 性格〉(《韓國史硏究》 60, 1988), 180쪽.

랑자층과 같이 광범위한 부유집단을 형성하여 불안정한 상태에서 유리걸식하고 있었다.[55]

유민들의 이러한 불안정한 처지는 지배층의 수탈에 대한 저항의식을 갖게 하였다. 그리하여 체제의 긴박으로부터 벗어나 첨예한 저항의식을 갖게 된 유민들 중의 일부는 이 시기의 다양한 저항활동에 참여하였다. 즉 일부 유민은 무장집단인 명화적의 활동을 통하여 지배층에 적지 않은 부담을 주었으며, 나아가 영조 4년(1728)의 戊申亂에 하층 무력기반으로 참가하거나,[56] 정조 9년(1728)의 '居士輩 謀逆同參事件'과 같은 각종 변란에도 참여하였다.[57] 요컨대 유망은 외형상 그리 격렬하지는 않지만, 여러 저항의 토대를 이루는 것이며 나아가 체제의 존립기반을 흔드는 것이었다. 물론 유민의 대다수는 아직 현실과 체제를 변혁하고자 하는 뚜렷한 의지와 지향을 갖고 있지는 못하였지만, 그러한 단계로 성장하기 위한 첫번째 조건인 체제의 긴박으로부터 벗어나기 시작하였다는 데 그 의미가 있었다.[58]

(3) 정부의 유민대책

정부에서는 농민의 대규모 유망현상에 직면하여 농민의 재생산기반을 유지하고 수취기반을 확보하기 위해 각종 진휼정책과 대민 통제책 등을 시행하였다. 정부의 진휼정책은 田稅를 비롯한 諸稅의 견감 및 身役·貢物의 감축을 비롯해 춘궁기에 식량과 종자를 대여하였다가 가을에 회수하는 환곡제도, 그리고 혹심한 기근이 들었을 때 飢民에게 곡식을 무상으로 공급하는 白給 등이 있었다.[59] 그런데 18세기 들어 환곡의 진휼기능이 점차 위축됨에 따라 조선 후기 진휼정책의 핵심으로 부각된 것이 구제곡의 무상지급 즉 賑給이었다. 진급의 대상은 원칙적으로 부황이 든 기민 중에서도 호적에 실린 無

---

55) 邊柱承, 〈19세기 流民의 실태와 그 성격－浮遊集團을 중심으로－〉(《史叢》 40·41, 1992), 52～55쪽.
56) 李鍾範, 〈1728年 戊申亂의 性格〉(《朝鮮時代 政治史의 再照明》, 汎潮社, 1985).
57) 全信宰, 앞의 글.
58) 홍순민, 〈17세기 말 18세기 초 농민저항의 양상〉(《1894년 농민전쟁연구 2》, 역사비평사, 1992), 60쪽.
59) 文勇植, 〈18세기 후반 진휼사업과 賑資 확보책〉(《史叢》 44, 1995), 105쪽.

土, 無依之類로 제한한 위에 다시 無籍者와 유민을 제외시켰다. 진급대상에서 유민을 제외시킨 것은 본토를 떠나면 굶어죽을 수밖에 없다는 사실을 인지시킴으로써 流散을 방지하고 수령의 본읍민에 대한 구제의 책임을 강조하려는 목적에서였다. 무적자의 제외 역시 호적에서 이탈되어 조세부담을 피하려는 민의 조세 기피를 저지하고 국가의 담세자 우선 구제 입장을 나타내기 위한 것이었다. 이처럼 진급은 긴급 인명 구제책이면서 동시에 체제유지를 위한 수단으로 정치적 성격을 강하게 띠고 있었다.[60]

정부에서는 이러한 진휼정책을 시행하는 한편 농민의 유망현상을 억제하기 위해 대민 통제책을 한층 강화하였다. 정부에서는 농민의 유리·도산을 방지하여 징세대상자를 확보, 파악하는 수단으로 五家統制·號牌法·鄕約制를 이용하였다. 18세기에 이르러 부세의 징수가 邑勢·民丁이 반영되지 않은 채 군현 단위의 총액제로 경직되게 운영되어 많은 농민들이 피역의 수단으로 유망하게 되었고, 이에 부세의 부족분이 향촌에 남아 있는 다수의 농민의 추가부담이 됨에 따라 유망의 악순환 현상이 일어났다. 따라서 조선왕조는 농민의 유리를 막고 더 나아가 다른 지역 출신 유리민을 적절히 제지하며, 유리 가능성이 높은 계층을 사전에 등록시켜 감시하는 제도의 확립이 절실했다. 숙종 원년(1675)에 제정된 〈五家統事目〉과 숙종 3년의 〈寬恤節目〉, 그리고 숙종 37년의 〈良役變通節目〉 등은 이상의 사실을 염두에 두고 작성된 것이다.[61]

그러나 이와 같은 각종의 진휼정책과 향촌통제책에도 불구하고 여전히 많은 농민이 향촌을 이탈하여 유망하였다. 따라서 정부에서는 이들 유민에 대한 직접적인 대책을 모색하지 않을 수 없었다. 정부의 유민에 대한 직접적인 대책으로는 유민에 대한 최소한의 양식과 죽의 지급, 의복과 주거용 가마니의 제공 그리고 전염병이 성행할 경우의 구료대책, 사망 유개의 매장대책 등이 있었다.

정부에서는 서울로 많은 수의 유민이 몰려들자 그 대책의 일환으로, 도성의 유개를 한강 가운데에 있는 栗島[밤섬]에 수용하였다가 서해의 각 섬에 分送하는 한시적인 특단의 조치를 강구하기도 하였다.[62] 숙종 23년에 형조판

60) 鄭亨芝, 《朝鮮後期 賑恤政策 硏究-18世紀를 중심으로-》(이화여대 박사학위논문, 1992), 211~212쪽.

61) 吳永敎, 〈朝鮮後期 五家作統制의 構造와 展開〉(《東方學志》 73, 1991).

서 李世華는 도성 안 유개들이 도적질을 하는 등 사회의 불안요인이 되고 있다며, 이들을 경기도 연안의 여러 섬으로 분산 수용할 것을 건의하였다.[63] 이에 따라 율도에 모인 유민들은 곧 각 섬에 분산 배치되었는데 大島에는 40~50구, 小島에는 10여 구가 분송되었으며, 이들 중 丁壯者는 漁鹽의 役을 돕도록 하였고 幼稚者는 조정의 事目에 따라 수양하도록 하였다.[64] 그러나 이러한 분산 수용은 유민대책으로 효과적인 방안이 되지는 못하였다. 율도에 수용되었던 875명 가운데 죽거나 전염병에 걸린 자를 제외한 700여 명이 스스로 원하여 섬을 나왔으나, 그 뒤에 얻어먹을 곳이 없어 죽은 자가 또한 절반이 넘었다는[65] 사실이 이를 단적으로 보여준다.

그런데 정부의 직접적인 유민대책 중 가장 기본적인 것은 유민의 본적지로의 환송이었다. 유민들에게 마른 양식을 지급하여 본적지로 환송시키는 것은 조선 전기 이래의 기본적인 유민대책이었다. 그러나 일정한 생업기반이 없어 본거지를 이탈한 유민들에게 있어 이러한 환송책 역시 효과적인 대책이 되지 못하였다. 유민들은 본거지로 되돌아간다 하여도 경작할 땅이 없었으며, 국가의 부세수탈 역시 계속되기 때문에 그들은 다시 유망하지 않을 수 없었다. 도성의 유개들이 양식을 받아먹기만 하고 본거지로 돌아가는 자는 한 사람도 없다는 지적은[66] 이러한 상황을 잘 반영하고 있다. 정부의 관료들도 유민들이 본거지로 돌아가기 어려운 이유에 대해서 정확히 인식하고는 있었다. 숙종 29년(1703) 大司諫 李健命은 도성으로 많은 유민이 몰려드는데, 이들은 일정한 생업과 田土가 없어 유망하였기 때문에 이들을 본적지로 돌려보낸다 하여도 이들은 곧바로 다시 유망하게 된다고 하였다.[67] 또한 行司直 李寅燁은 기민들은 부역을 견디지 못해 유망하므로 지방관의 부역침탈을 엄금해야만 많은 유민들이 본거지로 되돌아갈 것이라고 하였다.[68] 이처럼 유

62) 邊柱承, 〈숙종 23년 都城流丐 栗島收容策의 시행과 그 결과〉(《全州史學》 4, 1996), 144쪽.
63) 《肅宗實錄》 권 31, 숙종 23년 2월 신해.
64) 《承政院日記》 370책, 숙종 23년 3월 11일.
65) 《肅宗實錄》 권 31, 숙종 23년 5월 갑진.
66) 《備邊司謄錄》 53책, 숙종 29년 3월 2일.
67) 《肅宗實錄》 권 38 상, 숙종 29년 3월 경술.
68) 《肅宗實錄》 권 38 상, 숙종 29년 3월 임자.

민의 본적지로의 환송이 실효를 거두지 못하게 됨에 따라 18세기 중엽을 고비로 도성유민의 본적지로의 환송은 자원자에 한하여 시행하게 되었는데, 이러한 변화는 18세기 이후 서울의 상품화폐경제가 전국 각지에서 몰려든 유민들을 받아들일 수 있을 만큼 성장하였기 때문이다.

> 한성부에 분부하여 五部로 하여금 일일히 조사하게 하니, 관동 11읍 지역의 유민으로 도성에 몰려든 수가 260여 명이다. 이들 가운데는 수년 전에 몰려온 자도 있고 작년에 들어온 자도 있다. 이들 무리는 이미 정착하여 되돌아 가기를 바라지 않으므로 강제로 돌려보내기 어렵다. 한성부에 명하여 이들을 일제히 불러모아 만약 돌아가고 싶어도 가지 못하는 자가 있으면 전례대로 마른 양식을 지급하여 본토로 되돌아갈 수 있도록 하라(《承政院日記》 1399책, 정조 원년 5월 15일).

본적지로 되돌아가기를 원하는 유민에게는 약간의 양식을 지급한 후, 지역별로 備邊郎·宣傳官 등의 책임자를 정해 환송하였다. 정조 14년(1790) 평안도·함경도·원춘도·황해도에서 도성으로 몰려든 유민 487명의 환송 절차를 보면 이들 중 장정에게는 米 3~5두, 노약자에게는 米 2~3두와 의복 구입비로 약간의 돈을 지급하고, 평안도 유민 49명은 비변랑 李冕膺, 함경도 유민 45명은 선전관 鄭周成, 원춘도 유민 206명은 선전관 趙華錫, 황해도 유민 187명은 선전관 李商一 등의 인솔에 따라 환송되었다.[69]

한편 유민이 대량으로 발생하는 만큼 遺棄兒의 발생 빈도가 높아져 이에 대한 대책이 필요하게 되었다. 유기아를 양자, 노비, 고공으로 收養하는 유기아 수양법은 조선 전기에 이미 대체적인 규정이 마련되었으나 법체계를 본격적으로 갖춘 것은 숙종 21년(1695)의 〈乙亥遺棄兒收養法〉이었으며, 이후 영조 8년(1732) 〈壬子賑恤事目〉, 정조 7년 〈字恤典則〉 등을 제정하여 유기아·행걸아에 대한 관리, 수양 규정이 정비되었다.[70] 유기아 留養은 유리걸식하는 여인 가운데 젖먹이는 자를 택하여 1인마다 두 아이씩 나누어 주고, 乳女에게는 일정한 식량을 나누어 주었다. 유리걸식하지 않는 자가 원할 경우에

---

69) 《承政院日記》 1672책, 정조 14년 2월 4일·2월 6일.
70) 金武鎭, 〈조선사회의 遺棄兒 收養에 관하여〉(《啓明史學》 4, 1993).

도 어린이마다 일정한 양의 식량을 보조하였다. 행걸아는 부모가 없고 친척 혹은 주인이 없어 의탁할 데가 없는 자들인데 이들은 진휼청에서 보릿고개까지 머물며 기르도록 하였다. 그런데 이와 같은 유기아 수양법의 제정·정비는 유기아·행걸아에 대한 구휼을 목적으로 하고 있는 듯이 보이지만 실제로는 도망노비의 계속적인 증가로 인해 양반사회의 기반이 흔들리는 데 대한 배려도 포함된 조처라고 볼 수도 있다. 즉 새로운 노비창출을 법제화하지 않고는 노비의 충원이 불가능하였기 때문에 유기아, 행걸아에 대한 구휼을 기화로 노비를 확보하고자 한 것이다.[71]

정부에서는 유민문제에 대한 대책을 여러모로 모색하였으나 그것은 대체로 유민들을 일시적으로 진휼하는 차원에 그쳤을 뿐, 근본적으로 유망의 원인을 없애려는 방향으로 나아가지는 못하였다. 따라서 다수의 유민들은 살길을 찾아 불안정한 상태에서 유랑하였다.

2) 명화적

(1) 명화적 발생의 배경과 조직체계

18세기의 농민항쟁은 다양한 형태로 전개되었다. 앞선 시기의 항쟁을 잇는 것으로 지배층의 비리, 학정을 공공연히 비난하는 괘서사건, 지배층의 멸망을 예언함으로써 투쟁을 고취시키는 秘記·圖讖說의 유포, 수령을 축출하기 위해 시도되는 殿牌作變이나 松田放火 등을 들 수 있다. 한편 18세기에는 明火賊이라 불리는 도적집단의 활동이 주목되는데, 이들은 도처에서 치열한 투쟁을 전개하여 지배층에게 적지 않은 타격을 주었다.[72]

먼저 명화적의 유래를 살펴 보면, 명화적은 일반 도적과는 다른 특성을 갖고 있음을 알 수 있다. 丁若鏞은 나라를 좀먹는 큰 도적과 대비되는 작은 도적을 세 범주로 구분하였다. 첫째 "밤중에 창문을 뚫고 들어가 함과 고리짝을 열고 옷주머니나 상자를 뒤져서 옷이나 대야를 훔치거나, 혹은 가마솥

71) 鄭奭鍾, 《朝鮮後期社會變動硏究》(一潮閣, 1983), 179~182쪽.

72) 한상권, 〈18세기 前半 明火賊 활동과 정부의 대응책〉(《韓國文化》 13, 1992), 481쪽.

을 떼어 가지고 달아나는 자", 둘째 "칼을 품고 몽둥이를 소매 속에 감추고 길에서 사람을 기다려 우마나 돈을 빼앗고 칼로 찔러서 그 입을 막는 자", 셋째 "준마를 타고 수 놓은 안장에 올라앉아 뒤쫓는 자가 수십 인이요, 횃불과 창검을 높이 세우고 부자집을 택하여 들어가 주인을 결박지은 다음 금고를 털고 곡식창고를 불지르며, 거듭거듭 협박하여 감히 발설하지 못하도록 하는 자"로 구분하고 있다. 여기서 첫째는 절도, 둘째는 강도, 셋째는 명화적을 설명하는 것으로 여겨진다.[73]

이처럼 명화적은 무리를 지어 행동하며, 공격시에는 불을 지르는 화공을 사용한다는 점에서 일반 강절도와는 다른 특성을 갖는 무장집단이었다. 법전에서는 일반 절도, 강도와 달리 이들을 "무리를 모아 도로를 차단하고 인명과 재산을 약탈한 경우에는 명화적으로 論罪한다"고 규정하였다.[74]

명화적의 활동은 조선 전기 이래로 계속되어 왔으나 18세기에는 이전 시기와 다른 양상을 갖는다. 조선 전기에는 자연재해와 농민들의 기근, 과중한 역부담, 지배층의 대토지 집적에 따른 농민층의 몰락 등으로 농민들의 일부가 명화적이 되었다.[75] 그러나 18세기는 조선 후기 이래의 농업 생산력의 발전과 상품화폐경제의 발달에 따른 농민층 분화, 지주층과 국가권력의 수탈에 따라 많은 농민들이 유망하였다. 광범하게 발생한 유망민들은 광업, 수공업 등과 같은 비농업 부문으로 흡수되기도 하였지만 대부분의 유망민들은 자립적 기반이 취약한 행상이나, 도시빈민, 거지 등의 부유계층을 형성하였다. 따라서 일정한 생업기반이 없이 불안정한 상황에 놓인 유민들은 호구지책의 한 방편으로 도적질을 통해 목숨을 연명하였으며, 이들의 도적행위는 점차 발전하여 무장집단인 명화적이 되기도 하였다. 영조 17년(1741) 谷山의 *幼學* 閔衡天의 상소는 이 시기 도적집단의 특성을 잘 보여주고 있다.

> 소위 도적에는 두 종류가 있다. 흉년에 갑자기 도적이 되는 자들은 굶주림에 시달린 나머지 좀도둑질로 목숨을 도모하는 자들이다. 이들은 관아에서 널리 飢民을 뽑아 날짜를 헤아려 양식을 지급하고 본거지를 떠나지 못하게 한다

---

73) 裵亢燮, 앞의 글, 194~195쪽.
74) 《新補受教輯錄》 刑典 贓盜.
75) 한희숙, 〈15세기 도적활동의 사회적 조명〉(《역사와 현실》 5, 1991), 157쪽.

> 면 보리가 피고 난 후 스스로 도적질을 멈출 것이다. 그러나 용모가 번지르하고 의관이 깨끗한 자들은 막기 어려운 도적이다. 兩西의 嶺東과 嶺北은 전에 없는 흉년을 당하여 자녀를 팔기를 보통 일처럼 하며 서로 잡아먹는 변이 눈앞에 이르러서, 죽을 지경에 놓인 飢民들은 도적들이 호의호식하는 것을 보고 기꺼이 도적무리에 합류한다. 근래 官府를 침범하여 물화를 약탈한 三登·成川·鳳山의 도적들을 보면 이들은 작은 근심거리가 아니다. 이전부터 逃死亡命之類들이 관부로부터 멀리 떨어진 산간의 험준한 곳에 몸을 숨기고서, 무리를 불러모아 京鄕과 체결하고 八路에 널려 있다. 이들은 일조일석에 도적이 되는 무리가 아니다(《承政院日記》 928책, 영조 17년 2월 18일).

유민들의 도적집단화는 흉년에만 국한된 것은 아니어서 이미 생업기반을 상실한 유민들은 명화적집단에 참여하여 지속적으로 활동하였다. 숙종 15년(1689)에는 농사가 흉년을 면했음에도 불구하고 경기·호서 지역에 명화적의 활동이 치성하여 이에 대한 대책으로 〈購捕節目〉이 반포될 정도로 이 시기 명화적의 활동은 일상적이었다.

이 시기의 명화적은 토지겸병의 심화와 부세수탈의 강화로 격심해진 농민층 분화의 산물이었다. 따라서 이들의 주요 구성원은 토지로부터 분리되었으나 아직 다른 곳으로 흡수되지 못한 유리농민층을 중심으로 당시 새롭게 발생한 광산노동자층 그리고 신분해방을 위해 도망한 노비층 등이 가세하여 이루어졌다.[76] 숙종 15년에 대구에서 잡힌 도적집단을 조사한 결과 도적 연루자들이 모두 "호적에 들어 있지 않고 紙牌도 없는 무뢰배"로 나타났는데,[77] 이들이 바로 토지로부터 이탈된 유리농민층이었다.

한편 부세수탈을 피하여 승려나 거사가 되었던 자들도 명화적의 구성원이 되기도 하였다. "불을 지르고 도적질을 하는 자들은 대개 승려"[78]라는 지적과, "居士黨이 그 수가 적으면 명화적이 되고 많으면 역모를 도모한다"[79]고 한데서 알 수 있듯이 피역양민이 주축이 된 승려나 거사들도 명화적의 주요 구성원이 되었다. 또한 전반적인 기강해이에 따라 지방 감영에 소속되었다가

---

76) 한상권, 앞의 글, 501쪽.
77) 《備邊司謄錄》 43책, 숙종 15년 12월 15일.
78) 《肅宗實錄》 권 3, 숙종 원년 5월 신미.
79) 《正祖實錄》 권 21, 정조 10년 2월 을유.

실직된 일부 포수들이 명화적의 일원이 되기도 하였다.[80]

조직력과 무장력에 있어서도 18세기의 명화적은 이전 시기보다 훨씬 발전된 형태를 갖추었다. 조선 전기의 경우 도적집단은 대략 20명 내지 40명이 한 부대를 이루는 것이 일반적이었으며 활이나 창, 칼로 무장하고 활동하였다.[81] 그러나 18세기에 활동하던 명화적은 총포로 무장하였으며 그 규모도 수백 명에 이를 정도였다. 이와 같은 18세기 명화적의 특성은 영조 3년(1727) 洪州의 幼學 李日章의 상소에 잘 나타나 있다.

> 銅錢이 유통된 이후로, 동전은 가볍고 저장에 용이하여 팔고 쓰는데 편리하게 되었다. 이에 따라 간활무뢰한 무리들이 黨을 만들어서 山澤에 몰려들었다. 그 규모가 작은 경우는 수십 명씩 무리를 이루어 한밤중에 횃불을 들고 마을을 약탈한다. 규모가 큰 경우는 백 명, 천 명으로 무리를 이루어 두목을 두기까지 하는데 守令 혹은 邊將이라 칭한다. 日傘을 펼치고 총포를 쏘아대며 대낮에 거리낌이 없이 錢貨를 약탈한다. 만약 약탈한 물품이 곡물과 같이 운반하기 어려운 물건이면 유개들에게 나누어 주고 스스로 義賊이라 칭한다(《承政院日記》 636책, 영조 3년 윤 3월 16일).

이처럼 이 시기의 명화적은 전 시기보다 훨씬 발전된 조직, 무장을 확보하여 활동하고 있었다. 특히 조선 후기 상품화폐경제의 발달에 따른 동전의 유통 보급으로 가치의 이전이 편리해지고 가치의 보관이 간편해졌을 뿐만 아니라, 팔고 쓰는 것이 편리하게 되어 종래보다 도적행위가 빈발하고, 그 집단의 규모가 훨씬 커졌다는 점은[82] 18세기 명화적의 주요한 특징이었다.

이 시기의 명화적은 상당한 조직체계를 갖추었다. 명화적은 좀도둑과는 달리 무리를 모아 조직을 결성하였으며, 일부는 團號를 가지고 활동하기까지 하였다. 이들 團賊 중 서울에 있는 단은 '後西江團', 평양에 있는 단은 '廢四郡團', 재인은 '才團', 유개인은 '流團'이라 칭하였다.[83] 이처럼 명화적은 지역적, 신분적 차이를 기준으로 조직되기도 하였다. 이들 명화적 집단은

---

80) 蔡濟恭, 《樊巖集》 권 30, 畿甸賊徒處治事宜啓.
81) 한희숙, 앞의 글, 151~152쪽.
82) 元裕漢, 《朝鮮後期貨幣史硏究》(韓國硏究院, 1975), 174~176쪽.
83) 《英祖實錄》 권 53, 영조 17년 4월 임인.

영조 41년(1765) 正言 朴弼淳의 "일전의 강원도 금성현 명화적은 포청에 보고된 것이 300명 내지 400여 명이 되는데 본청에서는 겨우 5~6명을 체포하였다. 300명씩 무리를 이루어 다니는데 그 수가 적지 않다"[84]라는 지적처럼 이전 시기와는 비교할 수 없을 만큼의 대규모 조직이었다. 명화적은 이러한 대규모 조직 내에 '守令', '邊將'이라 불리는 두목을 갖고 있었으며, 팔뚝에 화인을 새겨 조직원 간의 결속력을 과시하기도 하였다.[85] 이들은 "전라도 정읍에서 적도 100여 명이 창을 들고 총포를 쏘며 다니는데 그 수괴는 갑옷을 입고 말을 탔다"[86]는 묘사처럼 상당한 위세를 과시하였다. 명화적은 두목을 중심으로 "수백 명이 말을 타고 깃발을 세우며 총포를 쏘아대고 일시에 소리를 치며 돌진하고",[87] "북을 치면 진격하고 징을 치면 후퇴하여 마치 군사가 움직이는 것 같았다"[88]는 묘사처럼 일사분란하게 움직였다.

명화적이 이처럼 강력한 무장력과 전투력을 유지하기 위해서는 화약이나 鉛丸 등의 화력을 확보하는 것이 필수적이었다. 명화적은 이들 무기를 사사로이 만들거나 몰래 사들여서 확보하였는데, 이는 명화적의 활동이 활발해지는 18세기 중엽에 화약과 연환의 분실이 빈번해지고 이에 대한 처벌이 강화되는 추세를 통해 확인할 수 있다. 그리하여 영조 30년에는 "이후 화약 30근 이상을 분실하면 효수형에 처한다"는 규정을 새로이 제정하였는데, 이는 분실된 화약이 명화적에 밀매되어 이들의 무장력을 강화하는 데 기여한다고 판단하였기 때문이다.[89]

명화적은 대규모의 조직과 무장력·전투력을 갖고 있었으므로 동료가 관군에 체포된 뒤에도 탈옥을 기도하였다. 즉 영조 6년 영흥부에 감금된 명화적 24명이 바깥의 적당과 결탁하여 옥문을 부수고 달아난 사건이 발생하였으며,[90] 영조 17년에는 곡산부에서 명화적을 심문하여 자백을 받아 사형에

84) 《英祖實錄》 권 106, 영조 41년 12월 무진.
85) 《備邊司謄錄》 43책, 숙종 15년 12월 15일.
86) 《肅宗實錄》 권 54, 숙종 39년 9월 을사.
87) 《備邊司謄錄》 124책, 영조 28년 8월 1일.
88) 《英祖實錄》 권 39, 영조 10년 11월 갑신.
89) 한상권, 앞의 글, 502~503쪽.
90) 《英祖實錄》 권 27, 영조 6년 9월 무자.

처하려는데, 그 도당이 옥에 돌입하여 동료를 빼내 달아나는 사건이 발생하였다.[91] 명화적은 대낮에도 공공연히 관군을 공격하고 물화를 침탈할 수 있는 전투력을 갖추었다. 이들이 거리낌 없이 활동한 것은 영조 24년(1748)에 말을 타고 일산을 펼쳐든 채 討捕營이 있는 竹山을 공격하여, 공공연히 약탈을 자행하고 인명을 살상한데서 잘 드러난다.[92] 그리하여 "명화적 수십 명이 깃발을 세우고 총포를 쏘면서 철원 읍내의 인가로 돌입해 들어오는데, 府使 黃震文은 벌벌 떨면서 끝내 나가 잡지도 못하고 곧바로 보고하지도 못하였다"[93]는 묘사처럼 경우에 따라서는 명화적의 전투력이 지방관아의 치안력을 능가할 정도였다.

(2) 활동양상과 그 성격

명화적은 전시기에 비해 한층 발전된 조직력, 무장력, 전투력을 바탕으로 산악지대나 도서지방과 같이 공권력이 미치지 못하는 곳을 근거지로 하여, 도성이나 한강 장시와 같이 물화가 집산되는 곳, 경기 내의 양주와 같이 교통의 요지 등을 중심으로 활동하였다. 명화적이 출몰한 산악지대는 강원도의 소백산지대, 평안도 폐사군, 함경도 안변 등의 지역과 전라도의 변산 주변 읍인 정읍·장성과 월출산 근방 등이다.[94] 이러한 지역에 근거지를 확보한 명화적은 魏伯珪가 禁盜之弊를 논하면서 "도적들이 크게는 수십 명, 작게는 십여 명으로 무리를 지어 서로 내통하는데, 백리 간에 서로 상응하며 경계를 넘어 연결되어 있다"[95]고 우려할 정도로 국지적인 활동영역을 넘어 전국적인 연계를 시도하기도 하였다.

이처럼 근거지를 확보하고 활동무대를 넓힌 명화적은 다양한 활동을 전개하였다. 이 시기 명화적의 주된 활동으로는 첫째, 양반이나 토호 등 악덕지주가를 습격하여 지대와 고리대 등을 통해 착취를 자행해 온 것에 대해 보복하였으며 또한 포교·영장 등 악형을 자행하는 포악한 관리들의 만행을

91) 《英祖實錄》 권 54, 영조 17년 11월 신사.
92) 《英祖實錄》 권 68, 영조 24년 11월 을묘.
93) 《肅宗實錄》 권 29, 숙종 21년 10월 임진.
94) 한상권, 앞의 글.
95) 魏伯珪, 《存齋全書》 권 3, 封事 禁盜之弊.

응징하였다. 현종 8년(1667)에 士人 朴自三의 노비가 수백 금을 내고 노비살이에서 벗어난 후 명화적 일당을 끌어들여 박자삼의 집에 불을 지르고 그 돈을 다시 탈취하였다.[96] 영조 30년(1754)에는 서울의 서부 대현에 사는 양반 沈海普의 집에 명화적 5~6인이 몽둥이를 들고 침입하여 방안에 쌓아둔 재화를 모조리 약탈해 갔으며,[97] 영조 48년에는 명화적이 대낮에 도성에 출현하여 포교를 살해하였다.[98]

둘째, 관부를 습격하여 물화와 군기를 탈취하거나, 지방에서 중앙으로 보내는 각종 상납물을 약탈하였다. 숙종 29년(1703)에 瑞興의 봉수대를 명화적이 습격하여 군기를 탈취하였으며,[99] 영조 14년에는 三登縣에 출몰한 명화적이 총포를 쏘고 횃불을 치켜들며 관부에 들어가 勅需庫의 돈과 재물을 약탈하였다.[100] 명화적은 이처럼 관부를 습격하였을 뿐만 아니라 각종 상납물을 탈취하기도 하였다. 숙종 17년 長湍討捕使의 보고에 의하면, 서울로 상납할 布物을 싣고 오는 사람들을 파주 읍내에 맞아들였는데, 명화적이 말을 타고 밤중에 돌입하여 무리를 인솔하고 온 頭目奴를 해치고 貢木을 탈취하였다.[101] 영조 32년에는 명화적이 成歡의 주막을 공격하여 공주와 영동에서 올려보내는 軍布錢을 약탈하기도 하였다.[102]

셋째, 유통로를 장악하여 상인들의 재화를 약탈하였다. 이에 따라 지방감영으로부터 명화적이 주요 도로를 장악하여 통행이 불가능하다는 보고가 잇따를 정도였다. 기호지방에서는 명화적이 대낮에 길거리에서 재화를 빼앗고 사람을 해치므로 상점들이 문을 일찍 닫고 늦게 열며 상인들은 무리를 지어 다녀야 할 정도였다.[103] 또한 명화적은 물화가 집산되는 장시에도 출몰하여 안성장시는 도적의 소굴이라 지칭될 정도였다.[104]

---

96) 《顯宗改修實錄》 권 18, 현종 8년 10월 기축.
97) 《英祖實錄》 권 82, 영조 30년 11월 정축.
98) 《英祖實錄》 권 118, 영조 48년 4월 병자.
99) 《肅宗實錄》 권 38, 숙종 29년 3월 기미.
100) 《英祖實錄》 권 47, 영조 14년 12월 무술.
101) 《備邊司謄錄》 45책, 숙종 17년 정월 6일.
102) 《英祖實錄》 권 88, 영조 32년 윤 9월 경자.
103) 《正祖實錄》 권 21, 정조 원년 12월 기미.
104) 《英祖實錄》 권 66, 영조 23년 12월 갑술.

이처럼 명화적의 약탈 및 공격대상은 주로 양반, 토호 지주층, 관료, 여각, 객주, 그리고 중앙 상납전이며 나아가서는 관아로 돌입하기도 했다. 이러한 사실은 물론 이들에게 약탈 물품이 풍부하였다는 측면도 배제할 수 없지만, 그 저변에 깔려 있는 명화적 집단과 이들 사이에 존재하던 대립관계가 표출된 것으로 파악할 수 있다. 특히 토호 지주층과, 봉건지주나 관료들의 유통권을 장악해가는 교두보 역할을 담당했던 여각, 객주에 대한 공격은 이들에게 어느 정도 경제적 타격을 주었으며, 상납전의 약탈이나 관아돌입은 국가권력에 대한 반항의 한 조짐으로 볼 수 있을 것이다. 이러한 점에서 이 시기 명화적의 활동은 일정 정도 반봉건 저항운동의 성격을 갖는다 하겠다.[105]

명화적은 이러한 약탈행위를 넘어서 세력을 결집하여 역모를 꾀하거나 변란세력과 연결되기도 하였다. 인조 7년(1629)에 李忠景과 奴 戒春과 幕同 등이 중심이 된 명화적 일당은 산골짜기에 근거지를 마련하고 유민을 끌어들여 세력을 확장한 후, 崔瑩과 南怡將軍의 초상을 그려 제사를 지내는 한편 조직과 강령을 갖추고 철원·평강 등지를 무대로 활동하였다.[106] 이들이 최영과 남이 장군을 받들고서 역모를 꾀했다는 점에서 이 시기 명화적의 활동이 갖는 정치 지향의 일면을 엿볼 수 있다. 한편 명화적은 향촌 내의 변란세력과 연결되어 활동하기도 하였다. 현종 12년(1671)에 錦山의 좌수 李光星과 교생 禹明 등이 50여 명의 무리를 모아 관부를 공격하려고 하였다. 이들은 나아가 龍潭縣의 군기와 무주 적상산성의 관향곡을 탈취하여 덕유산에 근거지를 마련한 후 山行砲手, 승려와 결탁하여 세력을 확장할 계획을 세웠으나 결국 발각되어 대부분 주살되었다. 그런데 이들이 체포될 무렵에 명화적 백여 명이 징을 두드리고 피리를 불며 금산 관아를 공격한 데서 알 수 있듯이 명화적은 이들 변란세력과 결탁하고 있었다.[107]

이상에서 살펴본 바와 같이 18세기에는 사회경제적 모순에 따라 농촌에서 축출된 많은 유민들 중의 일부가 명화적으로 전화하여 지배층에 대해 격렬히 저항하였는데, 이들이 지배층과 국가권력의 수탈로 인한 피해를 가장 많

105) 裵亢燮, 앞의 글, 204쪽.
106) 《仁祖實錄》 권 20, 인조 7년 2월 계축.
107) 《顯宗改修實錄》 권 25, 현종 12년 11월 정축.

이 입은 계층임을 감안한다면 이들의 저항은 당연한 것이었다. 그런데 이 당시 몰락농민층이 명화적과 같이 도적의 형태로 사회모순에 저항하게 된 까닭은 농민들의 불만을 조직하여 표출할 수 있는 토양이 아직 마련되어 있지 못하였기 때문이며, 국가의 지방지배력에 한계가 있어 이들이 산악지대나 도서지방을 활동 근거지로 확보할 수 있었기 때문이다.

한편 이 시기 명화적의 활동이 지배층에게 심대한 타격을 준 것은 사실이지만 이들의 저항은 다음과 같은 한계를 가지고 있었다. 첫째, 도적활동이 사회모순에 대한 저항의 한 형태이기는 하지만 이들의 활동은 잉여물에 대한 약탈을 본질로 하는 까닭에 사회모순을 발전적으로 해결하려는 전망을 지니고 있지 못하였다. 둘째, 이들은 생산기반으로부터 유리된 층이므로 투쟁이 지극히 일회적이거나 즉흥적일 수밖에 없었다. 따라서 일상적인 삶에 토대를 둔 지속적이며 견실한 투쟁이 되지는 못하였다. 셋째, 앞의 두 조건 때문에 도적집단은 농민과 결합하는 대중투쟁을 전개할 수 없었다.[108] 요컨대 유민의 전화과정에서 분기된 명화적의 일부는 봉건사회 해체기에 반봉건 지향을 나타내기도 하였으나, 그들은 반봉건 투쟁에서 동일한 이해기반을 가지고 주체적으로 대응하기에는 미숙한 계층이었다. 그러나 이 시기의 명화적 활동은 중세체제 내의 항쟁에서 19세기의 중세체제를 부정하는 민란으로 넘어가는 전환점에 위치하여 조선 후기 민중운동의 발전에 일정한 역할을 하였다는 점에서 의의가 있다. 즉 조선 후기 민중운동은 18세기를 거치면서 양적·질적으로 성장하여 19세기에 이르러 중세체제를 부정하고 투쟁할 수 있는 역량을 갖추었던 것이다.

(3) 정부의 대책

정부에서는 명화적 활동이 치성하자 五家統과 같은 향촌 인보조직을 강화하는 한편 〈購捕節目〉, 〈捕盜節目〉 등을 반포하여 포도활동을 독려하였다. 조선 전기 이래로 오가통조직은 인보조직으로서 도적을 방지하는 기능을 수행하였는데, 조선 후기에도 대민 통제책의 일환으로 오가통조직을 강화하려는 시도가 빈번하여 숙종 원년(1675)에 〈五家統事目〉이 반포되고 영조 5년

108) 한상권, 앞의 글, 505쪽.

(1729)에는 〈五家統法申明舊制節目〉 등이 제정되었다. 한편으로 도적이 계속 빈발함에 따라 〈구포절목〉을 개정하여 도적을 잡은 자나 고발한 자에 대한 포상규정을 강화하였으며,[109] 또한 일반 도적과는 다른 명화적이 치성함에 따라 명화적을 잡거나 고발한 자에 대한 별도의 포상규정을 마련하기도 하였다. 즉 《續大典》에 명화적 5명 이상을 체포하거나 고발한 경우에 出身 또는 閑良이면 加資하고 公私賤에 대하여는 면천하며 향리와 驛吏는 면역시켜 주는 등의 규정을 마련하였다.[110]

한편 명화적이 무장을 하고 단을 형성하면서 조직적인 활동을 벌이자, 지배층의 토포방식도 단순한 治盜策에서 한 걸음 더 나아가 군사작전과 같은 성격으로 변모하였다. 이러한 경향은 수령이 겸하던 치도 임무를 영장에게 이관시키기 시작하는 17세기 중·후반부터 나타나기 시작하였는데, 18세기에 들어오면서 이러한 추세는 더욱 강화되었다. 이에 양서 지방에 대해서는 지금까지의 형식적인 兼營將體制를 탈피하고 독립적인 영장을 신설하였으며 더 나아가 병영으로 하여금 토포임무를 주관하도록 하였으며, 관동 지방에서는 회양에 防守使를, 그리고 철원에 방어영을 새로이 구축함으로써 관북과 연결되는 요충지를 장악하고자 하였다.[111]

한편 오가통제는 국가 차원에서 끊임없이 시행절목이 반포되고 사안에 따라 재정비되고 있었으나 수령이 예하 군현의 통치를 위해 자의적으로 조직하여 반포 실시한 사례도 있었다. 지방 차원에서 실시된 오가통절목은 법전과 숙종대 〈오가통사목〉에서 대체적인 틀을 따오고 시의에 따라 세부적인 조목을 첨가하였다. 지방 차원에서 논의된 安鼎福의 鄕社法은 향촌조직을 통한 이 시기에 도적 대책의 일면을 잘 보여주고 있다. 향사법에서는 도적의 발호에 대해 자체적인 향촌방어 대책으로 戶마다 활·창·총 가운데 하나의 병기와 木棍을 준비하고 統마다 炬·포승 등을 비치시켜 도적이 침입할 때 자체 방어할 수 있게 하였다. 또한 도적 토벌을 위한 실질적인 무력 담당자를 설정하여 추포와 기찰을 위임하며, 적도의 무리가 침략할 때는 이들에게 양식을 지급하

109) 《肅宗實錄》 권 29, 숙종 21년 12월 병진.
110) 《續大典》 刑典 捕盜.
111) 한상권, 앞의 글, 517쪽.

도록 하였다. 이와 함께 鄕社牌式에 따라 통패·향사패의 사용을 통해 향촌민의 출입을 통제하려는 의도에서 각 호는 향장이 분급한 표로서 私記를 사용하고, 각 장은 官票를 사용하도록 했다. 이는 당시 향촌민과 도적이 혼유하여 분별하기 어렵고 향촌민이라 할지라도 적과 내통하는 일이 있을 것이기 때문에 무엇보다도 강력한 통제로 적과 구별시키는 일이 필요했기 때문이었다.[112]

그런데 이와 같은 정부의 대책은 효과적으로 시행되지 못하였다. 정부에서는 각종 규정을 마련하여 수령의 포도활동을 독려하였으나 수령들은 책임을 모면하기 위해 사실을 은폐하기에 급급하였던 것이다. 일례로 영조 17년(1741)에 곡산부에서 명화적이 관아에 돌입하여 동료를 빼내 달아나는 사건이 발생하였으나 곡산부사는 겁을 먹고 거짓 보고하였으며, 감사도 장계를 올려 논죄하지 않고 은폐하려다 발각되어 곡산부사와 함께 처벌을 받았다.[113] 이러한 폐단은 수령에게만 국한된 것이 아니어서, 禹夏永의 "포교, 포졸들이 도적을 잡아야 할 때면 진짜 도적은 잡지 못하고 유개 중의 한 사람을 대신 잡아들여 책임을 모면한다"[114]라는 지적처럼 말단의 포교, 포졸들에게서도 빈번하였다. 나아가 일부 포교들은 도적을 잡기보다는 도적과 결탁하여 도적행위를 조장하고, 일반 민인에 대한 탐학에 앞장섬으로써 이 시기의 커다란 사회문제가 되기도 하였다.[115]

요컨대 정부의 도적대책은 생업수단을 갖지 못한 유민들이 생활의 한 방편으로 도적질을 할 수밖에 없는 현실을 직시한 근본적인 대책이 아니라 일시적인 현상타개책에 불과하였다. 이 시기 유민은 농민층 분화의 산물이었으므로, 토지문제나 부세문제에 대한 근본적인 개혁 없이는 해소될 수 있는 성질의 것이 아니었다. 따라서 유민을 안집시키기 위한 근본적인 개혁이 수반되지 않는 한 유민이 중심이 된 명화적에 대한 정부의 대책은 효과를 거두기 어려웠던 것이다.

〈邊柱承〉

---

112) 吳永敎, 앞의 글.
113) 《英祖實錄》 권 54, 영조 17년 11월 신사.
114) 禹夏永, 《千一錄》 5, 化俗 流丐.
115) 魏伯珪, 《存齋全書》 권 3, 封事 禁盜之弊.

3. 여러 지역의 항쟁과 '무신란'

1) 18세기 초 민중의 동향과 변산군도

16·17세기 조선왕조는 잇따른 전란과 정변을 극복하면서 체제유지에 성공하였다. 전국적 차원에서의 활발하고 신속한 농지개간과 농법개선, 상품화폐경제의 확대는 국가재조의 사회경제적 기반을 제공하였다. 또한 노비추쇄사업이나 호패법·오가작통법도 부분적이나마 신분제와 향촌지배질서의 동요를 방지하고 국가의 사회통제 기능을 회복하는데 기여하였다. 여기에 주자학의 명분론과 의리관은 중세체제를 유지하기 위한 사상통제의 역할을 담당하였다. 이 과정은 물론 순조롭게 진행된 것은 아니었다.

조선사회의 활발한 경제복구와 상품경제의 발전과 함께 지주적 토지소유가 확대되면서 일부 농민은 경영과 상품화를 통하여 성장하기도 하였지만 다수 농민은 토지가 전혀 없거나 조금밖에 없는 처지로 전락하였다. 당시 지주는 수확물의 절반에 이르는 작료를 거두었을 뿐 아니라, 田稅·貢賦 등을 작인에게 전가시켰으며, 심지어 수확 후에 짚을 빼앗아 가기도 하고, 뇌물을 받고 작권을 보장하는 일도 있었다. 전호농민은 抗租로써 맞서기도 하였으나, 봉건권력을 배후로 한 지주는 관권을 동원하여 작권을 빼앗는 일이 적지 않았다. 또한 '錢荒'으로 농민의 자립과 성장은 한층 곤란하게 되었다. 농민들은 화폐의 수요를 충당하기 위하여 궁박상태에서 그 생산물을 헐값으로 팔지 않으면 안되었으며, 지주·부호 및 상인에게 부채를 지게 되면서 얼마 되지 않는 토지나 가옥마저 전당잡히게 되었다. 전호농민에 대한 경제외적 강제와 지주 본위의 상품경제의 발전으로 인하여 '민에게서 나오는 재화가 모두 위로 흘러가서' 민은 더욱 가난하게 되었다.[1)]

조선 후기 사회생산력의 발전은 일부 농민에게 성장의 기회를 주는 것이면서 동시에 대규모 빈소농민을 양산하였다. 또한 경작지마저 얻기 어려운

---

1) 李 瀷,《星湖僿說》권 16, 人事門 民貧.

농민도 늘어났는데 이들은 농촌에 남아 형편이 나은 농가의 머슴이 되거나 아니면 지주 양반호에 고용되어 얼마간의 노임을 받아 생활하지 않을 수 없었다. 이같은 현실에서 다수 영세 농민층은 초근목피로 연명하는 내핍생활을 하면서 농법을 개량하고 환금작물을 재배함으로써, 그리고 山地를 개간함으로써 농민적 잉여를 비축하며 시장경제에 대응하고자 하였다. 자립경영·자력생활을 위한 농민의 생산활동은 활발하였다. 산간과 절도에서의 개간과 산간벽촌에까지 확대된 장시 등은 이같은 농민적 생산활동의 귀결이었다.[2)]

그러나 흉년을 당하면 많은 농민은 유랑하거나 도망가는 일이 많았다. 정부에서 흉년에 실시하는 荒政이 빈소농민을 구제하지 못하였을 뿐 아니라 오히려 민생을 도탄에 빠뜨리고 있는 실정이었다. 당시 부세제도의 모순은 일시적 운영상의 문제가 아니라 사회변동과 괴리되는 바의 구조적·제도적인 성격을 띠고 있었다. 그것은 중세적 법제와 원칙을 폐기함으로서 다시 말하여 大變通을 통해서 타개될 성질의 것이었다. 그러나 당시 지배층은 사회변동의 실상을 어느 정도 반영한다고는 하지만 민생현실과 민원을 대폭 수용하면서 전면적 개혁에 나서지 않았다. 신분제의 원칙과 결부법·양전법의 법전규정을 그대로 유지한 채, 小變通의 차원에서 그 운영개선을 추구하였을 따름이었다. 국왕을 정점으로 한 관료 지주계급은 國虛民貧을 타개하고 부국강병을 추구함에 있어서 자신들의 이해와 충돌하지 않는 범위 내에서 중세적 원칙과 골격을 견지하는 방향에서 이를 추진하고자 했던 것이다.

흉년을 맞이하여 실시하는 황정에서 국가와 민의 대립·갈등관계는 한층 노골화되었다. 田政에 있어서 감세조치는 경작할 토지조차 없는 농민에게는 아무런 소용이 없는 일이었다.

> 무릇 정전법이 폐한 뒤로 부익부 빈익빈하여 … 평민은 立錐의 땅도 없게 되고 오로지 富人의 논밭에서 봄 여름 열심히 경작할 따름이다. 가을에 가져가는 것은 소출의 반밖에 안되니 국가가 부세를 올리든지 내리든지 빈민에게는 상관없는 것이다(李　瀷, 《星湖僿說》 권 11, 人事門 什一賦).

---

2) 金容燮, 〈量案의 硏究〉(《朝鮮後期農業史硏究》 1, 一潮閣, 1970).

그렇다고 정부에서는 빈소민에게 유리하도록 군역세를 면제해주는 방안을 강구하기도 쉽지 않았다. 각 아문의 재정수요는 군포징수만으로 충당할 수 없을 만큼 크게 증대하였기 때문이었다. 그래서 '大殺之年'과 같은 흉년에도 군포세는 연기해줄 뿐이지 탕감하는 일은 결코 없었다.[3] 따라서 흉년을 당하면 각종 부세를 마련하지 못하거나 생계를 이어갈 수 없는 농민은 유랑하거나 도망하지 않을 수 없었다.

18세기 초에는 많은 유민이 발생하였다. 그런데 이 시기가 되면 흉년이 아닌데도 많은 농민은 농촌을 떠나고 있었다. 호남어사 李匡德은 지독한 흉황이었던 영조 원년(1725)과 그 이듬해에는 진휼이 있었고 또한 부세를 연기해주었기 때문에 유산하지 않았지만 영조 3년에 흉년에 거두지 못한 부세를 독려하자 호남인은 '一時盡空'하게 되었다고 하였다.[4] 또한 경작할 토지가 없고 호적에도 빠진 의지할 데 없는 飢民·丐乞이 유랑하는 것이 보통이었는데 이 시기에 이르면 유민이라고 해도 반드시 걸인은 아니었다. 숙종 29년(1703) 도성에 집결한 유민을 구휼하여 원래의 지방으로 돌려보내는 임무를 지닌 領送使는 유민의 모습을 다음과 같이 전하고 있다.

> 각도 유민을 모아보니 대부분이 온 가족을 끌고 옮겨온 實民으로 종전과 같이 1, 2명이 이리저리 돌아다니며 구걸하는 무리와는 같지 않습니다(《肅宗實錄》 권 38, 숙종 29년 2월 신축).

유민은 산간벽지로 가서 화전민이 되기도 하고, 절해고도나 연안의 어민이 되기도 하였지만, 지방장시나 포구로 가서 생활자금을 얻고자 하였다. 18세기 초 유민들은 대거 도성으로 유입하기도 하였다. 이 때 유민문제는 이미 한 지방 한 농촌의 문제가 아니라 국가 전체 차원 내지는 도성의 치안유지 차원의 중대사가 되었던 것이다. 또한 농민 유랑의 그 배후에는 국가의 부세에 저항하고 그들의 신분을 상승시키고자 하는 욕구가 깔려 있었던 것이다. 이들은 강한 자는 도적이 되고 약한 자는 승려가 된다고 일컬어지기도 하였

3) 《備邊司謄錄》 79책, 영조 2년 4월 1일.
4) 李匡德, 《冠陽集》 권 9, 湖南御使書啓別單.

지만, 호적에서 빠지고 군역을 회피하려는 한에서는 犯法으로 간주되었기 때문에 흔히 적도로 취급당하였다. 유민이 근접하면 稍實한 마을의 주민은 그들을 용인하지 않는 것이 보통이었다. 유민이 도적이 되는 길이 여기에서 열리고 있었다. 변산적으로 생포된 3인의 적도의 공초는 그 구체적 모습을 전해주고 있다.

> 束伍로 입적된 李應白(41세)은 평소에 束伍軍籍에 들어있는 것을 싫어하던 중 黔毛浦로 正兵布를 납부하러 갔다가 적도 17명을 만나 변산으로 따라가고, 驛奴이나 驛奴案에 들어있지 않은 全乙生(38세)은 어느 한 곳에 의뢰할 데가 없는데 홍덕으로 소금을 짊어나르다가 영광인 김총각에 포섭되었으며, 함평 관아의 사령이었던 金旬必(37세)은 죄를 지어 도망하였다가 김총각과 서울 사람 백서방을 만나 '우리를 따라오면 의식은 족하다'고 하는 말에 적도에 들었다(《戊申別謄綠》 1책, 3월 18일 全羅監司 鄭思孝狀啓).

이에 의하면 적도가 되는 동기나 계기는 바로 '군역회피, 관가득죄 및 無籍無賴' 등에 있었음을 알 수 있다. 18세기 초에 이르면 적도는 "도성 주위를 수십리나 둘러싼 형세를 이룰 만큼" 크게 일어났다.[5] 적도는 그 세력이 커짐에 따라 내부 체계를 세우고 무장을 강화하였다. 여기에 "북로로 유배되어간 자가 그에 들었다"고 하듯이 지략을 갖춘 인물 등도 가담하였으며, 정읍 같은 곳에서는 "백 명 정도가 槍을 들고 放砲를 하며 괴수는 갑옷을 입고 말을 탔다"고 하였다.[6] 당시의 적도는 공공연하게 관가를 침범하고, 향리 군관을 살해하고 감옥을 부수며, 封物과 군기를 탈취하였으며 심지어 治盜를 담당한 관리의 가속에게 보복을 가하기도 하였다. 이같은 적도의 다양한 존재형태 및 행동영역의 확대과정은 봉건통치권력의 기능을 저해하는 방향을 취하고 있었기 때문에 중세국가로서는 반드시 해결하지 않으면 안되는 문제였다. 특히 그것이 농민층 분해에 따른 유리민의 증가와 관련된 이상 향촌사회 동요를 수반할 수밖에 없었고, 이는 곧 중세권력의 불안정을 가져올 주요한 조건이 되기 때문이었다.

---

5) 《肅宗實錄》 권 54, 숙종 39년 윤5월 갑자.
6) 《肅宗實錄》 권 38 하, 숙종 25년 12월 갑술 · 권 54, 숙종 39년 9월 을사.

정부에서는 이러한 사회정세의 불안과 도적의 만연에 대하여 여러 가지 대책을 세우고 이를 추진하였다. 정부는 민원의 핵심이었던 군역제를 釐正하기 위하여 '良役均一化' 정책을 관철하고 '減布均役論'을 제시하였으며 또한 빈궁자의 구제를 위하여 '賑恤事目'을 제정 실시하였다. 또한 백지징세 등을 방지하고 신기전에 과세함으로써 전결과세에서의 공평을 꾀하기 위하여 삼남지방을 중심으로 양전사업을 추진하였다. 그러나 당시 정부의 일련의 조치로 인하여 민생의 안정, '균부균세'가 기약될 수는 없었다. 良役釐正은 양역간의 현저한 불균현상을 해결하였으나 양역을 극력 회피하려는 계층의 불만은 해결할 수 없었다. 또한 감포균역론은 군관 명호를 새로 얻어내거나 헐역에 투속한 세력 그리고 사족의 신분을 모칭하던 계층에 대해 낭패감을 안겨주는 것이었다. 편파적·고식적 진휼사업의 개선은 진휼 전곡을 비축한다는 명목으로 부민을 침탈하는 통로를 열었다.

특히 실시 초기부터 "국가에 이롭고 민에는 해롭다"라는 논란이 있었던 양전사업은 삼남 각처의 민심을 동요시켰다.7) 양전사업에서 山火田이나 海澤의 가경전 등이 원결로 새로 파악되어 인조 때의 甲戌量田에 비하면 전라도는 4만 3천여 결, 경상도는 3만 7천여 결이나 증가하였다. 그러나 양전이 진행되는 동안 각 지방의 토호 및 농민들은 고의로 陳廢로 하였다가 양전이 지난후에 還起할 정도로 양전에 대하여 여러 측면에서 저항하였다.8) 자신들의 경지가 出稅田으로 치부되는 것을 꺼려 했기 때문이다. 양전사업은 산구릉이나 해안의 간석지 등을 개간하였던 농민이나 이를 주도한 토호들의 반감을 유발하였다.

> 結負數는 점차 증가하였으나 民怨은 오히려 심하였다. 세상 사람의 말이 三南에서 인심을 잃은 것은 改量 때문이라고 하는데 믿을 만하다(《景宗修正實錄》 권 1, 경종 즉위년 10월 기해).

당시 정부는 이상의 대민 회유, 민정개선의 방책을 모색하면서 다른 한편으로는 강경책을 입안하여 시행하였다. 먼저 적도에 대한 行刑을 강화하였

7) 《備邊司謄錄》 72책, 숙종 45년 9월 16일.
8) 《量田謄錄》 경자 6월 29일·9월 20일.

다. 즉 종전에는 적도는 세번 자복한 후에 처단하였는데 도적 행위가 극심해진 상황에서 두번 자복으로 바로 처단하도록 한 것이다.9) 또한 수령의 군사권이 영장에게 귀속됨으로써 지방의 치안유지에 어려움이 있다고 판단한 정부는 '吏奴作隊'를 통하여 수령에게 이를 지휘하여 치안에 대비하게 하였다.10) 북한산성을 수축하고 도성을 개축한 것은 '도성방위론'에 따른 군사적 목표만 있었던 것이 아니라, 도성으로 많은 유민이 유입되고 도적이 들끓게 된 사정과 관련이 있었다.11)

이러한 강경책은 부분적으로 효력이 있었겠지만 민심의 이탈을 조장하는 측면도 적지 않았다. 형률강화는 많은 無辜者를 낳았다. 북한산성을 축조하고 그 관리기구로 경리청을 설치 운영한 것은 지방재정을 고갈시킨 하나의 계기가 되었다. 즉 북한산성을 축조하기 이전 軍餉은 각 읍에 보관되어 있었던 것인데, 지방의 군향을 경리청에 귀속시킴으로써 도성 인근의 몇 개 읍에는 많은 곡식이 유입되어 '穀多'의 풍족함이 있었지만, 다른 지역은 그와 정반대로 고통을 겪게 되었다.12) 또한 경리청은 그 본곡을 '立本取息'하여 확충하여 갔는데 전라도 여러 지방 중에서도 부안지방은 혹독한 피해를 감수하였다.13)

이러한 사정에도 당시 정부는 부안의 변산 및 안면도에 대한 강력한 '摘奸'책을 추진하였다. 원래 변산·안면도 등지는 정부가 松木을 조달하기 위해 민간의 벌채, 경작을 허락하지 않았던 국가적 養松處로 지정되어 있었다. 이 지역에 "다수가 잠입하여 재목을 베어 도둑질하고 전토로 개간하며 鹽盆을 개설한 결과" 국가의 공용 船材마저 조달하기 어렵게 되었다.14) 당시의 농법개선, 인구증가, 농지수요의 증대에 따라 임야가 개간되는 상황에서 안

---

9) 《肅宗實錄》 권 39, 숙종 30년 정월 을축.
《秋官志》 3편, 考律部 續條 竊盜.
10) 《肅宗實錄》 권 38 상, 숙종 29년 4월 기묘·권 60, 숙종 43년 9월 무오.
《備邊司謄錄》 60책, 숙종 36년 10월 7일·11월 29일.
11) 李泰鎭, 《朝鮮後期의 政治와 軍營制變遷》(韓國硏究院, 1985).
12) 《英祖實錄》 권 8, 영조 원년 11월 병신.
13) 《備邊司謄錄》 70책, 숙종 43년 5월 27일.
14) 《備邊司謄錄》 49책, 숙종 21년 정월 23일·60책, 숙종 36년 11월 13일.

면도 변산 등도 그 예외일 수 없었던 것이다. 특히 변산반도는 제염업, 사기업, 선박제조업이 발전하면서 목재수요가 크게 증대하여 소나무가 대량 벌채되었던 것이다. 국가는 이에 대해 강력한 규제조처를 취하였다. 숙종 21년(1695)부터 정부는 경내의 민가를 구축하고 분묘를 훼파하고 목재수요가 많은 염분과 사기점을 금지하는 등의 '禁松'정책을 추진하였으나, 별다른 효과를 보지 못하였다.

숙종 42~45년간에 이르러 정부는 비변사의 낭청을 파견하여 보다 강압적인 금송정책을 추진하였다.15) 숙종 42년 변산지방에는 금송구역 경계(禁標) 내에 민가 235호를 비롯하여 적지 않은 가경전이 있었으며 몰래 묘를 쓴 자리(偸葬處)도 36군데나 있었다. 또한 금표 밖 5리 이내에 염분 13좌, 사기점 등 여러 수공업 제조처가 180호에 이르고 있었다. 정부는 일차적으로 사기점 27호를 구축하고 염분을 훼파하였으며, 투장처를 옮겨가도록 조치하였다. 그리고 금표 안에 있는 민가 120호를 산직으로 세우고 나머지는 퇴거시켰다. 가경전은 인근의 黔毛浦와 格浦에 귀속하였다.

숙종 45년에 이르면 안면도의 경우는 전반적인 효과를 보았지만 변산지방의 사정은 여의치 않았다. 정부가 지시한 '禁松作契'는 실행되지 않았고, 冒耕地는 더 늘어가는 형편이었으며, 여전히 투장처는 30군데나 더 생겨났던 것이다. 염분 2좌도 더 개설되었다. 어떤 양반은 변산 밖에 살면서 송목을 벌채하여 자기 배로 인근의 무장으로 운반하여 팔고 있었다. 정부의 2차 적간은 보다 강경한 것이었다. 경내 양반 43호가 구축되고, 사기점 등 46호가 폐쇄되었으며, 薪炭을 매장한 곳은 흙으로 쌓아 무용지물로 만들어 버렸다. 그리고 민간에게서 나무를 자를 만한 도끼까지 몰수하였다. 이러한 규제는 비단 변산에만 국한되지 않았다. 변산과 인근인 무장지방의 제염업도 억압당하였다. 왜냐하면 무장의 제염업은 그 소용되는 목재를 변산에서 구하고 있었기 때문이었다. 이로 인하여 변산뿐만 아니라 인근 무장 등지의 제염업, 사기제조업 그리고 임산업이 큰 타격을 입었다.

---

15) 《備邊司謄錄》 69책, 숙종 42년 정월 27일 · 12월 26일 및 72책, 숙종 45년 정월 17일.

> 무장의 허다한 鹽盆은 금송산과 한 포구를 사이에 두고 있습니다. … 무장의 염분을 참작하여 줄인다면 禁松養木의 정책에 효과가 있을 것입니다(《備邊司謄錄》 72책, 숙종 45년 정월 17일).

정부는 금송책의 추진과정에서 이 지역 상공업을 강력하게 억제 금압하였던 것이다. 이에 대하여 풍부한 자원과 각종 산업을 영위하였던 주체로서의 토호 부민의 반발도 적지 않았다. 제2차 적간 이후에도 사기점 46호와 염분 15좌는 여전히 생산활동을 하고 있었다. 이같이 변산적간이 곤란하였던 것은 "바다를 건너 육지에 닿고 산이 높고 계곡은 깊어 매우 험준한데 병영이나 수영이 모두 이틀 사흘 거리가 되고 또한 각 진이 이백 리, 사백 리나 멀리 떨어져 있다"고 하는 변산지방의 자연지리적 환경에 더하여 치안력이 미치기 어려운 조건이 있었을 것이다.[16]

이처럼 변산지방은 이 시기에 있어서 정부의 억압적 산업정책으로 인하여 직접적인 피해를 당한 지역이었다. 이 과정에서 이 지방의 유력한 토호들은 수령에 대항하다가 오히려 치죄를 당하였다. 벌목업을 크게 일으키고 있었던 高應良은 '수령을 모함하였다'는 죄목으로 유배를 당하였다.[17] 그러면서도 당시 집권층은 변산에서의 금송 지구 밖의 양안에 등재되지 않은 토지를 내수사로 하여금 절수하도록 배려하였다.[18] 이는 궁방전의 억제라고 하는 원칙에 의하여 철회되기는 하였지만 재지사족, 토호층에게 더한층의 거부반응을 불러일으킬 소지를 남기는 것이었다. 더욱이 경리청의 차인배들에 의한 입본취식의 참화가 매우 심하였다. 변산적간의 추진은 결국 앞에서 살핀 바와 같은 양전사업에서와 같이 민심의 이반과 토호의 반발을 초래하였던 것이다. 이 지역에서 國과 民의 대립은 그만큼 심화되었다.

18세기 초 강온을 병행하며 시행된 일련의 정책은 노론정권에 의해 추진되었다. 그러나 이런 정도의 모순타개책으로 당시의 사회모순·사회갈등이 치유될 수는 없었다. 중세사회는 훨씬 더 큰 폭으로 변동하고 있었고, 그에 따른 '大變通'·'大更張'이 요구되었기 때문이다. 더구나 노론의 지배정책은

16) 趙文命, 《鶴岩集》 권 3, 申請乞休仍陳湖南諸島事宜疏.
17) 《推案及鞫案》 戊申逆獄推案 권 7, 7월 4일 愼後三供.
18) 《備邊司謄錄》 82책, 영조 3년 10월 1일.

민심의 이탈, 사회 제세력의 이반을 조장하는 측면이 있었다. 특히 부세제도의 이정책은 농민의 몰락을 더 한층 촉진시키는 일면 군역제 개혁론은 신분상승을 도모하는 '稍實'민의 사기를 꺾는 것이었다. 이 시기 민심의 동향은 조선왕조의 국가재조책 추진의 사회적 동력의 역할을 하는 측면도 있었지만 그 실제적 과정에서는 위협적 난관이 되었다. 민의 저항은 중세적 토지소유제의 변동, 중세적 신분제의 해체에서 기인하는 것으로 사회발전의 불가피한 한 과정에서 분출하는 것이었지만, 정부가 견지하는 중세적 규범과 법제의 시대적 한계 속에서 더욱 노골화되면서 그것을 부정하는 방향을 취하게 되었다.

이것은 당시 여러 사회 계층의 폭력적 저항으로 표출되었다. 이 시기에 들어서면 그것은 매우 빈번해졌다. 경종 원년(1721) 4월 石城·懷仁·樂安 등의 수령이 봉변을 당하고 이어서 태인현에서는 백성이 관문 앞에 모여 울부짖는 일이 생기게 되었다.[19] 같은 해 6월 청주에서는 관창에 난입하여 환곡을 빼내 마음대로 민간에게 나누어주는 일도 있었다.[20] 감옥을 부수고 죄수가 도망가는 사건도 빈번해졌다. 경종 즉위년 6월 典獄署에 갇혀 있던 명화적 16명이 탈출하였고,[21] 경종 2년에는 진주에서 적도 70여 명이 탈옥하였다.[22] 경종 3년 4월에는 청주지방에서는 "대신과 중신의 墳山에서 作變하고 掛書를 살포"하는 사건이 있었다.[23] 군정향교의 殿牌가 절취되거나 봉변을 당하였다.[24] 陵園의 소나무를 베냈다고 하여 유형에 처해진 사노는 귀환하여 長陵에 방화를 저지르기도 하였다.[25] 경종 원년 영천지방에서는 토호가 落松에 대해 원망을 품고 일향에 통문을 돌리고 환곡을 받아가지 못

19) 《景宗實錄》 권 3, 경종 원년 4월 경신.
20) 《景宗實錄》 권 4, 경종 원년 6월 기미.
21) 《景宗實錄》 권 1, 경종 즉위년 6월 을축.
22) 《景宗實錄》 권 10, 경종 2년 11월 정미.
23) 《景宗實錄》 권 12, 경종 3년 4월 갑술. 이것은 당시 세력가가 함부로 분묘를 조성하고 산송을 야기하는 것과 관련이 있었다.
24) 《學校謄錄》 8책, 경자(경종 즉위년) 12월 6일·계묘(경종 3년) 3월 16일. 이러한 일은 額外校生이 군정·군보로 차정되어 반발하였거나 향리층이 수령을 협박하고 경질시킬 구실을 만들기 위하여 자행되는 과정에서 일어났다.
25) 《英祖實錄》 권 8, 영조 원년 10월 경인·11월 병오.

하도록 방해하고, 稜杖을 갖춘 무뢰배를 이끌고 관정에 돌입하여 향소를 구축하였다.[26)]

영조 즉위년(1724) 영덕 지방에서는 수령과 향소에 대하여 향리가 무력으로 대항한 사건이 벌어졌다.

> 호장, 이방, 사령, 관노가 읍성을 포위하고 도로를 차단하여 관에 부세를 납부하러 가던 村氓을 내쫓고 장계를 가지고 감영에 가는 衙奴를 가로막았다. 그리고 향소를 위협하여 黨에 들어오도록 하고 듣지 않으면 그 妻를 결박하여 강제로 맹서를 받아냈다. 마침내 병기를 갖추고 관문에 돌입하여 흉언으로 수령을 공갈한 사건이 있었다(《英祖實錄》 권 1, 영조 즉위년 9월 기사).

영조 2년에는 전라도 광주에서 탐욕스런 목사를 구축하는 사건이 발생하였다.

> 광주에서 刺使를 내몰았다. … 삼남에 황년의 재난이 극심한데 貪風이 크게 일어나 목민관이 백성을 살아가지 못하게 한다. 광주민이 난리를 일으킨 것은 이 때문이다(《英祖實錄》 권 9, 영조 2년 3월 임인).

영조 즉위 이후 대흉년이 들면서 국가와 민의 대립 양상은 마침내 민에 의하여 목민관이 내쫓기는 초기적 형태의 민란으로 나타났던 것이다. 당시의 한 정부 관료가 "점차 나라는 나라대로 백성은 백성대로 서로 막연하게 되어 상관없이 간섭하지 않으니 어찌 백성이 실망하지 않고 난리를 생각하지 않겠는가"라고 한 지적은 민심 이반의 정도를 그대로 표현한 것이다.[27)] 이러한 상황에서 '邊山賊'의 소문이 나라 안에 크게 유포되었다.

영조 원년의 흉년으로 호남에는 많은 유민이 발생하였고 그들의 일부는 군도가 되었다. 이들 군도는 무장력을 확보하고 내부의 조직체계를 갖추면서 스스로를 '綠林黨'으로 자처하였다. 이들은 동시에 그들 세력을 보전 확대시키기 위해 일정한 근거지를 확보하여 나갔다. 전라도에서의 근거지는 대체로 변산과 월출산 그리고 지리산 등지였는데, 그 세력이 강대하여 절 한채를 전

26) 《景宗實錄》 권 4, 경종 원년 6월 을미.
27) 《景宗實錄》 권 3, 경종 원년 4월 경신.

부 빌려 겨울을 지내면서 백주에 장막을 치고 그 위세를 부려도 관에서는 토벌하려고도 하지 않았다.[28] 당시 전라도에는 '劇賊'으로서 '자고로 유명한 金단과 魏즈고쵸'가 변산과 지리산에 세력을 구축하고 있었고, 부안에는 金衡이란 적수도 있었다.[29] 이 중에서도 변산반도는 녹림당의 가장 강력한 근거지가 되고 있었다. 변산반도는 지리적 환경과 교통상의 편리함 그리고 여러 산업이 발전하고 있었던 조건으로 인하여 많은 유민을 수용할 수 있었던 것이다. '변산적'은 "도당을 충원하는 방식이 각 읍이 양민을 수괄하여 첨정하는 것"과 같이 하였는데, '作賊'의 무대를 부안·고부로 하지 않고 정읍·장성을 그 대상으로 삼았던 바 '가까운 데를 버리고 먼 곳을 취한다'는 방침을 가지고 인거 주민을 기반으로 근거지를 확보하고 있었다.[30]

이같은 군도는 '明火作賊'만을 일삼는 것은 아니었다. 張吉山은 상인 세력, 승려 및 일반 민중과 연결된 무장한 馬商團이었다.[31] 숙종 30년경 제주 근해에 "밤에는 소나 말을 盜殺하고 낮에는 바다로 나가 떠다니던 海浪賊"도 실제로는 관아에 납부해야 할 어선세 등을 거부하며 전라도 연안에서 활동하는 무장력을 갖춘 潛採漁船團으로 밝혀졌다.[32] 일부의 유파는 경향의 토호·세가와 연결을 가지면서 경제적 폭리를 취하기도 하였다. 한때 도적을 다스림에 맹위를 떨친 權㝯이란 관료는 숙종 37년 '排淸掛書'의 수범으로 지목되었을 때에 "근래에 다스린 적도는 모두 재력을 갖추고 경향의 세가와 체결하고 있는데 이들이 자신을 무고하였다"고 하였다.[33] 그 자신도 치도 및 기타의 의도를 가지고 적소에 동지자를 포섭하고 있었다. 노론 4대신의 한 사람이었던 李頤命조차도 외딴 섬에서 자행된 '私鑄'를 방조한 혐의를 받은 적이 있었다.[34] 李瀷도 각처의 적도와 窩主를 다음과 같이 설파한 적이 있다.

---

28) 정석종, 〈영조 무신란의 진행과 그 성격〉(《조선후기의 정치와 사상》, 한길사, 1994), 126~127쪽.

29) 《推案及鞫案》 戊申逆獄推案 권 3, 4월 7일 羅崇大供·권 8, 7월 7일 姜謂徵供.

30) 《備邊司謄錄》 82책, 영조 3년 10월 24일.

31) 鄭奭鍾, 〈肅宗年間 僧侶勢力의 擧事計劃과 張吉山〉(《朝鮮後期社會變動硏究》, 一潮閣, 1983).

32) 《肅宗實錄》 권 39, 숙종 30년 5월 계묘.

33) 《肅宗實錄》 권 50 상, 숙종 37년 7월 계축.

34) 《景宗實錄》 권 10, 경종 2년 11월 임진.

> 奧主란 지금의 窩主인데 적도의 주모자를 일컫는다. 항상 人主의 좌우에 있으면서 안팎으로 호응하고 변란을 양성하는 자가 바로 그들이다(李瀷, 《星湖僿說》 권 10, 人事門 奧主)

이들 녹림당은 각처의 토호 양반 등과 연결을 맺고 있었는데 호남의 경우에는 고부의 宋賀, 부안의 金守宗(金守亨) 및 나주의 저명 가문의 후예였던 나씨 일족 등이 대표적이었다.

송하는 숙종 38년(1712) 호남지방에서 도적이 크게 일어나고 민심이 동요하자 이를 진정시키기 위해 호남 인재를 수용하려고 하였을 때 '별천'에 오른 인물이었다. 그는 태인현의 환곡을 자세히 파악하고 있을 정도로 시무에 밝았고 둔갑술·비술을 구사한다는 소문도 돌았으며 불가와도 인연이 있었다. 그는 지방의 양반과 체결하면서 남원·임실·고부 등지의 녹림당을 지휘하고 있었다. 양반 중에는 과거를 준비하거나 부호도 있었다. 이를 기반으로 녹림당과 연계하면서 지역에 영향력을 미치고 있었다.[35)]

부안 변산의 김수종은 변산에서 조선업을 일으킨 거부로서 그 노복이 살고 있는 집이 60여 호에 이르렀다. 그는 하동·순천·진주지방의 토호와도 체결하였으며, 훈련원 주부를 지낸 해미의 박계상과도 연결을 맺고 있었다. 이 토호들은 地師나 乞儒를 매개로 상호 정보를 교환하고 있었다. 그의 집에는 한 때 운봉에 살다가 용인으로 옮겨간 鄭八龍(혹은 鄭八熊)이란 적수가 살기도 하였다. 정팔룡은 변산 靑林寺에서 '靑林兵'이란 칭호를 가지고 적도를 이끌던 인물이었다.[36)]

나주의 나씨 일문이었던 羅斗冬·羅晩致·羅崇大 등이 오랫동안 양병하고 있었다는 것은 바로 녹림당과 연결되었음을 말한다. 이들 중 나만치는 "추노나 지관를 빙자하여 그 발길이 팔도 어느 곳에 닿지 않은 곳이 없었고 삼남의 인물과 통하지 않는 사람이 없었으며", 효행포상자로 선정되어 정부가 상

35) 《備邊司謄錄》 66책, 숙종 39년 11월 24일.
《推案及鞫案》 戊申逆獄推案 권 4, 4월 20일 宋賀供·4월 23일 蘇櫻供 및 권 5, 5월 2일 成一龍供.
36) 《推案及鞫案》 戊申逆獄推案 권 8, 7월 10일 姜渭徵供.
《戊申別謄錄》 5책, 8월 21일 河東府使牒呈內 李命根招辭.

으로 내린 미포를 거절하여 화제가 된 적도 있었다.[37]

변산 등지의 녹림당은 전라도의 경계를 벗어나 경상하도, 경기도의 토호양반 등과도 체결하였다. 조선 중기 저명한 성리학자이었던 鄭蘊의 직계손으로 노비와 전토가 매우 많아 그 호부가 일도를 움직였던 鄭希亮은 그 심복 鄭倬을 통하여 송하와 결탁하였다.[38] 또한 이웃에서 거처를 모르고 죽은 줄로 생각할 만큼 여러 지역을 떠돌면서 명화적의 수괴가 되어 '鄭都令'을 자칭하였던 鄭世胤도 호남 녹림당과 연결되었다. 이 과정에서 남원·금구 등지의 토호와도 체결하였던 그는 鄭麟趾의 후손으로 신분은 業儒로 현달하지는 못하였으나 '理學者'로 인식되고 있었다.[39] 그는 경종 즉위에 즈음하여 나주의 토호세력을 통하여 호남의 녹림당과 연결을 맺고 영조 즉위년(1724)에 이르면 정치적 행동을 모색하기 시작하였다.

> 처음에는 녹림병 약간 명에 지나지 않았는데 마침내 600~700명에 달하여 삼남에서 한 곳을 택하여 거점으로 삼고자 하였습니다. 전라도에서는 나숭대가 녹림병 수백 명을 모아 부응하고자 하였고 세윤이 이를 주장하였습니다. … 처음에는 草冠之計로 시작하였는데 도당이 무리를 이루었고 얻은 바가 많아진 후에는 비로소 모역의 마음을 품게 되었다고 하였습니다(《推案及鞫案》 戊申逆獄推案 권 3, 4월 14일 安愰供).

그리고 정세윤은 부안의 김수종과도 직접 체결하였다. 그는 이를 기반으로 삼남 한 곳에 근거하여 정치적 진출을 꾀하고 있었던 것이다. 변산반도에서 많은 유민이 모여들고 녹림당의 세력화는 殿牌作變·斯文紛亂·吏胥作變·民人作亂의 사회적 분위기와 맞물려 당시 정권에서 소외된 사족층은 "국가의 정령이 이렇게 어지러우니 나라가 머지 않아 망하지 않겠는가"라든가, "인심이 모두 변하여 난리를 생각한지 오래되었다"라는 등의 발언을 서슴지 않았다.[40]

---

37) 《戊申別謄錄》 2책, 3월 29일 南漢巡撫使金東弼狀啓內 尹熙慶招辭.
《推案及鞫案》 戊申逆獄推案 권 2, 4월 7일 羅崇大供.
《忠孝謄錄》 권 6, 계묘 3월 20일.

38) 《勘亂錄》 권 2, 3월 정축.

39) 《推案及鞫案》 戊申逆獄推案 권 7, 6월 17일 閔純孝供.
《南征日錄》 권 2, 3월 24일.

2) 무신란의 발단과 전개

(1) 18세기 초 정치정세와 '무신당'의 결성

이 시기의 유민의 증가와 여러 사회세력의 저항은 일시적인 것이 아니라 중세사회의 해체를 예시하는 구체적인 징후들이었다. 민심이반은 중세적 규범과 법제를 부정하는 방향에서 중세사회의 해체를 재촉하는 것이었다. 조선 후기 지배세력은 국가재조의 방안을 마련하고 민심이반에 대응하는 과정에서 끊임없는 대립, 갈등을 거듭하였다. 본래 붕당대립은 각 정파간의 경쟁을 유도하고 그로 인해 전향적 시책이 준비될 수 있는 긍정적 측면이 없지 않았다. 예송·사문시비 등은 이 과정에서 자파 권력의 정당성을 확보하기 위한 명분적 이론투쟁의 성격을 띠는 것이었다. 이는 중세사회 해체의 징후가 구체화하고 피지배층의 저항이 심화되는 과정과 그 궤를 같이하고 있었다. 그것은 잦은 換局으로 귀결되었다. 일당이 국가의 권력을 장악하면 다른 붕당은 완전히 배제되는 정치행태가 반복되었던 것이다. 그러나 17세기 말기에 접어들면서 붕당대립은 국왕을 둘러싼 궁궐과 훈척이 정치투쟁의 일익을 담당하게 되면서 '臣强', '干犯名義', 그리고 마침내 '東宮保護', '護逆' 등의 쟁점을 중심으로 '忠逆'의 문제로 서로 대립하게 되었다. 여기에는 희빈 張氏의 賜死에 이은 동궁(경종)의 보호 문제와 세자 즉위 이후의 후계구도를 둘러싸고 조선 후기 지배층은 상호 불용의 경지에 이르게 되었다. 당론에 의한 국왕 선택으로 치닫게 된 붕당대립은 기왕의 정치지형의 대균열을 가져왔다.

숙종 36년(1710) 庚寅換局 이후 국왕의 선택을 둘러싼 붕당 대립은 숙종의 지지에 의하여 일단 노론측의 우세로 귀결되었다. 이후 노론정권은 동궁을 폐출할 것이라는 유언을 진정시키는 한편 숙종 42년 丙申處分으로 노론과 소론간의 사문시비에 종지부를 찍고 그 이듬해에는 丁酉獨對를 통하여 동궁(경종)은 즉위시키되 延礽君(영조)을 세제로 책봉한다는 '先卽位後冊封'의 당론

40) 《推案及鞫案》戊申逆獄推案 권 2, 3월 28일 李翼觀·李日佐對質·권 5, 5월 12일 金墇供.

을 추진할 수 있었다. 노론 당국자들은 숙종 말년에 이미 경종 즉위 이후에도 자파 권력을 유지할 수 있는 기반을 다졌던 것이다. 경종 즉위 이후 노론은 생모 희빈 장씨의 所生之恩을 회복해야 한다는 남·소론계의 주장을 봉쇄하면서 세제책봉의 명분을 위하여 淸使와 교섭하여 연잉군을 접견하도록 하는 등의 정치력을 발휘하다가, 왕대비로부터 "효종대왕의 血脈으로 선대왕(숙종)의 골육은 主上과 연잉군뿐이다"는 언문 수교를 얻어내서 연잉군을 세제로 책봉하는데 성공하였다.[41]

그러나 당시 소론은 노론의 일사분란한 정치행동을 저지하지 못하였다. 여기에는 소론이 서인과 남인의 대립과정에서 서인 훈척의 가혹한 남인 탄압에 반발한 서인 신진사류가 남인 소북계를 포섭, 제휴하면서 정치세력화되었던 까닭에 남인계 수용문제나 희빈 장씨 사사문제 등에서 내부 알력이 적지 않았는데 이 때에 이르러서는 南九萬이 崔錫鼎의《禮記類編》을 비판하면서 내부 결속력이 현저히 약화되었다.[42] 또한 朴世采와 그 문인은 노론으로 '전향'하였다.[43] 경종 즉위를 전후하여 趙泰耉·崔錫恒·李光佐·趙泰億이 조정에 참여하였지만 이들의 노론정권에 대한 견제는 한계가 있었던 것이다.

남인측은 더한층 어려운 사정에 있었다. 庚申換局(1680)으로 세력이 약화된 남인은 己巳換局(1689)으로 집권하였지만, 이미 청남·탁남으로 나누어 졌다가 甲戌換局(1694) 때 정치권에서 배제되고 이후 희빈 장씨의 사사문제에 연류되어 붕당으로서 재기할 수 없을 만큼 타격을 입었다. 그리하여 숙종 말년 이후에는 정권에서 거의 도태되기에 이르렀던 남인은 노·소론간의 극한 대립의 와중에서 붕당재건 혹은 정치참여의 명분을 놓고 내부 진통을 겪고 있었다. 이 때 일부의 남인 중에는 기사환국 당시 閔妃 폐출은 국왕의 전권으로서 국왕에게 일시적 오류가 있는 것이지 己巳大臣(權大運·睦來善·閔黯·李義徵)에 그 책임을 돌리는 것은 국왕권에의 간섭이라는 입장이 있었고, 다른 한편에서는 남인의 경신·갑술 연간에 정치적으로 퇴진한 것은 宗親 및 宮

41)《景宗實錄》권 2, 경종 즉위년 11월 경인·권 4, 경종 원년 8월 무인.
42)《肅宗實錄》권 47, 숙종 35년 3월 계해.
43) 정경희, 〈17세기 후반 '전향노론'학자의 사상〉(《역사와 현실》13, 역사비평사, 1994).

禁勢力과의 연계에도 그 원인이 있다고 반성하여 별파를 선언하는 일파가 있었다. 이들은 경종 2년 무렵부터 전자의 입장은 門內派 후자의 입장은 門外派 그리고 여타 관망파는 跨城派로 분류되었다.[44]

이같은 상대 붕당의 약화, 분립의 상황에서 연잉군을 세제로 책봉하는 데 성공한 노론은 그 여세를 몰아 대리청정까지 실현코자 하였다. 그러나 여기에서 정국은 일변하였다. 소론계가 총공세를 취하고 남인이 가세하였으며 노론 내의 일부 세력(權相游·朴致遠)까지 반발하여 상황은 급전하였다.[45] 경종 원년(1721) 12월 金一鏡·金眞儒·朴弼夢·徐宗厚·尹聖時·鄭楷·李明誼의 辛丑疏로 노론이 퇴진하고 소론정권이 성립하였다. 이후 睦虎龍의 고변에 따라 노론세력은 4대신이 죽임을 당하는 등 엄청난 타격을 입었다(辛壬獄).

여기에는 외방 사족의 노론을 규탄하는 언론과 적극적 행동이 한몫을 하였다. 일부의 유생은 폭력성을 드러내기도 하였다. 경종 즉위년 청주 유생은 '辛巳誣獄'의 통문이 전달되자 집단으로 청주향교에 쳐들어가 노론계 유생을 축출하고, 향교를 폭력으로 장악하기도 하였으며 경기 유생 李夢寅은 칼을 들고 대궐에 돌진하여 '신사무옥'을 주장하기도 하였다.[46] 영조 즉위년(1724)에도 경주지방의 유생 백여 명이 宋時烈 영당을 훼철하고 그 화상을 불태웠다.[47] 이런 계통의 유생은 흔히 노론 당국자를 '흉역배'로 단정하고 30년 동안이나 國柄을 농단하고 言路를 두절시켰으며 私人 狎客을 각 군에 居間으로 포진시켜 뇌물 등을 몰래 거두었을 뿐이라고 공격하였다.[48]

정권을 잡은 소론은 얼마되지 않아 緩少와 峻少로 분기하였다. 완소는 경종의 有疾을 인정하고 세제의 대리청정까지 은연중에 찬성하는 경향이 있었는데 소론 사이에는 張氏追報와 立祠建號 문제, 남인계 수용문제, 壬寅獄에 따른 노론 4대신의 正法行刑 문제, 壬辰科獄 및 숙종 45, 46년 양전사업의

44) 朴光用, 〈英·正祖代의 蕩平策의 推移와 性格〉(서울大 碩士學位論文, 1983), 5~6쪽.

45) 《景宗實錄》 권 5, 경종 원년 10월 기사.

46) 《先庚後甲綠》 권 1, 경자(경종 즉위년) 8월 13일·12월 11일.

47) 《英祖實錄》 권 4, 영조 원년 3월 경술.

48) 《先庚後甲錄》 권 6, 임인 9월 11일.
《景宗實錄》 권 8, 경종 2년 5월 신축.

수정 문제를 놓고 내부 분열을 겪게 되었다.[49] 여기에서 완소는 세제를 지키자는 입장에 더하여 일부는 온건 노론과의 보합탕평을 제창하는 경향을 보였으며 준소는 노론에 강경하며 남인측을 적극 수용하고자 하였다. 이광좌 등 소론 원로대신도 처음에는 준소세력과 보조를 같이 하였으나 김일경 등 준소의 독주에 반발하였다.[50] 당시 김일경 등 준소는 소론 대신을 비롯한 다수의 소론이 그들의 의도에 따르지 않자 소론 중에는 "역적(노론)의 至親이 있어 모두가 감히 한 목소리로 임금을 대하지 않는다"라고 공격하였다.[51]

마침내 김일경·박필몽 등 준소세력은 '金性宮人行藥事'의 査出을 전면에 내걸고 정국을 천단하려 했다. 당시 金姓宮人은 숙종의 후궁이던 金貴人(金壽興의 女)으로 지목되고 있었는데, 張世相(延礽君房 宮監)·金省行(金昌集孫)이 이를 시켜서 경종을 독살하고자 하였다는 것이다. 이들 준소는 김성궁인을 사출하고 이 사건의 전말을 조사해서 '孝宗血脈論'을 뒤집고 세제(영조)의 왕통계승을 저지하고자 하였다. 이들은 조정에서의 취약한 세력을 하급 관료와 외방 사족의 언론으로 지탱하면서 이광좌 등의 소론 대신과 완소세력까지도 축출하고자 하였다.[52] 김일경 등은 남인을 동반자로 끌어들이기 위해 '蕩平天下'를 주창하였다.

> 一鏡의 무리는 當局하여 천하를 탕평하고자 하였는데 생원·진사·유학은 물론하고 모두 州牧의 수령이 될 것이라고 하였다. 소위 '탕평천하'는 노론을 모두 죽이고 남인과 소론만을 등용한다는 것이었다(《推案及鞫案》 136책, 을사 罪人睦時龍等推案 沈廷玉更推).

이 때의 '南少蕩平論'은 완소는 물론 준소의 일부와도 대항 관계를 내포하고 있었다. 따라서 윤성시·이진유 등의 준소는 남인과의 탕평에 반대의 입장을 분명히 하였다.[53] 남인 중에서도 청론을 자처하면서 남인 별파를 선언

---

49) 閔鎭遠, 《丹岩漫錄》(《稗林》 9), 170쪽.
《辛壬紀年提要》 原編 2, 신축 10월 17일.
《景宗實錄》 권 6, 경종 2년 정월 신축·을묘 및 권 11, 경종 3년 2월 무진.

50) 鄭萬祚, 〈英祖代 初半의 政局과 蕩平策의 推進〉(《朝鮮時代 政治史의 再照明》, 汎潮社, 1985), 243~244쪽.

51) 《景宗實錄》 권 9, 경종 2년 8월 병인.

52) 《景宗實錄》 권 14, 경종 4년 4월 정묘.

53) 《先庚後甲錄》 권 7, 임인 9월 22일.

한 문외파도 남소탕평론에 동조하지 않았다. 김일경계 준소의 남소탕평은 실현되지 않았다. 경종이 재위 4년 8월에 승하하고 영조가 즉위하였던 것이다. 영조는 즉위하자 곧바로 김일경 등을 축출하고 이듬해(1725)에는 乙巳反獄을 단행하였다. 을사반옥은 신임옥의 허구성을 증명하고자 취해진 조치이기는 하지만, 김일경계의 宮禁세력을 축출하고 김일경이 주장한 남소탕평의 세력 기반을 분쇄하는 방향을 취하고 있었다.

이처럼 1720년대 초반은 당론에 의한 국왕선택으로 국가의 체제 위기가 깊어지고 지배층간의 상호 살육과 보복으로 점철되었다. 여기에는 영조의 의지도 있었지만 이는 결과적으로 종래 붕당세력의 해체와 재편의 계기가 되었다. 趙文命이 주창하고 趙顯命·宋寅命이 추진한 '탕평당'이 출현하였다. 이들은 '破朋黨'의 기치 아래 완론과 시무론을 매개로 하여 縉紳세력의 보합을 주장하였다. 保合蕩平論은 인조반정 이래의 근기가 중심이 된 집권세력의 동질성·연계성에 기초하여 붕당대립을 지양하자는 입장이었다. 이것은 黨禍로 인하여 민정이 원활하지 못하고 국왕권이 동요함에서 오는 영조의 위기의식과 부합하여 점차 그 세력을 키워나갔다.[54]

붕당재편의 또 다른 흐름은 영조에 반대하고 노론을 제거하여 정국을 주도하려 한 무신란 주도층, 즉 '戊申黨'으로 실현되었다. 이들은 당론상으로 준소·탁남·소북을 표방하고 있었다. 무신당은 영조 원년 을사반옥 이후부터 구체화되었다. 김일경의 추종세력이었던 박필현·이유익 등의 주도로 상주의 한세홍 괴산의 이인좌 등을 비롯하여 팔도에서 그 동조자를 포섭하였다. 앞에서 언급한 '金姓宮人'을 가려내자는 상소에 가담한 인사들이 많이 참여하였는데 서울에서는 李河·李思晟·閔觀孝·梁命夏·南泰徵·尹德裕·沈維賢 등이 입당하였고, 지방에서는 鄭希亮(안음)·羅晩致(은진)·趙德奎·趙鏛·任瑞虎(여주, 이천)·鄭世胤(용인)·權瑞麟·李昈(안성, 진위)·閔元普·閔百孝(충주)·金弘壽(상주)·李日佐(과천) 등이 가세하였다.

《景宗實錄》 권 6, 경종 2년 정월 신축·권 8, 경종 2년 6월 을묘 및 권 11, 경종 3년 2월 무진.

54) 朴光用, 〈蕩平論과 政局의 變化〉(《朝鮮時代 政治史의 再照明》, 汎潮社, 1985), 297~300쪽.

(2) 무신당의 반정계획과 지방토호 · 녹림당의 가세

무신당은 외방 사족 및 도성에 "선왕을 잊을 수 없으며 많은 사람이 슬퍼한다"는 내용을 전파하였다.[55] 이것은 영조가 왕위를 불법으로 계승하였으며 경종이 억울하게 죽었다는 점을 은연중에 암시함으로써 자파세력의 명분과 기반을 확보하려는 의도가 있었다. 영조 원년(1725)의 李天海 사건은 이러한 흉언이 빚어낸 사건이었다.[56] 영조 2년 2월 경종 재위기간을 亂世로 단정한 노론 任徵夏의 상소로 인하여 파문이 크게 일어났으나 그 형벌이 유배에 그치자 무신당의 선전과 조직화는 유리한 국면을 맞기도 하였다.[57] 무신당은 소현세자의 증손인 密豊君 坦을 추대하기로 결정하였다. 노론이 효종의 혈맥을 강조하였다고 한다면 무신당은 소현세자의 적통을 회복하여야 한다는 것이었다.

무신당은 "도적이 외방에서 일어나면 경중에서 내응한다"고 하는 外起內應의 기본전략을 확정하였다.[58] 이러한 외방기병 · 경중내응 방침은 당시 삼남에 편만한 유민과 그에 기반을 둔 녹림당을 적극 끌어들이겠다는 의도가 있었다. 각 도를 주관하는 인물이 선정되었다.

> 충청 · 경상 · 전라도의 파는 서로 다른데 전라도 괴수는 成玉이며 경상도 괴수는 鄭桐溪의 증손이며 충청도의 괴수는 權道衡으로 자를 伯升이라 하는데 처음에는 청파에 살았다가 流寓하여 청주에 있으면서 소북을 칭한다(《推案及鞫案》 戊申逆獄推案 권 3, 4월 7일 羅崇大供).

여기에서 나머지 두 사람은 정확히 파악할 수 없지만 鄭桐溪의 증손은 정희량의 부가 되는 정중원이었던 것으로 보면 '괴수'는 단순한 명화적수가 아니고 인근의 사족 · 토호의 움직임에 영향력을 행사할 수 있는 세력가임을 알 수 있다. 이들이 인근 사족에 반정명분을 전파하고 또한 녹림당을 동원하

---

55) 《推案及鞫案》 戊申逆獄推案 권 2, 4월 3일 任瑞鳳供.
56) 《推案及鞫案》 戊申逆獄推案 권 5, 5월 2일 任還供.
57) 《英祖實錄》 권 9, 영조 2년 2월 무인.
58) 《推案及鞫案》 戊申逆獄推案 권 3, 4월 9일 韓世弘供.

였던 것이다. '정도령'을 자임하던 정세윤은 일찍부터 변산적을 중심으로 호남 녹림당과 체결하고 있었으며, 정희량은 영남에서 병사를 일으켜 상응하기로 하고 祖墓를 천장한다는 구실삼아 전곡을 비축하고 가동과 民丁을 모으기 시작하였다.[59] 이인좌는 "지금이 말세인데 儒生, 業武라 하더라도 어찌 무릎을 꿰고 있을 수 있는가"라고 하면서 안동, 상주 사족의 궐기를 촉구하고, 그 매부이던 나숭대를 통하여 호남 녹림당과도 연결을 맺었다.[60] 근기에서는 소론계 御醫 출신 任瑞鳳의 동생 任瑞虎가 정세윤을 도와 동병을 주관하였다. 외방에서의 거사준비가 진행되면서 외방 지휘권을 둘러싼 분란이 있기도 하였으나 이인좌가 이를 주관하도록 결정되었다. 그는 남인 명가의 후광을 배경으로 근기·호서·영남 세력을 연결하는 역할을 자임할 수 있었다. 무신당의 반정시도는 이인좌·정세윤 및 정희량 등이 체결한 재지토호 및 녹림당의 동원 및 기병을 전제로 한 것이었다. 서울의 주도층은 영조 3년(1727) 6월이 되어 경중내응을 위해 군사와 군자를 동원하고 모집하는 회합을 갖기도 하였다.

그러던 차에 다시 소론정권이 들어섰다. 을사반옥으로 정권을 잡기는 하였으나 신임옥으로 그 세가 크게 위축되었던 노론은 이미 權相夏系가 정치권에서 떨어져 있었으며 또한 閔鎭遠의 洛黨과 李宜顯의 花黨으로 분립하였는데, 삼남의 대흉황으로 각처에 유민이 분출하는 상황에서도 영조가 "사사로운 복수를 앞세우고 국사를 뒤로 한다"라고 하였듯이 민정을 제대로 추스리지 못하였다.[61] 소론으로부터도 "사무에 능숙하고 거관중의 처사가 본받을 만하다"는 평가를 받았던 緩老의 洪致中이 좌의정으로 있었지만 민심을 안정시키고 사회불안을 치유하기에는 역부족이었다.[62] 정미환국은 영조 3년 7월 초하루에 있었다. 그것은 서울의 주도층에게는 큰 충격이었다.

> 노론이 그대로 있다면 일은 용이하겠건만, 지금 소론이 천만 의외로 다시 들어갔으니 비록 완소가 들어갔다고 하나 준소에도 희망이 있게 되었으니 무

59) 정석종, 앞의 글(1994), 148쪽.
60) 《推案及鞫案》 戊申逆獄推案 권 3, 4월 11일 權楘供·권 4, 4월 25일 李𪻐供.
61) 《英祖實錄》 권 6, 영조 원년 6월 정묘·권 12, 영조 3년 7월 무오.
62) 《景宗實錄》 권 10, 경종 2년 12월 무진.

> 릇 인심이 조금이라도 느슨해 질 때 자못 영도(관직)로 부추기면 악심은 모두 해산하는 법이니 지금 洛中의 우리는 斂手觀望해야 후일 화를 면할 수 있을 것이다(《推案及鞫案》 戊申逆獄推案 권 5, 5월 1일 任環供).

일부 서울의 주도층은 사태를 관망하기로 한 것이다. 그러나 이인좌·정세윤 등의 지방 주도층은 그 계획을 밀고 나갔다. 다만 반정계획을 다소 수정하였다. 서울의 주도층 일부가 소론정권 아래에서 외직에 보임된 까닭이었다. 무신당은 녹림당을 기반으로 한 외방거사에서 관군까지 동원하기로 하였다. 태인현감으로 부임한 박필현은 담양부사 심유현, 무장에 정배된 전참판 박필몽과 함께 관군을 동원하는 호남기병을 추진하였다.[63] 그는 평안병사 이사성이 기병하면 포도대장 남태징이 그에 응하고 또한 전라감사 정사효를 포섭하여 호응하도록 하여 호남기병을 추진한다는 계획을 가지고 있었다.[64] 평안병사 이사성은 평안병영에서 쌀을 징수하였을 뿐인 '收米軍'을 실제 동원하여 전투할 수 있는 정병으로 만들고 그 習陣을 강화하는 한편 鐵車의 제작을 시도하는 등의 군비 강화를 꾀하고 있었다. 그는 병사라는 지위를 이용하여 관군을 동원한 거사를 준비하였던 것이다.[65]

한편 호남 및 경상좌도의 토호는 자파 수령의 부임과 함께 그들과 접촉하여 외방거사 준비에 적극 참여하였다. 고부의 송하, 부안 김수종, 진주 李德一, 순창 梁翼泰 등은 박필현·심유현 등과 접촉하면서 그들 휘하의 가노와 녹림당을 시켜 전주·남원·옥구·임피 등 전라도 각처에 영조가 경종을 독살하였다는 내용의 괘서를 살포하고 호남 유민이 근기로 유입되는 길목인 여산의 산에 올라 같은 내용의 구호를 크게 부르짖기도 하였다.[66] 정희량의 심복인 鄭倬도 괘서사건에 가담하였다. 또한 도성에서 동원할 장사를 무장하기 위하여 담양관고의 화약을 빼내서 포도대장 南泰徵의 집으로 운반하였다.[67] '변산적'의 소문은 더욱 널리 유포되었다.

---

63) 《推案及鞫案》 戊申逆獄推案 권 4, 4월 24일 李之時供.
64) 《推案及鞫案》 戊申逆獄推案 권 5, 5월 8일 朴美龜供·권 3, 4월 14일 朴師寬供.
65) 《英祖實錄》 권 13, 영조 3년 10월 임인.
《推案及鞫案》 戊申逆獄推案 권 1, 3월 25일 李思晟供·권 5, 5월 8일 趙東奎供.
66) 《英祖實錄》 권 14, 영조 3년 12일 정유.
《推案及鞫案》 戊申逆獄推案 권 8, 7월 10일 姜渭徵供.

> 이른바 邊山賊의 소문은 역시 苗脈이 있습니다. 金守宗은 집안이 부유하고 奴僕이 많았는데, 그 집은 변산 아래에 있었습니다. 먼저 朴弼顯이 50여 인을 이끌고 黔毛浦로 가서 그를 만나고, 弼夢도 茂長에서 재차 수십 인을 이끌고 배를 타고 김수종의 집에 모여 모의를 하였는데, 이로 인해 변산적의 소문은 더욱 퍼지게 되었습니다(《推案及鞫案》 戊申逆獄推案 권 7, 6월 21일 高應良結案).

그런데 지방관으로 내려가 있던 무신당은 관군 등이 중심이 되어 거병하기로 하고, 지방 토호와 녹림당을 그 후원 내지는 거병의 보조세력으로 편제하려 했다. 나주세력이나 근기세력도 그들이 동원한 녹림당은 박필현 등이 거사하면 그 후원이 되는 것으로 판단하고 있었다.

> 李昈가 말하기를 박필현이 泰仁軍을 이끌고 전주를 함락하면 이호 자신은 그 후원이 된다고 하였습니다. 그리고 이몸에게는 성 안팎의 촌민 백여 명을 이끌고 이호와 같이 또한 후원이 되어 범궐하면 된다고 하였습니다(《推案及鞫案》 戊申逆獄推案 권 3, 4월 7일 羅崇大供).

그러나 근기 및 변산세력과 긴밀하게 결탁한 정세윤은 녹림당 세력을 주력으로 삼고자 하였다. 그는 금위영의 조총 수백 자루를 모르게 매입하여 근기지방의 녹림당을 무장하도록 조치하였다.[68] 또한 부안의 김수종 등으로 하여금 태인현감 박필현과 합세할 수 있으면 합세하지만 독자적으로 거병을 준비하도록 하였다. 김수종은 그 휘하의 노속 50여 명을 편대하는 한편 부안·고부의 진사·유학 및 파총·초관 등을 동원하기로 하였다.[69] 한편 정세윤은 이사성의 평안병영을 찾아가 군사를 모집할 수 있는 군자를 요구하기도 하였다. 이 때 이사성은 그 계획을 탐탁하게 여기지 않았다.

---

67) 《英祖實錄》 권 15, 영조 4년 정월 무인.
《推案及鞫案》 〈戊申逆獄推案〉 권 5, 5월 10일 朴美龜結案·권 10, 기유 정월 19일 李命根供.

68) 《推案及鞫案》 戊申逆獄推案 권 3, 4월 15일 安炡·李樫·李溢面質.
《南征錄》(계명대학교 소장) 3월 24일.

69) 《推案及鞫案》 戊申逆獄推案 권 7, 6월 21일 高應良供.

> 많은 군병을 얻을 필요는 없다. 만약 적이 발생했다는 소문이 있으면 국가는 반드시 나를 장수로 삼아 격퇴하게 할 것이다. 이 때를 틈타 군병을 합하면 수월하게 힘이 될 것이다(《推案及鞫案》 戊申逆獄推案 권 3, 4월 14일 安煌供).

그는 녹림당의 독자적 거병을 인정하려 들지 않았을 뿐 아니라 호남과 근기의 녹림당을 불신하였다.

> 사람들이 저처럼 忙迫하니 골칫거리이다. … 전라도에 도적이 있다 하나 壯士 4, 5백 인이고 陽城의 도적도 4, 5백 인을 넘지 못해 허술함이 막심한데 이로써 무엇을 족히 하겠는가(《推案及鞫案》 戊申逆獄推案 권 3, 4월 9일 韓世弘供).

이처럼 지방에서는 토호 및 녹림당이 주도가 되어 거병하려는 움직임이 계획되는 속에서 외직에 복귀한 일부 무신당이 관군을 중심으로 거병을 계획하면서 적지 않는 혼선이 빚어지고 있었다. 일면 "정해진 계략이 없고 명령이 여러 곳에서 나왔다"고 하는 한계가 내포된 것이었다.[70] 그러나 지방에서는 관군 중심인가 녹림당 중심인가의 차이는 있지만 거사준비는 빠르게 진행되었다. 변산적의 존재는 호남유민이 근기로 대거 몰려듦에 따라 더욱 기세를 떨치고 있었다.

이러한 상황임에도 불구하고 영조 4년(1728) 정월까지도 서울의 주도층은 별다른 움직임을 보이지 않았다. 정미환국 이후 서울 주도층은 정세의 변화를 관망하고 더 이상의 활동이 없었던 까닭이다. 이인좌 등의 지방 세력과의 마찰도 일어났는데 그는 "일은 끝이 없는데 同黨은 매우 적다"는 말을 듣고 "어찌 在鄕者를 속이며 일을 꾸몄느냐"고 강력하게 비판하였다.[71] 서울 세력도 더 이상 수수방관할 수 없었다. 더욱이 정세윤 등이 녹림당을 주도로 외방기병을 구체화하는 이상 "가만히 있어도 화를 면할 수 없다"고 판단한 때문이었다.[72]

먼저 서울 주도층은 도성의 여론과 인심을 자신들에게 유리한 방향으로 유도하기 위하여 "主上이 弑逆을 하였다"는 내용의 괘서를 종루와 서소문에 살포하였다.[73] 탕평파 조현명의 집에도 흉서를 보냈다. 그리고 외방기병이

70) 《推案及鞫案》 戊申逆獄推案 권 3, 4월 9일 韓世弘供.
71) 《推案及鞫案》 戊申逆獄推案 권 1, 3월 26일 李麟佐供.
72) 《推案及鞫案》 戊申逆獄推案 권 3, 4월 10일 韓世弘供 · 권 5, 5월 1일 任還供.

이루어지면 서울과 여주 이천에서 사노층, 전호 그리고 향도군을 매수하여 군사를 삼아 성중을 교란시키고 이 틈을 이용하여 소론 당국의 핵심 인사들인 李光佐·李森 등을 살해하기 위한 장사를 모집하려는 계획을 세웠다. 또한 密豊君 坦의 4촌으로 禁軍의 별장으로 있던 李思周나 좌포도대장 南泰徵, 그리고 지평현감 南壽彦을 포섭하여 관군을 동원하고자 하였다.[74]

(3) 무신란의 전개와 향촌사회의 동향

영조 4년(1728) 3월 초순부터 근기지방과 전라·경상도에서는 외방기병을 위한 군사행동에 들어갔다. 정세윤 등은 김수종·성득하 등 부안세력의 거병을 지휘하기 위하여 부안(변산)으로 내려갔으며, 안동·상주에는 이인좌의 동생인 이웅보(이능좌)와 표종제인 조세추 등이 파견되었다. 이인좌 자신은 안성·양성·진위 등지에 양반과 마병 50여 명을 포함하여 약 300여 명의 군사를 몇 군데로 나누어 집결시켰다.[75] 영남과 호남에서의 군병이 오기를 기다려 합세하기 위함이었다. 한세홍은 평안병사의 거사 상경을 촉구하기 위해 평양병영으로 떠났다.

양성·진위 등지에 모인 녹림당은 노속, 협호(리하인), 화전민, 전호 등으로 이루어졌는데, 그 중에는 변산적과 통하던 세력도 있었지만 그들 가운데 칼 등의 무기를 가진 자는 10명 중 1명 정도이었고 나머지는 장대를 들고 있는 정도였다.[76] 근기의 반군은 고변의 징후가 있자 몇 곳에 분산되어 있던 군사를 素沙坪으로 집결하였다. 이 때 다소 군기와 마필이 보충되면서 대오를 정비할 수 있었던 素沙陣은 청주로 진격하였다. 당색이 다른 병사가 청주병영을 지키고 있는 상황에서 영남과 호남의 군사가 오기 전에는 도성으로 진출하기가 어려웠기 때문이었다.[77] 그러나 녹림당이 주축이 된 반군의 규모나 전력으로 청주성 점령이 쉬운 일은 아니었다.

---

73) 《英祖實錄》 권 15, 영조 4년 정월 무진·2월 무술.
閔鎭遠, 《丹岩漫錄》(《稗林》 9), 188쪽.
74) 《推案及鞫案》 戊申逆獄推案 권 1, 3월 18일 愼光遠, 金重萬面質·3월 25일 李有翼供 및 권 3, 4월 9일 韓世弘供.
75) 《推案及鞫案》 戊申逆獄推案 권 1, 3월 16일 金重萬供.
76) 《推案及鞫案》 戊申逆獄推案 권 1, 3월 16일 莫實·金重萬供 및 3월 17일 安簿供.
77) 《推案及鞫案》 戊申逆獄推案 권 1, 3월 26일 李麟佐供.

반군측의 선전선동은 이를 수월하게 하였다. 이 때 선전선동은 일부의 소론·남인·소북 등의 지방관이 모두 거사에 가담하였으며 해서 관서지방도 모두 참가하게 되었다고 하였으며, "전라도에서는 태인의 박필현과 담양의 심유현이 기병하여 李明誼가 전라도 도원수가 되고 전라병사 趙儆이 후원이 되며, 또한 경상도에서는 이현좌(이인좌)가 장차 8만병을 몰고 온다"고 하고, 나아가서는 "도성은 만 명이나 되는 군사가 잠입하여 내웅을 하는데 각창과 군기고가 하룻밤 사이에 불탄다"는 등의 내용이었다.[78] 지리산·변산의 屯聚賊이 의병이 되어 근기로 몰려오며 이 때에는 鄭都令의 편에 서야 살 수 있다는 풍문이 나돌았다.[79]

이런 상황에서 근기 호서의 행정·치안이 마비되어 吏民이 도산하고 모두 도피하는 형국이 되었는데 이 틈을 이용하여 반군은 청주성의 장교와 향리를 포섭하고 민가와 상통하여 쉽게 청주를 점령하였다.[80] 다음날부터 청주와 인근 지방의 사태는 급변하였다. 연기군에서는 파옥사건이 일어났고, 청주 북면에 거주하는 유학 柳海는 명화적으로 체포되어 있던 중에 방면되자 기꺼이 반군에 가담하였고 문경의 적수 李奉春도 감옥을 빠져나와 청주의 반군에 가세하였다.[81] 근기·호서의 200여 명에 이르는 남인·소론계 사족이 청주의 반군진영에 합세하였다.[82] 그리고 좌수를 지내고 향교의 수임을 지낸 자를 비롯하여 향임층과 군관층이 대거 합세하였다. 당시 반군에는 "양반과 서얼을 칭하는 자들이나 교활하여 군역을 피하고자 하는 白民"이 많이 참여하였고, "적도에 들어간 자들이 새로 이방이나 사령·급창이 되었고 서얼들은 이 때를 맞이하여 어깨를 으쓱대며 적진에 투입하였으며" 좌수를 지내고 향교의 수임을 지낸 자, 그리고 향임층과 군관층이 대거 합세하였다.[83] 반군

---

78) 《推案及鞫案》 戊申逆獄推案 권 1, 3월 16일 金玉成供·4월 25일 張欽供 및 권 2, 4월 1일 李光積供.
79) 《勘亂錄》 권 5, 5월 신유 湖西按撫使金在魯狀啓.
80) 《勘亂錄》 권 1, 3월 을축.
81) 《戊申別謄錄》 1책, 3월 17일 忠淸監司權𢢜狀啓.
黃翼再, 《華齋集》 권 5, 素患錄 戊申日記.
82) 《南征日錄》 권 1, 3월 19일.
83) 《戊申別謄錄》 2책, 3월 27일 南漢巡撫使 金東弼狀啓·3책, 4월 22일 忠州牧使金在魯狀啓.

에는 피역층과 서얼 그리고 양반을 모칭하는 세력을 비롯하여 향임, 관임을 얻으려는 자들이 대거 참여하였던 것이다.

이에 따라 반군의 세력은 크게 확대되면서 인근의 황간·회인·청안·목천·진천 등지에 반군측 수령이 파견되었다. 반군측도 "살인하지 않으며 재물을 빼앗지 않는다"라거나, "군역과 신역을 제감한다"는 등의 민정책을 반포하기도 하고 또한 민심을 회유하기 위하여 전곡과 포목을 나누어주었으며 또한 관노비에 상급을 내리고 환곡을 분급해주었다.[84] 당시 민의 자발적인 참여는 매우 광범하였다. 당시 공주에 퇴거한 양반은 일반 행인이나 상인 등이 기꺼이 참여하는 것을 보고 그 형세를 이렇게 적고 있었다.

> 밭가는 자에게 애휼을 베풀고 행인을 죽이지 않으니 思亂의 백성과 怨國의 무리가 모두 흥이 나서 용감하게 적진에 들어갔다. 적세는 날로 치열해지니, 행로에서 투입한 무리는 죽을 각오를 한 군졸이 되었다(《戊亂錄》 3월 22일).

호남에서 금위영과 어영청으로 번상하기 위해 도성으로 가던 5哨에 달하는 군병이 반군에 들었는데 그를 만류하는 양반에게 이렇게 항변하였다.

> 進士같이 국가의 은혜를 입고 국가의 養育을 받으면 국가가 이렇게 되었을 때 힘을 다하겠지만 우리 옷 우리가 입고 우리 음식 우리가 먹는 우리 '꾼'(軍)에게 국가는 무엇이겠습니까(《戊申勘亂日記》 권 1, 3월 18일).

여기에는 국가에 대한 강한 불신과 부정의식이 깔려 있음을 보겠는데 이리하여 불과 2, 3백 명으로 시작한 반군의 세력은 각처·각층의 이반세력의 궐기를 유도하며 청주를 점령한 이후에는 처음의 10여 배로 늘어났다.[85] 이처럼 반군세력은 근기·충청지방의 민심이반을 기반으로 청주에 근거지를 확보하고 그 세력을 강화할 수 있었던 것이다.

그러나 영남과 호남에서의 거병은 계획대로 이루어지지 못하였다. 안동·상주의 사족층은 피난하거나 협조하지 않았으며 좌수 등이 강력하게 반발하

---

84) 《英祖實錄》 권 19, 영조 4년 10월 무자.
《推案及鞫案》 戊申逆獄推案 권 2, 4월 5일 李廷說供.

85) 《湖西散人實記》 권 1, 年譜 本邑趙僉正某戊申日記.

였고 다른 향임층도 가담하지 않았다. 반노론의 입장을 가지고 있었던 경상좌도의 사족은 거사에 동조하지 않았던 것이다. 당론에 기대한 거병은 실패하였던 것이다.[86] 결국 안동이나 상주에 근거를 확보할 수 없다고 판단한 이능좌·정희량은 경상하도를 중심으로 기병하기로 하였다. 그들은 안음현의 50여 호의 鄕品의 협조를 얻어 안음현감을 구축하고 곧 거창현도 점령하였다. 합천 굴지의 大姓이었던 曹聖佐도 향청의 전폭적인 협조를 이끌어내고 합천군을 장악하였다. 삼가·함양 등에서는 수령이 정희량과 조성좌의 기병 소식에 접하고 방비를 서둘렀으나, 오히려 향청 등이 군사권을 장악하고 반군측에 가담하고 말았다. 이 형세는 실로 "공격하지 않았는데도 수령들이 도망가서 피흘리지 않고 석권함"과 같았다.[87] 이같은 순조로운 거사는 상주 안동과는 달리 향청이 적극적으로 참가하였으며 여기에 흉년을 당하여 제반 부세의 납부를 강요당하던 민인들이 호응하였기 때문이었다.

> 백성은 해마다 흉년으로 기갈이 들었는데 춘궁을 당하여 미포의 독납이 있으니 그 고통을 감당하지 못하였다. 이러한 차에 적의 무리가 창곡을 분급하고 그 마음을 기쁘게 하며, 소를 잡고 술을 빚어 배를 채워주니, 오로지 양민이 본심을 잃고 투입하였다(《南征日錄》 권 2, 4월 2일 慶尙監司黃璿牒報).

그러나 이 지방에서의 거병이 성공하였다고 하여도 안동·상주의 기병이 성공하지 못한 상태에서 전라좌도와 연계되지 않고서는 다른 지방으로 그 세력을 확산하기란 어려운 것이었다. 전라도에서의 기병도 주도층의 계획대로 이루어지지 않았다. 박필현의 관군 중심적 거병은 실패하였다. 그는 태인군을 이끌고 전주로 향하였으나 전라감사가 거부하자 곧바로 도망하고 말았다.[88] 녹림당과 연결하여 오랫동안 양병하며 이인좌·이호 등과 체결하였던 나주세력도 가문 내의 일부 반대가 있자 거사에 참여하기가 어렵게 되었다.[89] 고부·순창 등지의 녹림당을 지휘하였던 송하세력은 박필현과 협력하여 괘서를 살포하기는 하였으나, 군사적인 행동을 같이 하지는 않았다.

---

86)《勘亂錄》권 4, 4월 병신, 曹世樞供.
87)《南征日錄》권 2, 3월 27일 沃川郡守林世濂諜報 嶺南大元帥檄文.
88)《推案及鞫案》戊申逆獄推案 권 9, 8월 5일 李長郁供.
89)《戊申別謄錄》2책, 3월 29일 南漢巡撫使金東弼狀啓內 尹熙慶招辭.

> 무릇 임실 回美山 속에는 많은 도적의 무리가 있었는데 이 때를 틈타 작변하고자 하였습니다. … 그런데 필현의 무리와는 계략과 모의가 다른 듯 하였는데 아마 필현의 무리가 기병하여 팔로가 소란하면 저들은 그대로 호남에서 할거하고자 하였던 것 같습니다(《勘亂錄》 권 4, 4월 정유)

정세윤과 직접 체결하고 있었던 변산의 金守宗·成得夏 세력만이 적극적으로 거사에 들어갔다. 관군 중심의 전주 점령이 실패하였음에도 그들은 청주 반군과 합세하여 안성과 죽산의 전투에 참여하였다.[90]

평안병사의 거사도 이루어지지 않았다. 근기에서 모군이 한창 진행되는 3월 6일 평양으로 떠난 한세홍은 평안병사 이사성으로부터 가을을 기다려 거사하는 것이 좋겠다는 말을 들었을 뿐이다. 평안병사 이사성은 움직이지조차 않았던 것이다. 결국 근기의 반군은 청주를 점령하여 근거를 확보하였지만 부안·변산의 일부 세력을 제외하면 영남과 호남의 반군과 합세할 수 없게 되었다.

한편 정부는 용인 어비곡에 퇴거하고 있던 奉朝賀 崔奎瑞가 급변을 알림에 따라 서울에 그 내응세력이 있을 것임을 간파하고 내응을 차단하는 조치를 취하였다.[91] 정부는 궐문과 성문의 파수를 강화하고, 각 진에 금위영과 어영청의 군사를 증파하여 외방인이 성내에 유입하지 못하도록 통제하였다. 그리고 도성에 살고 있는 김일경 등의 가속이나 己巳大臣의 자손을 투옥하여 내응 가능성이 있는 세력을 검속하였다. 또한 쌀값이 등귀하면 민심이 동요한다는 이유로 세곡을 성내로 운반하였고, 재정난을 이유로 체불된 공인의 역가와 관료의 삭료를 미리 지급하였다. 이러한 치안·사회정책과 함께 都城死守論과 漢江守備令이 하달되었다. 무신당의 경중내응도 정부측의 효과적 대응으로 좌절되었다. 황해도와 강원도에는 향병징발령을 발동하였다. 그리고 소론 오명항을 도순무사로 삼아 관군을 남파하였다.

청주 반군은 각처의 동조세력에 飛檄을 띄우면서 도성으로 진격하였는데 이 과정에서도 각처의 유민·상인·화전민이 새로이 합세하여 일단 진천을 경유하여 안성·죽산에 이르렀으나 관군과의 전투에서 패주하게 되었다.[92]

---

90) 《推案及鞫案》 戊申逆獄推案 권 7, 6월 21일 高應良供.
91) 《英祖實錄》 권 16, 영조 4년 3월 갑자·병인.

이로부터 반군에 동조하였던 향촌의 사정은 크게 변하였다. 반군에 가담하였던 군관·장교층은 반군 대열에서 이탈하였다. 그들은 오히려 반군의 지도자를 체포하고 그를 토벌하는데 가담하였다.[93] 각처에서 '倡義軍門'이 결성되고 이들이 반군을 색출하는데 앞장섰다. 청주성은 사족 朴敏雄이 결성한 창의군문에 의하여 수복되었다. 창의는 주로 향소를 중심으로 속오군을 단속하고 노비층을 동원하는 차원에서 퇴각하는 반군세력의 색출 등을 담당하였다. 여기에는 경리청의 차인으로 興販料理로 민생을 침학하였거나 향임으로 荒政에서 죄를 얻어 정배된 자들도 창의에 적극 참여하였다.[94]

경상도에도 소모사가 부임하고 행정기구가 정상화되면서 사족층은 '義兵軍門'을 결성하였다.[95] 3월 말경부터 서원과 향교가 중심이 되어 가솔·가노를 징발하여 대오를 편성하였다. 서원·향교·서당·부민 등은 군자를 기부하였다. 경상좌도의 '의병군문'은 거창·안음의 경상하도 반군세력을 군사적으로 토벌한다는 것은 아니었다. 그것은 지방행정의 공백을 메우고 치안상태를 유지하는 한편 관고를 단속하고 백성이 무단으로 이탈하지 못하도록 통제하는 수준이었다. 경상하도의 진주·거창 등지의 창의는 관군의 군사행동에 따라 군량를 보조하며 첩보활동을 수행하였다. 창의는 소수의 향리가 향소를 중심으로 가솔을 동원하는 수준에서 진행되었다.

(4) 무신란의 참가계층과 그 성격

무신란은 당론으로 국왕을 선택하는 정변차원의 반정운동에서 발단하였다. 이를 초기부터 주도한 무신당은 조선 후기 격화일로의 붕당대립의 과정에서 형성되었다. 무신당에 참가한 세력은 갑술환국·신사옥·병신처분·을사반옥 등을 거치면서 노론측으로부터 '干犯名義'로 지목되었으며, 또한 반노론의 당론 때문에 관직 진출이 여의치 않았거나 뜻을 펴지 못하는 교목세가의 후손

92) 《英祖實錄》 권 16, 영조 4년 3월 계유.
93) 《湖西散人實記》 권 1, 年譜.
94) 《景宗實錄》 권 15, 경종 4년 8월 정사.
李匡德, 《冠陽集》 권 9, 湖南御史書啓別單.
《戊申別謄錄》 4책, 6월 21일 忠淸兵使趙儆狀啓·23일 湖西按撫使 金在魯狀啓.
95) 黃翼再, 《白華齋集》 권 5, 素患錄 戊申日記.

들이 적지 않았다. 그들은 "老論이 아니면 남으로 가던지 북으로 건너가는 수밖에 없다"고 하여 노론정권 아래서는 宦路가 막혀있던 세력이었다.[96] 따라서 이들의 경제활동이 권력층의 그것에 비해 원활할 수도 없었다. "우리 친구들은 가난하다"고 하였던 이유익은 '청탁·수뢰·구걸·방납'을 생활수단으로 삼고 있었다.[97] 이인좌는 "협민의 鐵治의 이익을 강탈한다"는 비판을 들었는데 광산업에 종사하였을 것이다.[98] 이런 과정에서 경제적 몰락이 심하여 이사를 하지 않을 수 없는 경우도 적지 않았을 것이다. 무신당에 가담한 이인좌·이호를 사위로 맞이한 까닭에 국청에 잡혀온 尹鑴의 넷째 아들 尹景濟는 그러한 사정을 다음과 같이 공술하였다.

> 갑술년에 경중에서 임천으로 이사하여 7, 8년을 지낸 후 다시 선세의 분총이 있는 공주로 옮겨갔습니다. 그것은 약간의 묘토를 경작하려 했기 때문입니다. 그런데 십수년 전에 장녀를 칠곡 양반가에 시집보내고 또한 칠곡인의 딸을 처로 삼은 관계로 두 군데로 姻家가 되었는데, 아들과 사위 등이 그 土俗이 淳厚하고 전토가 또한 비옥하니 2, 3인가로 경작하고 남은 땅을 병작을 주면 百口의 배고픔을 면할 것이라고 누누이 말했습니다. 가난하여 멀리 이사감이 심히 어려웠는데, 옮겨가려고 할 때에 이 몸이 妻喪을 당하여 객지에서 喪葬의 비용을 마련하기 어려워 墓下의 논을 전부 팔아 장사를 지냈던 것입니다(《推案及鞫案》 戊申逆獄推案 권 8, 7월 1일 尹景濟供).

당대의 명가였던 윤휴 후손의 경제적 몰락상은 초년에는 직접 농사를 짓지 않아도 가마와 마차를 부릴 정도로 여유가 있었으나 말년에는 입추의 땅도 없이 궁벽하게 되었음을 한탄한 李瀷의 처지를 연상하게 한다.[99] 이러한 상황에서 이유익은 "성인이 못될 바에야 차라리 임꺽정과 같이 되어야 하겠다"고 하면서 기존 질서에 강한 반감을 표출하기도 하였다.[100] 또한 여주의 조덕규 같은 사족은 강변의 漁箭 등은 1인이 세습하거나 혼자서 소유하는 물건이 아니고 강변인 모두의 公共의 물건이라는 생각을 갖고 있었는데 이

96) 《推案及鞫案》 戊申逆獄推案 권 5, 5월 7일 趙觀奎供.
97) 《推案及鞫案》 戊申逆獄推案 권 5, 5월 2일 洪啓一供.
98) 《推案及鞫案》 戊申逆獄推案 권 2, 4월 6일 金弘壽供.
99) 韓沽劤, 《星湖李瀷研究》(서울大 出版部, 1980), 26쪽.
100) 《推案及鞫案》 戊申逆獄推案 권 5, 5월 20일 洪啓一供.

역시 독점 운영의 주체가 바로 집권 사족층이라는 점에서 느끼는 비판의식의 발로였을 것이다.[101]

경종의 즉위는 이들에게 있어서는 정치진출의 호기가 되었다. 이인좌는 생포된 이후 자신의 처지를 비관하면서 "평생 술을 좋아하였는데 경종을 위하여 일을 도모한 8년간 술을 끊었다"고 한 것은 바로 경종 즉위를 정치권에의 진입의 기회로 포착하려는 염원이 그만큼 절실하였음을 토로한 것이다.[102] 그러나 경종 즉위 이후에도 소수 준소를 제외한 다수의 소론은 '간범명의'로 지목된 남인(탁남)이나 소북에 대하여 가혹한 경계를 긋고 있었던 것이다. 이들 세력에 더하여 남소탕평을 주도한 김일경 등의 준소는 영조가 즉위하자 노론을 제거하고 소현세자의 혈통에 따라 반정의 목적을 가지고 무신당을 결성한 것이다. 무신당은 선대로부터의 당론에 의한 정치적 경험의 공유 내지는 가문간의 세교와 인척으로서의 유대 등을 매개로 결성되었다.

경종 2년(1722) 간행된《錦城三稿》에 의하면 나주의 나만치·나숭대 등의 선조인 나덕명 3형제는 鄭介淸의 문인으로, 鄭汝立 사건으로 일어난 己丑獄에 연루되었지만 임진왜란이 일어났을 때에는 광해군과 鄭文孚를 도와 함경도에서 의병활동을 하였다. 그런데 나씨 3형제는 이덕형·한백겸과도 절친하였는데 바로 나만치 등도 그 혈손들인 이지인·한세홍 등과 세교를 맺고 있었다.《금성삼고》의 서문은 鄭重元과 閔昌道가 썼다. 나만치 등의 나주세력과 이지인·한세홍 그리고 정중원과 민창도의 아들인 정희량과 민원보도 모두 무신당에 들었던 것이다. 갑술옥 당시 감사를 지낸 李雲徵의 손자이며 기사대신의 1인이었던 李義徵의 종손으로 숙종 21년(1695)에 출생하였던 이인좌의 경우도 제(이능좌) 재종형(이일좌) 표종재(조세추) 4촌동서(이호) 매제(나숭곤) 등이 무신당에 가담하였다.

무신당이 당론에 따른 반정을 기도함에 있어서 외방에서 기병하고 서울에서 내응한다는 기본 계획을 수립할 수 있었음은 지방사족·토호층이 가세하고 녹림당이 이에 호응하였기 때문이었다. 토호는 지방의 상권과 수공업을

---

101)《推案及鞫案》戊申逆獄推案 권 10, 12월 26일 丁錫震供.
102)《南征日錄》권 2, 3월 24일.
《湖西散人實記》권 1 年譜.

장악하고 많은 토지를 소유하면서 노비와 협호(籬下人)를 적지 않게 거느리고 있었던 鄕曲의 부자였다.[103] 이들은 관직에 진출할 수 있는 물질적 기반은 있었을지라도 노론세가와 연계되지 않는 한 어려운 일이었다. 오히려 집권관료에 의하여 불이익을 당하거나 부당한 처분을 당하기 십상이었다. 괴산의 李時薰, 공주의 李之時 등은 노론계 관료 때문에 노비소송에서 낭패를 당하고 산소를 탈취당하기도 하였으며 노론 李縡가 대사성이었을 때 과거에 합격하고도 낙방으로 처리되었다. 또 이들은 治盜과정에서 적도의 누명을 쓰기도 하고 변산적간에서는 수령에 대항한 죄로 유배당하기도 하였다.[104] 이러한 세력이 외방에서 군사를 모집하고 군자를 제공하였던 것이며 각처의 녹림당과 체결하여 이를 동원하였던 것이다. 여기에 사회경제적으로 몰락하여 儒醫·地師로 각처를 유랑하거나 "매우 가난하여 땅과 노비도 없이 고역에 종사하거나 薪木을 파는 일"을 하였던 몰락양반도 가세하였다.[105] 이들이 거사에 적극 가담한 것은 "무신년에는 素服이 일어나는 해이다"라거나, "무신년에는 白衣書生이 조정을 채울 것이다"와 같이 무관사족을 벗어나 관직으로 진출할 수 있다고 믿었기 때문이었다.[106] 그들은 국왕선택으로 빚어진 권력투쟁을 "남아가 때를 얻을 수 있는 기회"로 삼고자 했던 것이다.[107]

무신당은 이같은 토호 및 몰락 양반을 통하여 녹림당을 동원하고 당색이 같은 사족들의 궐기를 기도하였던 것이다. 그러나 무신당에 의한 사족의 궐기와 외방토호의 거병계획은 그대로 실행되지 않았다. 외직에 나가있던 반노론 사족 관료는 그들 대부분이 이를 회피하였으며 퇴거하였거나 유배된 경우에도 그에 응하지 않았다. 부안의 토호와 변산적의 일부 동원이 있었으며 경

103) 《備邊司謄錄》 85책, 영조 5년 4월 8일.
104) 《繡衣錄》 갑오 10월 9일 京畿暗行御史魚有龜書啓 振威.
《推案及鞫案》 戊申逆獄推案 권 2, 4월 2일 李檉供·4월 6일 金弘壽供 및 권 4, 4월 25일 李之時供.
105) 《推案及鞫案》 戊申逆獄推案 권 2, 4월 2일 朴天齊供.
106) 《推案及鞫案》 戊申逆獄推案 권 3, 4월 15일 安錠·李聖·李諭一處面質 및 권 4, 4월 23일 蘇檉供·4월 30일 羅斗多供 및 권 5, 5월 10일 朴美龜·柳晉禎面質.
관작은 거사를 준비하는 과정에서 역할과 위치에 따라 제시되기도 하였는데 지방토호에게는 대체로 수령이나 만호 등의 직책이 약속되었다.
107) 《推案及鞫案》 戊申逆獄推案 권 1, 3월 20일 安樞供.

상하도에서의 몇 개 군에서의 동참이 있었을 뿐이었다. 그럼에도 청주 점령 이후 반정세력의 규모는 크게 확대되고 안성, 죽산전투로 이어졌던 것이다. 여기에는 향촌사회에서 많은 민중의 자발적 참여가 있었기 때문이다. 각처의 향족, 향품 등의 재지세력을 비롯하여 군관, 교생, 서얼 그리고 私奴, 婢夫, 通引, 官奴 그리고 군역을 지고 있는 일반민이 가세하였던 것이다. 피역층도 다수 가담하였음은 물론이다. 당시 군관·교생은 정부에서 명호를 인정한 대신 1필을 납부하도록 하는 조치에 대하여 이를 군역민으로 취급하는 것으로 혐오하였다.108) 또한 일반 농민은 인징, 첩징의 중압을 당하고 있었다. 한 반군 참가자는 그에게 부과된 군역세의 가중함을 다음과 같이 토로하였다.

이 몸의 사촌되는 敏悌는 騎兵이고 그 두 아들은 砲保軍과 軍餉保였습니다. (그들이 도망하여) 이 몸이 그들의 일족이라고 하여 3명의 身役과 還上을 납부하였던 것입니다(《推案及鞫案》 戊申逆獄推案 권 2, 4월 6일 林益齊供).

조선사회 신분제와 군역제에서의 피해계층이 대거 참여하였던 것인데, 그렇지 않더라도 당시 농민은 흉년을 당한 상황에서 각종 부세의 독려에 고통을 당하던 차이었다. 정부와 지배층은 그다지 효과적인 방안을 내놓지 못하였다. 당시 정부도 이런 사정을 인정하였다.

해마다 흉년으로 민생은 도탄에 빠지고, 정령은 고식에 머무니 부세가 백골에 사무치며, 조정은 서로 창칼을 드리대고 수령은 탐학하여 더욱 곤궁하게 되는데, 사무는 완고하여 날을 보내고 풍속은 날로 사치해졌다(《勘亂錄》 권 4, 4월 임인).

李瀷도 무신란을 지칭하지는 않았지만 병란의 배경을 설명한 적이 있다.

오로지 문벌을 숭상하면 才能人이 思亂하고 나라에 罪籍이 많으면 坐罷人이 사란한다. 政刑이 제대로 되지 않으면 忿嫉者가 사란하고 濟活이 제 때를 맞추지 못하면 困窮者가 사란한다(李 瀷, 《星湖僿說》 권 7, 人事門 衰季思亂).

---

108) 《英祖實錄》 권 7, 영조 원년 8월 갑술·권 11, 영조 3년 정월 기해.

그는 국가와 사회에 대한 광범한 이반계층의 결합에 의하여 병란이 일어남을 암시하고 있다. 국가의 민정, 형정의 실패에 따른 민심이반과 저항에서 병란의 주체적 한 조건을 찾았던 것이다. 당시 중세적 신분제와 국가정책으로 인하여 민생의 곤란을 겪거나 상승과 성장에 장애를 당하게 되었던 여러 사회계층이 지배층의 권력투쟁을 기화로 그들의 이해를 관철하고자 그에 투신하였던 것이다. 아직은 민중 스스로의 주도성에 바탕한 주체적 운동을 펼쳐나간 것은 아니었다.

이처럼 무신란은 비록 정변차원에서 시작된 것이라고 하지만 17세기 후반 이래의 하층천민 및 상민층의 운동과 상공인 세력의 움직임, 실세한 양반층의 움직임, 그리고 여기에 '극적'의 존재가 영향을 끼치며 가세하여 거대한 병란으로 폭발하였던 것이다. 따라서 무신란은 어느 한 세력의 독자적이며 자기 완결적 체계 안에서 전개된 것이 아니라 계층 내면의 취약성을 잇고 있는 여러 세력간의 상호 연대 복합에 의해 이루어졌다.

여기에서 무신란은 조선 후기 정치체제·권력구조의 내부갈등에서 발단되었지만, 유명 사족이 민중을 동원하여 감행한 최대 규모이면서 최후의 권력투쟁인 동시에 16, 17세기 이래의 고립적·국부적 민중운동의 흐름을 수용하고, 당시 각 사회계층의 이반행동을 원동력으로 삼고 있었던 데에서 조선 후기 민중운동의 질적 비약의 계기를 조성하였다고 하겠다. 이후 조선 후기 민중운동이 사족층의 탈락과 배제를 수반하면서 殘班·향임층을 주도층으로 하여 하층민을 여러 형태로 동원하였던 발전단계를 거쳐 잔반과 하층민의 일체성을 바탕으로 성숙단계로 이행한다는 사실과 연관지어 볼 때 무신란은 민중운동발전의 필연적 통과점으로서 과도적 성격을 보여주고 있다.

〈李鍾範〉

Ⅲ. 19세기의 민중운동

Ⅲ. 19세기의 민중운동

1. 서북지방의 민중항쟁

1) 사회경제적 특성과 항쟁의 배경

(1) 서북지방의 사회·경제적 특성

가. 서북지방의 사회사정

星湖 李瀷은 "關西는 우리 나라 인민이 처음 시작된 곳이나, 聖朝에서 股頑과 같이 여겨 물리쳐버렸으므로 인재가 꺾였다"[1]고 하였고, 李重煥도 서북지방에 사대부, 즉 사족이 없었음을 지적하고 있다.

> (태조가) 나라를 창건하고는 '서북지방 사람은 높은 벼슬에 임용하지 말라'는 명을 내렸다. 그런 까닭으로 평안·함경 두 도에는 삼백 년 이래로 높은 벼슬을 한 사람이 없다. 혹 과거에 오른 자가 있다 하여도 벼슬이 수령 정도였고, 가끔 臺諫과 侍從 망단자에 오른 자가 있었으나 또한 드물었다. … 또 나라 습속이 문벌을 중하게 여겨서 서울 사대부는 서북지방 사람과 혼인하거나 벗하지 않았다. 서북 사람도 또한 감히 서울 사대부와 더불어 동등으로 여기지 못하였다. 그리하여 서북 양도에는 드디어 사대부가 없게 되었다(李重煥, 《擇里志》 八道總論 咸鏡道).

이와 같이 서북지방은 중앙정부의 정치적 차별로 인하여 관직 진출이 어려웠기 때문에 사족층은 형성될 수 없었고 설사 사족이 있다 하더라도 지배세력을 형성할 만한 양적 수준을 이룰 수는 없었다. 따라서 "西土는 진정으로 토착적 기반이 있는 士夫가 없고 다만 군포를 납부하는 자와 불납하

---

1) 李重煥, 《擇里志》 星湖 李瀷 序.

는 자 사이에 약간의 구별이 있을 뿐이다"[2]라고 하듯 사족적 기반이 뚜렷하지 않았다.

한편 '儒'와 '鄕' 즉 士族과 鄕品의 구분은 사족지배체제 내의 지배계층의 존재양태를 설명하는 주요한 기준이 되고 양자의 향권을 둘러싼 갈등은 체제의 유지와 동요를 결정하는 계기로 설명되고 있다.[3] 그런데 이와 같은 유향의 분기도 서북지방에서는 나타나지 않았다. 《龍城誌》에 따르면 유임을 지낸 자는 향임에 나갈 수 있으나 향임을 지낸 자가 유임에 들어오는 것은 격례에 크게 어긋난다고 하여 경계를 정해야 한다고는 하였지만, 그것은 다만 이상적인 원칙일 뿐 실제로 儒와 鄕은 나누어지지 않았고 그것이 이 지역의 옛부터의 풍속이라고 지적되고 있었다.[4]

이처럼 서북지방에는 사족의 존재가 뚜렷하지 않았다. 따라서 지배세력의 구성이 삼남지방의 사족지배체제와는 다를 수밖에 없었다. 사족이 없었던 서북지방에서 향권을 장악하고 있던 최고의 지배계층은 향인층이었다. 향권이란 궁극적으로 경제적 지배를 의미하고 향권의 행사는 부세운영권의 장악을 통해 실현되고 있었다. 그런데 이 지역의 부세운영을 주도하던 계층은 향인층이었다. 따라서 향인층이 이 지역 최고의 지배계층인 셈이다. 그러면 향인층이 지배하는 서북지방 향권의 모습은 어떠한가. 이제 부세운영의 내용을 통해 향권의 성격을 살펴보기로 하자.

평안도 지역의 부세운영의 특징은 '邊邑無王稅'[5]란 표현에서 단적으로 드러난다. 이는 《大典會通》에 "서북의 稅穀은 본도에 놓아두고 함부로 옮기지 못하도록 한다"[6]라는 규정에서 비롯된 것으로 보인다. 즉 이 지역이 국가수세의 대상에서 제외되었다는 뜻은 아니고 다만 그 수세의 최종적 주체가 중앙정부가 아니고 지방관아였음을 의미하는 것이었다. 서북지방은 세는 거두지만 그 양이 적을 뿐 아니라 그것이 중앙정부로까지 올라오지 않고 자체 처리되고 있었다. 중앙재정과의 관계에서 상대적인 독립성이 국가수세의 집

2) 金祖淳, 《楓皐集》 권 10, 書, 上金領相載瓚.
3) 金仁杰, 〈朝鮮後期 鄕權의 추이와 지배층 동향〉(《韓國文化》 2, 1981).
4) 《龍城誌》(《朝鮮時代 私撰邑誌》 51, 平安道篇 7, 韓國人文科學院) 古今事蹟, 219쪽.
5) 《正祖實錄》 권 45, 정조 20년 8월 임진.
6) 《大典會通》 戶典 收稅.

중적 대상이었던 삼남지방에 비하여 서북지방의 부세운영을 근본적으로 다르게 한 일차적 원인이었다.[7] 더구나 앞서 보았듯이 이 지역에는 사대부가 살지 않기 때문에 사대부가 사적으로 운송하는 것도 거의 없었다.[8] 따라서 사족의 향권에 대한 간섭은 본래부터 없었다고 할 수 있다. 그러므로 이 지역에서의 부세운영권 즉 향권은 향임층이 잡고 있었으며 향임층은 이서층과는 부세운영에서 상하의 수직적 관계를 형성하고 있었다. 부세행정에서 향임층의 역할은 거의 절대적이었던 것으로 보인다.

향임층 곧 향인층이 어떻게 부세조직을 장악하여 운영하고 있었는가는 江界府의 功曹所 운영에 잘 나타나 있다. 숙종 18년(1692) 부사 裵正徽 때 작성된 규정에 따르면 공조소의 임원 및 그 담당업무는 다음과 같았다.

> 座首 1인은 禁蔘都監을 겸하고 各倉·軍器·常平·六房 및 제반 邑事를 관장한다. 別監 3인 중 1인은 官廳·禮房 등을, 1인은 府倉·兵房·刑房·司獄 등을, 1인은 營繕·工房·田案 등을 각각 담당한다. 다만 지금은 전안의 경우 例兼을 罷하고, 都監을 따로 정하되 좌수를 거친 부류 가운데에서 擬望하여 差出한다(《七郡圖經》 江界誌 功曹所(《朝鮮時代私撰邑誌》 55, 平安道篇 11, 62쪽).

여기서 좌수와 별감이 부세행정 전반에 관한 업무를 관장하고 있었음을 알 수 있다. 그런데 이러한 좌수와 별감의 차출 규정을 보면, 좌수는 향사당 執事가 좌수를 望報하는데 鄕先生에게서 추천을 받은 후 時任鄕長 및 都公司員과 상의하여 차출토록 하였다. 별감은 좌수가 망보하는데 역시 鄕執事가 향선생의 추천을 받은 후 향장 및 도공사원이 재결하여 首·副·末·從으로 순서를 정한 망단자를 공조소로 이송하면 공조소는 官家에 轉報하여 차출하도록 규정하였다. 이상에서 알 수 있듯이 좌수의 차출은 전적으로 향인층의 자율적 결정에 따르고 있으며, 별감의 경우만 부분적으로 지방관의 통제를 받아 차출하도록 하였다. 그리고 이 좌수와 별감이 일읍의 부세행정을 모두 관장하고 있었다. 이처럼 부세권을 조직적으로 확고히 장악하고 있었기 때문

7) 高錫珪, 〈18세기 말 19세기 초 평안도지역 鄕勸의 추이〉(《韓國文化》 11, 1990), 346~347쪽.

8) 李重煥, 《擇里志》 卜居總論 生利.

에 향인층은 거의 절대적인 향권을 행사할 수 있었다.

사족이 거의 없었던 서북지방의 최고의 지배계층은 바로 이 향인층이었다. 丁若鏞이 田政 운영으로 井田九一法에 다음가는 좋은 법으로 들고 있는 이른바 '西北之法'[9] 역시 이서층보다는 마을의 호걸로 표현되는 향인층에 의한 부세운영방식을 지칭하는 것이었다. 더구나 "남쪽지방의 아전들은 교만하고 사치하고 방자하여 아전 자리를 대대로 전하는 일이 드물어서 오히려 북쪽의 아전이 그 자리를 오래 지키는 것만 같지 못하니 역시 아전에게도 복된 일이 아니니다"[10]라고 하여, 아전 즉 이서층이 향인층의 통제 아래 부세운영에 종속적으로 참여하여야 할 뿐 아니라 그렇게 하는 것이 이서층 스스로에게도 좋다고 하였다. 鄕人-吏胥의 계서적 관계가 서북지방의 부세조직의 특징이며 이는 향촌지배의 바람직한 질서로 이해되고 있었다.

이러한 지역적 특성을 갖는 서북지방의 지배질서 곧 향인층에 의한 지배질서는 16세기 중반경 율곡향약의 시행을 계기로 서북지방 일대에 자리잡기 시작하였고, 특히 평안북도 지역은 임진왜란 때의 군공을 계기로 그들을 중심으로 확고하게 운영되고 있었다. 그러다가 18세기 중엽을 고비로 그 때까지 약 200여 년간 유지되어 왔던 향인들의 지배질서에 동요가 나타났다. 즉 영조 35년(1759)에 도신 閔百祥이 그 폐단을 지적하여 新鄕의 許錄을 금지시켰다는 것은 그 동요의 증거였다. 新鄕許錄의 금지에 따라 '鄕廳'이란 이름도 혁파되었다. 더구나 정조 14년(1790) 정주에서의 新鄕濫錄의 일, 이른바 정주 매향사건으로 인하여 용천부의 鄕錄은 벽 속에 넣어 봉해버리고 감히 追錄하지 못하게 하였다.[11] 정주의 향사당도 신향들의 紛拏 때문에 營門의 分付에 따라 혁파되었다.[12] 다만 그 후 순조 2년(1802)에 의주의 경우, 부윤 任焴에 의해 향사당이 개건되었고, 이와 같은 내용이 기록된 읍지 《龍灣誌》가 순조 10년에 간행되었으며, 정조 20년(1796)에 간행되는 《龍城誌》에서는 향록이 봉해진 후 기존의 鄕班들이 '留鄕先生案'이란 것을 읍지에 신설하여 향안에

---

9) 西北之法에 대해서는 고석규의 앞의 글, 349~350쪽 참조.
10) 《牧民心書》 戶典 稅法.
11) 《龍城誌》(《朝鮮時代私撰邑誌》 51, 平安道篇 7) 留鄕, 158~160쪽.
12) 《定州邑誌》(《朝鮮時代私撰邑誌》 48, 平安道篇 4) 公署, 286쪽.

대신하려고도 하였다.[13] 이는 기존의 향인층이 신향의 성장에 따라 상실하여 가던 그들의 지배력을 명분적으로나마 만회해보려는 시도들이었다. 그러나 18세기 중엽을 지나면서 신향층에 의한 향촌질서의 재편은 되돌릴 수 없는 추세로 진행되어 나갔다. 다만 신향층의 성장에 따른 향권의 동요는 이들에 의한 지배질서가 정립되는 과정에서 洪景來亂을 일으키게 되었고, 난이 실패로 끝난 결과, 향권의 주도세력이 전면적으로 재편됨에 따라 또 다른 변동을 겪게 되었다.

나. 서북지방의 경제적 특성

《經世遺表》에서 "서북 두 도는 땅은 넓으나 사람이 드물고, 평탄한 田地가 아주 적다. 그런데 인삼·돈피·은·베와 어획의 이익이 또한 많으니, 남도에 시행하는 법으로써 셈할 수 없다"[14]라고 하여 서북지방 경제사정의 특수성을 지적하였다. 즉 농업 자체로서의 이익보다는 상업적 작물과 기타 상업적 물품이 오히려 경제적 부의 축적 기반이 되고 있었다. "공·상 두 직업은 그 이익이 농부보다 후"[15]하기 때문에 상업의 발달은 이 지역의 부를 증대시키는데 유리한 조건을 마련하고 있었다. 이 점은 다음의 기록에서 확인할 수 있다.

> 關西 一路는 밭에서 두번 거두는 것이 없어서 사람들이 상업을 좇아 행합니다. 生穀은 南土보다 못하나 聚貨는 어떤 지역보다 낫습니다(《日省錄》 순조 8년 9월 7일).

이처럼 평안도는 농업보다는 상업적 이익이 어느 지역보다 뛰어났다. 한편 상업 중에서도 국내시장보다는 대중국무역이 중심이었다. 大國人의 去來는 거의 없는 날이 없었다고 할 정도였다.[16] 《擇里志》에서는 평안도 지역의 대중국무역을 다음과 같이 설명하였다.

---

13) 《龍城誌》 留鄕.
14) 丁若鏞, 《經世遺表》 권 4, 天官修制, 郡縣分等.
15) 丁若鏞, 《經世遺表》 권 5, 地官修制, 田制 3.
16) 《正祖實錄》 권 12, 정조 5년 7월 경오.

> 평양과 안주 두 고을은 큰 도회지로 되어, 저자에 중국 물품이 풍부하다. 장사치로서 중국에 가는 사신을 따라 왕래하는 자는 매양 많은 이익을 얻어서 부유하게 된 자가 많다(李重煥, 《擇里志》 八道總論 平安道).

> 밑천이 많은 큰 장사를 말한다면 한 곳에 있으면서 재물을 부려, 남쪽으로 왜국과 통하며, 북쪽으로 중국의 연경과 통한다. 여러 해로 천하의 물자를 실어 들여서 혹은 수백만금의 재물을 모은 자도 있다. 이런 자는 한양에 많이 있고, 다음은 개성이며, 또 다음은 평양과 안주이다. 모두 중국의 연경과 통하는 길에 있으며, 큰 부자로 되는 바, 이것은 배를 통하여 얻는 이익과 비교할 바가 아니며, 삼남에도 이런 또래는 없다(李重煥, 《擇里志》 卜居總論 生利).

평안도 지역의 대중국무역이 가장 큰 利源임을 지적하였다. 매년 정기적으로 진행되는 공무역뿐 아니라 潛商이라 불리는 밀무역도 대규모로 진행되고 있었다. 때로는 밀무역이 더 큰 비중을 차지할 때도 있었다.

이에 따라 대청무역로상에 있는 일대 관문이자 灣商의 근거지였던 의주 또한 대외무역의 중심지로서 주목되고 있었다. 의주를 거치는 사무역 물품은 1/10로 과세되었으며, 그 세액은 영조 24년(1748)에 약 8천 냥이었으나 헌종 7년(1841)에는 71, 520냥으로 크게 증대되었다.[17]

그리하여 18세기 말 19세기 초가 되면 평양의 柳商과 의주의 灣商 및 안주 상인들은 서울의 京商, 개성의 松商들과 어깨를 나란히 하여 전국의 상권을 장악하고 국내의 상업에서 주도적 역할을 하였다.[18] 정조 22년(1798)에는 祥原郡의 경우, 民願에 따라 商船이 모이기 편리한 곳으로 邑治를 옮기는 일까지 있게 되었다.[19]

함경도 지역의 원산도 신흥 상업도시로 등장하여 전국적 상업의 발달을 촉진하였다. 특히 서울과 원산을 잇는 東北捷路의 商業路로서의 三防路가 열리고 京商鄕賈들이 모두 이 길을 이용하게 됨으로써 그 발전을 더욱 촉진하였다.[20] 순조 원년(1801)경에는 雪雲嶺도 열리게 되어 鐵嶺路 하나였던 것이

---

17) 오종록, 〈비변사의 정치적 기능〉(《조선정치사 1800~1863 하》, 청년사, 1990), 557쪽의 주 62).

18) 홍희유, 〈1811~1812년 평안도 농민전쟁과 그 성격〉(《봉건지배계급을 반대한 농민들의 투쟁(이조편)》, 과학원 역사연구소, 1963), 58쪽.

19) 《正祖實錄》 권 49, 정조 22년 7월 병인.

三路로까지 늘어났다.[21]

수공업 생산 역시 18세기를 전후하여 서북지방에서 현저히 발전하였다. 영변·성천 등은 견직업의 주요 산지였다. 안주는 19세기에 들어오면서 견직업의 중심지가 되었고, 야장업도 발전하고 있었다. 19세기 초를 전후한 시기부터는 정주의 納淸 場市와 박천군 용계면 일대를 중심으로 유기점의 수준을 넘어서는 유기 공장수공업이 발전하고 있었던 것으로 보인다. 한편 광산경영에서도 새로운 요소가 발생하였다. 특히 서북지방에서는 대청 은자무역과 관련하여 금은광산의 채굴이 급속히 진행되었다.[22]

이러한 사회적 분업의 발전과 상품생산의 발전은 앞서의 상업적 성장을 더욱 추동하였고 이를 통해 부를 축적한 세력들이 신향층의 모집단을 형성하여 나갔다고 보여진다.

(2) 매향과 향권의 동향

18세기 초 戊申亂을 겪으면서 '鄕戰'이라고 불리는 사회세력간의 대립현상이 향촌사회의 일상적인 문제로 대두되고 있었다. 영조 38년(1762) 7월 潭陽鄕戰을 계기로 각 도의 향전을 금하라는 명령이 내려지게 됨은 향전이 그만큼 사회적 문제로 인식되고 있었음을 뜻한다.[23] 이와 같은 향전 전개의 이면에는 경제력을 바탕으로 신분을 상승시켜 향권에 참여함으로써 그들의 부를 유지, 확대시키고자 하는 새로운 사회세력 즉 '신향'의 대두가 놓여 있었다.

서북지방의 경우는 향전이 없었던 것은 아니지만, 영조 38년 太學掌議 徐浩修가 호남지방의 향전과 비교하면서 "서북지방에도 또한 향전은 있지만 이는 무식한 자들의 일에 지나지 않습니다"[24]라고 가볍게 취급하고 있었음을 보아도 향전 자체가 큰 비중을 점하고 있지는 않았다. 그것보다는 오히려 매향이 문제가 되고 있었다. 그런데 매향에는 신향층의 경제적 성장을 전제로 한 신분상승 욕구와 동시에 수령의 부민침탈이라는 양면성이 있었다. 따

20) 《正祖實錄》 권 24, 정조 11년 9월 계사.
21) 《日省錄》 순조 원년 3월 16일.
22) 홍희유, 앞의 글, 52~55쪽.
23) 金仁杰, 앞의 글, 190쪽.
24) 《承政院日記》 1208책, 영조 38년 7월 20일.

라서 서북지방에서 두드러지는 경제적 성장을 바탕으로 등장하고 있던 신향층은 매향을 통해 향권장악이라는 정치적 성과를 얻기보다는 수령권에 의한 수탈의 대상으로 전락하고 있었다.

이 지역의 향전으로는 영조 51년(1775) 9월의 北青鄕戰을 비교적 앞선 것으로 들 수 있다.[25] 李彦溥가 북청부사로 있을 때 그의 집이 任所인 북청에 가까운 까닭에 인족들이 관아의 일에 끼어들게 되었고 이로 인해 뇌물이 공공연히 돌고 청탁행위가 낭자했다고 한다. 그런 가운데 그의 가까운 친척을 향임으로 차출하여 그 말만 따르자 이 때문에 향전이 야기되고 있었다. 즉 북청향전은 수령이 인척과 손을 잡고 향권을 농단하자 기존 향임층이 반발한 데서 비롯된 것으로 통상적인 신·구향의 대립과는 조금 다른 모습을 보이나 향권을 둘러싼 대립이란 점에서 향전이라 불렸던 것이다.

그로부터 얼마 후 황해도 곡산부사 李奎緯의 매향사건이 문제가 되었다.[26] 매향 사건 당시의 향임이었던 자의 아들이 정조가 永陵에서 돌아올 때 길을 막으면서 곡산부사의 일을 고발하였다. 부사 이규위가 향교를 옮긴다는 명목으로 매향전 6,000냥을 거두어 그 중 4,100냥을 자기 주머니로 넣어버렸는데, 이 일과 관련하여 그 때 향임으로 있던 자신의 아버지가 매향을 종용하였다는 죄로 황해도관찰사 趙尙鎭에 의하여 옥에 갇히게 되었다는 것으로,[27] 무고함을 들어 아버지의 방면을 청하였다. 정조는 이에 대해 사실을 조사하여 보고하도록 하였으나, 다만 부사에 대해서는 어떠한 처분도 없었다. 그러자 정언 李益運이 이는 탐관에 대한 징계로는 성실하지 못하다고 하여 다시 처벌을 요구하였다. 그리하여 황해도관찰사 조상진에게 사정을 조사하여 보고케 하였다. 그 조사보고에 의하면 이규위가 매향을 한 사실이 있었을 뿐 아니라 刑杖을 따로 만들어 법을 어기고 함부로 사람을 죽인 일까지 있었음이 알려지게 되었다. 그러나 이규위는 이를 조상진의 誣告라고 반발하였다. 그로부터 논의가 분분하여 처벌을 결정하지 못하다가 무려 2년이 지난 후의 여름에 비로소 이규위를 求禮縣에 유배하기로 결정하였다. 처벌이 지지

25) 《英祖實錄》 권 125, 영조 51년 9월 계유.
26) 《正祖實錄》 권 10, 정조 4년 10월 기사.
27) 《承政院日記》 1475책, 정조 4년 11월 22일.

부진했던 것은 이미 중앙관료들이 이 매향사건에 직간접적으로 관계하고 있었기 때문이었다고 추측되며, 동시에 매향이 지방관을 통한 집권세력의 부의 증식 수단이 되고 있었음도 엿볼 수 있다. 더구나 이규위는 정조 11년(1787)에 병조참의가 되어 정계에 복귀하였다.[28]

정조 9년 12월에 정언 申馥은 "향임 자리를 강제로 파는 일은 西路가 더욱 심합니다. 이규위의 일로 보건대 그 폐원이 이미 고질이 되었음을 알 수 있습니다"[29]라고 하여 매향은 평안도 지역이 특히 심하며 곡산부사 이규위의 경우를 매향사건의 전형적 예로 보고 있다. 수령의 殿最에 '自備穀論賞之法'이 적용됨으로 인하여 自備穀(수령이 스스로 마련하는 곡)의 확보를 위해 향임 자리를 강제로 팔거나 國穀에 농간을 부리는 일이 빈번하게 일어났고, 이를 통해서 부민에 대한 침탈이 행해지고 있었음은 이 당시 일반적 상황이었다.[30] 南關(함경남도에 해당)에서도 이미 賣鄕賣任은 賑政에서 수령이 자비곡의 수효를 늘리는 데 이용되고 있었다.

물론 매향이란 향전을 일으키는 원인이 되기도 하였기 때문에 양자를 전혀 별개의 것으로 볼 수는 없다. 그러나 향전이란 향권을 둘러싸고 상호 견제할 수 있는 두 세력간의 대립이란 정치적 성격이 우선이라면, 매향이란 일종의 경제적 수탈행위에 더 비중이 있었다고 보여지기 때문에 그 사회적 의미는 달랐다. 매향에는 '재물을 받고 향안에 올려주는 것(納財而陞鄕)'과 '청탁을 받고 향임으로 임명하는 것(受囑而差任)'의 두 가지 유형이 있었다.[31] 전자는 매향 중에서 소극적 행위로 개별적 신분상승의 의미만을 지닐 뿐 향권의 행사와는 무관한 것이었다. 따라서 당초부터 부민침탈의 주요 수단이 되고 있었다. 후자는 보다 적극적인 매향행위로서 향권의 행사에 영향을 미칠 수 있었다. 그러나 후자의 경우도 초기 단계에서나 그것이 가능했을 뿐 시간이 흐름에 따라 '5~6일 만에 바꾼다(五六日而遞)'거나 '아침에 내려주고 저녁에

28) 《正祖實錄》 권 23, 정조 11년 5월 을미.
29) 《正祖實錄》 권 20, 정조 9년 12월 을묘.
30) 《正祖實錄》 권 40, 정조 18년 7월 무신.
高錫珪, 〈19세기 전반 鄕村社會勢力間 對立의 推移〉(《國史館論叢》 8, 1989), 167쪽.
31) 《日省錄》 정조 11년 4월 16일.

바꾼다(朝除暮改)'32)라고 함에 이르러서는 역시 향권의 행사와는 거리가 먼 일이었고, 수령에 의한 수탈 수단으로 이용되고 있었을 뿐이다. 따라서 그 즈음의 매향은 향전의 원인이 된다기보다는 수령의 부민침탈의 수단이 되고 있었다.

한편 이규위가 무고라고 반발하자 이에 대하여 조상진이 "혹자는 이규위가 본부의 吏·鄕으로부터 질시를 받아 이·향들의 무고함이 이와 같다고 할 지 모르나 이는 당사자가 스스로 사실을 잘 알 것입니다"33)라고 한 말은 향권의 동향과 관련하여 주목된다. 이는 매향에 대한 이·향층의 일정한 협조에도 불구하고 이·향층이 수령을 질시할 정도로 매향을 통한 이득의 대부분이 수령에게 돌아가고 있었음을 엿보게 해 준다. 수령과 이·향층간의 결탁마저 배제할 정도로 수령권이 일방적으로 행사되고 있었던 것이다. 따라서 매향이란 수령의 부민수탈의 수단이었고, 나아가 수령권에 대한 이·향층의 반발을 초래하는 계기가 되고 있었다. 이처럼 매향은 부민층의 수령권에 대한 반발을 초래한 주요한 요인의 하나였다.

정조 14년(1790) 3월에 관서암행어사 李晃膺은 관서의 弊源으로서 糶糴, 金店과 함께 鄕任을 지적하면서 다음과 같이 그 이유를 설명하고 있다.

> 關西一路에는 본래 簪纓世族이 없어서 향리에서 중하게 여기는 것은 儒鄕의 자리에 지나지 않습니다. 이로써 門戶를 유지하고 이로써 婚嫁를 얻기 때문에 죽음을 무릅쓰고 차지하고자 함이 名官 자리보다 심합니다. 한뜻으로 깊이 뚫고 들어가 인연을 맺고 백 가지 꾀를 내어 청탁합니다. 부자는 천금을 아깝게 여기지 않고 빈자도 서로 앞서 다툽니다. 수령된 자는 문득 많은 뇌물에 움직이고 긴밀한 청탁에 끌려서 방자히 팔아버리니 官政의 혼란과 民風의 紛競이 여기서 벗어나지 않습니다(《正祖實錄》 권 30, 정조 14년 3월 갑진).

이처럼 매향은 봉건적 체제 내에서 보다 나은 지위를 얻기 위하여 또는 부세수탈의 대상으로부터 빠져나오기 위하여 향촌민의 입장에서 필요한 수단으로 인식되었고, 수령은 사사로이 부를 축적할 수 있는 교묘한 수단으로

32) 《日省錄》 정조 14년 3월 28일.
33) 《承政院日記》 1475책, 정조 4년 11월 22일.

이용하고 있었던 것이다. 더구나 이를 견제할 대항세력으로서의 사족층마저 존재가 뚜렷하지 않았기 때문에 매향이 더욱 용이하게 확산될 수 있었다. 그리하여 정조가 "西邑의 수령으로서 매향의 이야기가 없으면 가히 善治라 할 수 있다"[34]라고 하기에 이르렀다.

같은 해 4월 정주목사 吳大益에 의한 매향사건은 매향이 지니는 수탈로서의 측면을 여실히 드러내고 있으며, 그것이 이미 지배계급의 위계질서 속에서 공공연히 자행되고 있었음을 보여준다.

사건의 경과와 매향사건의 실상은 다음과 같다. 오대익이 정조 12년(1788) 8월 정주에 부임하여 보니 각종 민고가 텅비어 수용을 감당할 수 없었다. 그리하여 營門에 가서 감사 金履素(현 호조판서)에게 민고가 텅비어 변통하지 않을 수 없다고 하여 鄕案을 이용하거나, 營錢 4만 냥을 빌려주거나, 大同庫田土를 發賣할 수 있도록 해줄 것을 청하였으나 허락을 얻지 못하였다. 이듬해 초봄에 본읍의 향인들이 鄕會를 열어 해결책을 논의하였다. 그리하여 향인 수십 명이 향안을 개수하여 禮錢을 받아 민고를 보충하도록 하는 일로 영문에 정소하여 題辭를 받아 왔다.[35] 그런데 정주에는 계사(숙종 39년 ; 1713), 임술(영조 18년 ; 1742), 무술(정조 2년 ; 1778)의 세 가지 향안이 있었다. 임술록은 목사 金致垕가 민고를 보충하기 위하여 수정한 향안이었고, 그 후 목사 李洡·鄭昌順도 모두 민고의 罄竭 때문에 향안을 고치면서 예전을 받아 민고를 보충하였다. 그리고 10년이 지나면 다시 수정한다는 뜻으로 절목을 만들어 두었다. 따라서 오대익은 무술년으로부터 12년이 지났고, 감사가 이미 허락하였고, 전례가 또한 이와 같음을 들어 향안개수작업을 시행하였다. 文·

34) 《日省錄》 정조 14년 3월 17일.

35) 題辭가 있었는지의 여부는 불분명하다. 당시 좌수는 목사가 營門에 나아가 의논한 뒤 錄案을 허락하고 禮錢을 받아 各庫를 보충하도록 鄕中에 분부하였다 하고, 감사 김이소는 허락한 적이 없다고 하며, 오대익은 향인들의 정소로 제사를 받을 수 있었다고 하여 각각 진술에 차이가 있다. 이 점은 사실상 책임소재와 직결되는 문제이기 때문에 이렇게 엇갈렸던 것으로 보인다. 오대익이 나중에 향인배의 종용에 의하여 그렇게 했다고 진술하는 것으로 보아 감사는 명백히 문서로 허락하지는 않았지만 사실상 묵인하였던 것으로 보이며 향인배들과 오대익의 이해가 일치하여 향인이 주도하고 오대익은 거기서 사적 이득을 취했던 것으로 보인다.

蔭·武 每姓 1인씩 합 80여 인을 有司로 차출하여 그 일을 주관케 하였다. 그렇게 하여 入錄한 총수는 邑案이 384인이었으며, 좌수의 진술에 따르면 지위의 고하에 따라 예전의 다소를 정하여 거둔 총수가 46,849냥이었다(오대익은 45,300여 냥이라고 함). 그리하여 그 돈의 일부를 各庫에 나누어 주어 밀린 빚을 갚게 했고 혹은 各坊에 매호 1냥씩 나누어 주어 殖利하여 防役케 하였고, 혹은 門樓將臺의 보수에 혹은 軍器鋪陳을 새로 갖추는데에 사용하였다. 그러나 평안도관찰사 沈頤之의 장계에 따르면, 예전을 지나치게 많이 거두었고 그 절반을 오대익이 사사로이 사용하였으며, 有司·首鄕 등이 약 1,300여 냥을 받아먹었고, 그 밖에도 몰래 받은 賂錢을 조사해낸 것이 14,400여 냥이었다. 문루장대 등의 보수에는 기껏해야 천백 정도밖에는 안들어 갔고 필시 거의 대부분이 乾沒된 것으로 보고하였다. 그러면서 鄕錄은 가장 교묘한 취렴의 수단이고 가장 혹심한 수탈이라고 하였다.

그런데 오대익은 당시 좌의정 蔡濟恭의 처남이었다. 따라서 정조의 놀라움도 의외로 컸지만 오대익의 처벌을 논의하는 자리에 대신들은 병을 핑계로 의견을 제시하지 않을 정도였다. 그러나 결국 오대익은 南海縣으로 유배되었고, 新鄕案 수정에 주도적 역할을 한 原鄕들인 辛漸과 白仁煥은 섬으로 유배되었다.

그런데 이 신향안의 처리를 놓고 대신들 사이에 또 논의가 제기되었다. 이 때 채제공은 향안에 입록된 것을 爻周하는 것, 즉 예전을 함부로 거두어 이미 敗家亡身하게 하고서 이제와서 그것을 지워버리는 것은 다시 정부가 그들을 속이는 것이기 때문에 부당하고, 이미 써버린 錢貨를 거두는 것은 불가능하다고 하여 감사와 수령 그리고 首倡한 향인을 처벌함에 그칠 것을 청하였다. 반면에 우의정 金鍾秀는 민에게서 거둔 돈은 돌려주는 것이 法理에도 마땅할 뿐 아니라 大懲創의 방도가 될 수 있으며 新舊案을 효주하여야 道臣의 일이 체모를 얻을 수 있다고 하여 다른 의견을 내놓았다. 이에 정조는 예전의 거의 절반을 防役과 防債에 써버렸기 때문에 오히려 소요만 일으킬 뿐이니 錄案은 태우지 않는 것이 옳다고 결정하였다.[36]

36) 《正祖實錄》 권 30, 정조 14년 5월 병인·무신.

이는 이미 피폐한 지방재정에 대한 근본적인 개혁방안을 마련할 수 없었던 상황에서 비록 불법적이긴 하나 매향과 같은 수단마저 철저하게 배제할 수 없었던 사정을 엿보게 한다. 따라서 이러한 결과로 인하여 매향은 이후에도 결코 줄어들지 않았으며 오히려 재정보전을 위해 더욱 적극적으로 이용할 수 있는 소지만 마련해 준 셈이 되었다. 다만 오대익 사건은 '懲貪之典'의 선례로 인용되는 정도에 그쳤던 것으로 보인다.[37] 그리하여 마침내 순조 8년(1808)에는 "西路의 폐막은 매향보다 더 큰 것이 없다"[38]는 지적이 나올 지경이었다.

물론 매향행위는 단지 지방재정의 보전에만 활용되었던 것은 아니었다. 이를 틈타 수령과 원향층의 사적 이득의 추구욕이 상승함으로써 궁극적으로는 부민침탈의 결과를 초래할 수밖에 없었다. 그리고 매향을 통해 얻은 향안입록이나 향임직은 향권에 실제적 영향력을 행사할 수 있는 것은 아니었기 때문에 더욱 수탈의 의미가 부각될 뿐이었다. 정주의 경우에서 여실히 드러나듯 매향은 수령과 밀착된 원향들에 의해 주도되고 있었다. 따라서 원향과 신향간의 대립은 존재하지 않았다. 더구나 원향들이 그렇게 해서 들어온 신향들에게 향권을 양도할 리는 없었을 것이다. 따라서 매향은 향권의 교대와 직접적으로 관련되지 못했다. 그러나 이와 같은 매향이 대대적으로 이루어진다는 것은 그만큼 기존의 지배질서가 동요되고 있었음을 의미하는 것이었다. 신향층의 양적 진출의 확대는 결국 향권의 교대라는 질적 전환으로 나아가는 과정이었다.

한편 같은 해 3월 관서암행어사 李晃膺의 서계에 따르면, 관서에서 조사대상으로 정한 11개 지역 중 5개 지역에서 매향이 행해지고 있었는데 愛妾, 至親 또는 妖妓 등이 중심적 역할을 행하는 등 매향 자체가 수령과 지극히 사적인 관계에 있는 자들을 통하여 이루어지고 있었다. 매향이 '신향층의 향권에의 접근'과는 거리가 먼 행위가 될 수밖에 없게 된 사정의 일단을 여기서도 엿볼 수 있다. 冊客·傔人·房孌 등 수령권을 둘러싼 사적 관계가 향촌사회의 제반 조직적 기구에 우선한다는 것은 향촌 사회세력들간의 정치적 조절기능이 상실되어 가고 있었음을 단적으로 보여주는 것이었다.[39]

37) 《純祖實錄》 권 9, 순조 6년 6월 신사.
38) 《日省錄》 순조 8년 8월 8일.

이처럼 매향의 의미는 향권에 대한 접근이라기보다는 군역의 면제 등 부세침탈대상으로부터의 탈피라든가 신분상승에 대한 개별적 욕구의 실현 등에 제한되어 있었던 것으로 보여진다. 따라서 매향은 부민침탈이란 결과를 초래할 수밖에 없었을 것이다. 매향은 곧 수령권의 부민수탈의 적극적 수단의 하나일 뿐이었다.

(3) 중앙권력의 구조적 수탈

19세기를 전후한 시기에 중앙의 정치집단에는 京華巨族이라는 서울에 근거를 둔 명문벌족이 대두하여 정치권력을 장악하여 나갔다. 이는 부의 비중이 농업에서 점차 상업을 바탕으로 한 유통경제로 옮아가고 이에 서울이 그 중심지로 되고 있었음과 궤를 같이 하는 현상이었다.[40] 이제 지방에 근거를 둔 정치집단이란 중앙정치의 역학관계에서 더 이상 의미를 지닐 수 없었다. 한편 吏曺 郞官權의 폐지를 계기로 명예를 바라는 마음들이 없어지고 오로지 사리만을 쫓기 때문에 외직을 중히 여기고 내직을 가볍게 여기게 되었다. 모두 감사나 수령이 되고자 하며 염치 따위는 아주 버려서 뒤돌아보거나 꺼리는 일이 없었다.[41] 名州 饒邑의 수령으로 나가기를 바라는 '乞郡'의 폐라든가,[42] 朝士들이 '군읍을 다투는 일(郡邑之爭)'이 근래의 고질적 폐단이 되었다든가 하는[43] 지적들은 이제 지방사회가 이러한 중앙정치집단의 침탈에 무방비적으로 노출될 수밖에 없었음을 알게 하여 준다.

중앙권력으로부터의 침탈은 수령권을 매개로 구조적으로 자행되었다. 따라서 수령권은 중앙권력으로부터 비호될 수밖에 없었다. 그렇기 때문에 수령권은 관주도 향촌통제의 매개로서, 강화의 측면에서 논의되었다. 정조 19년(1795)에 수령권 남용이 문제가 되었던 창원부사 李汝節 사건의 경우에 '수령의 권한이 없어짐(命吏無權)'을 우려하여 가벼운 형벌에 그치고 있었음은 그

---

39) 高錫珪, 〈19세기 前半 鄕村社會 支配構造의 성격 －'守令－吏·鄕 수탈구조'를 중심으로－〉(《外大史學》 2, 1989), 97쪽.
40) 高東煥, 〈18·19세기 서울 京江地域의 商業發達〉(서울大 博士學位論文, 1993).
41) 李重換, 《擇里志》 卜居總論 人心.
42) 《英祖實錄》 권 65, 영조 23년 6월 경자.
43) 《英祖實錄》 권 67, 영조 24년 4월 병자.

좋은 예이다. 이런 상황 속에서 수령권의 남용은 정조대에만도 여러 차례 지적되고 있었을 만큼 일상적 현상으로 확대되어 갔다. 이와 같이 수령권 강화의 이면에 존재하던 수령권 남용현상은 19세기에 들어 왕권이 그에 대한 통제력을 상실하자 더욱 왜곡되어 나타났다.[44]

순조 16년(1816)에는 고창현감 徐良輔가 官廳의 吏胥와 그 아버지를 때려 죽이는 일이 발생하였다. 이에 대하여 좌의정 韓用龜는 선조대 함경남도절도사 蘇瀹이 개인적인 원한으로 북도의 官奴 2인을 죽였을 때 李珥가 "사람을 죽인 자는 죽인다(殺人者死)"는 법에 따라 용서할 수 없다고 하여 그대로 되었는데, 서양보의 경우도 거기에 해당하지만 그가 지금 죽인 자는 官長을 詬罵한 下吏이기 때문에 '傷命'으로 처리한다면 官과 吏의 위계가 무너질 것이라 하여 次律로 처리할 것을 청하여 그렇게 되었다.[45] 여기서도 수령권 보호가 우선되고 있었음을 볼 수 있다. 수령의 고과에 대한 평가도 문란해졌다. 그 중에서도 재상들의 자제나 豪富世族 출신의 수령들에 대하여는 臺臣들도 공격하지 않았고 형법도 미치지 않았다. 따라서 이익은 오로지 이들 勢家에게만 돌아가고 있었다.[46]

수령은 권문과 연결되어 있었고 그 중에서도 특히 서북지방이 그러하였다. 영조 51년(1775) 9월에 대사헌 李溎는 "大臣들이 수년 동안 일삼은 것은 貨利의 문을 크게 열어 놓은 것에 지나지 않는다"라고 하여 그 탐학을 비난하고, 이어서 그 근거로 대신이 강계부사에 武臣 李達海를 천거해 줄 것을 이조판서에게 청탁했던 사실을 지적하였다.[47] 또 정조는 평안도관찰사 沈頤之를 불러 자리에 합당치 못한 수령이 많이 있다고 하면서 "경은 수년 동안 正卿의 지위에 있으면서 어찌하여 이러한 무리들을 두려워 하는가. 迎送의 폐를 염려하지 말고 반드시 懲礪의 道를 생각하라"[48]고 할 정도로, 관찰사는

44) 金仁杰, 〈19세기 전반 官主導 鄕村統制策의 위기〉(《國史館論叢》 6, 1989), 172~173쪽.
高錫珪, 앞의 글(1989b), 90~93쪽.
45) 《純祖實錄》 권 19, 순조 16년 3월 기해.
46) 《正祖實錄》 권 3, 정조 원년 4월 기미.
47) 《英祖實錄》 권 125, 영조 51년 9월 신해.
48) 《正祖實錄》 권 29, 정조 14년 2월 갑인.

수령에 대한 견제 역할을 거의 방기하고 있었다. 정조 원년(1777) 6월에는 평안도관찰사 徐命膺이 寧遠郡守에 대한 殿最를 잘못했다고 하여 파직되는가 하면,[49] 순조 5년(1805)에 평안감사 李勉兢은 전최에서 수령의 경우 下로 평가한 사람이 한 사람도 없었고, 邊將의 경우도 中이나 下로 평가한 사람이 하나도 없었다고 하여 추고되었다.[50] 평안도청남암행어사 洪秉喆은 미친 도깨비와 같은 행위를 하였다고 비판받기도 하였고,[51] 청북암행어사 李元八과 함께 뇌물을 받았다는 죄로 논박되었다.[52]

그 이듬해에는 前博川郡守 白東脩와 前江西縣令 金基彦이 賣鄕과 民庫의 일로 贓律을 범했는데도 가벼운 처벌에 그쳤다. 이 일은 그로부터 평안도의 탐묵한 수령들이 이를 응당한 예로 삼아 거리낌없이 수탈을 자행하는 계기가 되기도 하였다.[53] 그러한 수탈행위는 끝간데 없이 자행되었고 심지어 좌의정의 지위에 있던 김재찬이 스스로 '貪吏는 民國의 원수'라고 하면서, 그 폐해를 지적하였다.

> 근래 듣건대 수령이 개인적인 일로 인하여 말미를 얻어 서울에 와 있는 자가 매우 많습니다. …도신들이 용이하게 말미를 허락하여 주고 수령 또한 어렵지 않게 서울에 머무릅니다(金載瓚, 《海石日錄》 4책, 순조 8년 5월 22일).

이러한 지적은 京華巨族－道臣－守令으로 이어지는 구조적 수탈체계가 형성되어 있었음을 의미하는 것이다. 수령은 경화거족의 대리자로서 향촌사회에 대한 수탈의 일선에 나서고 있었을 뿐이었다. 그렇기 때문에 순조 연간에도 수령권을 옹호하는 정부의 입장은 계속되었고 이는 수령권을 매개로 한 무절제한 수탈로 귀결될 수밖에 없었다. 그 가운데서도 평안도 지역은 앞에서 보았듯이 상업적 발달로 인해 주목되고 있었고, 또한 사족과 같은 견제세력이 취약했기 때문에 더욱 매력적이었을 것이다. 价川郡守 田德顯과 같은 경우는 암행어사의 보고에서 "이익이 있는 곳에는 禮義를 가리지 않고, 재물

49) 《正祖實錄》 권 3, 정조 원년 6월 기미.
50) 《日省錄》 순조 5년 12월 15일.
51) 《純祖實錄》 권 7, 순조 5년 11월 신축.
52) 《純祖實錄》 권 9, 순조 6년 11월 경신.
53) 《純祖實錄》 권 9, 순조 6년 6월 신사.

이 모이는 곳에는 生死를 생각하지 않는다"라고 지적되기까지 하였다.[54] 循吏라고 하여도 기껏해야 잘못을 가리는 것을 능사로 여길 뿐 전임자들의 행위를 그대로 답습할 뿐이었다.[55]

비변사의 議薦대상 관직 가운데에서도 서북 양도의 관찰사와 의주부윤이 중요하게 자리잡고 있었다. 양도에서의 대외무역의 활성화는 그 통로에 있는 이 지역들의 경제적 비중을 한껏 높여주었다. 비변사가 이들의 인사에 주요하게 개입할 수 있는 제도적 장치가 마련되었다는 것은 이들을 통한 경제적 부의 실현이란 반대급부가 있기 때문이었음은 의심할 여지가 없다.[56]

평안도 지역이 세도정권의 물질적 기반이 되고 있었음은 평안도관찰사 자리의 위상이 상징적으로 보여준다. 정조 22년(1798) 3월에 閔鍾顯이 평안도관찰사로 임명되었는데,[57] 정조는 이에 대해 다음과 같이 조정에 규모가 없음을 꾸짖었다.

> 箕藩(평안도관찰사)은 비록 중요한 자리이지만 대개 亞卿(종2품~3품)으로 差定하여 보낸다. 그런데 이번에 廟堂에서는 冢宰(正卿 : 종1품~정2품)를 첫번째 후보자로 천거하였으니 어찌 개탄스럽지 않은가. 時任 총재는 비록 大司馬의 重任일지라도 擬望할 수 없는데 方伯이 비록 중하다 하지만 대사마에 비교하면 오히려 가볍다. 뿐만 아니라 이번의 廟擬는 '亞卿 중에서 擬望하는 예'에도 크게 어긋난다(《正祖實錄》 권 48, 정조 22년 4월 임인).

이는 이조판서로서 총재의 자리에 있던 민종현이 곧바로 평안도관찰사로 부임되어 감에 대한 질책이었다. 그러나 그 임명이 번복되지는 않았다.[58] 여기서 우리는 평안도관찰사 자리에 '亞卿 중에서 擬望하는 例'를 어겨가면서까지 時任 이조판서가 기꺼이 나가려고 했다는 점에 오히려 주목해야 할 것이다. 그만큼 평안도관찰사가 차지하는 비중이 컸다는 것을 의미한다. 《經世

54) 《日省錄》 순조 5년 12월 16일.
55) 《日省錄》 순조 11년 4월 22일.
56) 오종록, 앞의 글, 558쪽.
57) 《正祖實錄》 권 48, 정조 22년 3월 을유.
58) 민종현은 그 해 12월에 평안도관찰사로서 임지에서 죽었다(《正祖實錄》 권 50, 정조 22년 12월 무오).

遺表》에 따르면 황주목사의 연봉이 3만 냥이었던 데 비하여 평안감사는 연봉만 해도 무려 24만냥에 이르렀다.[59] 이는 앞서 살핀 바와 같이 평안도 지역의 경제적 성장과 그에 따른 이원의 확대라는 조건이 없는 한 불가능한 일이었을 것이다. 그리하여 평양은 지방관 자리 가운데 '第一의 腴邑'이라 불리게 되었다.[60]

순조 연간의 대표적인 세도가 金祖淳이 "관서는 大藩이다. 재부와 화려함이 나라에서 최고이다. 옛부터 재상들이 내직을 사양하고 외직에 나가고자 하는 자는 항상 이 자리를 배회한다"[61]라고 하여, 평안감사 자리가 재부와 화려함으로 인하여 재상들이 가장 선호하는 것이었다고 하였다. 이러한 지적은 평안도가 중앙권력의 가장 주요한 수탈 대상이었고 중앙권력의 사적 경제영역을 뒷받침하는 물적 기반이었음을 고백한 것에 지나지 않았다.

이와 같은 중앙권력에 의한 집중적 수탈대상이 되고 있었던 평안도 지역에서 그 수탈을 담지할 수밖에 없었던 존재들은 사회적 잉여를 창출하던 부민층이었다. 수탈의 수단이 삼남지역과 같은 농업지대에서는 都結의 형태로 귀결되었다면[62] 평안도 지역에서는 환곡에서의 '大中小排戶之法' 즉 '擧給'과 군정에서의 戶布法, 그리고 민고에서의 富民都監 등으로 나타났다.[63] 그런데 이런 운영방식들은 부민층에게 보다 많은 부담을 지우고 있었다. 물론 부민층의 부담이 크다는 것은 부세부담의 균등이란 점에서 보면 진보적 의미를 갖는 것들이었다. 그러나 당시에 부민층은 그 진보적 의미를 수용하기보다는 사유재산에 대한 침탈로 인식하고 있었다. 수령의 입장에서도 균등한 수세보다는 부민층을 일차적 수탈 대상으로 설정함으로써 부세징수의 임무를 용이하게 처리하고 아울러 사적인 부를 늘리는 수단으로까지 이용하고자 하였다. 따라서 이러한 조치들의 진보성은 전혀 의미를 지니지 못하였다.

---

59) 丁若鏞, 《經世遺表》 권 7, 地官修制, 田制 9.
60) 《正祖實錄》 권 49, 정조 22년 8월 기해.
61) 金祖淳, 《楓皐集》 권 15, 記, 挹灝樓重修記.
62) 安秉旭, 〈19세기 賦稅의 都結化와 封建的 收取體制의 해체〉(《國史館論叢》 7, 1989).
63) 고석규, 앞의 글(1990), 368~377쪽 참조.

2) 항쟁의 과정

(1) 서북민의 저항과 홍경래 난의 발발

평안도지역에서는 18세기 중엽에 경제적 성장에 기초한 신향층의 대두로 인하여 기존의 향촌지배질서는 동요하고 있었다. 그러나 향권은 原鄕이라 불리는 기존의 향인층에서 신향층에게로 옮겨가지는 못하였고, 오히려 신향층을 이루는 모집단인 부민층이 수령권에 의한 주요한 수탈 대상으로 지목되고 있었을 뿐이었다. 따라서 수령권과 그에 기생하는 일부 원향층에 의해 주도되는 향촌지배질서는 부민층의 지속적 성장을 가로막았다. 이렇게 본다면, 부세수탈을 자행하는 수령권과 이를 제도적으로 보장하고 있던 기존의 향촌지배질서에 대하여 부민층을 중심으로 한 서북민이 저항한 것은 필연적이었다. 그리고 저항의 궁극적 목표는 수령권에 모아질 수밖에 없었다. "官家는 부민들이 원망하는 곳이다"[64]라 함은 부민층 일반이 관가 즉 수령권에 대하여 심각한 불만을 갖고 있었음을 보여주는 단적인 표현이었다. 따라서 18세기 중엽 이후 수령권에 대한 여러 형태의 저항들이 일어나고 있었다. 몇몇 사례들을 통해서 그 구체적 양상들을 살펴보기로 하자.

정조 14년(1790) 4월 평안도관찰사 심이지의 장계에 따르면, 渭原의 읍민이 관아의 뜰에서 칼을 빼들었다는 사실을 들어 막대한 변괴라고 보고하였다. 그리고 일이 여기에 이른 데에는 이유가 없지 않다라고 하면서 전위원군수 柳增萬의 위법 사례를 지적하였다. 즉 천여 결의 田摠에 대해 200결의 俵災를 내려주었는데도 把束조차도 민에 나누어 주지 않은 채 防役이라 하여 모두 사사로이 써버렸고, 아래 사람들의 급료를 엄하게 깎아 관용에 보탰고, 倉監을 차출하면서 많은 賂錢을 받았기 때문에 그 해가 환곡을 받는 백성들에게 미쳤다는 등의 일을 지적하였다.[65] 즉 田政이나 賣鄕 등으로 인한 수령권의 대민 침탈 또는 관속에 대한 억압 등이 위원 읍민의 저항을 초래하게 되었던 것이다.

---

64) 《日省錄》 순조 11년 윤 3월.
65) 《日省錄》 정조 14년 4월 17일.

정조 19년(1795)에는 楚山府 阿耳鎭에서 鎭卒인 崔奉德이 僉使 李信馨을 구타한 일이 발생하였다. 즉 최봉덕은 本城의 里長이었는데 그 여동생이 淫奔의 죄를 지어 鎭婢가 되었다가 도망가자 첨사가 그에게 잡아올 것을 명하였다. 그러나 응하지 않자 이에 곤장을 치고 가두려 하였으나 곤장을 빼앗아 부러뜨리고 칼을 뽑고 몽둥이를 휘둘러 첨사를 구타하고 도망쳤지만, 곧 잡혀서 효수된 일이 있었다. 이는 개인적이고 우발적인 사건이었으나 영조 50년(1774) 會寧府民이 아버지가 부사 趙圭鎭에게 매맞아 죽었다고 하여 복수하겠다고 부사에게 덤벼든 일과 함께 "민이 관을 범했다(以民犯官)"는 차원에서 논의되었다.[66] 이는 그만큼 수령권에 대한 저항이 다양하게 전개되고 있었음을 뜻한다. 이런 모든 것들은 수령권의 위상을 상대적으로 격하시키는 사건들이었다.

그런 중에서 정조 21년 价川郡에서 있었던 鄕任과 武任 간의 싸움은 향권의 동향과 관련하여 주요한 의미를 갖는 사건이었다. 평안도안핵어사 呂駿永의 장계에 따르면 사건의 경과는 다음과 같다.[67] 4월에 장교 金晦恒이 군수와 함께 外倉에 나갔다가 본읍의 軍器에 관한 일로 推考의 명을 받아 황송하게 여기면서 관아에 돌아왔는데 鄕廳의 임원들이 나와 맞이하지 않았다. 김회항이 이로 인하여 향임들을 비난하였다. 그러자 향임들은 "양반이 상한에게서 욕을 당했다"고 관에 고하였고, 이에 김회항은 "너희들이 비록 양반이라 칭하나 향임자손에 지나지 않는다. 나는 비록 武列에 있으나 본시 사족의 소생이니 어찌 凌踏이라 하겠는가"라고 하여 상호 쟁변을 벌임으로써 鄕·武 간에 쟁단이 일어났다. 이에 향임측에서는 玄在默 등의 주장하에 玄在欽이 통문을 돌려 향인 800여 인을 이끌고 綸音을 받들고 와서 향회를 열었다. 향인들은 거의 玄哥 세력이었다. 그 향회의 목적은 향인들의 세력을 과시함으로써 김회항을 관에 일러 죽이고자 하는데 있었다. 그러자 장교배들이 윤음은 事體가 지극히 敬謹하니 무단히 받들고 올 수 없다고 하여 빼앗아서 東軒에 奉安하였다. 그러자 향인배들이 관정에 돌입하여 김회항을 죽일

66) 《日省錄》 정조 19년 7월 8일.
《正祖實錄》 권 43, 정조 19년 7월 무오.
67) 《日省錄》 정조 21년 10월 6일.

기세로 덤벼들었다. 관가에서 이를 물리치자 김회항의 집을 부숴버리고 장교배들을 구타하였다. 그리고 나아가 營門에 呈訴하여 군수를 誣告하였다. 6월 기묘에[68] 올린 평안도관찰사 朴宗甲의 馳啓에서 현재묵이 一邑의 巨猾로서 예전의 직함을 믿고 官庭에 作拏하고 民家를 사사로이 부수며 土主를 誣辱하였다고 하여 엄하게 처벌할 것을 청하였다. 그리고 이어서 呂駿永이 안핵어사로 파견되기에 이르렀다.

현재묵은 일찍이 登科하고 典籍[69], 外臺(都事) 등을 거치는 등 관서지방에서는 두드러진 인물이었다. 따라서 "朝官의 세력을 믿고 鄕議에 간섭하고 주장하지 않는 바가 없었다"[70]라고 하듯이, 중앙권력과의 연고를 배경으로 향권에 깊이 관여하고 있었던 일종의 토호였다. 그리고 이들 현가 세력을 중심으로 鄕案入錄을 허락하여 뇌물을 받는 등 평일의 기세가 대단하였다.[71] 안핵어사도 현재묵에 대해 "조관이라 칭하면서 향권을 손에 쥐고 몰래 일을 도모함이 극히 낭자하다"[72]고 하였듯이 현가들은 곧 원향들로서 향권을 장악하고서 매향 등을 주도하는 등 각종 비리를 통하여 부를 축적하고 있었다. 따라서 이 鄕武爭端은 장교배들이 수령권에 접근하여 그들의 기득권을 침해하자 이에 반발하여 일어난 것이었다.

그 쟁단의 성격은 여준영이 "처음의 뜻은 수령을 죽이고자 한 데서 나왔는데 마침내는 향전으로 돌아간 듯하다,"[73]고 하였듯이, 향전의 성격보다는 오히려 수령권에 대한 저항으로서의 성격이 앞서 있었다. 정조 14년(1790) 정주 매향사건의 경우라면 결탁했을 두 세력 즉 수령권과 원향세력이 여기서는 대립적으로 나타났다. 이는 수령권을 매개로 한 중앙권력의 수탈이 심화됨에 따라 토착적인 현재묵 세력의 이해와 충돌하게 되었음을 의미한다. 결과는 현재묵이 絶島에 刑配됨으로써 중앙권력의 비호 아래에 있던 수령권의 승리로 끝났다. 현재묵은 스스로 분을 참지 못하여 곧 죽고 말았다.

---

68) 《正祖實錄》 권 46, 정조 21년 6월 기묘.
69) 《正祖實錄》 권 40, 정조 18년 7월 무신.
70) 《日省錄》 정조 21년 10월 6일.
71) 위와 같음.
72) 위와 같음.
73) 《日省錄》 정조 21년 10월 28일.

이는 수령권 대 원향층 간의 대립의 한 사례이며 수령권이 향촌사회의 어떠한 재지세력보다 우위에 있었음을 보여준다. 나아가 원향층마저 배제할 정도로 수령권의 자의적 수탈이 행해지고 있었음도 보여준다. 이는 곧 수령권에 대한 향촌 사회세력들의 종속이란 결과를 이끌었겠지만, 역으로 수령권에 대한 저항이 있을 때 수령권은 향촌의 모든 세력들로부터 고립될 수밖에 없는 상황을 만들었다고도 할 수 있을 것이다.

이러한 대립은 평안도의 인접 지역인 함경도의 단천·북청에서 1808년에, 황해도의 곡산에서 1811년에 각각 나타나고 있었다. 단천·북청의 작변과 곡산지방 농민항쟁은 홍경래 난과 시기적으로 이어지며 사건의 전개에서도 유사한 세력배치를 보인다.

단천과 북청의 경우는 양자 모두 그 주도세력은 다르지만 수령권의 향권 침탈에 대한 저항이라는 공통점을 지닌다.[74] 먼저 단천의 경우를 보면, 순조 8년(1808) 정월 3일에 본읍의 노소 향인들이 향청에 전례대로 모여서 民事를 논의하는데 거기서 지난번에 허물이 많았다고 하여 좌수 沈趾源을 몰아냈다. 그러자 좌수의 편을 들어 수백의 향인이 몰려들어 다툼이 일어났고 公堂에 올라가 부사 金錫衡을 몰아내기까지 하였다. 부사는 처음에는 書室에 숨어있다가 다시 將廳으로 도망하여 5일 동안이나 자리를 비우고 있었다. 그 후 부사는 향전이라 하여 이를 주동한 金亨大 등을 着枷하여 嚴囚하였다. 이는 단천부사 김석형이 향권을 천단하고자 향회를 구실로 좌수를 몰아내었고 그러자 기존의 향인층이 이에 반발하여 일으킨 사건이었다. 역시 수령권 대 향인층 간의 대립의 한 양상이었다.

그런데 6월 17일 함경도관찰사 曺允大의 謄報에는 부사 김석형의 탐학불법한 죄를 상세히 보고하고 있어 작변의 원인을 보다 정확히 규명할 수 있다. 그 죄목 가운데 특히 주목되는 것은 座首·鄕所·倉監·中軍으로부터 千摠·哨官에 이르기까지 모든 직임에 대한 賣任과 津浦 船舶의 商稅에 대한 科外疊徵, 그리고 公稅를 무시한 礦銀의 勒奪 등이었다. 이는 곧 수령권에 의한 수탈의 대상이 신향층과 상업, 광업을 통해 부를 축적한 부민층 일반이

74) 《日省錄》 순조 8년 3월 22일.

었음을 알 수 있다. 따라서 향인층을 중심으로 한 작변은 바로 이러한 수탈이 원인이 되었던 것이다.

한편 북청의 경우는 다음과 같다. 부사 沈厚鎭이 부임한 후 倉穀 500여 석과 大同別需錢 만여 냥이 流來의 포흠으로 그 때까지 덮어져 있었음을 알게 되었다. 그래서 首鄕(좌수) 金元厚와 倉監(鄕所) 李仁赫을 시켜 그 수를 조사케 하여 逋欠穀을 거두어 들이고자 하였다.[75] 그러자 利를 잃게 됨에 원한을 품은 吏輩들이 吏案에서 이름을 지우고, 3월 5일에 본부의 백명 가까운 이배들이 결당하여 향청에 돌입하여 좌수 김원후와 향소 이인혁을 나체로 구타한 다음 불태워 죽이려 하였고 나아가 부사 沈厚鎭까지 모해하고자 하였다.[76] 이것은 부세 징수과정에서 있었던 수령권의 침탈에 대응한 이배들의 저항이었다.

단천과 북청에서 있었던 이 두 사건은, 언뜻 보면 단천은 향인층간의 대립으로, 북청은 향인층 대 이서배의 대립처럼 보여진다. 즉 외형적으로는 향전의 성격을 지니나 단천의 향회나 북청의 좌수·향소는 이미 독자적인 세력집단으로서 존재하는 것은 아니었다. 수령권에 종속되어 있는 존재에 지나지 않았다. 작변의 원인이 바로 탐묵과 다름없는 수령의 吏鄕差任에 있었다는 지적은[77] 역시 대립의 성격이 향인층이나 이서층간에 있었던 향전적인 것이 아니었음을 알게 하여 준다. 따라서 향인층이나 이서층이 향회나 좌수, 향소 등을 공격하였다고 하여 저항의 최종적 목표가 바로 그들이었던 것은 아니었다. 궁극적인 목표는 이들에 대하여 실질적 영향력을 행사하고 있던 수령권이었던 것이다. 이 점은 난민들의 세만 강하였다면 그 저항의 목표가 수령을 넘어서 곧바로 감사와 병사에까지 미쳤을 것이라는 김재찬의 우려에서도 확인되며, 그러한 우려는 바로 홍경래 난에서 중앙권력에까지 확대되어 현실로 나타났던 것이다.[78]

특히 순조 11년(1811) 황해도 곡산농민항쟁의 경우는 부민층 일반이 수령

---

75) 《日省錄》 순조 8년 4월 11일.
76) 《日省錄》 순조 8년 4월 9일.
77) 金載瓚, 《海石日錄》 권 7, 순조 8년 4월 30일.
78) 金載瓚, 《海石日錄》 권 4, 순조 8년 4월 12일.

권에 대하여 조직적으로 저항하는 모습을 잘 보여준다.79) 곡산에서는 관속과 부민, 상인들이 상호 결탁하여 상품경제를 통한 부의 축적을 꾀하고 있었다. 이에 대하여 부사 朴宗臣이 이를 제어하고, 나아가 이러한 제어를 틈타 사적 이득을 꾀하고자 하였다. 따라서 상업적 이해를 둘러싼 수령 대 관속·부민·상인의 연대세력간의 대립이 항쟁의 성격을 규정하는 주요한 모순관계였다. 결국 관속·향인층의 농업세력과 邑里富民 또는 倉底富民이라 불리는 상업세력이 상호 연대로 수령권에 대한 저항세력을 이루었던 것이다. 그런 점은 난의 전개과정에서뿐 아니라, 난이 끝난 후 곡산민들이 부사 박종신을 가서 죽이자고 도내에 발통하였을 때 鄕品官輩들이 착명하지 않는 자가 없었다는 데에서도 드러난다.80) 바로 수령권에 대하여 향인층을 중심으로 한 사회세력 일반이 함께 저항집단을 형성하고 있었음을 알 수 있다. 상업적 이해관계의 확대, 그 실현을 둘러싸고 결탁한 사회세력들과 이들을 수탈대상으로 하는 수령권과의 대립, 이것이 이 지역에서 당시의 주요한 대립의 내용이었다.

저항의 궁극적 목표는 이처럼 수령권에 모아지고 있었다. 그 저항의 주체들은 향인층, 이서층 등 다양하였다. 그러나 어느 층이든 이들이 수령권에 대한 저항의 필요성을 느끼는 것은 그들의 이권이 침탈되었을 때였음은 물론이다. 이들의 이권의 공통적 기반은 앞서 경제적 성장 부분에서 상업의 발달이 두드러졌음을 보았듯이 상업에서 비롯되었을 것으로 보인다. 따라서 상업세력과의 연대를 통해 이들은 하나의 세력집단을 이루어 수령권에 맞서게 되었던 것이다.

그리고 서북민에 대한 차별이라는 서북민 공통의 피해의식 역시 중앙권력의 대리자인 수령에 공동으로 저항할 수 있는 원인을 제공하였다. 서북민 차별의 정도를 정조~철종 연간의 문과 급제자의 분포를 통해 살펴보면, 민심수습책 정도의 형식적 의미만을 갖는 式年試의 경우에는 평안도가 전체의 26.2%를 차지할 정도로 많았다. 그러나 서울거주 京華子弟를 대상으로 하는,

---

79) 곡산지방 농민항쟁에 대하여는 한상권, 〈1811년 황해도 곡산지방의 농민항쟁〉(《역사와 현실》 5, 1991)에서 상세히 다루어지고 있어 많은 참고가 된다. 따라서 여기서는 그 전개과정이나 참가계층 분석 등에 대한 설명은 생략하였다.

80) 《日省錄》 순조 11년 4월 7일.

따라서 중앙권력으로의 진출 집중도가 높은 別試의 경우에는 5.9%로 줄어들고, 더나아가 문신 가운데서 당상관의 일차적인 후보집단을 선정하는 都堂錄의 경우를 보면 함경·황해도와 함께 평안도에서는 단 한 사람도 오르지 못하는 기만적인 차별성을 보였다.[81]

이러한 사정에서 중앙권력의 대리자인 수령권에 대항하여 서북민 일반의 반봉건적 저항이 일어났고, 이는 순조 11년(1811) 홍경래 난에서 농민들에 의한 거센 항쟁으로 집약되었던 것이다.

(2) 홍경래 난의 전개과정[82]

가. 지도부의 결집과 봉기 준비

홍경래 난은 10년여의 오랜 기간 동안 준비되었다. 오랜 기간에 걸친 봉기의 준비 과정에서 가장 중심적인 인물은 洪景來였다. 잘 알려져 있는 바와 같이 그는 家産을 돌보지 않고 집을 떠난 후 10년 만인 봉기 직전에야 돌아와 봉기지역으로 가족을 데리고 갔다. 이 10년이 곧 봉기가 구체적으로 준비

---

81) 남지대, 〈중앙정치세력의 형성구조〉(《조선정치사 1800~1863 상》, 청년사), 147~159쪽.

82) 홍경래 난에 관한 주요한 연구로는 다음의 논저들이 있다. 이 중에서 전개과정의 전반부에 대해서는 오수창의 글을 주로 참고하였다.
小田省吾, 《辛未洪景來亂の硏究》(小田先生頌壽紀念會, 1934).
홍희유, 〈1811~1812년 평안도농민전쟁과 그 성격〉(《봉건지배계급을 반대한 농민들의 투쟁(이조편)》 과학원 역사연구소, 1963).
鄭奭鍾, 〈洪景來亂의 性格〉(《韓國史硏究》 7, 1972 ; 《傳統時代의 民衆運動》 하, 풀빛, 1981).
———, 〈洪景來亂과 內應勢力〉(《嶠南史學》 1, 1985).
河原林靜美, 〈1811年平安道における農民戰爭〉(《寧樂史苑》 19, 1973 ; 《封建社會解體期의 社會經濟構造》, 청아, 1982).
鄭昌烈, 〈조선후기 농민봉기의 정치의식〉(《한국인의 생활의식과 민중예술》 大東文化硏究叢書 I, 1984).
鶴園裕, 〈平安道農民戰爭における參加層〉(《朝鮮史叢》 2, 1979 ; 《傳統時代의 民衆運動》 하, 풀빛, 1981).
———, 〈平安道農民戰爭における檄文〉(《朝鮮史硏究會論文集》 21, 1984).
高錫珪, 〈18세기말 19세기초 평안도지역 鄕權의 추이〉(《韓國文化》 11, 1990).
吳洙彰, 〈'홍경래 난'의 주도세력과 농민〉(《1894년 농민전쟁연구 2》, 역사비평사, 1992).
———, 〈洪景來亂 봉기군의 최고지휘부〉(《國史館論叢》 46, 1993).

되는 기간이었다. 홍경래와 禹君則이 처음 만나 친교를 맺은 것은 정조 24년(1800)이었으며 그 다음해인 봉기 10년 전에는 이미 兵亂을 함께 논의하였다. 봉기군으로 정주목사가 되었던 최이륜도 홍경래를 안 것이 7, 8년 전이었다고 진술하였다. 이와 같이 그 기간에 홍경래는 주도자들을 규합하는 한편, 중간 지휘층도 평안도 및 황해도를 중심으로 널리 포섭하였다. 진압군 左硝官 方禹鼎은 정주성 농성 중에 성 밖에 나와 싸운 신체 장건한 무리에 대해서 홍경래를 10여 년 동안 따른 善騎輩라고 설명하였는데, 그것은 주위에 널리 알려져 있던 사실이었을 것이다.

그 이후 어느 시점에선가 홍경래·우군칙 등의 주도자와 嘉山의 부호로서 가장 중요한 자금원이 되는 李禧著의 결합이 이루어졌다. 이희저를 끌어들인 인물은 우군칙이었다. 이희저는 봉기 수년 전에 多福洞에 기와집을 짓고 우군칙과 서로 어울리면서 준비 사업에 적극적으로 동참하였다. 홍경래와 우군칙이 몰래 광산을 채굴하고 잠상을 했다는 진압군측 기록은 그들이 이희저의 자금을 기반으로 봉기를 준비하던 때의 행적을 지적한 것으로 보인다.

봉기를 구체적으로 추진하기 시작한 때는 순조 10년(1810) 11월 무렵이었다. 우군칙의 공초에 의하면, 이 때에 홍경래를 다시 만나 그의 봉기 준비와 鄭眞人에 대한 이야기를 들은 후, 화를 피하고자 이희저와 함께 영변 묘향산 아래 百寧村에 가서 피할 곳을 찾았다고 하였다. 이는 말을 바꾸면 구체적인 계획을 세운 뒤 영변에 가서 봉기군의 새로운 기지를 물색하였다는 뜻이 된다. 이듬해인 순조 11년 정월에 곽산의 진사 金昌始가 나서면서 청북 지역의 유력가와 부민들에 대한 우군칙과 김창시의 포섭활동이 활발히 진행되었다. 우군칙은 4월에 이르러 다복동에 30칸의 瓦家를 마련하였고 이희저의 사촌 李明云도 새로 집을 구입하여 중수하였다. 이리하여 가산 大定江邊의 요지인 다복동의 군사기지는 한층 강화되어 봉기의 본부가 되었다.

홍경래는 그 해 7월 이후로 평소 포섭해 둔 각지의 장사들과 함께 다복동 우군칙의 집에 머물렀다. 8월에 황해도 船商을 칭하는 무리가 津頭 상인 김혜철의 집에 와서 며칠씩 묵으면서 주야로 상종하였다는 것은 각처의 장사들이 모여들고 있었음을 뜻한다. 한편, 부원수가 되는 金士用이 봉기군에서 적극적인 활동을 시작한 것도 이 때쯤이었다. 김사용이 언제 봉기 세력에 가담했는지는 확실히 알 수 없으나, 순조 11년(1811) 11월에 영변 김우학의 집에 가서 그의 참여를 끌어내었던 사실은 확인할 수 있다. 그는 다복동 우군칙의 집에서 봉기의 군사력을 다듬는 작업을 담당하기도 하였다.

한편 홍경래가 모은 여러 인물들은 다복동 밖에서도 청천강 이북의 넓은 지역을 무대로 회합하면서 봉기에 대비하였던 듯하다. 朴三玉은 洪二八·金昌始 등을 비롯한 여러 사람들이 薪島 모의에 참여하였다고 하였다. 그 신도가 봉기군의 비밀 기지 중의 하나였다면, 그것은 용천 해상에 있던 섬이었을 것이다. 또 대동찰방 朴鳴和가 수집한 첩보에는 9월부터 홍경래·崔天杓 등이 선천의 劒山城에서 회합하였다는 내용이 들어 있다.

김창시가 이미 9월에 곽산의 金大薰(金大勛)에게 가서 봉기의 준비 상황을 선전하고 12월에 기병한다는 사실을 확실히 못박은 일이 있었음을 볼 때, 적어도 그 시점에서는 12월에 기병하리라는 계획이 확립되고 구체적인 준비에 들어갔던 것으로 보인다. 이 때는 남진군 선봉장으로 활동한 洪總角도 확실한 주도자로 활동하고 있었음이 확인된다. 그도 9월에 집을 떠나 한 번도 돌아가지 않으면서, 다복동의 우군칙 집에서 각 읍 용사들을 모아 봉기를 준비하고 있었다.

10월에는 주요 참여자들이 모두 다복동에 모이면서 준비가 더욱 활발하여졌다. 11월 이후에는 널리 알려진 바와 같이 진두 대정강의 추도에서 그곳에 거주하던 康守興 父子를 중심으로 비밀리에 鑄錢 작업을 벌여 자금을 마련하였다. 이희저는 虎皮·鉛鐵 등의 軍需를 사들이고, 선천의 劉文濟·崔鳳寬이나 정주의 鄭振喬, 철산의 鄭復一도 무기와 軍旗 등을 다복동에 수송하였다. 김창시는 임신년에 기병이 있을 것이라는 妖言을 유포하여 민심을 교란하기도 하였다.

참여할 군사력을 준비하는 일도 활발히 행하여졌다. 勇力이 있는 사람들이 소식을 듣고 찾아와 자원하는 경우도 있을 정도로 그것은 공개적이고 광범위하게 이루어졌다. 거사가 실행 단계에 들어갈 즈음인 10월에는 우군칙과 金惠喆이 박천 진두의 상인 姜得璜 등을 거느리고, 우군칙이 서울 물주의 자금을 받아 雲山 燭臺峰에 금광을 연다는 소문을 내어 광부들을 모집한다는 명목으로 농민 군사력을 다복동으로 불러들였다.

이와 같은 과정을 거쳐서 다복동에서 봉기의 주도자 79명이 서로 서명하여 약속을 맺는 수준까지 도달하게 되었다. 정부측에 압수되어 '賊黨都錄'이라고 일컬어진 그 문서에 오른 사람들을 모두 알 수는 없다. 하지만 거기에 부원수 김사용을 從事官으로 수행한 金大勛과 같이 봉기군에서 중요한 위치에 있었던 인물의 이름이 들어 있던 것으로 보아 '적당도록'은 봉기의 일급 주도자들을 대상으로 한 문서였음이 틀림없다. 동시에 이 '도록'에 이름은 올랐으나 참여한 혐의가 없거나 정도가 미미하여 별다른 처벌을 받지 않은 것으로 확인되는 사람들도 12명이 있다.[83] 도록에 오른 79인 중에서 이 12명을 제외한 나머지가 봉기의 전개과정에 깊이 참여하였던 사람들이었다. 《陣中日記》의 첫머리에 봉기 주체와 '渠帥', '善騎' 그리고 내응자들의 이름을 적고 있는데,[84] 그 사람들의 수가 모두 59명인 것으로 보아 준비단계 및 봉기 당시부터 군사지휘자와 주요 내응자로 활동했던 사람들은 60명 내외였던 것으로 보인다.

그러나 이러한 준비가 주모자 몇 사람만의 노력으로 이루어진 것은 아니었다. 당시에는 계기만 주어진다면 농민들의 항쟁이 언제라도 일어날 수 있는 분위기였다. 홍경래 난에 몇 달 앞서 황해도 곡산에서 농민들이 조직적으로 치열하게 저항했던 것이 바로 그 예이다.[85] 실제로 홍경래의 거사는 당시 그 지역 기층민의 저항 분위기가 광범하게 형성되어 있었기 때문에 가능했을 것이다. 봉기는 12월 18에 있었지만 이미 10월에 소문이 파다하게 퍼졌으며, 적어도 11월에 이르러서는 시장에 출입하는 일반인들 사이에도 병란이 일어난다는 사실이 널리 알려져 있었다.[86] 이러한 사실은 그 거사가 주도자 몇몇의 내밀한 음모에 의해서가 아니라 일반적인 정세와 민의 광범위한 공감 위에서 일어났다는 것을 말해준다.

---

83) 《關西平亂錄》(亞細亞文化社, 1979) 3, 56~66쪽의 劉碩·金龜郁供招.
《純祖實錄》 권 16, 순조 12년 9월 기축.

84) 《陣中日記》(《韓國民衆運動史資料大系》, 〈1811~1812年의 農民戰爭篇 3〉, 驪江出版社) 권 1, 신미 12월 18일, 131~134쪽.

85) 한상권, 앞의 글, 192~202쪽.

86) 《關西平亂錄》 4, 임신 2월 11일, 218쪽·《關西平亂錄》 2, 임신 정월 29일, 524쪽 및 《關西平亂錄》 3, 임신 정월 2일 朴光有供招, 23쪽.

나. 봉 기

12월에 이르러 주도층은 군사를 더욱 활발히 모집하였다. 우군칙이 운산 광산에서 일할 사람을 모은다는 구실을 내세워 이희저와 朴光有 등의 상인에게서 나온 자금을 바탕으로 1냥 내지 3냥의 선금을 주어 사람들을 다복동으로 불러 모았다. 진두 상인 강득황과 같은 인물은 그곳에서 음식을 팔던 金汝正을 앞세워 12월 초부터 군졸을 모으기 시작하였고, 18일에는 한꺼번에 70여 명을 이끌고 다복동으로 들어갔다. 이 때 끌어들인 사람들은 일반 군사력만이 아니고 봉기군의 깃발을 그리기 위한 병풍 수리공, 무기를 만들기 위한 대장장이 등 다양한 직종의 사람들이 포함되어 있었다.

한편, 이 때 응모한 사람들은 걸인을 비롯하여 소상인, 마부 등 다양한 업을 지니고 있었고 신분도 위로는 향인에 이르기까지 다양하였지만, 대개가 가산·박천 지역의 땅없는 농민이나 임노동층과 같은 빈민들이었다. 강득황과 같이 군졸을 모으는 사람이나, 응모한 당사자들, 그리고 홍경래와 같은 주도층이 응모자들에 대해 공통적으로 붙인 표현은 가난하거나 굶주린 자들이라는 것이었다. 그러나 이 때 모여든 일반 군사력은 봉기의 계획을 미리 알고 자발적으로 거사에 참여한 사람들은 아니었다.87)

봉기는 12월 20일로 계획되어 있었다. 봉기군은 銀牌를 만들어 兵符로 이용하고 깃발을 이용하여 軍號를 정했으며 '公背'라는 글자가 쓰여진 문서를 통해 자신들의 신분을 밝히도록 하였다. 김창시는 그 이전부터 임신년(순조 12)에 봉기가 일어난다는 뜻을 나타내는 '壬申起兵'의 讖緯說을 퍼뜨려 민심을 흔들었다. 그리고 봉기군은 다복동에서의 출병에 앞선 12월 15일에 사람을 보내 평양 대동관을 폭파하고 그곳에서 소동을 일으키려 하였다. 그러나 폭발장치가 물에 젖어 발화시간이 늦어지고 임무를 맡은 자가 도주함으로써 그 계획은 단순한 화재에 그치고 말았다. 17일에는 약속을 맺은 사람들이 구성·태천은 물론 멀리는 해서지역으로부터 다복동으로 모여들었다.

그러나 봉기의 움직임이 사전에 수령들에게 포착되어 18일에 선천부사 金益淳이 이희저·김창시 등에 대한 체포령을 내렸고, 곽산의 朴星信 등은 실

87) 鶴園裕, 앞의 글(《傳統時代의 民衆運動》), 263~266쪽 참조.
吳洙彰, 앞의 글(1992), 172~174쪽.

제 체포되었다. 이러한 예기치 못한 급박한 사정으로 인하여 봉기는 20일로 예정된 일정을 앞당겨 18일 밤에 급히 일어나게 되었다.[88] 봉기군은 가산·박천·안주의 방향과 정주·곽산·선천·철산을 거쳐 의주로 향하는 두 방향으로 나누어 공략하기로 계획을 세웠다. 홍경래가 都元帥로서 최고 지휘자가 되었다. 홍경래가 지휘하는 남진군은 우군칙과 김창시가 모사로 수행하였고, 선봉장으로는 홍총각이 활약하였으며 尹厚檢이 후군장을 맡았다. 여기에 이희저가 都摠이 되어 행동을 함께 하였다. 뒷날 부원수가 되는 김사용은 북진군을 지휘하였고, 李齊初는 가산 점령에 참여했다가 김사용 밑으로 가 선봉장이 되어 앞장을 섰다.[89]

다복동에서는 18일 밤 출진에 앞서 홍경래가 참여자들에게 봉기의 당위성을 천명하였다. 자기는 선천 月峰山 아래 가야동에서 태어난 鄭眞人의 지휘를 받아 일하고 있으며, 그는 강계의 폐사군지역에서 일어나 鐵騎 수만을 이끌고 함경도·강원도·경상도에서 거사하고 있으니 모두들 공을 세우도록 하라는 내용이었다.[90] 이어 일반 참여자들도 간단한 무장을 한 후, 봉기군 본대는 다복동에서 출진하여 郡吏 李孟億, 서리 金應錫 등의 안내를 받으면서 3경 무렵에 가산을 점령하였다. 이 때의 군사력은 중간 지휘자로 판단되는 기마인이 30~40명, 일반 군사력은 100~150명에 이르렀다. 홍총각의 지휘 아래에 있던 장사 車宗大가 저항하는 군수 鄭蓍를 살해한 후 尹元燮(尹彦涉)을 수령에 해당하는 主管將으로 뽑았다. 이 일에는 정주에서 술을 파는 김아지노미도 참여하였다. 봉기군은 관아의 병기를 수습하는 한편, 민심을 얻고 군사를 모으기 위해 그날로 곡식을 풀어 기민을 구제하였다. 봉기군이 각 지역의 수령들에게 격문을 보내 항복하고 봉기에 가담하라고 위협한 것도 가산을 점령한 19일의 일이었던 것으로 보인다. 봉기군은 또한 김창시가 지은 편지를 평안병사 李海愚에게 보내 평안도민으로서의 일체감과 불만을 토로하고 그를 조롱하였다.

300명으로 늘어난 봉기군은 19일 저녁에 박천 진두로 진격하였고, 다음날

88) 12월 20일 봉기계획에 대해서는 앞의 우군칙 공초 외에도 《關西平亂錄》 4, 임신 2월 26일, 328쪽 및 《關西平亂錄》 5, 임신 3월 13일, 111쪽 참조.

89) 봉기후의 전개과정에 대한 전체적인 상황은 鄭奭鍾의 앞의 글(1972) 참조.

90) 《關西平亂錄》 3, 임신 2월 8일, 606쪽.

새벽에는 기병 40여 명과 300명에서 많게는 500명에 달하는 보병을 이끌고 박천으로 들어갔다. 박천군수 任聖皐는 달아났다가 노모가 구금되었다는 소식을 듣고 항복하였다. 박천 주관장에는 韓一恒이 임명되었다.

봉기군의 원래 계획은 박천에서 영변을 공략한 후 안주로 진격하려는 것이었다. 그러나 안주 병영의 執事인 金大麟과 李仁培가 안주를 먼저 공격해야만 승리한다고 주장하다가 자신들의 의견이 받아들여지지 않자 홍경래를 죽여 정부쪽에 공을 세우려 하였다. 홍경래는 민첩하게 피하여 목숨을 건졌지만 큰 부상을 입었고, 김대린·이인배는 우군칙 등의 반격을 받아 자결하거나 피살당하였다. 이 사건으로 인해 李茂京 등 안주 병영에서 가담한 다른 인물들도 제거되었다. 지도부는 홍경래의 회복을 기다리기 위해 21일에 가산 다복동으로 돌아갔고, 일반 가담자들은 대정강 일대 또는 다복동에 모여 있게 되었다.

그 동안 영변에서는 羅大坤 등의 선발대가 내응을 위해 다수 성내로 들어가 준비하고 있었다. 그러나 부사 吳淵常은 병영으로부터 통보를 받고 소문을 탐지하여 경계를 엄히 하기 시작하였다. 22일에는 운산군수 韓象默과 개천군수 任白觀이 군인을 끌고와서 내응하는 자가 있다는 정보를 주었다. 그리하여 가산과 박천의 피난민을 성밖으로 몰아내고 내응자를 색출하였다. 이에 박천의 李萬奉, 가산의 康守興과 그의 아들 允宅·允學·允成, 안주 상인 나대곤, 영변 좌수 金遇鶴, 영변 수성중군 南益顯·李益秀 등의 주도자들과 그 휘하 인물들이 대거 체포되어 처형당하였다.

이로 인하여 봉기군의 영변 진격은 여의치 못한 상태가 되었지만, 계획대로 태천을 공략하였다. 남진군에서 파견된 병력은 태천 남창에서 일차 곡식을 풀어 민인에게 나누어 준 후 23일에 座首 金允海, 倉監 邊大益 등의 영접을 받으며 읍으로 들어갔다. 태천현감 柳鼎養은 봉기군의 위세에 놀라 이미 21일에 성을 버리고 영변 철옹성으로 피하였다. 태천을 점령한 봉기군의 수는 300명에 가까웠다. 태천이 점령된 후 좌수 김윤해, 중군 박인식, 진무 변대익 등이 박천의 봉기군 본대로 찾아가 인사하였고 그 중에 변대익이 留陣將으로 임명되었다.

한편, 김사용을 중심으로 북쪽으로 진격하였던 봉기군의 활동은 18일 저녁에 곽산과 선천의 중간 지점에서 시작되었다. 난리가 날 것이라는 소문이 민간에 퍼져있음을 탐지한 선천부사 김익순은 18일 소문의 근원인 崔奉觀을 심문하여 김창시·鄭復一·朴聖信 등의 모의를 확인하였다. 그는 곽산으로 포교를 보내 박성신과 張弘益을 체포하여 선천으로 압송하게 하였다. 김창시에게도 체포령이 내려졌으나 그는 몸을 피할 수 있었다. 김사용은 張浩益과 朴仁福·李成宗 등을 지휘하여 포교들을 죽이고 박성신 등을 구출한 후 곽산으로 진격하였다. 이 때 박성신 등은 가산의 본대로 가서 합류하고자 했으나 김사용은 독자적으로 곽산을 점령할 것을 주장하였다. 그들은 수십 명의 인원으로 19일 새벽에 아무런 저항을 받지 않고 곽산을 점령하였다. 군수 이영식은 벽장 속에 숨었다가 옥에 갇혔으나 그 읍의 장교인 張再興의 도움으로 정주성으로 도주하였다. 김사용은 박성신을 곽산의 주관장으로 삼고 300명 내지 400명의 군사력을 모았다.[91]

김사용은 곽산에서 이틀을 머문 후 정주로 갔다. 정주성에서는 그 전부터 난리가 난다는 소문이 돌아, 17일 저녁에는 목사 李近胄가 내응자 鄭眞僑 등을 체포해 옥에 가뒀다. 다음날에 崔爾崙 등이 옥문을 깨고 갇힌 자들을 구해내자 목사가 인민을 모아 변란에 대비하도록 하였으나 이미 질서를 유지할 수 없게 되었다. 이에 정주목사 이근주는 단신으로 탈출하여 안주 병영으로 피신하였다. 김사용은 21일에 내응자들의 영접을 받으며 수백 명의 인원으로 정주에 들어갔다. 이 때에는 내응을 약속한 관속들뿐 아니라 황주 출신의 申德觀, 재령 출신 金石河, 영변의 金雲龍과 같이 다른 지역에서 온 장사들도 박천지역의 본대로부터 파견되어 김사용 휘하에서 함께 활동하였다. 북진군 선봉장인 이제초 역시 정주 점령 때부터 김사용과 함께 활동하였다. 김사용은 최이륜을 정주 주관장으로 임명하고, 그 밖에 정주의 유력가들을 각자 알맞은 위치에 조직적으로 임명하였다. 첨사를 지낸 黃宗大를 좌익장으로, 동림별장을 지낸 李尙恒을 우익장으로 삼았으며, 기타 좌수·풍헌·집사 이하 관속과 전임자들을 모아 군관·별장·천총·파총·집사·별무사 등의 직책을 새로 주거나 자기 자리를 그대로 유지하게 하면서 봉기에 가담시켰

91) 박성신 등의 체포와 구출 경위는 鄭奭鍾의 앞의 글(1972), 168~169쪽 참조. 김사용의 곽산 점령에 대해서는 《關西平亂錄》 5, 임신 8월 15일, 467쪽 참조.

다. 약국을 하는 金大勛은 종사관으로 임명하였다. 봉기군은 정주 점령 이후부터 각 지역을 점령할 때마다 社倉穀을 군량으로 쓰면서 행정체계를 이용한 모군활동을 활발히 벌여 500여 명을 모았다. 이처럼 관속들을 재임명함으로써 봉기군의 행정체계를 정비하고 군량을 확보하면서 군사력을 모으는 활동은 이후 북진군이 각 지역을 점령할 때마다 마찬가지로 반복되었다. 특히 각 지역의 유식자들을 동원하여 從事官으로 임명하여 자신을 수행하도록 한 것은 남진군에서는 볼 수 없는 일이었다. 23일에는 金履大를 정주도독(주관장)으로 삼았고, 최이륜을 참모로 바꿨다.

북진군은 24일 아침 정주를 떠나 곽산을 거쳐 미리 우영장과 좌영장에 임명한 최봉관과 劉文濟의 영접을 받으며 그날 저녁 선천에 입성하였다. 김사용은 그들을 각각 선천부사와 방어사로 새로 임명하였다. 향인 桂亨大를 軍糧監으로 임명하고, 인근 東林의 鎭將에는 집사를 지낸 高宗德의 아버지인 高中起를, 宣沙鎭 僉使에는 장교이면서 상인인 崔奉一을 임명하였다. 검산산성으로 피신하였던 선천부사 김익순은 격문을 보낸 봉기군에 25일 항복해왔다. 여기서는 정주읍의 大商 金若河와 선천인 梁致漢의 비단을 징발하여 김사용 이하의 군복을 만들어 입기도 하였다.

북진군은 28일 일부가 구성으로 출진하였다. 황해도에서 온 장사 밑에 정주에서 온 별무사 韓處權·金致呂·鄭相云·李宗旬 등이 지휘부를 이루었는데, 군대의 수는 보군 240여 명에 달하였다. 그들은 일단 구성부 밖 30리의 남창에 머무르면서 곡식을 꺼내 기민에게 나누어 주었다. 그 지역의 鄕族 許瑀가 봉기군 진영과 내통하면서 민인들을 지휘하여 그 지역민 600명 내지 1,000명에 달하는 인원을 봉기군에 가담시켜 큰 세력을 이루었다.[92] 봉기군은 구성부에 격문을 띄워 협박하였으나, 부사 趙恩錫은 저항을 계속하였다.

북진군의 본대는 정주·곽산·선천 3읍의 보군 1, 200명과 기병 80명의 군사력으로 철산으로 진격하였다. 그곳에서는 이미 23일에 좌수 鄭大成, 중군 盧啓龍, 칙감 金元大 등이 雲巖山城으로 피신하려는 부사 李章謙을 잡아 위협하고, 田案監 吳仁錄이 항서를 써서 부사의 항복을 받아내어 대원수 홍

92) 《關西平亂錄》 4, 임신 정월 14일, 133쪽.

경래에게 수령의 印符를 바친 상태였다. 북진군은 28일에 철산에도 무혈입성하였는데, 철산의 장교 鄭復一이 내응하여 고을을 장악하고 있었다. 김사용은 여러 차례 수령을 역임한 내응자 鄭敬行을 淸北都指揮使에, 그리고 정복일을 철산유진장에 임명하고, 그 지휘 아래에 있던 金益明을 西林鎭將에 임명하였다.

순조 12년(1812) 정월 3일에는 용천부사 權琇가 지키고 있는 龍骨山城을 공격하였는데, 부사가 의주로 도주함으로써 봉기군은 쉽사리 龍川을 점령하였다. 여기서는 鄭聖翰을 용천부사로 임명하였고, 청북도지휘사 정경행과 김사용 등의 지휘부는 良策站에 주둔하였다. 용천과 양책참의 봉기군은 수천 명에 달하였다. 신도첨사 柳載河는 항복하였고, 철산의 鄕人으로 좌수를 역임한 張漢羽를 彌串鎭將으로 삼았다. 봉기군은 이곳에서 의주 공략에 열중하여, 정월 8일에는 종사관들을 모아 의주 점령의 묘책을 써내도록 하기도 하였다.

위와 같은 청천강 이북 지역에서의 봉기 소식은 다른 지역에도 커다란 영향을 미쳤다. 봉기지역에서 상당히 떨어진 中和에서도 향촌의 여러 지휘자가 각기 수백 명의 무장한 무리를 모아 스스로 元帥를 칭할 정도로 조직을 갖추어 활동하였다. 그들은 面任·里任을 죽이겠다고 위협하고 국가의 징병에 대해서는 "이러한 때에 어찌 관의 傳令이 있겠는가"라고 하면서 공개적으로 거부하였다. 이러한 상황은 중화만의 특수한 사례는 아니었다. 해서지방도 홍경래 난이 일어나자 곳곳에서 '亂民'들이 무리를 모아 일어난 까닭에, 병력을 동원하라는 정부의 명령에도 불구하고 그들을 단속하느라 지방군이 제대로 움직일 수 없는 형편이었다. 서울에서는 봉기소식이 들려오자 현직 관리들까지 가족을 피난시키느라 경황이 없었다.[93] 그리하여 정부에서는 서울을 비롯한 전국을 대상으로 '난민이 당을 이루어 약탈하는 행위'를 경계하는 명령을 내려야만 했다.[94] 이와 같은 '난민'들의 저항행위는 실제 봉기지역에서는 더욱 활발하게 터져나왔다. 봉기군과는 별도로, 영변·태천 지역에서 明龍云·韓宅彬이라는 인물이 무리를 모아 침탈 행위를 하다 잡혀 효수된 것

93) 鄭奭鍾, 앞의 글(1972), 179쪽.

94) 《純祖實錄》 권 15, 순조 12년 정월 정유.

도 그 한 예이다. 이처럼 계기만 주어지면 언제 어느 때라도 빈궁한 무리들이 들고 일어날 수 있는 상황이었다. 그렇지 않은 읍이 없었기 때문에 정부에서는 봉기군이 들어갈 염려가 없는 곳에 대해서도 각별히 주의할 것을 지시해야 하는 형편이었다.95)

다. 진압군의 정비 및 송림·사송야 전투

중앙정부에서는 12월 20일에 평안병사 이해우의 밀계를 통해 가산에서 봉기가 일어났다는 소식을 처음으로 접했다. 이어 22일에는 군수 정시가 잡혀 죽었으며, 안주 병영에서 30리밖에 떨어지지 않은 박천 진두에 진을 쳤다는 보고가 계속되자 그날로 申鴻周를 정주목사로, 鄭周誠을 가산군수로 임명하고 이들에게 전투와 募軍을 편한대로 할 수 있는 권한을 주었다. 그동안 안주에서는 19일 아침 난리 소식으로 민간이 소란하자 목사 趙鍾永이 군대를 모으고 성문을 닫아 걸었다. 그 후로도 민인이 소문을 듣고 도주함으로써 병사의 소집은 여의치 않았다. 그러나 일단 성을 튼튼히 지킬 수 있게 됨으로써 안주는 이후 진압군의 가장 중요한 반격의 거점이 되었다. 평안감사 李晩秀는 순안현 壯十部軍 2초를 발하여 안주를 구할 수 있도록 조치하였다.

23일에는 금광의 광부들이 난을 일으킨 것으로 파악한 비변사의 건의에 따라 금광 채굴을 금하지 못한 죄로 운산군수 韓象默을 파직 추고하도록 하였고 그 후임에 白慶楷를 임명하였으며, 鄭晩錫을 關西慰撫使로 삼아 監賑使를 겸하게 하였다. 또 도주한 곽산군수 이영식 대신 정경행을 군수로 임명하였는데, 그는 이미 봉기군에 가담하고 있었지만 정부에서는 그러한 사실을 모르고 있었다. 또 전날 임명한 정주목사 신홍주를 영변부사로 옮기고 徐春輔를 정주목사로 삼았다. 자산부사 申在明이 휴가로 서울에 왔다가 병을 칭탁하고 돌아가지 않았으므로 남양부사 金處漢을 자산부사로 삼았으며, 선천부사에 金櫰, 개천군수에 柳相弼, 박천군수에는 李運植을 각각 임명하였다. 이들 수령들은 진압군을 모으는 召募使를 겸하게 하였다. 한편으로는 감사와 병사 이하 관서의 관속과 士民들에게 유문을 내려 봉기군을 소탕할 것을 당

95) 당시의 분위기에 대해서는 吳洙彰의 앞의 글(1992), 170~172쪽 참조.

부하면서 적괴를 잡아 바치는 자에게 천금의 상금과 수령의 직을 내리겠다고 약속하였다.

24일에는 관서의 군대만으로는 봉기군을 진압하기 어려우니 서울의 군대를 동원해야 하리라는 의견에 따라 兩西巡撫營을 금위영에 설치하였다. 李堯憲을 양서순무사로 임명하고, 절도사 이하 모든 장령에 대해 먼저 참수할 수 있는 권한을 부여하였다. 巡撫中軍에는 朴基豊, 종사관에는 徐能輔·金啓溫 등을 임명하였다. 이 때의 계획은 27일에 보군 7초를 출정시킨다는 것이었다.

26일 안주목사에 趙鍾永 대신 申大偀, 서흥부사에 金喆淳 대신 李宗爀을 임명하였다. 순무영의 군졸 중 240명을 자원자로 모집하려 했으나 겨우 70~80명의 인원만이 자원하였다. 그러나 안주가 안정된 데에 힘입어 순무사의 출동은 뒤로 미루고 예정 병력 중 일부만을 먼저 파견하기로 하여, 27일에 좌별장 김처한으로 하여금 京軍 3초와 開城軍 1초를 이끌고 출동하게 하였다. 그러나 김처한이 출동을 거부하자 군문효수하기로 하고 중군 박기풍을 순무영 좌별장으로 삼아 출정시켰다.

이러는 사이에 평안도 지역의 정부군도 군세를 정리해 갔다. 27일경에 안주 병영에서는 9초의 군사를 동원해 병영 우후 李海昇으로 하여금 지휘하게 하였고, 함종부사 尹郁烈, 순천군수 吳致壽 등 인근 수령들도 진압활동에 가담시켰다. 평안감영의 중군 李鼎會가 5초의 군사를 이끌고 병영군에 합세하였다. 영변의 약산산성은 영변부사 吳淵常을 중심으로 운산·개천·태천의 수령들이 모여 굳게 지키고 있었다. 또한 봉기군이 숙천에서 영유·용강을 거쳐 삼화로 들어가면 安岳을 거쳐 바로 서울로 통하게 됨에 유의하여 삼화부사 金煐과 용강현령 申在業으로 하여금 그 길을 지키게 하고, 더 넓게는 봉기가 황해도와 함경도로 번져나가거나 영향을 끼치는 것을 막기 위해 상원·삼등과 성천·양덕의 수령에게 요해처를 잘 지키도록 조치하였다. 이즈음 평양에서는 유생과 무사들이 스스로 진압군을 구성하여 수백 명의 지망자가 모이고 있었다.

이처럼 진압군은 비교적 신속하게 전열을 정비하여 진압에 나설 차비를 갖추어 나갔다. 그리하여 진압군과 봉기군간의 최초의 본격적인 결전은 29일 청천강을 사이에 두고 안주를 바라보는 박천의 松林里에서 벌어졌다. 송림리에는 그보다 먼저 24일에 선봉장 홍총각의 부대 300여 명이 진을 쳤고, 26일 저녁에는 홍경래·김창시·우군칙 등이 500여 명을 거느리고 와서 합류하였다. 봉기군은 각지의 농민들이 합세하여 많으면 수천 명, 적어도 1,000명 이상의 병력이 모였다. 여기에는 강제적으로 동원된 병력도 포함되었으나 대개 기민들로 구성되었다. 한편 관군은 숙천·중화·순천·함종·덕천·영유·증산·순안 등지의 군졸을 모아 이룬 2,000여 명의 병력이었으며, 그 중 9초가 전투력을 제대로 갖추고 있었다.

봉기군은 세 갈래로 진를 이루어 관군을 맞았다. 그 중 홍총각이 이끄는 선봉대가 우후 이해승이 이끄는 진압군 본대를 공격하였다. 관군은 좌영장 함종부사 윤욱렬과 우영장 순천군수 오치수가 西陣과 東陣을 이루었다. 봉기군은 관군의 중앙을 돌파하려 했으나, 안주성 백상루에 올라 전투를 지휘하는 평안병사 이해우의 지시에 따라 전곽산군수 이영식이 이끄는 1,000여 명의 후원군이 쳐나오고 봉기군 기병 3~4명이 총에 맞아 말에서 떨어지는 속에 접전이 계속되자 무너지기 시작하였다. 관군은 여기서 봉기군 200명 또는 수백 명을 목베고 30여 명을 사로잡았다. 봉기군의 장수도 4~5명이 희생되었던 것으로 보인다.

홍경래를 중심으로 한 봉기군 본대는 송림에서 패한 후 29일 밤에 정주성으로 들어갔다. 관군은 봉기군을 뒤쫓아 가산·박천을 수복하면서 다복동의 봉기군 기지를 불태움은 물론 연도의 민간인을 도륙하고 약탈하였다. 이 때 관군의 초토전술은 정부 안에서도 두고두고 논란이 될 정도로 극심하였다. 홍경래를 비롯한 봉기군 지휘부는 패주하느라 경황이 없는 중에도 봉기에 가담한 사람들뿐 아니라 일반 농민들을 적극적으로 정주에 끌고 들어감으로써 관군의 학살에서 그들을 구하고 항거의 기반을 튼튼히 하려고 하였다.[96] 그리하여 가산·박천의 주민들이 대거 봉기군과 함께 정주성으로 피신해 들어갔다.

북진군 중 구성의 남창에 모여 구성 공략을 준비하던 600~700명의 봉기군은 송림 본대의 패전 소식을 듣고 12월 30일에서 다음해 정월 초하루 사

96) 吳洙彰, 앞의 글(1992), 154~155쪽 참조.

이에 흩어졌고, 그 주력은 정주성으로 들어가 합세하였다. 태천을 점령하고 있던 봉기군은 영변 장교의 습격을 받아 中軍을 맡아보던 박인식 등 그곳 지휘자 5, 6명이 체포되어 효수되었다. 이어 6일에는 영변부사 오연상이 이끄는 진압군 300명의 습격으로 읍을 제압당하고 유진장 변대익도 체포되었다. 유진장 박성신이 지키고 있던 곽산에서도 정월 8일 후원장 이영식과 우영장 오치수가 이끄는 진압군의 공격을 받아 패주하였다.

박성신이 선천에 가서 정부군의 북진을 알리고, 9일에는 정주성에서 김창시가 와서 진압군과 싸울 것을 권하자 그곳에 머물고 있던 이제초가 기병과 보병 1, 000명을 이끌고 곽산으로 내려왔다. 그러나 그들은 정월 10일 곽산의 四松野에서 곽산 주둔군과 좌영장 윤욱렬이 이끄는 관군의 선제공격을 받아 수백의 봉기군이 전사하는 희생을 낳고 흩어지고 말았다. 지휘자인 이제초는 사로잡혀 바로 처형당하였고, 김창시는 북쪽으로 피신하다 김사용의 종사관을 맡았던 趙文亨에게 배신당하여 목이 잘렸다. 이 곽산 사송야에서의 패배는 북진군에게 회복할 수 없는 타격을 주었다. 관군은 이어 15일에 선천을 쉽게 점령하였다.

한편 김사용이 이끄는 북진군 본대는 용천을 점령한 후 良策站에 진을 치고 있었다. 의주에서는 봉기군에 의해 감영·병영과의 연락이 두절되어 있었지만, 계엄령을 내려 성내를 안정시킬 수 있었다. 특히 김견신과 허항이 '의병'을 일으켜 백마산성을 지키면서 봉기군에 대항하였다. 그들은 정월 10일 밤 용천을 점령하고 봉기군 26명을 처형하였으나 귀로가 끊길 것을 우려하여 다음날 일단 所串으로 물러났다. 그러나 그날로 다시 진격하여 양책참을 점령하였다. 그보다 앞서 양책참에서 東林城으로 퇴각한 김사용은 곽산에서 이제초가 패한 후 정월 13일 1,000여 명의 군졸들에게 그곳의 군량을 나누어 가지게 한 후 장홍익·김대훈 등과 더불어 정주성으로 들어갔다. 이로써 의주 점령을 목표로 진격했던 북진군 지휘부는 해체되고 말았다. 14일에는 金益明이 이끄는 西林城의 봉기군이 김견신 등의 공격을 이겨내지 못하고 패주하였다. 진압군은 여세를 몰아 16일에는 철산도 수복하였다. 운암산성과 동림성 등에 남아 있던 봉기군 일부도 그대로 무너지고 말았다.

라. 정주성 농성

12월 29일 박천 송림에서 관군에게 패하여 정주성으로 들어온 홍경래 이하의 봉기군은 지휘부를 정비하면서 농성에 들어갔다.[97] 정주성은 매우 견고한 성이었고 어느 고을보다도 군량이 풍부하게 비축되어 있는 곳이었다. 홍경래가 김사용·홍총각 등과 함께 서장대에 머물면서 대원수로서 총지휘를 하였고, 성내의 일반 행정은 동헌에서 기거하는 유진장 김이대의 책임 아래 이루어졌다. 농성에서 무엇보다도 중요한 역할인 성문 수비는 金石河·申德觀·吳龍珍·李夏儒·尹孝儉 등의 壯士들이 책임졌다. 또한 진압군이 공격하여 성의 100보 밖에 있을 때는 활로 쏘고 100보 안에 들면 총으로 쏠 것이며, 성밑에 도달하면 돌을 던져 무찌르기로 하고, 일상적으로 성 밖에 복병을 배치하는 등 관군의 공격에 적극적이고 조직적으로 대비하였다. 또 북쪽에서 원군이 곧 도착하리라고 선전하여 민심을 달랬다.

진압군은 선발대가 정월 2일 정주에 도착하여 농성자들의 항복과 士人들의 의병을 권하는 방을 붙인 후, 5일에는 곽산군수 이영식, 우후 이해승, 함종부사 윤욱렬, 소모장 諸景彧, 숙천부사 李儒秀, 순천군수 오치수 등이 이끄는 병력으로 정주성을 일차 공격하였다. 그러나 봉기군의 반격을 받아 사상자를 내면서 퇴각하였다. 한편 박기풍이 이끄는 3초의 순무영 군사는 27일 서울을 출발하여 29일 개성에 도착하여 1초와 합세한 후 정월 10일에는 안주를 출발하여 그날 정주성에 도달하였다. 그리하여 정월 11일에 이르러 정주성을 포위한 진압군의 숫자는 서울과 개성에서 동원된 1,000여 명과 안주·평양 및 인근 지역에서 동원된 군사들을 합하여 8,000여 명에 이르게 되었다. 진압군은 16일에 대포와 구름다리를 동원한 대대적인 공격을 다시 감행하였다. 그러나 성에 접근하기를 기다려서 맹렬히 반격하는 봉기군의 전술에 말려들어 소모장 제경욱과 순무영 군관 金大宅을 포함한 21명의 사망자와 50여 명의 부상자를 내는 등 큰 타격을 입고 퇴각할 수밖에 없었다.

다음날에는 봉기를 사전에 알지 못한 데다가 봉기군의 정주성 점거를 막지 못했고, 더구나 위와 같이 패전을 거듭하는 데 대한 책임을 물어 평안감

---

97) 鄭奭鍾, 앞의 글(1972) 참조.

사 이만수와 병사 이해우를 삭직하였다. 그리고 새 감사에는 정만석을 임명하였고 병사는 순무영 중군을 맡아온 박기풍이 겸임하도록 하였다.

개편된 지휘부의 관군은 19일 새벽에 또다시 총공세를 폈다. 그들은 각 방향으로 공격하여 동문의 경우 성을 넘어 안으로 들어가려는 데까지 이르렀으나, 봉기군이 근접한 거리에서 활과 총을 쏘며 저항하자 회군하고 말았다. 이 전투에서 진압군은 4명의 전사자와 43명의 부상자를 냈다.

봉기군의 농성 전술은 시간이 흐르고 관군의 공격을 이겨내는 동안 더욱 정비되었다. 진압군의 야습에 대비하여 횃불을 밝히고 총을 쏘기도 하였으며, 군악을 연주하여 자기들의 기세를 돋우는 한편, 진압군의 사기를 떨어뜨렸다. 장기 농성에 대비하여 사창곡은 물론 부민들이 지닌 곡식과 염장을 거두고, 충분한 우물을 확보하였다. 그리하여 북진군이 해산된 후에도 봉기군의 사기에 진압군이 압도되어 있었다. 그에 비해 진압군은 민간을 약탈할 뿐만 아니라 심지어는 방화와 살인을 계속 저질렀다. 그리하여 정부에서는 그런 행위를 금지하는 명령을 계속 내려야 했고, 심한 자는 효수까지 해야 하는 상황이었다. 정주성 주위뿐만 아니라 이미 진압군이 제압한 지역에서도 사정은 비슷하였다. 무고한 평민들의 목을 잘라 전과를 과장하는 일이 조정에서 문제가 될 정도였다. 이로 인하여 분격한 많은 민인들이 적극적으로 정주성 농성을 도왔다. 그들은 관군의 정세를 염탐하여 봉기군에게 제보하는 정도는 물론이거니와 자기 이름이 다 알려질 만큼 공개적으로 군량을 정주성으로 날라다 주었다.

진압군은 2월 3일에 군사 지휘관을 총동원하고 특별히 만든 輪梯 5대를 앞세워 다시 총공격을 감행하였다. 윤제는 성을 내려다볼 정도로 높았다. 그 위에는 총수를 숨겨 공격하게 하였고 안에는 성을 넘을 군사들을 숨겼다. 아침부터 저녁 때까지 계속하여 싸웠으나 유리한 위치에 있는 봉기군을 당할 수는 없었다. 다음날 아침에는 오히려 봉기군이 성밖으로 쳐나와 진압군의 대포를 빼앗으려는 전투를 벌였다. 그들은 진압군의 반격으로 퇴각하였으나, 봉기군은 이틀간의 전투로 진압군에 사망 11명, 부상 123명이라는 희생을 안겨주었다. 이 전투가 있던 날 조정에서는 정주성 공략에 성과를 올리지 못한 순무영중군 겸 평안병사인 박기풍을 삭직하고 평안병사에 申鴻周, 순무영중군에 柳孝源을 임명하였다.

그 후로는 주로 봉기군이 선제공격을 하였다. 그 까닭은 농성이 계속될수록 진압군도 초조해졌겠지만, 봉기군은 보급을 받을 수 없어 더욱 불리한 상황이었고, 따라서 포위를 벗어나는 것이 급선무였기 때문에 성 밖으로 공격을 감행하지 않을 수 없었다. 2월 19일 새벽에 봉기군이 성을 나와 격심한 전투를 벌였다. 먼저 동문과 남문으로 각 100여 명이 나와 매복한 후 남문에서 400~500명의 보군이 30~40명의 총수를 앞세우고 총격전을 벌여 한낮까지 싸웠으나 10명 정도의 사망자를 내는 피해만을 입고 퇴각하였다. 이 때에는 이미 강계·영변 등지의 射手들이 진압군에 동원되어 있었다. 이러한 전투는 23일에도 비슷하게 벌어졌다.

25일에는 진압군이 새로 완성된 윤제와 거의 모든 지휘관을 동원하여 6개 방향으로 총공격을 가했다. 그러나 대부분의 윤제가 기능을 발휘하지 못하였고 성에 접근한 것마저도 봉기군의 화공에 의해 불태워졌다. 하루 종일 계속된 이 전투에서 관군은 사망자 12명, 부상자 144명이라는 피해를 입었지만, 정주성 공략에는 아무런 성과도 올리지 못했다. 이후 봉기군은 횃불을 더 밝히고 풍악도 더 크게 울리면서 밤새도록 사기를 북돋았다.

3월 들어 봉기군은 더욱 적극적이 될 수밖에 없었다. 8일에는 홍경래가 직접 1,000여 명을 이끌고 함종부사 윤욱렬과 의병장 허항의 부대를 불로 공격하여 사망 70명, 부상 137명의 피해를 입히고 봉기군에서도 46명이 죽는 대접전을 벌였다. 그러나 그렇게 해서도 활로를 뚫을 수가 없었다. 봉기군은 20일에도 군량을 나르느라 대오가 흐트러진 진압군 부대를 공격하여 의병장 허항과 관군 22명을 전사시키는 등 기세를 올렸으나 반격을 받아 48명의 사망자를 냈다. 싸움은 더욱 격렬해져서, 홍총각과 嚴啓良이 지휘한 22일의 공격에서는 17명의 관군을 죽였으나 봉기군 69명이 전사하고 포로가 된 87명도 곧 처형당하였다.

위와 같이 농성과 전투가 계속되는 동안, 봉기군 지휘부에서는 '胡兵'이 구하러 올 것이라는 점을 끊임없이 선전하여 민심을 이끌어갔으며, 정월 말에는 창성·벽동 등지로 가서 원군을 이끌어 올 사람들을 파견하였다. 또한 진압군의 동정을 염탐하는 일을 비롯하여 평양·영유·영변·안주 등 진압군의 후방을 방화 등의 방법으로 교란할 임무를 띠고 여러 차례에 걸쳐 많은 사람들을 보냈다.98) 또한 북진군에서 흩어져 체포된 후 진압군에 가담한다는 조건으로 처형을 면하고 別義兵이라는 이름으로 정주성에 투입되었던 인물들도 달아나거나 심지어 다시 봉기군에 가담하는 상황이었다.

한편 서울에서는 김사용의 지시를 받은 兪漢淳이 정세와 관군 소식을 탐문하고 남문 기둥과 구장용영 대문에 괘서를 붙여 민심을 선동하는 활동을 하다 2월에 잡혀 처형되었다. 양반인 韓基朝는 서울에 살면서도 봉기 지휘자에게 글을 보내 거사에 가담했다가 봉기군이 용천에서 패퇴한 후 그 문서가 알려짐으로써 처형당하는 일도 있었다. 또한 벼슬살이까지 한 朴鍾一·李振采 등이 봉기에 가담하기 위하여 도성에서 난을 일으키려 했다는 죄로 처형당하기도 하였다. 이들의 활동은 봉기군에서도 큰 관심을 가지고 주의하고 있었던 것으로 보인다.

하지만 정주성 내의 사정은 점점 어려워져 갔다. 곡식이 떨어져 군병들에게 당초 하루 2승씩 주던 배급을 1승 5합, 1승, 나중에는 6합까지로 줄였다. 소나 돼지 등은 물론 말도 10여 필을 남기고는 거의 잡아먹었고, 횃불을 올리기 위해 성내의 집도 부쉈다. 3월 말에는 인구를 줄일 목적으로 두 차례에 걸쳐 노약자와 부녀자 227명을 성 밖으로 내보냈다. 그런 가운데 이제초의 동생인 李濟臣을 중심으로 홍경래를 암살하려는 계획이 드러나기도 하였지만, 전체적으로 일사분란한 지휘체계에 별 흔들림이 없었다. 관군에서도 홍경래의 친척들을 성내로 잠입시켜 그를 암살하려는 공작을 벌였으나 성의 수비가 엄하여 뜻을 이룰 수는 없었다.

4월 들어서도 관군의 공격은 봉기군의 완강한 저항에 부딪혀 성과를 거둘 수가 없었다. 그리하여 3일부터는 성을 폭파할 목적으로 굴을 파기 시작하였다. 굴착은 마침내 18일에 완료되었다. 이에 인근 광산의 화약 기술자들이 동원되어 19일 새벽에 화약 1,800근에 불을 붙임으로써 성 북쪽벽이 폭파되었다. 이 때를 틈타 진압군이 성안으로 진격하였다. 홍경래는 총에 맞아 전사하였고, 홍총각·김이대·윤언섭·楊時緯 등은 사로잡혔다. 우군칙·이희

98) 鄭奭鍾, 앞의 글(1985) 참조.

저・최이륜 등은 난군에 섞여 달아났으나 구성에서 체포되었다. 그들은 모두 서울로 압송되어 심문을 받고 처형당했다. 농성에 참여했다가 정주성에서 체포된 사람은 모두 2,983명이었다. 이중 10세 이하 소년 224명과 여자 842명을 제외한 1,917명은 23일에 모두 참수되었다.

3) 항쟁의 결과

(1) 홍경래 난 전후 향촌지배세력의 변동

세도정권과 그 대행자인 수령권에 대한 정치투쟁이 집적되어 일어난 홍경래 난에서 비록 일시적이었지만 봉기군에 의한 향권 장악이 있었고, 다시 '의병'세력의 대두에 의해 극적인 반전이 이루어졌다. 여기서는 먼저 봉기군의 구성 및 성격, 그리고 홍경래 난의 경과 속에서 봉기군이 어떻게 향권을 행사하고 있었는가를 살펴보고, 이어서 '의병'의 성격 및 동향, 그리고 봉기가 패배로 끝난 후 향촌사회질서는 어떻게 재편되어 가는가를 추적하여 보고자 한다.

봉기군의 주도층 및 참여세력에 대하여 《陣中日記》에서는 다음과 같이 말하고 있다.

> 洪景來는 괴수요, 禹君則은 참모였으며, 李禧著는 와주요, 金昌始는 선봉이었다. 그리고 金士用과 洪總角은 손발의 역할을 하였다. 그 졸개로는 의주로부터 개성에 이르는 지역의 거의 대부분의 富戶・大商들이 이에 망라되어 있었고, 황해・평안 양도의 破落・難當이 모두 부하가 되어 돌아다니고 流民・飢氓이 또한 많이 투속하였다(《陣中日記》 권 1, 신미 12월 8일, 133쪽).

즉 봉기군의 지도층으로는 홍경래, 우군칙, 이희저, 김창시 등을 주목하고 있으며[99] 참여세력으로는 ① 의주에서 개성까지의 부호・대상 ② 황해・평안도의 파락・난당 ③ 유민・기맹이라는 세 가지 부류로 분류하였다. 이를 바탕으로 지도층 및 참여세력의 사회경제적 성격을 파악하여 보기로 하자.

---

99) 주도층의 개별적인 인물 분석은 吳洙彰, 앞의 글(1993), 239~252쪽 참조.

홍경래는 신분이 명확하지는 않으나 평민 출신이었던 것으로 보이며, 전답이나 노비를 가지지 못한 빈농의 처지에 있었다. 그는 豪民的 성격의 인물로 地師를 칭하고 여러 곳을 돌아다니며 사회사정을 엿보면서 봉기 참여자들을 규합하였다. 봉기 직후에는 平西大元帥가 되어 난의 최고 지도자로서 중심적인 활동을 하였다. 그는 전형적인 저항 지식인의 면모를 갖추고 있었다. 그는 상당한 군사지식과 지도력을 가지고 항쟁을 이끌어갔다. 그러나 그는 난에서의 구체적 활동보다는 鄭眞人說을 자기 행동의 이념적 기반으로 삼고 있었듯이 그 상징성이 지니는 의미가 더 컸던 것으로 보인다.

우군칙은 봉기군 지도부 가운데 실질적으로 가장 중요한 역할을 한 인물이었다. 그도 風水師로 자처하였고, 卜術人이라 지칭되기도 하였다. 그는 列邑의 軍校·鄕任들과 체결하는 일을 전담하였다.[100] 그는 龜城의 賤孼로서[101] 홍삼 밀무역에 종사하다가 그 사실이 적발되어 서울 포도청에서 체포령이 내려 수색 중에 있던 인물이었다. 또 우군칙은 홍경래와 더불어 밀무역과 사상활동을 통해 부를 축적하기도 하였다.[102]

이희저는 본래 驛奴인데 家財가 부유하여 무과로 출신하였던 인물로서 청북의 부상대고로 널리 알려져 있었다.[103] 그는 그 후 재력으로 향안에 들어갔다가 가산군수 鄭蓍에 의하여 삭제되기도 하였다.[104] 경제적 부를 바탕으로 신분상승 및 향권에 도전하는 이른바 신향세력에 속하는 자였다.[105] 그의 주변 친인척들이 모두 열읍의 '奸校'·'猾吏'·富民·大賈였다.[106]

김창시는 곽산의 유력한 토호로서 儒業에 종사하였으며 순조 10년(1810) 10월에는 小科 式年試를 통과하여 進士가 되기도 하였다. 그는 내응자를 모집하고 격문을 작성하는 등 봉기의 명분을 선전하는데 활발한 활동을 하였다. 그는 또한 의주 및 곽산의 상인들과 연계를 가지고 상업에도 종사하였다.[107]

---

100) 《巡撫營謄錄》 권 4, 임신 정월 9일.
《陣中日記》 권 1, 임신 정월 9일, 260쪽.
101) 《陣中日記》 권 1, 신미 12월 18일, 132쪽.
102) 《陣中日記》 권 2, 임신 5월 18일, 728쪽.
103) 《陣中日記》 권 1, 신미 12월 18·19일, 131·143쪽.
104) 鶴園裕, 앞의 글(《傳統時代의 民衆運動》, 257쪽) 참조.
105) 《巡撫營謄錄》 권 5, 임신 정월 21일.
106) 《陣中日記》 권 1, 신미 12월 18일, 132쪽.

4월 28일 내린 '平賊陳賀'의 敎書에 따르면, 이희저 · 김창시 · 우군칙 · 이제초 · 김사용 등은 토호로서 비교적 부유한 경제기반을 확보하고 있었음을 알 수 있다.[108] 그리고 앞에서 보았듯이 그 부는 상업적 수단을 통해서 확보한 것으로 보인다. 이처럼 지도층은 토호 지주적 측면과 상인적 요소들이 얽혀 있었다.

한편 참여세력의 구체적 동향은 봉기 직후인 12월 19일부터 22일까지의 상황을 보고한 다음과 같은 평안병사의 첩보에서 엿볼 수 있다.

> 대개 이 흉적이 갑자기 일어나서 가는 곳을 막을 수 없고 한 곳에 모이는 자들을 보면 혹 백여 명을 넘거나 혹 수백 명에 이르러 明火의 강도와 같습니다. 도당들은 이처럼 번성하고 향응하는 자는 매우 많습니다. 곳곳에서 번갈아 일어나는데 그 모습이 대체로 비슷합니다. 청북의 4~5주군이 수일 만에 함락된 까닭은 모두 邑屬과 官隷들이 내응한 때문이며 그 무리들이 처음에는 많지 않다가 관부에 들어와서는 창고를 열어 기민을 구제하고 돈을 풀어 모병을 하니 무뢰유걸의 무리들이 다투어 따르게 되어 날로 치성하여 요원의 세와 같습니다. 이른바 내응이 없는 읍이 없는데 부호는 돈이나 곡식을 가지고 응하며 邑隷는 북을 울리며 맞아들이니 長吏가 관을 버리고 도망하는 것은 당연한 형세였습니다(《陣中日記》 권 1, 신미 12월 28일, 186~187쪽).

여기서 우리는 읍속 및 관예들의 내응과 기민에 대한 구제가 봉기 직후 봉기군이 청북지역을 쉽게 장악할 수 있었던 주요한 동력이었음을 알 수 있다. 또한 그 내응세력이 직임으로는 향임 · 군교 등이었고 경제적 형편으로는 부상 · 요호였다고 할 수 있다.[109] 이 내응세력으로서의 관예와 읍속들이 앞의 《陣中日記》에서 참여세력으로 분류된 파락 · 난당층들이었을 것으로 보이며 무뢰유걸의 무리들이란 유민 · 기맹에 해당하는 부류들이었을 것이다. 그리고 부호 · 대상이란 지도층의 사정과도 통하며 상업적 기반을 갖는 토호지주층과 대상인층을 지칭하는 것으로 보인다.

---

107) 홍희유, 앞의 글, 73쪽.

108) 《陣中日記》 권 2, 임신 4월 28일, 683쪽.

109) 《關西平亂錄》 1, 임신 3월 4일 金再堯供招 · 康守徵等供招 및 定州朴厚文供招. 《關西辛未錄》(《韓國民衆運動史資料大系》, 〈1811~1812年의 農民戰爭篇 3〉, 驪江出版社) 권 2, 安北縣 金銘意問目, 113쪽.

이 내응세력으로서의 관예와 읍속의 동향은 향권의 향배에 결정적인 영향을 미쳤다. 내응세력의 몇몇 예를 들면 다음과 같다. 정복일은 다년간 철산의 首校로서 가산·정주·선천·곽산 등 읍의 향임이나 장교들과 체결하여 내응케 하였고,[110] 선천에서는 좌수부터 향소, 책객들이 수령에게 항복을 권유하였다.[111] 특히 구성군에서는 풍헌 許瑀 등 10여 명이 내응하여 허우는 자신이 직접 軍馬喂養穀草都次知가 되어 民丁을 調發하여 柴穀草 등의 물자를 輸運하였고, 富民 張柱國을 軍糧監官으로, 曺今龍을 犒饋監官으로, 李龍泰를 食物次知로 삼았다.[112] 태천에서도 좌수, 수교, 수리 등이 내응하였다.[113] 뿐만 아니라 병영에서도 수교 이하 6~7인이 봉기군에 가담하였다.[114] 이처럼 내응세력은 그 지역 향권에 밀접히 관계하던 세력들이었다. 그렇기 때문에 정주성에 머물면서 성내의 군졸을 모을 때의 사정을 보고한 정부측 문서에서 그 상황을 "읍민들은 예전처럼 살고, 관속들은 평상시처럼 일을 거행한다"고 하였고, 州校 崔爾崙은 主管將이 되어 邑務를 거행하였던 것으로 보고 있었다.[115] 수령권만이 배제되었을 뿐, 향권이 봉기군의 수중에 온전히 장악되었음을 볼 수 있다.

한편 봉기군은 처음 가산을 점령하고 이어 10여 일 만에 곽산·정주·박천·태천·선천·구성·철산·용천 등을 쉽게 점령하였다. 그리고 이들 점령지역의 지배와 봉기군 충원을 위해 각각 留陣將(留鎭將·主管將·假倅)을 두었다. 이 유진장의 역할은 곧 봉기군의 향권 장악의 실태와 그 행사방향을 엿보게 한다.

주요 지역 유진장은 다음 표와 같다.

---

110) 《陣中日記》 권 1, 임신 정월 18일, 335쪽.
111) 《陣中日記》 권 2, 임신 3월 5일, 478쪽.
112) 《關西辛未錄》 권 2, 李夢石招辭, 99~100쪽.
《陣中日記》 권 1, 임신 정월 5일, 232쪽.
113) 《陣中日記》 권 1, 신미 12월 25~26일, 172~173쪽.
114) 《日省錄》 순조 11년 12월 22일.
115) 《日省錄》 순조 11년 12월 28일.

〈표〉 봉기군 주요 점령지역의 유진장

지 역	성 명	직 임	비 고
가 산	尹元夔	미 상	
곽 산	朴星信	前僉使	토호
박 천	韓日恒	執 事	토호
정 주	崔爾崙 金履大	州 校 座 首	12월 27일에 교체됨
선 천	劉文濟·崔奉觀	將 校	左右翼將이 되어 邑務主管
철 산	鄭復一 張漢羽	將 校 鄕 任	체포된 후 장한우로 교체됨
용 천	鄭聖翰	營 將	名祖의 孫
태 천	邊大益	倉 監	

《陣中日記》《關西平亂錄》 등을 참고로 작성

이 〈표〉에서도 알 수 있듯이 유진장은 토호적 기반을 갖는 향임·군교층으로 구성되어 있었다. 이들은 그 지역사회에 미치는 정치사회적 영향력이 우세한 인물들이었다. 예를들면 정주의 김이대는 좌수로서 향권을 담당하고 있으면서 매향을 주도하기까지 하였다. 김이대는 賑資穀을 보충한다고 칭하여 1천 냥을 받고서 정주 부호 朴厚文을 향안에 넣어주는 등, 부자라고 이름이 있는 자 28인을 신향으로 올리며 돈을 받았다. 그런데 이들 신향 중에는 땅을 팔아 향전을 바치는 자가 있을 정도로 강제성을 띤 매향이었다. 한편 부호로서의 신향들은 봉기군에 의하여 군량이 배당되는 등 자의건 타의건 봉기군에 가담하고 있었다.116)

내응세력이나 유진장의 사회적 성격을 통해서 살폈듯이 봉기군의 상층부는 鄕武層이 장악하고 있었다. 이는 곧 성장하고 있는 신향층이 봉기군의 주도층을 이루고 있었다는 것을 말해준다.117)

토착적 기반을 갖는 향인층이 유진장으로서 어떤 역할을 하고 있었는가를 곽산의 경우에서 잘 살필 수 있다. 3월 5일자 선천현감의 秘報에는 곽산 善騎

116) 《關西平亂錄》 1, 임신 3월 10일 定州朴厚文供招, 442~444쪽.
117) 鄭奭鍾, 앞의 글(《傳統時代의 民衆運動》), 312쪽.

隊에 소속되었던 봉기군들의 供辭가 실려 있다. 그 가운데 金中太와 金化準의 공사에 의하면, 봉기군에 뽑힐까 두려워 외촌에 숨어 있었는데도 박성신이 男丁案, 즉 軍案에 따라 가려뽑았기 때문에 빠져나갈 수가 없었다[118]고 하였듯이 군안에 근거하여 군대를 징발하는 모습을 볼 수 있다. 또 金京祚의 공사에 의하면 군대를 뽑을 때 자신의 이름이 들어가 있었는데 이미 자신은 도피했기 때문에 그의 아우 金應祚가 대행하게 되었다고 함에서 이른바 족징의 수단까지 이용되고 있었음을 알 수 있다. 이는 박성신이 이미 군정의 수행에 익숙한 자였고 그 점이 유진장이 될 수 있었던 장점이기도 하였다는 것을 뜻한다. 그리하여 일읍의 남정은 대부분이 봉기군으로 뽑히게 되었던 것이다.[119]

반면에 상인층은 봉기에서 행한 역할에 비하면 향권에서는 상대적으로 배제되고 있었다.[120] 홍경래 난이 군현 단위의 국지성을 뛰어넘어 조직될 수 있었던 데에는 활동범위가 그에 상응하는 상인층의 역할이 컸을 것이다. 그러나 상업세력이 향권을 주도하는 것은 그 일의 성격상 어려웠다. 따라서 그 지역 사정을 잘 아는 농업세력 즉 토호지주층이 향권을 장악, 주도할 수 있었던 것으로 보인다.

이상에서 알 수 있듯이 기왕의 지방행정조직은 인적 교대없이 그대로 봉기군의 행정조직으로 이용되면서 향권을 장악해 나갔다. 수령권이 배제된 이외에 향촌사회의 지배질서 자체는 그대로 유지되었다. 이 점은 홍경래 난이 반봉건성이란 계급대립의 측면보다는 지방행정권에 대한 대립이란 반정부적 차원에 머무르고 있었음을 보여주는 것이기도 하다.

그렇기 때문에 빈농층의 계급적 요구는 적극적으로 표방되지 못하였던 것 같다. 이들 주도층은 어디까지나 향권 장악을 통하여 수령권을 배제함으로써 부민수탈의 원인적 요소를 제거하려는 데에 우선적인 목적을 두었을 뿐, 빈민층의 이익까지도 포괄하는 반봉건을 직접적 내용으로 하지 못하였다. 따라서 광범한 농민대중의 자발적 참여를 이끌지 못하였다. 이 점은 주도층의 계급적 속성이며 거기서 비롯되는 난의 한계였다.

농민층의 참여는 기민구제, 관군의 초토전술과 향임층에 의한 강제동원에

118) 《陣中日記》 권 2, 임신 3월 5일, 490·494쪽.
119) 《陣中日記》 권 2, 임신 3월 5일 金京祚·金初益供辭, 498쪽.
120) 홍희유, 앞의 글, 83~97쪽.

의하여 이루어졌다. 그렇다 하더라도 물론 관에 대한 보편적 저항의식이 내재되어 있었던 점은 주목하여야 할 것이다.

(2) 반봉기군 '의병'의 향권 장악

한편 반봉기군으로서의 이른바 '의병'은 그들의 '의병'활동을 계기로 홍경래 난 이후 평안도 지역의 향권을 잡아갔다.

전쟁이 끝나고 논공행상을 행할 때 영의정 김재찬이 의병장 가운데 의주의 金見臣, 정주의 玄仁福, 강계의 宋之濂 등 세 사람의 공이 가장 두드러진 것으로 평가하고 있듯이,[121] '의병'세력의 성격은 이 세 사람의 행적을 통해 드러난다. 그 중에서도 특히 정주와 의주가 평안도지역 향권의 향배를 엿보기에 상대적으로 많은 사실들을 보여준다. 따라서 '의병'활동의 성격을 정주의 현인복과 의주의 김견신을 중심으로 살펴보기로 하겠다.

먼저 정주 향인 현인복이 의병세력을 일으키게 되는 과정에 대해 《陣中日記》에서는 다음과 같이 기록하고 있다.

> 平安都事 白慶楷는 이 때 本家(정주 소재)에 있으면서 적변을 듣고 달려가 성을 지키고자 위아래를 둘러보았으나 어찌할 수 없자 밤을 틈타 형 慶翰과 함께 현인복의 집으로 갔다. 이 때 인복은 적이 일어났다는 소식을 듣고 분분하던 터에 마침 경한 형제가 오자 크게 기뻐하며 맞이하여 각각 힘을 다할 방책을 논의하였다(《陣中日記》 권 1, 신미 12월 19일, 142~143쪽).

이 때가 봉기가 일어난 다음날인 12월 19일이었다. 현인복이 평소에 평안도사와 밀접히 관계하고 있었던 사실을 알 수 있다. 그것이 반봉기군의 입장에 서게 된 계기였다. 백경해는 鄭敬行이 곽산군수로 임명될 때 함께 운산군수로 임명되고 있을 정도로 정부측 입장에 서고 있었던 인물이었다.[122] 한편 정경행은 곽산군수로 임명되고 있으나 이 때 이미 봉기군에 가담하고 있었다.[123] 여기서 우선 알 수 있는 것은 중앙정부가 상황을 정확히 파악하지 못

121) 《陣中日記》 권 2, 임신 5월 12일, 711쪽.
'의병'의 활동에 대하여는 주로 《陣中日記》를 참고로 하였다. 이하 특별한 경우 외에는 개별적 전거제시는 생략하였다.

122) 《日省錄》 순조 11년 12월 23일.

했기 때문이기도 하겠지만 봉기군과 '의병'을 구성하는 세력들이 사실상 향촌사회에서의 위치가 객관적으로 구별할 수 있는 것이 아니었음을 시사해주는 것이다. 따라서 양자를 구별짓는 주요한 요소의 하나는 관권과의 결탁여부라 할 수 있겠다.

22일에 백경한과 현인복은 연일 몰래 모의하였으나 자신들의 힘만으로는 성을 회복할 계책을 마련하지 못하자 그 책임을 나누어 경한은 남아서 의병을 모으고 인복은 그 再從伯 仁默 및 정주에 사는 前任將校 高漢燮과 함께 안주영에 위급함을 고하러 가기로 하였다. 한편 23일 안주성에 도착하여 들어가려 하였으나 봉기군으로 의심받아 여의치 않다가, 평일에 서간을 왕복하는 등 친분이 있었던 營裨 趙鳳錫의 도움을 받아 비로소 병영에 들어갈 수 있었다. 그리하여 의병의 뜻을 말하고 정주성 공격책을 건의하였으나 여전히 의심받아 오히려 포박되어 옥에 갇히게 되었다. 나아가 24일에는 병영의 壯士, 軍官들이 죽일 것을 청하는 지경에까지 이르렀다. 이 때도 조봉석의 도움으로 풀려났다. 다만 고한섭은 인질로 병영에 남고 인복은 먼저 돌아가 계책대로 준비하기로 하였다.

이처럼 '의병'세력은 봉기군으로 의심받아 죽음의 위기에 처할 정도로 겉으로 보기에 봉기군과의 객관적 차이가 없었다. 다만 최초의 단계부터 다분히 관권과의 결탁을 매개로 '의병'화 하고 있었음을 알 수 있다. 따라서 이 점은 이후 지방관과 협조 관계를 유지할 수 있는 유리한 조건이 되었다. 현인복은 26일부터 본격적으로 활동하고 있으며 이날 보낸 격문 가운데는 "우리 주(정주)는 청북의 도회지이고 관서의 요충으로서 집집마다 학문에 힘을 써서 평소에 衣冠의 鄕이라 불리며 村마다 縉紳이 있고 또한 簪纓之族이 많으니 이는 國恩이다"124) 라고 하여 다분히 친정부적이며 동시에 반신향적 태도를 보인다.

그 후의 경과를 보면, 이듬해 정월 3일에 정주의 士人 趙永煥이 의병을 모아 大陣에 찾아옴을 시작으로 4일에는 前定州察訪 金致龍, 前正郎 李昌心·金景煥, 前掌令 承膺祚, 前判官 洪履祚, 前察訪 崔鳳和, 前注書 卓瑊, 章甫

123) 鄭奭鍾, 앞의 글, 319쪽.
124) 《陣中日記》 권 1, 신미 12월 26일, 175쪽.

金東垕·金益煥·趙夢鵬·鄭仁範 등이 대진에 찾아왔고, 이 때부터 관군에 가담하는 자들이 늘어났다. 현인복도 이 때부터 의병장이라 불렸다.

이러한 사정을 "현인복이 의병장으로 임명된 후 그 소문을 듣고 일어나는 자가 많았다. 혹은 소를 바치고 혹은 쌀을 날라 사졸들을 먹였으며"125)라고 하였다. 그리하여 7일에는 병영에서 현인복에게 의병장 차첩과 수기를 보내왔다. 그 후에도 '召募義兵' 또는 '納牛助餉' 등의 형태로 많은 사람들이 연이어 반봉기군에 가담하고 있었다. 이는 봉기군이 정주성에 고립되면서 더욱 현저하게 드러났다. 2월 28일 道帥臣의 馳啓에서 청남북의 여러 군현에서 이 때를 즈음하여 '의병'을 일으켜 전쟁에 가담하거나 軍食을 가져오는 자들이 많아졌다는 기록은 그것을 뜻한다.

현인복은 정월 11일에 정주목의 召募都監이 되었고, 23일에는 좌수에 차정되었다. 그러나 26일에 군무가 바빠 좌수를 겸할 수 없어 供饋監 卓東範을 좌수로 삼았다. 5월 5일에는 折衝이 가자되었고, 이어서 宣沙浦僉使가 되었다.

그런데 정주 지역의 경우 정월 9일에 定州牧使 兼召募使로 徐春輔가 새로 임명되어 오게 되는데, 이 때를 기해 이 지역 향권이 '의병'세력을 중심으로 완전히 교체됨을 볼 수 있다. 우선 신임 수령이 부임하던 날인 9일에 최경옥·노학·백경수·현인택 등이 義士 30인과 함께 가산 삼교에서 기를 걸고 출영함으로써 '의병'세력과 수령과의 밀착관계를 형성하더니 12일에는 향임과 군교들을 새롭게 구성하였다. 그 구성은 다음과 같다.

> 좌수 전찰방 金致龍,
> 예방별감 玄弘篆, 병방별감 盧鶴, 공방별감 李允慶
> 관청감 卓東範, 전안감 崔敬玉, 민고감 桂熊卨, 칙고감 白宗濂, 초고감 李敏祐
> 사창감 玄載殷, 신창감 金大健, 승창감 承啓祚, 향장무겸공석감 金相麗
> 각면풍헌 전정랑 金景煥, 전좌랑 李昌心, 전주서 卓瑊, 전찰방 韓學周, 전직강 李宗心, 전찰방 盧鐮
> 중군 전오위장 金陽直, 토포행수 金淇洙
> 집사 金振初·高漢淸·金漢廣·卓宗八·白東護·安志哲·鮮于伯·金永吉·張元赫

125) 《陣中日記》 권 1, 임신 정월 6일, 236쪽.

《陣中日記》에서는 이 때 "의지하고 감당할 수 있는 바는 의병에 있을 뿐이다"[126]라고 하여 '의병'세력을 중심으로 향촌사회 지배질서가 새롭게 짜여졌음을 지적하였다. 그리고 실제로 새로 임명된 향임과 군교의 임원들이 거의 대부분 전후 기록에 '의병'으로 활동하고 있었음을 확인할 수 있다.

2월 16일에는 정주 남산의 林將軍堂에 제사를 지내는데 초헌은 좌수인 전 찰방 김치룡, 아헌은 의병장 현인복, 종헌은 역시 의병인 고한섭으로 정하였다. 이는 '의병'세력이 사실상 향권을 장악하여 행사하고 있었음을 의미하는 행위였다.

한편 그 밖의 지역 '의병'들의 구성에서 눈에 띄는 것은 강계·철산·벽동의 삼읍 儒鄕(儒武 또는 鄕武)이 창의하였다거나,[127] 희천군에서는 유향 중에서 1, 000냥을 마련하여 軍裝과 軍糧에 備給하고 자원출전[128]하였다는 등의 기록이다. 또한 의병을 모은 사람들은 대개가 鄕人 또는 士人 등으로 불리고 있었다. 이로 미루어 볼 때 대부분의 의병 역시 향무층에서 나오고 있었다. 이들의 사회경제적 기반은 사실상 봉기군 주도층의 그것과 크게 구분할 수 없는 것이었다. 특히 봉기군이 정주성에 고립된 이후에는 더욱 그랬던 것으로 보인다. 다만 이러한 기회주의적 경향을 보이는 세력들은 봉기군이 우세하던 때에는 관망하거나 봉기군에 소극적으로 참여하였을 것으로 보인다.

정주의 경우, 초기 의병을 일으킨 현인복 등은 상대적으로 향권에서 소외되었던 인물로 보이며 그러한 불만이 신속하게 반봉기군의 입장에 설 수 있게 하였을 것이다. 현인복은 당시에 향촌지배기구와 관련된 세력집단을 형성하거나 지도적인 위치에 있었던 것으로 보이지는 않는다. 그가 동원한 '의병'의 대부분은 대체로 혈연을 매개로 한 점으로 보아도 그렇다.[129] 현인복과 함께 모의했던 백경한은 州中의 縉紳章甫로서 사림의 領袖였기 때문에 적들

126) 《陣中日記》 권 1, 임신 정월 12일, 282쪽.
127) 《陣中日記》 권 1, 임신 2월 27일, 432쪽.
128) 《陣中日記》 권 2, 임신 3월 7일, 516쪽.
129) 현인복의 '의병'에는 倡義謀士로 白慶翰·玄仁宅·金益煥·白慶脩·玄仁默·卓東範이고 '의병'으로는 承宅奎·玄時晃·鄭仁範 등 69명이었다. '의병' 가운데는 현씨가 31명으로서 거의 절반을 점하고 있었다(《陣中日記》 권 1, 신미 12월 26일, 177쪽). 즉 현인복 형제의 혈연집단이 주축을 이루었다.

이 더욱 싫어했다거나 窮鄕布衣로서 '의병'을 일으키고자 모의했다는 것으로 보아 신향층과는 사회적 신분이 달랐으며 경제적으로도 부호층에 속하지는 못했던 것이다.[130] 홍경래 난이 크게 번지지 않은 것은 大民 즉 世鄕大姓이 움직이지 않은 때문이라 한 김재찬의 말은[131] 현인복 등 '의병'세력의 이와 같은 성분을 고려한 표현일 것이다. 그러나 봉기군이 수세에 몰리면서부터는 오히려 향무 중 부호층이 적극적으로 반봉기군측에 가담하는 현상을 보임으로써 지배세력 내부의 사회적 성격의 차이는 드러나지 못한 채 희석되어 버리고 말았던 것으로 보인다.

다만 4월 19일 "적이 마침내 평정되어 각 군이 모두 본진으로 돌아갔다. 巡撫中軍도 성내를 두루 살피다가 역시 본진으로 돌아갔다. 다만 본주에는 의병이 성을 지키고 있었다"[132]라 하듯이, '의병'에 의해 지역의 향권이 장악됨으로써 '의병'에 의한 명분적 지배가 유지되었고, 그것이 이 지역 향권의 성격을 규정하였던 것으로 보인다.

한편 의주지역의 경우는 金見臣과 許沆이 두드러진 역할을 하였다. 그러나 허항이 중도에 죽음으로 인하여 사실상 군공이 김견신에게 집중되었다. 그러면 이 지역 의병 활동의 경과를 군공에 따른 포상과정을 중심으로 간단히 살펴보기로 하자.

12월 22일에 부윤 趙興鎭은 의주 수성을 위해 민인에 효유하였고 의주부 領軍首校 허항을 領兵將으로 삼아 군을 모아 성을 지키게 하였으며, 김견신을 防禦將軍으로 삼아 白馬山城을 지키게 하였다.

이듬해 정월 11일에는 의병장 府校 崔信燁이 미곶진에 주둔한 적을 해산시켰고, 평안병사가 김견신을 의병장으로 차출하여 격려의 모범으로 삼을 것을 청하였다. 15일에는 의병 將校 崔致倫이 정경행을 잡았고, 김견신은 정복일을 잡아 그 공으로 甲巖權管이 제수되었다. 16일에는 本府 山城 留屯將에 김견신이, 本府 陽下面 防守將에 최신엽이 각각 임명되었다.

18일에는 허항에게 羽林將이 加資되었고, 김견신은 宣傳官이 되었다. 19일

---

130) 《陣中日記》 권 2, 임신 4월 1일·24일, 614·663쪽.
131) 金載瓚, 《海石集》 권 3, 書, 與平安監司鄭晩錫書.
132) 《陣中日記》 권 2, 임신 4월 19일, 647쪽.

에는 최신엽도 갑암권관이 되었다. 23일에는 허항이 內禁將에 제배되었다. 28일에 최치륜에게 나주영장이 제배되었다. 2월 17일에는 김견신이 태천현감으로 移拜되었다. 김견신과 허항의 역할은 전교에 잘 나타나 있다.

> 선전관 김견신은 亂初에 창의하여 모병하고 적을 토멸하였다. 싸우면 반드시 이겨 목을 벤 수가 가장 많다. 의주가 온전할 수 있었고 용천과 철산이 수복될 수 있었던 것도 이 사람의 先倡의 힘이다. 우림장 허항은 들어와서는 籌劃에 옳음을 얻고 나가서는 전투에서 앞장선다. 청북의 대로가 일거에 뚫리게 된 것은 이 사람의 效忠의 힘이다. … 김견신에게 가장 먼저 의병을 일으킨 공으로써 관서 수령 중 빈자리가 나면 먼저 특별히 제수하도록 하라(《陣中日記》 권 1, 임신 2월 10일, 403쪽).

홍경래 난이 끝난 후인 5월 5일에는 김견신에게 선전관이 加資되었고, 26일에 다시 錄勳으로 공충병사를 제수하면서 朝家에서 그 공을 잊지 않고 있음을 보이고자 한다고 하였다. 28일에는 최신엽에게도 수령직을 제수하여 楚山府使로 임명하였다. 같은 날 김견신에게는 토지 20결, 노비 10구, 군복 등을 내려 주었다.

김재찬이 금번 토적의 공은 의주가 최고라 하며 三校(김견신·허항·최신엽)의 공을 지적하였듯이,[133] 그들은 모두 이 지역 군교들이었다. 그들이 '의병'을 이끌게 되는 것도 앞서 지적했듯이 부윤과의 상하관계 속에서 반봉기군 구성에 참여함이 계기가 되었다. 즉 관권과의 연계가 '의병'활동 개시의 매개가 되고 있었다. 그 중에서도 김견신이 가장 높은 지위에까지 올랐다. 김견신의 이러한 행적은 뒤에서 자세히 살피겠지만, 그 후 이 지역 향권의 동향에 결정적인 영향을 미쳤다.

그러나 의주에서의 반봉기군 '의병'에 참여한 세력들은 정주와 마찬가지로 농민군의 주도층을 형성하였던 계층과 사회신분적으로나 경제적으로 차이점을 발견하기는 어렵다. 예를 들면 토호 張志憲·張志賢 형제가 자발적으로 성을 지켰다거나, 성 밖의 富民 幼學 洪得周가 자원하여 錢穀을 納官했다거나 하는 것들이 그것이다. 의주의 거상 林尙沃은 民兵將이 되어 정부군측 의

133) 《陣中日記》 권 1, 임신 정월 23일, 362쪽.

병장을 물질적으로 적극 지원하기도 하였다.134)

'의병'의 주도층은 의주의 경우, 군교로서 애당초 관권에 종속되어 있었던 층들이었지만, 정주성 고립 이후 '의병'에 참여한 세력들의 경우는 관권과의 결탁여부가 봉기군이냐, '의병'이냐를 판가름하는 기준이 될 뿐, 양자간의 객관적 차이를 지적하기는 매우 어렵다. 정주의 경우는, 봉기군이 향권을 장악하고 있었거나 향권에 밀착했던 층들로 구성되었던 반면에 '의병'의 주도층은 상대적으로 향권에서 소외되었던 층들이었다는 점에서 약간의 차이를 발견할 수 있으나 정주성 고립 이후는 의주의 경우와 마찬가지였다.

이러한 '의병'활동과 관련하여 의주 지역 향권의 향배는 평안도 지역 향촌 지배세력의 재편과정을 잘 보여준다.

순조 20년(1820) 7월에 정언 孔胤恒과 지평 崔命顯 간에 의주의 義會堂을 둘러싼 공박이 있어 이 지역사정을 이해하는 데 주요한 단서를 제공해 준다. 양측의 주장을 먼저 살펴보기로 하자.

7월 16일 정언 공윤항은 '의주 吏校들의 亂鄕의 弊'를 다음과 같이 지적하며 의회당의 혁파를 주장하였다.

> 외읍에 鄕任이 있는 것은 옛 鄕遂大夫의 남긴 뜻입니다. 門地를 精選하여 案을 두어 이름을 기록하고 안에 의거하여 직임을 差定하여 鄕中 名分의 一大防閑으로 삼고 있습니다. 듣건데 의주 일읍이 亂鄕의 일로 인하여 班賤의 구분이 없어지고 爻象이 아름답지 못하다고 들었습니다. 의주는 임진(임진왜란)에 힘을 얻은 곳입니다. 선조대왕께서 이 곳에 幸行하셨을 때 三頭宴을 베풀고 상중하를 판별하여 '義州鄕人皆是鄕大夫者'라는 열 자를 특서하였는데 이를 향당에 걸어두고서 의주인의 榮耀로 삼았고 지금까지 엄숙하고 정성스럽게 기리고 받들어 잊지 않고 있습니다. 그런데 辛壬(홍경래 난) 이후 本府의 吏校輩들이 軍功을 빙자하여 의회당을 창설하고 前兵使 김견신의 교서를 가져다 당중에 두고 이름하여 말하길 '御筆奉安之所'라 하여 시정의 무뢰배 및 열읍의 富商들에게서 禮錢을 거두어 이름을 써 안을 만들고 스스로 자랑하여 말하기를 '향당에 어필이 있으면 우리 또한 어필이 있고, 향당에 舊案이 있으면 우리 또한 新案이 있다'라 하여 관장을 속이고 향임을 차지하더니 얼마 지나자 早隷들이 문득 靑衿을 입고 심지어는 差任할 때 奴와 主가 동열에 서는 폐까지 있게 되니 이

134) 鶴園裕, 앞의 글(《傳統時代의 民衆運動》), 276~277쪽.

> 것이 어찌 도리이겠습니까. 단지 이뿐만이 아닙니다. 辛壬賊變이 있던 때 죄가 있는 자가 반드시 모두 鄕人만은 아닐 터이고 공이 있는 자도 모두 반드시 吏校는 아닌데 지금 그 말이 '향인은 난을 만들었지만 이교는 충성을 다하였다(鄕人造亂 吏校效忠)'라 합니다. 이 때문에 관서의 簪纓故族과 鄕班遺裔는 渙散의 뜻만을 가질 뿐 奠居의 즐거움이 없습니다(《日省錄》 순조 20년 7월 16일).

한편 이에 대해 7월 27일에 지평 최명현[135]은 다음과 같이 공윤항의 주장을 논박하였다.

> 무릇 외읍의 校鄕輩들이 서로 득실을 가지고 싸우는 것은 단지 道伯이 살피고 府尹이 금단할 일이지 어찌 臺臣이 그 사이에 끼어 부추기거나 억누를 수 있는 일이겠습니까. … 영조 35년(1759)에 道臣의 査啓로 인하여 關西鄕案은 파하였으니 만일 범하는 자가 있으면 마땅히 逆律로 다스리라는 聖敎가 거듭 내려졌습니다. 그런데 지금 그 疏에서는 영조 35년 이후 이 법이 극히 엄중하다고 하여 마치 향안을 중요하게 여기고 있는 것처럼 하였으니 이는 성교에 어긋나는 것입니다. 先正臣 李珥의 향약조례는 鄕遂의 鄕으로서 예의를 서로 앞세워 향속을 돈독히 함에 있을 뿐입니다. 따라서 이름을 기록하거나 역을 차정하는 등은 다만 先事의 戒에 지나지 않기 때문에 이는(향안으로 鄕中 名分의 一大 防閑으로 삼는다는 공윤항의 주장) 현인의 가르침을 억지로 갖다 붙인 것일 뿐입니다. 의회당을 창설한 것은 전병사 김견신이 入侍했을 때 왕이 義黨을 始倡하였고 武功을 능히 이루었다고 칭찬하고 '爾等樹不世之勳'이란 일곱 자의 어필을 견신에게 내려주자, 이에 감격하여 감히 사사로이 갖지 못하고 從征壯士들과 함께 堂을 하나 지어 寶墨을 봉안하고 會義라는 편액을 걸었음에서 비롯된 것입니다. 그리하여 정주성이 破한 날이 되면 매년 모여서 聖德을 기려 一鄕의 光耀로 삼고 있습니다. 그런데 감히 敎書를 당중에 두었다고 하니 누구에게서 들었는지 모르겠습니다. 자세히 살펴보지도 않고 사실과 다른 일을 함부로 말하니 駭妄의 일단을 볼 수 있습니다(《日省錄》 순조 20년 7월 27일).

최명현의 논지는 다만 향안 즉 舊案은 이미 파하였고 안에 이름을 기록하거나 직임을 차정하는 등의 일은 중요한 일이 아니라거나, 당중에 둔 것은

---

135) 최명현은 1840년 영해향전 당시 영해부사로서 신향의 입장을 대변하였던 인물이다. 이 점은 의주의 이교층과 영해의 신향층이 동일한 계급적 성격을 지니는 것으로 추정할 수 있는 단서가 될 수 있을 것이다(張泳敏, 〈1840년 寧海鄕戰과 그 背景에 관한 小考〉, 《忠南史學》 2, 1987).

어필이지 교서가 아니라는 등의 부분적인 사항에만 국한되어 있을 뿐 吏校輩들의 亂鄕에 관한 사항을 정면에서 부정하지는 못하고 있음을 볼 수 있다. 이는 공윤항의 지적이 당시 의주의 실상이었음을 간접적으로 인정하였던 것이고 이로 미루어 의주의 향권이 吏校層을 중심으로 한 '의병'세력에게 장악되어 있었던 사정을 엿볼 수 있다.

의회당은 의주 남쪽 鶴峰 아래에 있었다. 홍경래 난이 끝나고 얼마 지나지 않아서 '의병'세력들은 의회라는 모임을 조직하였던 것으로 보인다. 이는 순조 12년(1812) 6월에 이미 본당의 별실에 김견신에게 내려진 것들을 봉안하였다는 기록에서 알 수 있다. 이 때는 정주성이 회복된지 불과 2개월 정도밖에 지나지 않았을 때였다. 향권의 장악이 매우 신속하게 이루어지고 있었다. 이들은 그들의 모임을 지방관과 연결시켜 향권의 실체로 공인받고자 순조 14년에 의주부윤 吳翰源을 찾아갔고 부윤은 이를 받아들여 정주성이 파한 날인 4월 19일에 辛壬戰守將士들과 한 차례의 遊宴을 갖기로 약속하였다. 그리하여 모인 자들은 모두 49인이었고 그들의 명단이 의회록이 되었다. 이것이 이른바 新案의 모태였을 것으로 추측된다. 여기에 오한원은 자신의 이름을 써넣었고, "뒷날 이 땅의 부윤이 되는 자 또한 우리들과 뜻을 같이 할 것이다"라고 하여 의회당 세력이 곧 이 지역 향권의 실체이며 이는 이후로도 계속될 것임을 선언하였다. 그리고 그 후에 公卿諸公名帖錄(그 명단에는 右議政 鄭晩錫, 右議政 林漢浩, 吏判 趙鍾永, 參判 呂東植, 領議政 韓用龜, 參判 兪應煥, 本府幕裨 李勉人·趙雲倬·金學基·宋文絅 등의 이름이 적혀 있다)을 두었고, 그 나머지 義士 470여 인의 성명은 義會案에 적어두었다.[136]

향인층은 향당을 기구로 하여 향권을 행사하고 향안을 두어 그 세력을 유지하고 있었으나 홍경래 난을 계기로 여기에 향인층 일반이 관련되어 있었음을 틈타 '의병'세력이 명분을 얻어 의회당을 창설하고 신안을 만들어 기존의 지배질서를 대체하였던 것이다. 그러나 향인층과 '의병'으로서의 신향간에 경제적 차이는 거의 없었다. 따라서 의주지방의 신향들은 경제적이라기보다는 정치적으로 구분되는 존재였다.

136) 《龍灣誌》(《朝鮮時代私撰邑誌》 50, 平安道篇 6) 館廨, 150~152쪽.

의주의 향권은 홍경래 난을 거치면서 반봉기군 즉 '의병'세력에 의하여 장악되었고 그것은 의회당을 통하여 행사되고 있었다. 그 주도세력은 이교배들로서 기존의 향인층과는 정치적 성격을 달리하고 부상들과 긴밀히 연결되고 있었다. 따라서 향당은 유명무실한 기구로 전락하였다. 이 의회당세력은 지속적으로 중앙과의 관계를 유지하였다.

평안도의 그 밖의 지역에서도 사정은 같았을 것으로 보인다. 《江西縣誌》(1829년)에는 科宦條에 원납을 통한 수직자나 반봉기군으로 활동한 자들을 부기하고 있다. 이는 곧 신향들을 지적하는 것으로 역시 이들이 향촌사회에서 주요세력으로서의 자리를 차지하게 된 결과였다. 《安州牧邑誌》(1820년 이후)에도 당시 목사였던 조종영의 守城記蹟碑文에 관한 내용이 추가되고 있다. 《定州邑誌》(고종대)에도 충의단(壬申殉節六義士)에 관한 기록이 있다.[137)]

《용성지》(1865년)에 의하면 홍경래 난 이후 1844년, 1845년, 1862년 등 여러 차례에 걸쳐 수령에 의해 開鄕이 이루어지고 있었음을 확인할 수 있다. 특히 그 발문에는 세 가지 近古의 풍속을 들면서 그 하나로 "백성들이 수령을 존중하고 법을 두려워 한다"는 점을 강조하고 있다. 이는 이들 신향세력과 관권 특히 수령권과의 밀착을 엿보게 해준다.

이처럼 1811년 홍경래 난 이후 평안도 지역의 향촌사회 지배질서는 '의병' 출신에 의하여 장악되었다. '의병'세력이 봉기군과 구별되는 점이 관권과의 결탁여부라고 할 때 이렇게 정립된 지배질서는 수령권과 유착관계를 이루었을 것이며 나아가 중앙권력으로부터 비호되었을 것이다. 《巡撫營謄錄》 권 3에는 1812년 5월 7일부터 1814년 6월 21일까지 난의 평정에 따른 논공행상과 일차 논공행상에서 누락된 자들의 재포상이 3년여에 걸쳐 행해졌던 것을 기록하고 있고, 그 후에도 19세기 내내 의병에 대한 추숭은 끊임없이 거론되고 있었다.[138)]

이러한 사정에서 '의병'세력이란 테두리 내에서 그 지역의 향권이 운영될

---

137) 《定州邑誌》(《朝鮮時代私撰邑誌》 48, 平安道篇 4).

138) 《朝鮮王朝實錄》에서 확인할 수 있는 것만 해도 《純祖實錄》 권 7, 순조 24년 3월 신사·6월 신축·10월 계묘 및 《哲宗實錄》 권 3, 철종 2년 9월 병인·6년 9월 을축·9년 6월 갑자·10년 3월 을미 등이다.

수밖에 없었을 것이다. '의병'층은 나름대로의 강한 명분을 갖고 지배력을 행사하였다. 따라서 상품화폐경제의 발달에서도 주도권을 행사할 수 있었을 것이다. 상업적 이익은 독점에서 비롯되며 그 독점에는 경제적 독점과 특권적 독점이 있을 수 있다. 그런 측면에서 본다면, 봉기군이 상업적 측면에서 경제적 독점을 지향하면서 일으켰다가 실패했다면, 관권과 밀착된 '의병'이 향권을 장악함으로써 상업도 특권적 독점을 지향하는 상업이 될 수밖에 없었던 것으로 보인다.

경제활동의 자유라는 근대 부르주아적 경제이념의 실현과 관련시켜 생각하면, 그러한 욕구는 자연 자유상에 가까운 밀무역 종사자로부터 나타났었을 것이고 이것이 홍경래 난에 상인층이 광범위하게 가담했던 원인을 설명하여 줄 수 있을 것이다. 그러나 그 실패로 인하여 이후 독점의 실현은 상업활동의 자유에 기초한 경제적 독점에 의하기보다는, 중앙권력과의 관계에 기반한 특권적 독점에 기초하여 실현하는 방향으로 나아가게 하였던 것으로 생각된다.

(3) 서북민항쟁의 역사적 의의

이상에서 홍경래 난을 전후한 서북지방, 그 중에서도 특히 평안도를 중심으로 한 사회사정을 검토하면서 서북지방 민중항쟁의 추이에 대하여 살펴보았다.

여기서는 서북민항쟁이 지니는 역사적 의의를 살필 차례이다. 이를 위해 먼저 항쟁의 배경, 특성을 알아보고 거기서 나타나는 한계와 동시에 의의를 찾아보고자 한다.

18세기는 농업 생산력 증대, 상품화폐경제의 발달, 신분제 동요 등의 사회경제적 변동에 따라 중세사회가 해체되는 여러 모습들이 드러나고 동시에 자본주의적 관계가 발생하던 시기였다.

일반적으로 상품화폐경제가 전체 사회로 확산되면 공동체적 기반이 흔들리게 되어 농민층 분해의 계기가 마련된다. 이러한 향촌사회의 분화과정 속에서 봉건모순은 심화되었다. 토지소유가 집중되면서 지주제는 강화되기도 하였다. 사족지배체제 아래에서는 지주－전호 간의 계급대립이 신분제를 매개로 하여 兩班士族 대 鄕村民 간의 대립으로 나타나고 있었다. 그러나 이제 신분제가 동요하고 아울러 양반사족에 대한 官權의 우위가 점차 확고해져감에 따라 부세제도 운영을 둘러싸고 수령과 이서·향임층으로 이어지는 수탈층 대 농민을 주축으로 하는 피수탈층 간의 대립관계가 봉건모순을 총체적으로 규정하기에 이르렀다.

18세기 이래 관이 주도하여 향촌지배권을 장악하려는 일련의 시도는 19세기 세도정권 아래에서는 수령권을 매개로 한 부세수탈의 강화라는 현상으로 나타났다. 이 때 정립된 수령과 이서·향임층 중심의 향촌지배체제는 세도정권의 지원 아래 중층적 수탈체계를 이룸으로써 사회모순을 심화시켜 나갔다. 더욱이 발달된 화폐경제가 수탈의 수단으로 이용됨에 따라 수탈의 강도는 이전 시기에 비할 수 없을 정도로 높아졌다. 이것이 19세기 농민들의 항쟁을 유발시키는 근원이었다.

이처럼 19세기는 사회모순이 깊어지면서 사회적 갈등도 심해져 갔다. 그러므로 사회를 구성하는 각 계급·계층들은 각자의 위치에 서서 사회모순에 대응하지 않을 수 없었다. 농민들은 다양한 저항을 통하여 스스로 각성하면서 봉건사회를 해체시켜 나갔다. 19세기 농민항쟁은 바로 이러한 조건 아래서 봉건적 사회관계를 변혁하려는 하층농민들의 반봉건항쟁으로 전개된 것이었다. 아울러 봉건사회모순의 담지자인 농민층이 그 모순을 해결하면서 스스로를 변혁주체세력으로 확립해 나가는 과정이기도 하였다.

그러나 18세기에는 이러한 대립관계에서 비롯되는 갈등이 가시적인 행동으로 표출되지는 않았다. 그 이유는 두 가지를 들 수 있다. 먼저 농민층은 분해하고 있었지만 아직 재편방향이 뚜렷이 드러나지 않았기 때문에 대립하는 세력의 양편이 확연히 구분되지 않았고 개별적인 지위상승의 가능성이 여전히 존재하고 있었다. 따라서 공동목표를 가지고 공동투쟁에 나설 수 있는 저항세력의 결집이 이루어지기 어려웠다. 또 영·정조대 왕권강화에 기반한 개량화정책이 비교적 효율적으로 사회통합을 유지해낼 수 있었기 때문에 사회모순의 심화를 어느 정도 제어할 수 있었다.

따라서 아직까지는 개별적이고 개인적인 저항에 그쳐, 유리·도망하거나 도적집단이 발생하는 등의 사회문제를 야기하는 정도였다. 그러나 19세기에 들어오면 이전과는 달리 농민들의 직접적이고도 집단적인 봉기가 나타나기 시작하였다. 19세기의 농민봉기는 18세기 농민저항이 토대가 되어 일어날 수 있었음은 물론이다. 저항이라는 공동경험의 결과, 농민들의 의식은 점차 성장해 갔다. 그리하여 농민들의 계급의식은 구체적인 저항을 거치면서 그들의 적이 누구인가를 규정함으로써 증오의 단계에 머무는 소극적 수준으로부터 자기들 스스로를 계급으로 결집하여 행동의 단계로 나아가는 적극적 수준으로 발전한다. 또한 농민들의 저항은 개인적·합법적 투쟁에서 점차 집단적·폭력적 투쟁으로 발전해가는 모습을 보여준다. 그 이전의 운동에 비하면 많은 촌락을 포함하는 하나의 군현 전체가 연루되었고, 홍경래 난의 경우는 수개의 도가 연계되어 일어났다. 이처럼 홍경래 난은 단순한 계급적 저항으로부터 계급의식에 기초한 집단봉기로의 전환을 예고하는 의미있는 사건이었다.

이 시기를 특징짓는 저항은 국가-농민의 대립을 주요모순으로 하여 일어난 항쟁들이었다. 이는 다시 '變亂'과 '民亂'의 유형으로 구분할 수 있다.[139] 변란은 혁명가적 성격을 갖는 자들에 의해 주도되며, 혈연이나 친분 등과 같은 개별적 이해기반에 기초하여 조직되었다. 鄭鑑錄 등과 같은 이상주의적 혁명이념에 의해 지도되며 중앙권력의 쟁취를 목표로 내걸었다. 홍경래 난은 변란의 선구라고 할 수 있다. 19세기 전반기 作變들은 이를 모형으로 삼고 있었으며 그런 점에서 서북지방 출신들의 역할이 두드러졌다.

홍경래 난은 농민저항의 성장 위에서 서북지방의 지역적 특성이 결합되어 일어났다. 홍경래를 비롯한 '저항 지식인'들과 壯士층이 봉기를 조직하고 이끌었다. 이들의 사회경제적 처지는 농민과 다를 바가 없었고 의식과 행동면에서 농민들과 강한 친화력을 가졌다. 또한 飢氓이라 불리던 빈민층의 자발적 참여는 이후 전개될 민란 단계에서 농민층의 적극적 참여를 예고하는 현상이었다. 장기간에 걸쳐 정주성에서 벌인 농민들의 치열한 투쟁은 농민들의 항쟁에 많은 기억을 남긴 소중한 경험이었다. 다만 농민 일반의 주체적 참여가 이루어지지 못했다는 한계가 있었다. 농민층 분해의 결과 대규모로 양산되고 있었던 빈농하층민들은 아직까지 독자적으로 반봉건항쟁을 일으킬 정도로 성장하지는 못하였다.

---

139) '변란'과 '민란'의 구분에 대하여는 고석규, 〈19세기 농민항쟁의 전개와 변혁주체의 성장〉(《1894년 농민전쟁연구 1》, 1991), 332~335쪽 참조.

홍경래 난은 봉건사회 내에서 새롭게 성장한 신흥 상공업세력과 기존 정치권력에서 배제된 몰락양반의 연합에 의해 추진된 반봉건투쟁이었다. 홍경래 난의 지도부는 자신들의 재력을 가지고 농민출신의 광산노동자를 끌어들이고 훈련시켜 독자적인 군대를 조직하여 '이씨왕조'를 타도하려 하였다. 그러나 이들 지도부는 아직까지 상당 부분 봉건적 색채를 떨 수밖에 없었다. 홍경래 난을 정치·군사적으로 조직하고 지도한 명실공히 최고지도자였던 홍경래는 가난한 농민의 처지에 있었으나, 그의 신분계급적 처지로 보아 정치적 이념에서는 평안도의 신흥지주나 상인들의 입장에 있었다. 우군칙과 김창시는 평안도의 지주 입장에 있었으며, 이희저는 부상대고로서 향임층이었다. 또 내응세력이나 유진장의 성격을 통해서 볼 때, 봉기군의 상층부는 鄕武 중에서 富戶層 즉 新鄕層으로 구성되어 있었다. 따라서 이들은 신흥 상공인세력과 함께 향촌사회 내의 재지중간층으로서 부농적 입장을 대변하였다.

상품화폐경제의 농촌침투는 소수의 농민을 부농으로 성장시킨 반면, 대다수의 농민을 빈농으로 몰락시켰다. 봉건적 생산관계는 부르주아적 성장을 지향하는 부농층에게는 타도하지 않으면 안되는 질곡이었으며, 빈농에게도 최소한의 재생산기반을 확보하기 위해서 이 관계는 극복되어야 하는 것이었다. 그러나 19세기 전반기 조선사회에서 부농층은 봉건권력의 강고한 탄압 속에서 끊임없이 동요하는 계층이었다. 그들이 부를 축적하는 기반은 자본주의적 상품경제에 뿌리를 대고 있기는 하였지만, 봉건적 수탈관계에 편승한 부의 축적도 행하고 있었다. 따라서 그들의 반봉건투쟁은 봉건적 사회체제 전반에 대한 것이 아니라 부농에게 향해진 일부의 봉건적 수탈체제에 국한된 것이었다. 그러므로 그들이 주도한 홍경래 난에서는 봉건적 사회모순을 극복하려는 진보적 사회이념을 제시하지 못한 채, 봉건권력의 교체에 항쟁의 우선 목표를 두었다. 다시 말하면 홍경래 난의 지향점은 반봉건성이라는 계급대립의 측면보다는 지방행정권, 나아가 세도정권에 대한 저항이라는 반정부적 차원에 머무르고 있었던 것이다. 따라서 반봉건항쟁으로서의 의미는 제한된 측면에서만 나타났다. 그래서 난의 와중에서 토지개혁, 신분제 폐지, 삼정개혁 등 빈농하층민을 위한 아무런 개혁조치도 취하지 않았던 것이다. 이는 난을 패배로 이끈 가장 중요한 원인이었다. 한편 봉건사회모순을 서북민에 대한 정치적 차별로 왜소화시킴으로써 당시 봉건적 수탈에 허덕이고 있었던 삼남지역 농민들의 반봉건항쟁과 연대할 수 있는 길을 스스로 봉쇄했다는 점도 난이 가진 한계라 할 수 있다. 다만 홍경래 난에는 신흥 상공업계층의 참여라는 자본주의적 관계의 발생기적 현상도 내포되어 있었다는 점에서 그 독특한 지위를 가지고 있음은 물론이다.

홍경래 난은 이와 같은 한계를 지니고 있었지만, 그것이 가지는 역사적 의의는 실로 대단한 것이었다. 봉건제의 위기가 점차 심화되는 가운데서 봉건정부타도의 기치를 내걸고 4개월 동안 항쟁을 지속함으로써 봉건권력의 도덕성을 근저에서부터 부정하였다. 이는 그 후 반봉건항쟁의 도화선이 되기에 충분한 것이었다. 또 핵심 주체세력의 역량이 당시 지배체제의 외부에서 자라나고 있었다는 점도 주목되어야 할 것이다. 이 점은 사회변화의 보편적 양상이 항쟁의 구도에도 반영되고 있는 증거로 홍경래 난은 체제 내부의 갈등이 아니라 체제 변혁의 시발점이란 역사적 의미를 지니게 된다.[140]

홍경래 난이 지닌 보다 중요한 의의는 피지배층으로서 통치의 대상으로만 존재하였던 하층농민들이 봉건왕권과 지배체제를 부정할 수 있는 정치적 각성의 계기가 되었다는 점이다. 농민들은 홍경래가 죽은 뒤에도 "정주성에서 죽은 홍경래는 가짜 홍경래이다. 진짜 홍경래는 살아있다"는 소문을 퍼뜨리면서, 언젠가 올 봉건정부타도와 사회변혁의 기회를 준비하였던 것이다.

대중의 정치적 각성이야말로 농민항쟁의 수준을 결정적으로 높여 혁명을 가능케 하는 원동력이었다. 정치적 각성이란 계급의식의 성장을 뜻한다. 계급의식은 현실의 지배질서 자체에 대한 회의나 비판 또는 부정이 전제되어야 한다. 그리고 계급적 저항행위의 정당성, 나아가 승리에의 확신은 계급의식을 확산시키는 가장 강력한 힘이었다.

저항행위의 정당성, 승리에의 확신을 심어주는 역할은 鄭鑑錄이나 海島眞人說, 彌勒信仰 등이 맡았는데, 홍경래 난 이후에는 洪景來不死說이 강력한 대안으로 유행하였다. 홍경래불사설은 억압당하는 농민사회에서 스스로를 탈출시키기 위한 자기구제의 한 형태로 농민들에 의하여 창조된 것이었다. 홍경래가 죽지 않았다는 믿음은, 정의는 가능하며 가난한 인간도 무기력하게

140) 吳洙彰, 〈洪景來亂 봉기군의 최고지휘부〉(《國史館論叢》 46, 1993), 260쪽.

순종할 필요가 없다는 의식의 존재를 받쳐주었다. 특히 정감록을 이용하여 농민대중을 반봉건항쟁에 끌어들이려는 수법은 그 후 봉건정부를 타도하려는 각종 정치적 변란, 괘서, 흉서사건에 이용되었다.

다만 이와 같은 것들은 농민들을 뭉치게 할 뿐이지 농민들을 조직화하는 것은 아니었다. 권력이전과 조직체계에 관한 이론까지를 제시해 주는 근대적 의미의 세속화된 혁명주의는 아니었기 때문에 이에 기초한 운동은 혁명단계로까지 직접 내달을 수는 없었다.141)

홍경래 난에서 농민들은 아직 자신들의 계급적 이익을 스스로의 힘만으로 강력하게 실현시킬 능력이 없었다. 홍경래 난 때의 수동적 농민들은 정주성내에 고립되어 항전하는 가운데 오히려 계급적 경험을 공유하면서 능동성의 단초를 보였다. 즉 민중이 형성되어가는 초보적인 단계를 경험하였던 것이다.

홍경래 난은 평안도 지방의 지역적 특성에 대한 고려가 없이는 올바른 이해가 어렵다. 평안도에는 일찍이 중앙정부의 차별로 인하여 사대부 즉 사족층의 형성이 어려웠다. 따라서 사족보다는 향인층이 향권을 장악하고 있었다. 그러나 18세기 중엽을 지나면 중국과의 무역이나 수공업, 광산경영 등을 통해 부를 축적한 세력들이 나타나 신향층을 이루면서 이들 신향층에 의한 향촌질서의 재편은 되돌릴 수 없는 추세가 되었다. 그러나 신향층의 경제적 상승을 전제로 한 신분상승 욕구는 수령의 부민에 대한 수탈행위로 왜곡되면서 수령권 대 부민층의 대립이라는 갈등구조를 낳았다. 이런 구도 속에서 부민층을 중심으로 한 서북민의 저항은 필연적이었다.

1808년 함경도 단청과 북청의 작변, 1811년 황해도 곡산에서의 봉기에 이어서 그 해 12월 홍경래 난에서 수령권은 서북민 일반에 의한 거센 항쟁에 직면하였던 것이다. 순조 14년(1814)에 평안감사 정만석이 홍경래 난의 원인으로 부세문제 일반을 거론하면서 특히 軍政·田役·庫債 등을 시급한 것으로 들었다.142) 이는 홍경래 난의 원인이 수령권에 의한 부세수탈에 있었음을 지적한 것이었다.

---

141) 고석규, 〈18·19세기 농민항쟁의 추이〉(《1894년 농민전쟁연구 2》, 역사비평사, 1992), 24~25쪽.

142) 《純祖實錄》 권 17, 순조 14년 2월 무오.

한편 홍경래 난은 동시에 수령권의 배후에 도사리고 있던 중앙권력에 대한 저항이기도 하였다. 홍경래 난에서 봉기군이 타도대상으로 당시 세도가였던 金祖淳과 朴宗慶을 지적하고 있었음은 그 점을 명백히 하여준다.[143] 따라서 홍경래 난은 다분히 정변적 성격도 지니고 있었다.

그러나 난이 실패로 끝남에 따라 이후 평안도 지역의 향촌사회 지배구조는 '의병'출신에 의하여 장악되었다. '의병'세력이 봉기군과 구별되는 점은 관권과의 결탁여부라고 할 때 이렇게 정립된 지배구조는 수령권과 유착관계를 이루었을 것이며 나아가 중앙권력으로부터 비호되었을 것이다. 이러한 사정에서 '의병'세력이란 테두리 내에서 향권이 운영될 수밖에 없었다. 상업도 관권과의 결탁을 전제로 한 특권적 독점을 지향하는 상업이 될 수밖에 없었다.

수령권과의 결탁이란 측면은 순조 12년(1812) 이후 평안도지역에 자리잡은 '의병'세력 중심의 지배질서가 그보다 먼저 삼남 일대에 자리잡은 수령과 이·향 중심의 지배구조와 근본적으로 동일한 정치적 의미를 지니고 있었음을 뜻한다. 따라서 양자 모두 국가-농민간의 모순을 부세수탈을 통해 심화시켜 나가고 있었다. 그에 따라 반봉건항쟁은 전국적으로 19세기 내내 끊임없이 발생하게 되었다.

〈高錫珪〉

2. 삼남지방의 민중항쟁

1) 사회경제적 배경과 정치적 여건

(1) 사회경제적 배경

1862년 농민항쟁은 우리 나라 중세사회에서 가장 대표적인 변혁운동이라고 할 수 있다.[1] 이는 조선 후기 사회변화를 기반으로 일어났으며, 이를 기

143) 《洪氏日記》(《韓國民衆運動史資料大系》, 〈1811~1812年의 農民戰爭篇 5〉, 驪江出版社) 12월 30일 西賊檄文, 18쪽.

회로 하여 운동의 목표나 방법에서 합법운동에서 비합법운동으로 확대되어 나갔다는 점에서 매우 중요한 사건이다.

먼저 당시 농민들이 처한 사회경제적 배경을 살펴보자. 이 시기 농민들의 실상은 토지에서의 극심한 농민층 분해와, 그와 맞물린 국가와 지방통치 체제에 의한 부세수탈로 인해 농민경제가 피폐해졌다.

조선 후기 농업 생산력의 발달과 상품화폐경제의 발달에 의해 사회구조는 계속 변동하였다. 먼저 이 시기 농촌의 실상은 토지를 둘러싼 농민층 분해가 두드러진다. 이러한 양상은 여러 가지 자료를 통해 살펴볼 수 있다. 가령 19세기 초 호남지역의 농가호수의 비율에 대해 丁若鏞은 이렇게 주장하였다.

> 오늘날 호남민을 살펴볼 때 대략 100호가 있으면 다른 사람에게 토지를 주고 지대를 수취하는 자는 불과 5호이며 스스로 토지를 경작하는 자가 25호, 다른 사람의 토지를 경작하며 지대를 바치는 자는 70여 호에 달한다(丁若鏞, 《與猶堂全書》 권 9, 擬嚴禁湖南諸邑佃夫輸租之俗箚子).

곧 호의 비율로 살펴볼 때 전체 호수 가운데 지주는 5%, 자작농은 25%, 소작농은 70%라고 보았던 것이다.

이는 量案을 통해서 토지면적을 살펴볼 때도 어느 정도 확인된다. 헌종 12년(1846) 경상도 진주 奈洞里의 소유상황을 보면, 0.3%의 소유자가 23.3%의 토지를, 5.5%의 소유자가 21.0%의 토지를, 9.7%의 소유자가 17.5%의 토지를, 21.7%의 소유자가 19.9%의 토지를, 62.8%의 소유자가 18.3%의 토지를 각각 소유하고 있었다. 15.5%의 소유자의 손에 61.8%의 토지가 소유되었던 것이다.[2]

특히 대토지소유자의 소유규모는 매우 컸다. 정약용은 이른바 영남의 崔氏와 호남의 王氏는 만석의 곡식을 추수하고 있는데 그들의 농지를 계산하

---

1) 1862년 농민항쟁을 체계적으로 다룬 글은 다음과 같다.
망원한국사연구실, 《1862년농민항쟁 - 중세말기 전국농민들의 반봉건투쟁》(동녘출판사, 1988).
오영교, 〈1862년 전국농민항쟁〉(《한국사》 10, 한길사, 1994).

2) 金容燮, 〈晉州奈洞里 臺帳의 分析〉(《亞細亞硏究》 8, 1961).

면 400결 이하는 없다고 하였다.[3] 가령 1862년 농민항쟁 시기에는 더 심화되었는지 의성에 거주했던 申錫祜는 한 읍 가운데 수백 결의 토지를 겸병한 田主가 큰 읍일 경우 20~30명, 작은 읍이라고 하더라도 7~9명 정도는 된다고 하였다.[4] 과장이 있으리라 여겨지지만 당시 토지를 둘러싼 불균형, 또는 대토지의 실상을 엿볼 수 있다.

이러한 토지집중은 지주들이 중심이 되어 계속된 개간을 통해서 가능하기도 하지만 대부분 토지를 매득하거나 수탈하였다. 특히 토지의 매매가 활발하면서 권세가나 부호들이 집중시켜 나갔다. 이러한 사정은 다음 글에서 잘 나타난다.

> 이전 권세가들의 탐욕스러움을 온 세상 사람들이 본받아 수백만 냥의 돈을 팔도에 유통하여 한 뼘의 토지라도 매입할 수 있으면 곧 가격을 더 쳐주어 매입하므로 토지가격이 수 배로 올랐다. 이에 세력 없는 이들은 처음부터 감히 다투어 사들이지 못하여 온 나라의 거의 모든 토지가 세력 있는 이들의 수중으로 들어갔다. 또한 기근이나 흉년이 들면 농촌의 부호들이 이 때를 이용하여 강제로 헐값에 사들인다. 이 때문에 백성들의 약간의 땅마저도 모두 다 이들의 소유가 되어버린다. 이것이야말로 오로지 이익만을 취하는 겸병의 폐해이다(《正祖實錄》 권 6, 정조 2년 7월 정미).

조선 후기에 상품화폐경제가 발달하면서 토지의 집중현상은 더욱 급속도로 진전되었다. 농민 중에서도 상품화폐경제를 잘 이용한 자는 부농으로 성장하고 이를 토대로 토지를 매입하여 지주로 변신하기도 하고, 상인 중에서도 축적한 부로 토지를 매입하여 지주로 변신하기도 하였다. 고리대를 통해서도 토지매입이 늘어났다. 농민들은 부세부담이나 생계를 위해 고리대를 쓸 수밖에 없어서 자신의 토지를 내놓게 되었고 반면 이를 운영했던 지주·상인·부농층은 토지를 헐값에 매입하여 늘여나갔다.

특히 궁방이나 아문에 의한 신전개발이나 입안·절수·매매 등에 의한 토지확대를 꾀했는데 여기에는 농민들의 개간지, 경작지가 대상이 되면서 토지소유를 늘여나갔다.

---

3) 丁若鏞, 《與猶堂全書》 권 11, 田論.
4) 申錫祜, 《可軒文集》 권 2, 三政策.

이러한 소수 지주들에 의한 토지 집중은 상대적으로 많은 농민들이 아주 적은 토지를 소유하거나 아예 토지소유로부터 배제되었다.

정약용이 앞에서 말했듯이 400결의 토지를 한 사람이 소유하면 399호가 토지에서 배제된다는 것이다. 이러한 자들은 대부분 소작을 하였을 것이며, 소작조차 하지 못하는 자들도 많았으므로 생계에 어려움을 지닐 수밖에 없었다. 19세기 초 충청도 임천의 경우 일부 지역의 자료를 보면 時作農 49.8%, 無農層 30.8%에 달하였다.[5)]

지주전호제는 지주가 직접생산자의 잉여노동을 수탈하는 조선사회에서 가장 기본적인 생산관계였다. 대체로 지대는 병작반수라 하여 50%의 현물지대로 수취되는 것이 관례였다. 이는 당시 생산력 수준에서 농민들이 감당하기 어려웠다. 따라서 지주와 소빈농, 작인 사이에 계급대립이 일어날 수밖에 없었다. 병작반수에 대해 농민들의 저항으로 賭租制가 시행되기도 하였으나[6)] 지주측의 강요로 확연하게 정립하지 못하였다. 이러한 병작반수는 부민의 성장에 어려움을 주었다.

농민들의 항조투쟁은 계속되었다. 탈곡을 허술하게 하거나 볏단을 빼돌리는 방법 등이 있었다. 그리고 세력없는 지주에 대한 賭租의 납부를 거부하거나 경영이 부실한 지주에 대해서는 전호농민이 토지를 자기의 것으로 만들어 버리는 예도 있었다.[7)]

특히 상업적 농업이 발전하면서 지대수탈에 대한 저항이 격화되었다. 이 저항은 생산력 발전에 따라 늘어난 생산물을 전호농민이 장악하려는 투쟁이었다. 이와 더불어 지방사회 내의 신분제 변동도 이러한 저항을 한층 격화시킨 요인이었다. 왜냐하면 지주계급의 지대수탈은 신분제라는 가장 주요한 경제외적 강제를 매개로 실현되었기 때문에 신분제적 지배의 이완을 틈타 농민들은 항조투쟁을 적극 전개하였던 것이다. 항조운동은 납부를 거부

---

5) 金容燮, 〈朝鮮後期 無田農民의 문제〉(《增補版 朝鮮後期農業史硏究(1)》, 1995), 273쪽.

6) 李榮昊, 〈18·19세기 地代形態의 변화와 農業經營의 변동〉(《韓國史論》 11, 서울大, 1984).

7) 金容燮, 〈18, 9世紀의 農業實情과 새로운 農業經營論〉(《增補版 韓國近代農業史硏究(上)》, 1975).

하거나 늦추는 등 소극적인 것에서부터, 농민들이 집단화하여 폭력으로써 납부를 거부하고 지주가에 대항하는 적극적인 것에 이르기까지 다양하게 전개되었는데, 후자는 단순한 항조운동이면서도 동시에 '민란'의 성격을 띠었다.[8)]

또한 항조투쟁은 한미한 사족은 물론 세력있는 가문에 대해서도 전개되었다. 농민들은 지대율을 낮추거나 상품생산에 유리한 조건을 확보하기 위하여 투쟁하였다.

농민들의 처지를 규정짓는 또 하나의 요소는 부세였다. 본래 조선초 부세제도는 국가가 농민들의 토지, 인신, 호구로부터 각각 생산물, 노동력, 공물을 수취하는 租庸調제도가 중심이었다. 그러나 16세기 이후 조용조제도는 차츰 변화하기 시작하여 17, 18세기를 거치면서 무너져갔다. 전세는 조선 전기 연분율에 의한 定率稅制에서 永定法이라는 定額稅制로 바뀌었다. 인두세 성격의 군역은 1년에 1필로 줄이고 대신 부족분은 토지세와 그 밖의 세로 매꾸는 균역법이 성립되었다. 또 호구세 성격인 공물이 토지세인 대동법으로 나아갔다. 이와 같이 변화되는 가운데 국가의 중요한 부세가 토지를 대상으로 고정되어 갔다. 반면 국가 재정규모는 지속적으로 증가되어 기존의 부세 수입만으로는 국가재정을 충당하기 어렵게 되었다. 이에 還穀이 새로운 세원으로 등장하면서 국가재정의 부족분을 충당하는데 활용되었다. 이와 같이 田政·軍政의 변화와 아울러 새로이 등장한 환곡은 우리 나라 중세해체기의 三政이라는 독특한 부세제도를 이루게 되었다.

전정은 조선 후기에 들어서 징수 내역이 크게 바뀌었다. 본래 중요 항목을 차지하던 전세는 이제 4두 정도로 낮게 고정되었으나, 공물을 걷는 대신 받아들이는 大同이라든가, 균역법을 시행하면서 줄어든 軍布의 부족분을 보충하는 방법의 하나로 토지에 거두는 結作, 그리고 임진왜란을 거치면서 신설된 三手米 등이 토지에 부과되었다. 또한 이같은 중앙에 납부하는 正稅뿐 아니라 여러 가지 부가세까지 합하면 40여 항목에 이르렀다.[9)]

---

8) 金容燮, 위의 책, 73쪽.
9) 박시형, 〈19세기 초엽에 있어서의 조세수탈〉(《조선토지제도사》 중, 1961).

따라서 조선 후기 전정은 토지에 대한 세금이 아니라 여러 부세의 재원을 토지를 통하여 확보하려는 수취방식이었다. 이는 현실적으로 토지에 매겨진 세금은 막대하게 늘어난 것이었다.

이처럼 대동, 삼수미, 결작과 같이 본래 호와 인신에 부과되는 부세까지 토지를 기준으로 삼으면서 전결세는 전호에게 넘겨져서 전호농민이 납부하는 경우가 늘어났다. 전결세가 늘어나서 전호농민들에게 큰 부담을 주었다.

또한 징수형태에 있어서도 큰 변화가 나타났다. 19세기에 들어서 전결세는 상품화폐경제의 발전에 따라 현물인 쌀이나 면포가 아닌 화폐로 징수하는 경우가 늘어났는데, 1결당 수취총액을 화폐로 환산하여 結價라는 형태로 징수하였다. 이 과정에서 수령이나 서리들의 농간으로 농민수탈이 늘어났다. 곧 서리들은 결가를 시가로 계산하여 거두었는데 농민들로부터 조세를 거둘 때의 가격과 중앙에 상납할 때의 가격차이를 이용하여 막대한 이익을 남겼다. 이러한 이유로 해서 결가의 방식은 보편화되고 그 액수는 늘어났다. 특히 조세수납과정의 편리함 때문에 결가 속에는 기존의 전결세뿐만 아니라 군역의 부족분이나 환곡 부담의 부족분도 토지에 부과하여 한꺼번에 걷는 방법까지 사용되었다. 이를 都結이라고 하였다. 또한 이 과정에서 이전처럼 戶首를 재지유력자들 가운데서 차출하여 작부제에 의거하는 수납방식을 택하지 않고 관청에서 모든 조세를 할당하고 수납하는 방식을 택하기도 하였다.[10]

도결은 삼정이나 잡세를 토지세화하였으며, 또한 호수의 중간수탈을 없애고 금납화로 나아갔으므로 부세제도의 발전 추세를 담고 있다. 그러나 이를 이용하여 결가를 높여나갔다는 점에서 큰 문제가 되었다.

이러한 도결제 방식은 빈농층의 담세능력 상실에 따른 조세의 부족분을 쉽게 토지에 전가시켜 나갈 수 있었을 뿐 아니라 관권과 재지 양반의 유착 관계를 어느 정도 해체시켜 나갔다. 이는 농민들의 입장에서는 한 항목

---

10) 安秉旭, 〈19세기 賦稅의 都結化와 封建的 收取體制의 解體〉(《國史館論叢》 7, 1989).
김선경, 〈1862년 농민항쟁의 都結 혁파 요구에 관한 연구〉(《李載龔博士還曆紀念 韓國史學論叢》, 1990).

의 조세에 대해 여러 번 납부해야 하는 조세부담의 과중함으로 귀결되었다. 이러한 결가의 고액 책정과 도결제 시행은 농민항쟁의 중요한 원인이 되었다.

군정은 양인농민을 대상으로 한 군포징수행정이었다. 균역법의 실시로 농민 부담은 포 2필에서 1필로 줄어들었으나 그 부담이 결코 적은 것은 아니었다. 게다가 郡摠制로 운영되었기 때문에 19세기 이후 군현 단위의 군액은 늘어났으나 신분상승운동의 전개에 따라 군역부담자인 양인농민이 줄어들고 있었다. 이처럼 군액이 늘어나고 군역 부담자가 줄어드는 것은 필연적으로 첩역현상을 불러일으켰고, 이는 백골징포·황구첨정·인징·족징 등의 폐단을 야기하였다.

19세기 환곡제도 운영에 있어서 가장 큰 문제가 된 것은 盡分化 추세와 虛留化에 있었다.[11] 본래 환곡은 농민에 대한 賑恤과 함께 군량미를 改色하는 기능도 가졌기 때문에 군현의 창고에 보관된 환곡의 원곡 가운데 반은 창고에 두고 나머지 반만을 농민에게 분배하는 것이 원칙이었다. 그러나 19세기에 가면 이러한 원칙이 무시되고 창고 안의 모든 곡식이 농민에게 분배되었다. 이는 중앙의 아문이나 지방관청의 부족한 재정을 최대한의 농민 수탈을 통해 메꾸려는 의도에 의해 이루어지는 것이었다. 이에 따라 농민들의 환곡부담은 크게 늘어날 수밖에 없었다.

이와 같은 환곡의 진분화 경향에 따라 여러 이유로 창고의 곡식이 줄어들게 되었다. 환곡을 받은 농민들 가운데 계속되는 흉년으로 환곡의 이자는 커녕 원곡조차 갚지 못하는 농민이 늘어났다. 여기에 더하여 수령과 결탁한 서리들의 중간횡령이 극성을 부렸다. 나아가 지방관청에서도 중앙에 상납할 세금이 제대로 걷히지 않을 때 우선 창고에 있는 환곡으로 상납하게 되었다. 이러한 이유로 인해 19세기 중엽에 이르면 대부분의 군현에서는 창고에 한 톨의 곡식도 남지 않게 되었다. 이것이 곧 허류화였다. 이러한 허류화의 가장 기본적인 원인은 서리들의 중간횡령이었다. 그들은 농민들로부터 받은 환곡으로 사복을 채우고 장부상에만 받은 것으로 기록하기 일쑤였다. 때문에

11) 宋讚燮, 《19세기 還穀制 改革의 推移》(서울大 博士學位論文, 1992).

장부상에는 환곡이 원액 그대로 있었지만 실제 창고에는 곡식이 남아있지 않게 되는 것이다.

이처럼 환곡이 허류화되어도 중앙관청에 납부해야 될 환곡의 이자나 지방관청 경비로 쓰였던 환곡 이자는 반드시 마련해야 하였다. 그러므로 농민들은 봄에 한 톨의 곡식도 만져보지 못한 채 서리들이 붓만으로 분배한 양에 따라 가을에 이자곡을 갖다 바쳐야 하는 이른바 臥還이 보편화되었다. 정약용은 이러한 환곡을 "한 톨의 곡식도 일찍이 받아온 일이 없는데도 겨울이 되면 가호마다 곡식 5~7섬을 내어 관창에 바친다"고 하면서, "무엇 때문에 '還'字를 쓰는가, 지금은 白上은 있어도 還上은 없다"라고 하여 환곡이 제기능을 못하고 수탈의 방편으로 이용됨을 탄식하였다.[12] 그런데 그 이면에는 이제 환곡은 본래의 賑貸 기능을 떠나 정규적인 부세로 자리잡고 있음을 말한다.

환곡수탈에 있어서도 상품화폐경제에 편승한 수탈은 널리 행해졌다. 지방관청에서는 원곡을 곡식이 비싼 봄에 화폐로 분배하고 곡식이 싼 가을에 미곡으로 징수하는 전환을 시행하여 그 차액을 착복하는가 하면 곡가의 고저에 따라 감사가 다른 지방의 곡식을 移貿하여 중간이득을 취하기도 하였다. 이와 같이 행해진 환곡수탈은 관청이 농민을 상대로 한 고리대적 수탈의 다른 표현에 지나지 않는 것이었다.

19세기 이후 가혹하게 행해진 삼정수탈은 극심한 조세수탈의 편중을 초래하였다. 경제적으로 여유가 있는 서민지주나 부농층은 온갖 방법을 동원하여 조세부담에서 벗어났고 이들이 내야할 조세는 빈농층이 부담하게 되었다. 조세수탈의 편중은 봉건관료들의 가렴주구에 의해서도 더욱 가중되었다. 이들은 상품화폐경쟁의 발전에 자극을 받아 한층 중간수탈을 강화하였다. 그러므로 삼정수탈은 19세기 농민경제 발전의 가장 큰 질곡으로 전화되었다.

특히 삼정은 지방자치에 기초한 군현 단위 총액제로 운영되었고 이를 민에 부과할 때는 직접·간접으로 신분제를 매개로 하여 분담시키게 되었다. 따라서 군현제의 담세자층에 신분변동이나, 이주, 도주, 탈세 등 변화가 생겨

12) 丁若鏞,《牧民心書》戶典 穀簿.

도 그 군에 배당된 군총은 반드시 그 군현민이 부담해야 하였다. 그러므로 이러한 구조의 부세제도 아래에서 신분상승, 관권, 금력으로 탈세하는 자가 있게 되면, 그 나머지 사람들이 그것을 부담하지 않으면 안되었다. 이로 인하여 이중삼중으로 세를 지게 되었다. 이에 몰락하는 농민이 있게 되어 농촌사회 농민층의 분해를 더욱 촉진시켰다.[13]

이 때문에 삼정수탈은 가장 심각하고 주요한 사회모순으로 인식되었던 것이다. 이렇게 삼정수탈이 강화되면서 19세기 중엽 조세수취체제를 위기로 몰고갔고 나아가 수취체제뿐만 아니라 봉건사회 전반을 해체시키는 농민항쟁이 배양되어갔다.

19세기 삼정수탈이 강화되면서 농민층이 최소한의 재생산기반을 유지하기도 어려웠다. 때문에 농민층은 봉건권력의 수탈에 대해 투쟁하지 않으면 안되었던 것이다.

(2) 정치적 여건과 지방사회의 운영

19세기는 정치적으로 세도정치기였다. 정조가 사망하고 순조가 11세의 어린 나이로 왕위에 오르자 왕을 보좌하던 金祖淳이 자신의 딸을 순조의 왕비로 들여보내고 왕권을 압도하면서 안동 김씨의 세도정치가 실시되었다. 그뒤 역대 왕들은 왕실과 척족관계에 있는 양반관료가 실제 정치권력을 장악하였다. 순조 말년부터 헌종 때까지는 풍양 조씨 일파의 외척세력이 대두하여 안동 김씨 일파의 세력을 견제하였으나, 헌종 15년(1849)에 헌종이 죽고 철종이 즉위하자 정국은 다시 안동 김씨에 의해 주도되었다. 철종 때에 안동 김씨의 세도정치는 절정에 달하였다. 이렇게 하여 이 기간 동안 왕권은 명목에 지나지 않았고 조정의 요직은 권문일족들의 사유물이 되었다.

이러한 세도정치의 성립은 어린 왕의 즉위를 계기로 하였지만 근본적으로는 이전의 붕당정치가 변질되어 그 한계를 드러내면서 붕당이 척족 중심의 당파로 대치되어간 일면과 아울러 붕당의 요건이 學緣에서 외척관계로 전이된 측면, 그리고 이 시기 급격한 사회변동에 대응하여 반동적 권력구조로 재

13) 金容燮, 〈近代化過程에서의 農業改革의 두 方向〉(《韓國近現代農業史硏究》, 一潮閣, 1992).

편성하지 않을 수 없었던 보수적 지배층의 정치적 한계로 인한 복합적 배경에 토대하고 있다. 따라서 세도정국에서의 정치는 정치의 집중화와 보수화가 불가피하였다.14)

당시 비변사에 모든 권력이 집중되어 있었다. 중요한 인사권을 장악하여 권력의 핵심기구가 되었다. 반면 이전의 의정부는 그 기능의 대부분을 비변사에 넘겨주고 의례 정도만을 담당했으며, 육조 또한 정책입안과 집행기능이 약화되고 비변사에서 결정된 사안을 집행하는 기능에 한정되었다.

외척들은 비변사를 거의 독점적으로 장악하여 권력을 행사하였으며, 그뿐 아니라 호조·선혜청의 요직도 차지하여 재정기반을 굳히고, 훈련도감을 비롯한 군영도 장기적으로 독점하면서 정권유지의 토대를 확고히 했다. 외척세력은 권력집중을 위해 자기 논리를 관철하고 있을 뿐이었다. 그들에게는 성리학적인 것은 물론 군신관계에 토대한 가치기준도 찾아볼 수 없었다.

정치적 견제세력이 없는 상황이었으므로 정권의 도덕성이 상실되고, 게다가 한 가문의 사사로운 이익을 위해 정국이 운영되어 자연히 부정과 부패가 심해질 수밖에 없었다. 이러한 현상은 인사관리에서 두드러져서 관료를 선발하는 과거제에서 온갖 비리가 행해졌다. 합격자가 남발되고 뇌물이나 특권층과의 연계를 통해 이루어졌다. 이와 함께 관직의 매매가 성행하였다. 특히 지방재정을 담당하는 수령직의 매매가 유행하였다. 세도를 잡은 양반들은 자신의 권력을 남용하여 매관매직으로 거대한 부를 축적하였다. 이렇게 벼슬자리가 중요한 致富의 수단이 되었기 때문에 정권을 잡은 자들은 수령직 등 관직의 임기를 단축시켜 자주 그 자리를 교체함으로써 축재하였다. 또한 관직을 산 수령들은 탐학을 통하여 이를 채워나갔다.

이와 더불어 상품화폐경제의 발달은 도시 소비생활의 향상을 가져온 반면 양반 지배층의 사치욕구를 자극하여 국가재정의 지출을 늘였다. 이 때문에 세도정권 아래에서는 만성적인 국가재정의 위기가 닥쳐왔다. 이러한 국가재정 위기를 극복하기 위하여 세도정권은 새로운 재원의 확보에 열중하였다. 대동미의 중앙 상납분을 증대시키는 조치나 환곡의 총액을 늘리는 조

14) 崔完基, 〈붕당정치의 전개와 정국의 변화〉(《한국사》 9, 한길사, 1994), 137쪽.

치, 심지어 鑄貨의 질을 떨어뜨려 화폐발행의 이익을 늘리는 것도 상습적으로 행해졌다.

중앙정치의 여건은 지방사회에도 상당한 영향을 미쳤다. 18세기 이후 상품화폐경제가 발전하고 신분제가 동요하면서 사족 중심의 지방질서를 크게 동요시켰다. 여기에다가 정치적으로 노론세력에 의한 집권이 계속되고 세도정권으로 나아가면서 지방의 많은 사족들은 세력이 침체되어갔다.

이와 함께 점차 이완되어 가는 봉건적 지배질서를 다시 강화하기 위해 국가는 수령 중심의 통제력 강화를 시도하였다. 더구나 영조 4년(1728) 戊申亂을 계기로 노론정권은 지방사족의 반란을 염려해 군현을 지배하는데 있어서 재지사족의 영향력을 축소시키고 수령권 강화정책을 취하였다.

이처럼 수령의 권한이 강화된 것은 중앙정부의 지방지배에 대한 정책의 변화 때문이었다. 18세기에 들면 중앙에서는 변화하는 지방사회에 대한 실정을 파악하고 주도권을 장악하고자 노력하였다. 국가적인 차원에서 새로운 유형의 읍지와 지도를 편찬하여 지방의 전반적인 실태와 문제점을 국가가 일목요연하게 파악하려고 하였다. 법체제를 재정비하고 법전을 편찬하는 것도 변화된 사회체제를 재정립하려는 것이었다. 또한 자연히 수령의 권한이 강화되었다.[15)]

그리고 관료제가 발달하면서 중앙정부는 이제까지 군현지배를 넘어서 수령을 거쳐 면리까지 파악하고자 하였다. 또한 향촌 통제와 관련하여 수령이 부세 운영권을 장악하도록 유도하였다.

이처럼 19세기에 이르면 국가권력이 파행적으로 운영되면서 수령의 권한이 더욱 커지게 될 뿐 아니라 지방사회 운영도 파행성이 커졌다.

수령권 강화책과 함께 상품경제의 발전 및 수취제도의 변화에 따라 수령의 하급 실무자인 향리층의 조직과 기능이 분화되고 강화된다. 조선 전기의 戶長→六房→色吏層으로 서열화되어 있던 위계질서가 흩뜨러지고 육방과 일부 부서의 색리들이 중요한 위치와 기능을 지니게 되었다. 여기에는 봉건국가의 부세체계와 관련해서 많은 이권이 따르고 있었다. 수령이 부세운영을

15) 이해준, 〈조선후기 관주도 지방지배의 성격〉(《조선시기 국가의 지방지배》, 한국역사연구회 발표문, 1995).

주도하는 데는 한계가 있었기 때문에 수령들은 사족보다는 이서들과 결탁하면서 운영하려고 한 것과 관련이 있었다. 따라서 이러한 직임들을 맡기 위하여 향리들간의 경쟁이 벌어졌다.

나아가 상품화폐경제의 발전을 바탕으로 부를 축적한 신흥세력들이 이러한 경쟁에 끼어들어 직임을 맡는 현상이 나타났다.

반면에 재지 양반층의 권력기구였던 향청은 더욱더 수령권에 종속되어 갔고 향리들의 직임보다도 못한 형식적인 기구로 전락해 버렸다. 그 결과 이전 명문사족들은 향청에 참여하기를 꺼려하였다. 이러한 상황에 편승해서 새로이 신분을 상승시킨 세력들이 자신들의 경제적 이익을 위하여 끼어들었다. 그들은 사족들이 꺼리는 면임·이임과 같은 자리를 서서이 장악하고 심지어는 재지사족들이 독점하고 있던 좌수·별감 등의 鄕任직에도 적극적으로 진출하였다.[16] 기존 사족들이 이를 저지하고자 활동하였지만 그것은 성공할 수 없었다. 향안의 추가기록이 중지되거나 폐기되어 버리는 현상이 그것을 잘 보여준다. 이런 과정을 통해 사족의 향촌 지배력은 더욱더 약화되어 갔다.

물론 막강한 경제력을 가지고 있거나 중앙관료들과 연계를 맺고 있는 일부 토호 사족들은 여전히 수탈의 자리에 있었다. 그러나 기반이 상실된 대부분의 사족들은 기존의 지배권이 축소 또는 약화되기 마련이었다.

특히 사족들이 당시 상업·수공업 발달의 새로운 경제변동을 받아들이지 못하게 되면서 영향력이 차츰 약화되거나 축소되는 현상이 나타나게 되었다. 게다가 사족층 내부에서 대지주와 중소지주, 몰락양반으로 심각한 계층분화가 나타나고 있었다. 이로 말미암아 더 이상 사족간의 공동이해를 관철시킬 수 없었다. 대지주들은 중앙의 권력층이나 지방의 수령과 결탁하거나 또는 향촌사회 안에서 경제외적인 강제를 동원하여 토호로서의 위치를 유지하려 하였다. 한편 사회경제적인 발전을 적절히 이용하여 부를 축적하고 있던 부민층 가운데 일부가 수령과 적절하게 결탁하면서 新鄕 또는 鄕品으로 성장하고 있었다. 이들은 舊鄕이라 불리면서 향권을 장악하고 있던 기존의 사족

16) 金俊亨, 〈18세기 里定法의 展開－村落의 기능강화와 관련하여－〉(《震檀學報》 58, 1984).

층에 대항하면서 세력을 형성하여 향권에 참여하거나 혹은 향권을 장악하였다. 이 과정에서 鄕戰이 나타났다. 향전은 결국 기존 사족들의 향촌지배를 부정하는 결과를 낳았다. 특히 신향들은 새로운 지배세력으로 편입되면서 신분적인 특권을 누리고, 자신과 관련된 경제적인 이해관계를 관철시킬 수 있는 기초를 마련하였다.[17]

그러나 향권을 둘러싼 갈등은 상대적으로 수령의 권한을 강화하는 방향으로 작용하였다. 사족들이 향촌을 지배하는 기구로 운영되었던 향회도 그 주도권이 수령에게로 넘어가는 경우가 많았다. 이를테면 농민항쟁이 일어나기 직전에 진주에서 수령이 향회를 열어서 都結을 결정하도록 하였다.[18] 이제 향회도 이러한 부세운영을 합리화하는데 이용되기도 하였다.

이러한 과정을 거쳐 대부분의 사족들은 지배권을 상실하는 것은 물론이고 이제는 자신들도 수탈의 대상으로 전락되어 가는 처지에 놓이게 되었다. 이들은 정치적으로도 경제적으로도 위기에 처하였다.

이러한 지방운영의 실태는 부세운영에도 직접적인 영향을 미쳤다. 앞에서 보았듯이 중앙정부에 의해 재정이 감액된 지방관청에서는 지방민에 대한 수취를 강화하여 재정을 보충할 수밖에 없었다. 삼정의 문란이나 각종 잡세의 부과, 고리대 등이 만연하게 되었다. 잡역세를 충당하기 위해 民庫가 설치 운영되는 것도 이 때문이었다.[19]

이에 따라 자연히 봉건권력에 의한 농민수탈은 더욱 강화되었고 이는 19세기의 만성적인 삼정수탈의 한 계기로 작용하였다. 국가재정의 위기를 농민수탈의 강화를 통해 모면해보려는 국가의 정책이 19세기 삼정문란을 야기한 원인 가운데 하나였던 것이다. 이러한 구조 속에서 농민들의 삼정수탈에 대한 정소운동 등 합법적인 반대운동은 지방관의 적극적인 탄압에 의해 저지될 수밖에 없었다. 그러므로 농민들은 고을 단위로 자신들의 결집된 역량을 행사하여 자신들의 이익을 지키고자 하였다..

---

17) 金仁杰, 《朝鮮後期 鄕村社會 變動에 관한 硏究》(서울大 博士學位論文, 1991).
18) 宋讚燮, 〈1862년 진주농민항쟁의 조직과 활동〉(《韓國史論》 21, 서울大, 1989).
19) 金容燮, 〈民庫制의 釐正과 民庫田〉(《增補版 韓國近代農業史硏究(上)》, 1992).

2) 항쟁의 과정과 양상

(1) 항쟁의 발생 지역

부세의 운영방식과 부담의 증가에 반대하는 농민들의 항쟁은 19세기에 들어 민란의 시대라고 할만큼 끊임없이 계속되었다. 그 형식은 농민층의 유리, 항조투쟁과 같은 소극적인 형태에서부터 봉기에 이르는 적극적인 항쟁에 이르기까지 다양하게 나타났다. 방법에 있어서는 비록 이전의 틀을 벗어나지 못했다 하더라도 그 빈도가 늘어나고 다양한 형식들이 집중적으로 나타나는 점에서 이전 시기와는 차이가 있다.

먼저 농촌에서 이탈하는 이른바 유리도산은 봉건지배층에 직접 저항하는 것은 아니라는 점에서 소극적 저항이라고 하겠다. 그러나 자신의 기반을 포기한다는 점에서 저항의 한 방법이며 결단력이 필요하였다. 진주에서는 농민항쟁 직전인 철종 9년(1858)~철종 10년의 2년 동안에 3,300여 호가 파산하고 유리하였는데 당시 전체 호수가 15,000여 호였던데 비한다면 2할이 넘는 엄청난 숫자였다.[20] 이들이 모두 경제적 파탄의 이유로 유리하였다고 볼 수는 없고, 그 중 상당수는 부세의 부담을 벗어나려고 유리하거나 다른 곳으로 옮겨 산 것으로 보인다.

또한 말을 통한 선전 형태의 訛言이 있는데 이는 농민들에게 있어서 가장 초보적이나 동시에 가장 광범한 대중을 포괄하는 투쟁형태였다.[21] 그 내용은 대체로 수령, 이서의 탐학 사실을 규탄하거나 鄭鑑錄의 일부 문구와 같이 현존하는 통치체제를 부정하는 등 선동적이고 정치적 내용을 가진 것이었기 때문에 농민들 사이에서 지속적인 공감대를 지닐 수 있는 것이었다.

글로 표현하여 여론을 선동하는 掛書사건도 자주 발생하였다. 이는 문자에 대한 소양이 부족한 농민들이 직접 작성했다고 할 수는 없더라도 농민들의 욕구를 반영하고, 나아가 이들을 선동한다는 점에서 주목된다. 순조 원년

20) 《備邊司謄錄》 246책, 철종 10년 6월 19일.
21) 丁若鏞, 《牧民心書》 兵典 應變.

(1801) 8월 경상도 남단에 있는 하동과 창원의 장시에서 일어난 괘서사건이 대표적이었다.[22] 여기서 장시가 이런 사건에 자주 이용되는 것은 농민들의 왕래가 잦은 곳이어서 많은 농민들이 볼 수 있고 또 모여서 여론을 일으키기 쉬운 곳이기 때문이다.

위에 열거한 사항들은 지역 내에서 일상적이고 은연 중에 전개되는 것들이다. 더욱 구체적이고 조직화된 투쟁으로는 당시 수없이 보고된 民擾, 作變 등이 있었다.[23] 이같은 사건은 전국에서 일어났다. 가혹한 수탈로 인하여 통치기구로서의 관의 권위가 떨어졌고 분노에 찬 농민들은 관가에까지 뛰어들게 된 것이다.

이처럼 농민들의 반봉건항쟁은 19세기 봉건적 사회질서가 동요되는 가운데 차츰 고양되었으며 철종 13년(1862)에 이르러 전국적인 규모로 일어나게 되었다. 같은 해 4월 중순에 명화적이 충청도 신창, 온양에 출현하였고 윤8월 초순에 아산지방에 나타난 일이 있었다. 명화적의 활동은 본래 농민항쟁과는 형태가 다르지만 봉건해체기라는 상황과 계급적 처지의 유사성으로 인해 상호 일정한 영향을 끼칠 수 있었다.[24]

그러나 농민들의 의식수준이 향상되고, 삼정에 대한 문제점을 제대로 인식하면서 농민들의 관에 대한 직접적인 요구가 활발해졌다. 이는 소장을 작성하는 방법이었다. 군현과 감영에 대한 呈訴, 나아가 중앙의 비변사에 대한 정소, 그리고 왕에게 대해서는 擊錚의 방법이 있었다. 이는 법전에서도 보이듯이 실상 정부에서도 어느 정도 인정하는 방식이었다. 따라서 많은 지역에서 행해졌다. 그러나 형식적으로는 있다고 하더라도 실제로 인정되지 않거나 효과가 없는 경우가 많았다. 가령 진주에서는 철종 10년에 농민들이 비변사에 소장을 올렸고,[25] 함평에서도 여러 차례 중앙과 감영에 정소했고 심지어 격쟁까지 했으나 끝내 시행되지 않았으며, 수령은 주동자들을 감영의 인신을 위조하여 무고했다는 혐의로 감영에 보고하여 처벌하도록 하였다.[26]

---

22) 《純祖實錄》 순조 원년 8월 기유·10월 계유.
23) 한명기, 〈사회세력의 위상과 저항〉(《조선정치사(1800~1863) 상》, 1990).
24) 裵亢燮, 〈壬戌民亂 전후 明火賊의 活動과 그 性格〉(《韓國史硏究》 60, 1988).
25) 《備邊司謄錄》 246책, 철종 10년 6월 19일.
26) 《龍湖閒錄》(韓國史料叢書 25, 國史編纂委員會, 1979) 권 3, 營奇, 73쪽.

산에서 벌이는 횃불시위도 그 성격에서는 격쟁의 연장이라고 할 수 있다. 함평민들이 서울 남산에서 횃불시위를 일으킨 것도 왕에게 자신들의 의사를 전달하려는 방편이었다.[27]

이처럼 합법적으로 할 수 있는 등소·의송·격쟁·시위 등의 방법을 통해서도 실제로 해결되지 않자 농민들이 선택할 수 있는 방법은 실력행사를 하는 길이었다. 이렇게 하여 일어난 농민봉기는 농민들이 대중적으로 참여하고 행동으로 표출하는 반봉건항쟁의 전형적인 모습이었다.

농민항쟁은 철종 13년(1862) 2월 4일 경상도 지리산 기슭에 자리잡은 벽지인 丹城에서 처음으로 일어났다. 사족을 중심으로 한 고을민들이 환곡의 여러 폐단에 항의하면서 관아로 쳐들어가자, 현감은 감영으로 도망했다. 이 때만 하더라도 중앙에서는 이를 으레 발생하는 사태로 보고 제 구실을 못한 수령을 교체하는 선에서 처리하였다. 그러나 그 뒤 열흘만에 이웃 진주에서 樵軍이 중심이 되어 관가와 양반가를 공격하였는데, 그 양상이 이전에는 찾아볼 수 없을 만큼 규모가 크고 조직적이었다. 이를 본받아 3월에는 함양·거창, 4월에는 밀양·선산 등지에서 일어났고 곧 경상도 일대로 확산되었다. 이처럼 경상도에서 시작된 농민항쟁은 곧 전국적인 항쟁으로 번져갔다. 전라도에서는 3월 말 익산에서 처음 농민항쟁이 일어나서 4월 말과 5월 초에 집중되었고 충청도에서는 5월에 집중적으로 일어났다. 그리고 6월에 들어 전라, 충청도는 차츰 가라앉는 분위기였으나 경상도에는 여전히 열기가 남아 있었다.

9월부터는 제주도에서 일어났고 10월에 들면서 廣州, 함흥 등에서도 일어났다. 11월에는 창원, 12월에는 남해에서 일어나서 이 해 말까지도 계속되었다.

지역별로 농민항쟁의 상황을 살펴보자.[28] 먼저 경상도의 경우는 〈표 1〉과 같다.

---

27) 《承政院日記》 2650책, 철종 13년 4월 22일.
28) 宋讚燮, 앞의 책, 72~75쪽.

〈표 1〉 경상도 농민항쟁 지역

발생지역	날 짜	직접적 계기
단 성	2. 4	耗條結斂, 逋欠 强制充完, 移貿
진 주	2. 14	還逋(都結), 移貿
(우 병 영)	2. 14	還逋(統還)
함 양	3. 16	田稅木價
거 창	3월 중순	結價
성 주	3. 26, 4. 12	逋欠, 結價 과다, 移貿
울 산	4. 1	都結, 左兵營 完餉米 운영
선 산	4. 2(2차)	結價 과다
개 령	4. 7(2차)	都結
인 동	4. 9	都結(吏逋徵民), 結價 과다
군 위	4월	還穀의 結斂
비 안	4월	結斂
밀 양	4월초	還穀의 폐단
현 풍	4월말, 5. 17	
상 주	5. 15	排逋濫耗, 結價 과다, 移貿
경 주	10월경	結價
신 녕	10월경	還逋
연 일	10월경	숫돌 비용 호당 부과
창 녕	10월경	
창 원	11. 8	還穀의 폐단, 移貿
남 해	12. 21	還穀의 폐단

* 상주의 경우 정확한 날짜는 알 수 없으나 1861년 겨울에 이미 사건이 발생하였다(《承政院日記》 2648책, 철종 13년 2월 5일 및 《日省錄》 철종 13년 8월 28일).

경상도에서는 먼저 지리산 기슭인 단성·진주·함양·거창 등의 진주권에서는 2~3월 사이에 연쇄적으로 일어났다. 다음 상주권에서는 상주·선산·개령·인동·성주·비안·군위 등이 3~4월 사이에 일어났으며 두세 차례 일어난 읍도 여러 곳 있었다. 셋째 경주를 중심으로 한 울산·창녕·밀양·신녕·연일·현풍 등 경주권으로, 이 가운데 경주·신녕·연일·창녕은 三政釐整節目이 반포된 뒤 10월경 거의 비슷한 시기에 일어났다. 그리고 안동권에 속하는 읍으로서는 비안에서만 일어났다.

당시 읍은 토지면적의 다소에 따라 등급을 나누기도 하는데 대체로 6천 결 이상을 대읍, 4천 결 이하를 중읍, 2천 결 이하를 소읍, 1천 결 정도를 잔읍으로 구분하고 있다. 여기에 의거하면 대읍으로는 밀양·안동·진주·상주·성주·경주·선산·대구 등 8읍이며, 중읍은 창녕·영천·예천·울산·김해·고성·의성 등 7읍이다. 그리고 소읍은 양산·현풍·영산·영천·청도·의흥·경산·용궁·풍기·신녕·칠곡·인동·동래·창원·하동·사천·곤양·의령·함안·함창·삼가·함양·개령·금산·거창·초계·합천·고령 등 28읍이며, 잔읍은 언양·자인·비안·연일·흥해·하양·군위·순흥·영해·청송·영덕·봉화·예안·영양·진보·기장·장기·청하·남해·단성·칠원·거제·진해·웅천·안의·산청·문경·지례 등 28읍이다(강조부분은 농민항쟁 발생지역).

〈표 2〉 전라도 농민항쟁 지역

발생지역	날 짜	직접적 계기
장 수	3. 16 이후	
영 광	3. 16 이후	邸債 作還
익 산	3. 27	都結(환포충완 보군폐)
능 주	3. 29 이전	
무 주	3. 29 이전	
함 평	4. 16	還穀 과다
고 산	5. 4	軍役稅 還逋
부 안	5. 8	還逋 등
금 구	5. 11	還穀 移轉, 結稅 과다
강 진	5. 12	兵營 作隊軍錢 부과
장 흥	5. 13	田稅, 大同稅 과다
순 천	5. 15	還穀
화 순		加斂, 加作
진 안		吏逋徵民 減價分給
흥 양		吏胥의 還逋
옥 과		還弊
고 창		吏逋徵民
장 성		都結, 無名戶斂錢

* 전라도 지역에서 농민항쟁이 있었으나 보고가 되지 않은 읍으로 임피·장수·용담·무안·화순·진도·순창·태인·구례·진안·금산·고창 등이 있다(《龍湖閒錄》 12책, 京營奇). 이 가운데 장수, 고창과 화순은 다른 기록에 보이나(《承政院日記》 2651책, 철종 13년 6월 12일, 126·430쪽) 나머지는 전혀 나타나지 않는다.

대읍은 8읍 가운데 6읍, 중읍은 7읍 가운데 2읍, 소읍은 28읍 가운데 7읍, 잔읍은 28읍 가운데 5읍에서 농민항쟁이 발생하였다. 비율로 본다면 대체로 읍세와 비례하고 있다. 특히 대읍의 비율이 매우 높아서 항쟁이 일어나지 않았던 읍은 대구·안동 단 두 곳에 지나지 않았다. 읍세에 따라 경제적인 여건과 항쟁세력의 역량에 차이가 있다고 보인다. 또한 부, 대도호부, 목, 도호부와 같이 행정적인 비중이 높은 읍에서 항쟁의 비율이 높다.

전라도는 발생지역이 매우 많고 전지역에 걸쳐 고루 분포되어 있어 경상도처럼 읍세에 따른 차이가 별로 드러나지 않는다(〈표 2〉).

충청도는 5월에 집중적으로 일어났다는 점과 감영이 있는 공주와 병영이 있는 청주를 중심으로 한 내륙지방에서 대부분 일어났다는 점이 특징이다. 곧 공주와 그의 진관에 속한 임천·은진·회덕·진잠·연산과 청주와 그의 진관인 문의·회인·청안·진천 등이었다. 읍의 규모로 볼 때는 공주·청주·임천을 제외하고는 대부분 행정적으로 소읍인 현에서 일어났다. 서쪽의 내포지역에서는 한 곳도 농민항쟁이 일어나지 않았는데 이는 이 지역 주민들이 다른 지역에 비해 생활형편이 다소 낫다는 점과, 이미 4월에 신창, 온양 등지에서 명화적이 나타나서 병영이나 진영에서 명화적 체포를 위해 군대가 동원되는 등 억압적 사회통제 때문이라고 추측하기도 한다(〈표 3〉).[29]

〈표 3〉 충청도 농민항쟁 지역

발생지역	날 짜	직 접 적 계 기
은 진	5. 10	還逋, 耗穀의 結斂
공 주	5. 10	還逋, 結斂 등
회 덕	5. 10	還逋
청 주	5. 13	
회 인	5. 14	禁養 斫伐 반대
문 의	5. 14	結價와 軍役 부과 시정
임 천	5. 17	還穀의 虛留
진 잠	5월 중순	
연 산	5월 중순	
진 천	5월 중순	結價 과다
청 안	10. 2	軍錢補弊條를 結價에 첨가

기타 지역으로서 광주·함흥·제주도 등은 모두 조정에서 이정책을 발표한 뒤에 일어났다는 점이 특징이다(〈표 4〉). 이는 이정책의 한계를 보여주는 것이기도 하다.

이 밖에도 항쟁이 일어나려고 했던 지역이 있었다. 경상도 고성에서도 방문이 걸리고 무리들이 모여 진주, 단성을 본받으려고 하였으며,[30] 함창에서

29) 망원한국사연구실, 앞의 책, 326쪽.

는 4월 중순의 장날에 권씨 성을 가진 土班이 통문을 돌려 장시에 농민을 모으다가 관가에 의해 미리 체포되었다.[31] 대구에서도 향회가 빈번하게 열리고 봉기가 일어날 조짐이 나타났으나 끝내 일어나지 않았다.[32] 감영의 소재지였던만큼 봉기가 일어나기 어려웠던 것같다.

〈표 4〉 기타 지역의 농민항쟁

발생지역	날 짜	직 접 적 계 기
광 주	10. 23	파환귀결 후 환포 징수 반대
함 흥	10. 24	파환귀결 후 원곡 집전 반대
제 주 3읍	9. 12~14	화전세 부당 징수 등

충청도 부여에서는 현감 李啓淳의 탐학에 항의하여 횃불시위가 있었으며,[33] 옥천에서는 5월 중순에 부세문제의 시정을 위하여 봉기를 준비했으나 수령이 효유하여 흩어졌다고 한다.[34] 그리고 황해도 봉산에서는 9월초 농민들이 횃불시위를 벌였다.[35]

그런데 전라도의 경우 38개 발생지역 가운데 순창·구례·진도·태인 등은 수령이나 감사가 자체처리하고 중앙에는 정식으로 보고되지 않은 지역이었다. 따라서 경상도나 충청도의 경우 정식으로 보고된 지역을 제외한 다른 곳에서도 농민항쟁이 발생했을 개연성이 크다고 하겠다.

이상 71개 읍 외에도 전라도 남원과 운봉은 3월 중순에 인근 함양봉기의 여파로, 김제는 5월 초 선무사 趙龜夏의 순행시 인근 금구·부안 봉기의 영향으로 항쟁이 발생하였을 개연성이 높은 지역이다. 한편 해남의 경우 李夏銓 사건의 주동자 金順性의 지시에 따라 김일회가 주도한 흉서사건이 8월 초에 발생하였다.

30) 《壬戌錄》(韓國史料叢書 8, 國史編纂委員會, 1971), 3쪽.
31) 《壬戌錄》〈鍾山集抄〉, 204쪽.
32) 《壬戌錄》〈鍾山集抄〉, 211쪽.
33) 《日省錄》 철종 13년 6월 6일.
34) 《壬戌錄》〈鍾山集抄〉, 225쪽.
35) 《日省錄》 철종 13년 9월 5일.

(2) 항쟁의 직접적 계기

다음은 항쟁의 직접적 계기에 대하여 살펴보자. 항쟁의 직접적 계기가 부세문제임은 중앙에서도 인식하고 있었다. 실제로 진주농민항쟁이 발생하기 직전에 경상감사 이돈영이 부임할 때 왕은 이 지역의 삼정의 폐단이 심하므로 그에게 이를 해결하도록 당부하고 있다.36)

먼저 환곡의 실태를 살펴보자. 항쟁이 일어난 지역 가운데서는 환총이 많은 지역이 눈에 띈다. 가령 단성(10만 석) 군위(87,000석) 함평(11만 석) 등이다. 장성도 各穀 13만 석이 되어 限年排捧을 하고 있었다. 연산도 충청도에서 환총이 가장 많아서 15만 석인데 모두 虛留라고 하였다. 還摠이 많으면 자연히 부담이 늘어날 수밖에 없었다. 특히 盡分이 일반화되면서 환곡 부담은 한층 늘어났다. 단성의 경우에도 耗條가 結當 20냥, 포흠의 강제 충완 27,000석, 移貿에 대한 부담 등이 있었다.

다음으로는 환총과 관련하여 포흠이 과다하여 문제가 된 지역이 포함되어 있었다. 포흠은 환총이 많은 경우와 직결되었다. 단성·군위·함평의 경우도 대부분 포흠이 문제가 되었다. 그 밖에도 경상도의 상주·성주, 전라도의 흥양·진안·무주 그리고 충청도의 회덕·임천·정산·은진 등도 포흠이 많은 지역이었다.37)

포흠의 주체는 吏胥였고, 이를 邑民에게서 징수하여 문제가 발생하였다. 환곡의 포흠문제는 단성·진주·성주·군위·인동·부안·화순·진안·흥양·고창·은진·공주·회덕·임천 등에서 제기되었고 그 밖에 밀양·순천·옥과 등에서는 환곡의 폐단으로만 알려져 있는데 이 경우도 포흠과 관계되었다고 볼 수 있다. 이 문제는 이들의 요구 조건에서 절실하게 드러난다. 가령 진주에서는 읍을 공격하면서 '吏逋徵民'을 첫째로 거론하였고, 인동에서도 12개 요구조항 가운데서도 첫번째가 이 문제였다. 지배층도 이것이 가장 큰 문제였음을 인식하였다.

---

36) 《承政院日記》 2648책, 철종 13년 2월 20일.

37) 특히 충청도는 전체적으로 포흠이 많았다. 충청도는 전체 70여만 석의 대부분이 포흠되었으며 실제로 남은 액수는 약 3만 석 정도였다(《壬戌錄》 〈釐整廳謄錄〉 임술 8월 2일).

이러한 포흠을 징수하는 방법으로는 토지에서는 結斂(군위·진주·화순·공주·은진), 都結(진주·익산), 호구에서는 統還(右兵營) 등이 이용되었다. 토지에서는 처음에는 결렴의 방식이 일반적으로 행해졌던 것 같다. 화순은 결당 2냥씩을 추가로 부과하여 吏逋를 충당하였다고 하며, 진주도 본래 2냥 정도를 거두어 이포 등의 용도로 사용하였다고 한다. 이는 당시 용도에 따라 징수하였으므로 1년에 여러 차례 징수하는 경우도 생겼다.

다음으로는 환곡의 이무가 많이 시행되었음을 알 수 있다. 구체적인 액수가 드러나는 지역의 사례를 들면, 성주는 1860년 2,000석, 1861년 2,000석, 1862년 6,073석이었으며, 상주는 1860년 1,600석, 1862년 5,000석이었고, 창원은 1859년 4,845석, 1860년과 1861년에 4,000석에 달하는 많은 양이었다.[38]

이무는 모조를 채우거나(단성) 여타 재정을 마련하는 방법으로(진주) 관에서 많이 시행되었다. 그러나 이를 이용하여 헐한 가격으로 立本하고 나머지는 사적으로 사용하였다. 이같은 이익을 남기기 위하여 이무를 하였던 것이다. 대체로 환곡 1석을 5전에서 1냥 정도의 낮은 액수로 입본하고 나머지 액수는 사적으로 사용하였다. 이처럼 이무는 사적인 포탈의 방법이기도 하였지만 그 결과 읍간의 환총이 불균등해지고 한편으로는 포흠 발생의 원인이 되었다.

토지에서는 結價의 액수와 관련하여 생겨난 문제들을 들 수 있다. 결가는 正供이라고 부르는 중앙 상납분을 일률적으로 돈으로 환산하여 수취하는 것이었다. 그런데 戶首가 책정하든 관에서 책정하든 일단 관에서 간여하게 되어 있는데 그 과정에서 다른 재정에 보용하거나 사사로이 착복하기 위하여 높은 결가를 매기기도 하였다. 이 시기 경상도에서는 결가 책정 초기에는 8~9냥 정도였는데 이제 보통 14, 15냥이 되어서 처음의 결가의 배 정도가 되었다고 한다.[39] 심지어 20냥까지 올라가서 3배에까지 이르는 지역도 있었다.[40] 이것이 이 시기 공통적인 문제가 되었으므로 한 지역에서 저항하자 다른 읍에서도 호응하여 농민항쟁이 번져나가는데 중요한 원인이 되었다.

---

38) 《日省錄》 철종 13년 7월 8일.
39) 《日省錄》 철종 13년 6월 1일.
40) 《備邊司謄錄》 226책, 헌종 4년 정월 10일.

여기에는 환곡의 포흠분이라든가 軍錢補弊條가 포함되었다. 邑民들은 결가를 중앙 상납액으로 계산하자고 요구하였는데 7~8냥이 가장 많이 제시되었다. 인동·공주에서는 7.5냥, 상주·선산·성주에서는 8냥을 요구하였다. 그 밖에 금구·장흥에서 田稅·大同稅에 해당하는 액수가 높았다고 하여 부당 징수분에 대한 환수를 요구한 것도 같은 맥락으로 볼 수 있다. 특히 도결을 시행하면서 결가를 높여서 取剩하는 것은 일상적인 방법이 되었다.

이와 같이 결가나 도결은 토지에 매겨짐으로써 대부분 토지소유자 계층인 사족들도 빠져나오기 어려웠다. 따라서 이들은 부당한 수취 부담에 항의하여 읍내에서 논의가 활발하게 일어나는 데 어느 정도 역할을 하게 되었다. 가령 익산의 진사 洪正은 도결세 2,800냥의 수세가 부당하다고 주장하다가 옥에 갇혔으며 진주의 전교리 李命允도 도결 책정에 반발하여 항쟁 초기에는 참가하였다.

그 밖에도 항쟁의 계기는 삼정에 관계되는 것이 대부분이다. 전세와 관련하여 전세목가가 터무니없이 높게 책정된 데 대한 불만(함양), 군정과 관련하여 군역 부과에 대한 부당함을 시정(문의)하려고 하였다. 기타 조선 후기 문제가 컸던 산림을 둘러싸고 무단세력들이 농민들의 벌채를 금지한 조치에 대한 반발(회인)이라든가 화전세 부당 징세(제주도) 등이 있었고, 그리고 잡세에 관련하여 숫돌 비용을 호당 수취하는 것(연일)이라든가 無名戶斂錢(장성)에 대한 반발이 있었다.

이처럼 항쟁의 직접적 계기는 삼정을 중심으로 이루어졌지만 이 시기에 주된 내용은 크게 두 가지를 들 수 있다. 먼저 환곡을 둘러싼 폐단으로 그 가운데는 吏逋의 부당한 징수가 중심을 이루고 있었다. 또 하나는 結價의 액수와 명목을 둘러싼 폐단인데, 높은 결가가 책정된 이유로는 還逋라든가 부족한 軍錢에 대한 보충 등 부당한 부담을 결가 속에 포함시켰기 때문이었다.

(3) 항쟁의 전개과정

경제적 여건이나 계기가 비슷하더라도 농민항쟁의 전개과정은 지역, 발생시기, 조직 구성에 따라 다양하게 나타났다. 대부분의 읍에서는 준비단계로 통문 발송과 집회의 과정을 밟아 나갔다. 이는 읍민의 여론을 활성화하고 의사를 집약시키는데 필요한 과정이었다.

이 과정 또한 몇몇 개인의 우연적인 주도에 의해 일어난 것이 아니라 촌리 안에서 자연스럽게 토론이 조성되고 주도층의 일정 기간 모의 단계를 거치면서 표면화된 것이었다. 일반적으로 이 때 里會라고 표현되는 것은 里의 일상적인 집회라기보다는 이러한 모의과정이라고 할 수 있다. 곧 공개적인 모임이 아니라 주도층이 조직되는 과정이었다. 여기서 읍의 폐막이 거론되고 그에 대한 대책이 논의되었으며 항쟁이 결정된 뒤에는 대중을 모으기 위한 통문 작성 등 구체적인 작업이 진행되었다.

일단 집회를 열기 위해서는 통문을 발송하였다. 항쟁의 주도자가 작성하여 면리별로 돌려 관심을 환기시켰다. 특히 일반 농민들을 모으기 위하여 한글로 통문을 작성하기도 하였다.

집회를 통해서 제시되는 해결책에는 크게 두 가지 방향이 있었다. 첫째는 법 테두리 안에서의 지방관이나 감사에게 호소하는 방법이었다. 그러나 앞에서 보았듯이 이와는 달리 이러한 방법으로는 제대로 해결된 적이 없었음을 경험하면서 이 시기에는 다수의 농민들이 집단의 힘으로 관청에 몰려갈 것을 결의하였다. 이것이 농민봉기로 나아갔던 것이다.

그뒤 항쟁의 전개과정은 일반적으로 여러 단계를 밟아 나갔다.[41)]

첫째 항쟁을 결의하면서 농민들이 집결하는 과정이었다. 이를 위해서는 농민동원이 필요하였다. 일단 통문이나 지도부의 동원에 따라 집결한 농민들은 외곽지역에서 부호가를 공격하는 등 행동으로 표출하면서 대중 참여를 확대시키고 그 여세를 몰아 읍내로 진출하였다. 때로는 읍내 근처에 집결하여 바로 관가 공격에 들어가는 방법이 있었다. 이처럼 농민들을 모으고 항쟁에 참여시키기 위해서는 지도부의 역량이 매우 중요하였다. 이를 위해 回文·通文이나 한문을 모르는 대중들을 위해 한글로도 선동자료를 작성하여 결집시켰다.

둘째 읍을 공격하는 과정이다. 이 단계에 오면 읍의 여러 면리들이 공동으로 참여하였다. 농민들은 읍내에 들어가서 가장 중심적인 문제를 내세우면서 항쟁을 벌여나갔다. 이를테면 진주에서는 "吏逋를 백성에게 징수말라", "都結과 統還을 혁파하라"고 외치면서 당시 가장 큰 폐단을 시정할 것을 요구하였다.

---

41) 송찬섭, 앞의 글, 333~357쪽.

이미 농민들의 반관의식이 매우 고조되었으므로 관으로서는 이들에 맞서기 어려울 정도였다. 진주에서는 경상우병사를 둘러싸고 횡렴과 이포 늑징에 대해 거리낌없이 지적하였다. 그들의 당당한 태도에 오히려 병사가 이서들에게 죄과를 돌리고 처벌하면서 이들을 달랠 정도였다.[42)]

그리고나서 곧 읍내 지배층에 대한 공격으로 이어졌다. 수령에 대해서는 동헌에서 끌어내어 위협하고 강제로 가마에 태워 경계 밖으로 추방하였다. 이서들에 대해서는 더욱 가혹하여 이들의 집을 부수고, 방화·약탈하였으며 심지어 살해하기까지 하였다. 그 밖에도 수세와 관련이 있던 경저리나 대상인 등도 공격 대상이었다. 이들을 공격하여 이들이 머물던 가옥을 부수고 재물을 빼앗았다.

읍내공격을 끝낸 뒤에는 한동안 읍내에 둔취하면서 읍권을 장악하기도 하였다. 대표적인 예가 단성인데 여기서는 읍권을 장악하고 통치기구를 정비하였다. 이들은 좌수와 이방을 선출하고 鄕將에서부터 官奴에 이르기까지 새로이 차출하였다. 또한 이전의 관문서와 마찬가지로 새로이 수취장부를 작성하였고 활동에 필요한 비용은 차출하거나 토지에 부담시켰다. 이를 통해 자신들의 요구를 읍정에 반영시키고 스스로 읍정에 참여하려는 기대를 담았다.

관군에게 직접 저항하기도 하였다. 거창의 경우가 대표적인데, 여기서는 감영에서 포졸을 풀어 주모자 李時奎·崔南紀·李承文 등이 체포되어 대구부로 이송되었는데 농민들은 읍내 동정을 살피고 있다가 압송하는 중도에 호송행차를 습격하였다. 그들은 호송장교를 구타하여 쫓아버리고 주모자들을 구출하였다. 암행어사 이인명이 곧바로 각 진영에 연락하여 포졸을 풀었으나 오히려 농민들에게 잡혀 향소의 옥에 갇혀있다가 4, 5일 동안 애걸하여 풀려나올 정도였다.[43)]

농민들은 읍내 공격만으로 끝나지 않고 다시 外村으로 항쟁을 확대시켜 가는 경우도 있었다. 첫번째 단계에서도 외촌에 대한 공격이 있었지만 그것은 특정 지역에서 주로 나타났으나 읍내에서 활동을 끝마친 뒤에는 전지역으로 확대시켜 나갔다. 일단 읍에서 활동을 마친 농민들은 외곽으로 나아가

---

42) 《壬戌錄》 嶺南, 1쪽.
43) 《矗營錄草》 按覈使答札 7월 2일.

평소에 농민들을 괴롭혔던 세력에 대하여 공격을 계속하였다. 지주·부호가·고리대금업자 등이 그 대상이었다. 진주의 경우 읍의 공격을 마친 뒤 외곽으로 나아가 22개 면에 걸쳐 부호가를 부수고 재물을 빼앗았다. 공격받은 자 가운데는 院宇를 지으려고 농민들을 무절제하게 동원한 자, 도결과 통환을 농민에게 분배하여 징수할 책임을 진 訓長, 무단 토호 등이 포함되었다. 또한 인접한 召村驛과 玉泉寺까지 들이닥쳤다.

이러한 공격을 벌인 뒤 농민들의 활동에 대해서도 주목할 필요가 있다. 농민들은 이러한 일회적인 공격으로 끝내지 않고 지역에 따라서는 계속 점거하며 투쟁을 계속하였다. 진주에서도 그 뒤 다시 진을 쳤다고 한다.[44] 안핵사 朴珪壽가 내려왔을 때도 70여 개 지역에서 진을 치고 있었다고 한다.[45]

(4) 항쟁의 참가층과 주도층

농민항쟁에 참가하는 계층은 신분적으로는 평민이고 소빈농의 처지에 있는 일반농민이었다. 당시 농민항쟁의 참여자에 대하여 姜瑋는 다음과 같이 말하고 있다.

> 난은 良民이 일으키는 것이 아니라 반드시 窮民이 일으킨 것이다. 양민은 토착자이고 궁민은 떠돌아다니는 자이다. 이렇게 떠돌아다니는 백성은 이미 의존하여 생활할만한 자산이 없으므로 밤낮 원망하고 난을 생각한지 오래되었다. 비록 의리로써 그들을 타일러도 따르지 않는다. 요사이 남쪽 농민들의 民擾는 대개 이들이 주동한 것이며 양민은 단지 협종자일 뿐이다(姜瑋, 《古歡堂收草》 〈擬三政捄幣策〉).

말하자면 이들은 농민층 분해가 진전함에 따라 배출된 경제적으로 열악한 빈농이며, 자소작이나 소작을 붙여 가계를 끌어나가거나 소작지조차 없는 농민이기도 하였다. 따라서 이들은 적은 토지수입으로 고율의 지대나 이자 지불을 감당할 수 없어서 농번기에 고용노동을 하거나 농한기에 땔감 판매 등으로 생활하는 존재였다.

---

44) 《龍湖閒錄》 권 3, 三南民鬧錄 상, 51쪽.
45) 《龍湖閒錄》 권 3, 按覈使曉諭, 62쪽.

그런데도 이들은 당시 조세제도가 차등적인 신분제에 기반하여 운영되었기 때문에 조세제도의 운영과정에서 자신들에게 부세가 집중되어 징수되거나 토지에 부과된 조세조차 작인에게 떠넘겨지고 있음을 알았다.

1862년 농민항쟁에 관한 기록들에 樵軍이 자주 등장하고 있는 것은 이들이 대체로 소빈농의 범주에 속하는 자들로서 생계유지를 위해 나무를 베어다 땔감으로 팔아서 살아가는 존재였기 때문이다. 대다수의 초군은 생계가 어려워 대체로 머슴이나 婢夫로 살고 있었다.

당시 농촌사회 안에서 계층을 나눌 때 토지를 가진 농민, 토지를 가지지 못했으나 병작하는 농민이나 상공업에 종사하여 먹고사는 자, 그 다음으로 나무하고 임노동을 하는 자로 분류하여, 의지할 곳이 없어서 빈사할 지경에 있는 자보다 바로 위에 놓고 있다.[46]

초군들의 생활수준은 빈농층과 다름없었지만 생업이 없는 자 또는 생산활동을 전혀 할 수 없는 진휼 대상자와는 엄연히 구분되었다. 이들 가운데는 영세한 토지를 가진 자가 있거나 또는 남의 토지를 경작하는 소작인들도 있었다. 따라서 초군들은 "산에 오르면 초군이고 들에 나가면 농부"[47]라고 규정하는 것처럼 '半農半樵'의 형태로 생활을 하였으며 부세 수취의 대상으로 파악되었다. 삼남지역에 주로 해당하는 것이지만 토지에 부과된 전세들이 작인에게 전가되는 상황임을 감안한다면, 이들이 져야 할 부세부담은 매우 컸다. 따라서 빈농의 처지를 벗어나지 못한 초군들은 부세 때문에 생계를 유지하기가 힘들었다.

초군들의 생활은 안정되지 못하였으므로 토착적인 생활을 하는 자 외에도 流民적인 성격을 지닌 자들도 있었다. 이들은 고향을 떠나 다른 곳으로 이사를 하여 생활을 하였으므로 자연히 다른 집에 머슴 또는 일시적으로 고용되었다가 조건이 맞지 않는 때는 다시 다른 지역으로 이사하여 생활하였다.

그런데 항쟁에는 소빈농에 준하는 자들이 상당수 참여하고 있었다. 철종 13년(1862) 당시의 상황을 체험한 강위는 난민들을 분류할 때 유민, 뜨내기, 짐장사꾼, 날품팔이 등을 거론하고 있다. 그 밖에도 수공업자와 일반 상인들

---

46) 《賑恤謄錄》 奎古 5127-5.

47) 《壬戌錄》 咸鏡道, 101쪽.

도 참여하였다. 상인들은 우두머리인 접장의 지도 아래 항쟁에 참여하고 있었다고 한다.

실제 진주농민항쟁의 과정을 보면 元世官은 골짜기의 구석진 곳에 살면서 籠匠으로 생업을 하였고, 許正太는 상인으로 항쟁에 참여한 자였으며, 金成實은 소금과 탄을 판매하였다. 그 밖에도 賤類라고 일컬어지는 金世業은 진주농민항쟁 과정에서 主論에 속하였다고 주목받고 있는 자였다.48)

이들 소빈농적인 여러 계층의 사람들은 사회경제적으로 여러 가지 억압을 받고 있었다. 그들이 처한 갈등관계는 다음과 같다. 먼저 이들 초군을 포함한 소작농민들은 지주와 갈등이 있었다. 초군들은 半農半樵로 생활하였으며, 19세기 중반에 부세와 지대에 대한 拒納이 빈발하고 있음을 감안한다면 지대를 둘러싼 지주와의 갈등은 당연한 것이었다. 또한 초군들의 특성상 생활의 자료를 토지와 산림에서 찾고 있었으므로 이들은 생활을 꾸리려고 나무를 벤다든지 또는 산림에서 나오는 것들을 채취하고 있었다. 이 과정에서 이들의 입산을 금지하는 지주들과는 자연히 마찰을 빚게 되고 여러 가지 사건을 일으키기 마련이었다. 따라서 양반가의 산림에서 산림주가 노비를 시켜서 나무베는 일을 금지하는 사건들이 빈번하였다.

초군들이 부근에 있는 양반가의 산림 근처에서 나무와 낙엽을 채취하다가 분쟁이 발생하는 경우가 많았다. 지주는 초군들이 자신의 토지에 침범하여 생산물을 절취한 것으로 간주하지만 초군들은 생계를 위하여 확보해야 하였다. 따라서 지주와 초군들 간에 항상 이러한 갈등이 있었다. 일반적으로 초군들이 산림에 들어가서 나무를 채취할 때는 무주지가 아닐 경우에 산림주들은 그에 대한 대가를 받아냈다. 산림주들은 산지기를 파견하여 산림을 지키면서 입산하는 초군을 통제하였다. 그러나 대체로 입산한 초군들에게 과도하게 松價를 징수하거나 또는 초군들이 채취한 나무의 반을 대가로 요구하고 도끼나 낫을 빼앗기도 하였다. 이처럼 지주들의 지나친 행패 때문에 초군들이 많은 어려움을 겪었다.

한편 초군들이 다른 지역에서 작업을 하려고 할 때 그 지역의 초군들에

---

48) 《壬戌錄》 晉州按覈使査啓跋辭.

의해 저지되기도 하였다. 이는 초군 사이에도 작업장을 사이에 두고 갈등이 벌어질 수 있는 것이다.

이처럼 당시 농민들은 체제모순을 직접 겪는 층이었지만 이 단계까지는 아직 계급투쟁을 주도할 만한 힘을 지니지 못하였다. 또한 정치권력에 대한 계급적 이해조차 결여되어 있었으므로 봉건체제를 구체적인 타도대상으로 인식하지 못하였다.

신분적으로 본다면 평민뿐 아니라 노비계층도 함께 참여하였다. 진주의 私奴 儉同의 집에서 모의가 있었고, 역시 사노 孟乭과 貴大 등이 동리인 30여명을 이끌고 나섰다. 상주에서 앞장섰던 조두꺼비·김말대 등 인물들도 천인 신분으로 보인다.

한편 이같은 농민들을 조직화하고 봉기를 주도한 자들은 별도의 계층이었다. 이들은 일부 양반이나 농촌지식인 등을 들 수 있다.[49]

당시 정부는 명망있는 양반을 주도층으로 지적하였다. 진주안핵사 박규수는 농민항쟁이 일어날 때 항상 통문이 돌고 집회가 개최되었던 점을 주목하고 이는 문자를 아는 자의 소행이라 하여 그 지역 士民父老 가운데 명망이 있는 자를 의심하고 있다.[50] 또한 호남좌도 암행어사 金元性은 봉기주도층을 出派, 坐派로 나누었는데 그도 또한 지방의 유생들을 주목하였다. 그는 유생 가운데 문자에 밝고 권력을 지닌 자들이 관을 사찰하고 그 득실을 논하며 와언을 만들어 지시하기도 하고 경향을 출몰하면서 일을 꾸민다고 하였다.[51]

이들이 실제 각 지역에서 등소운동을 주도하였고 봉기 때에는 호장, 이방, 좌수의 협조뿐 아니라 각 면의 면임들의 협조 아래 조직적으로 농민을 동원하고 항쟁에 필요한 자금을 읍민에게 거두는 등 지도력을 행사할 수 있었다.

이와 같이 양반층의 주도 아래 빈농들이 적극적으로 참여하였던 형태가 일반적인 것이었는데 지역에 따라서는 중앙에서 중요한 관직을 지냈거나 지방관을 지낸 적이 있는 명망있는 인물들이 적극 참여한 사례가 있다. 사례에 의하

49) 박규수가 양반호 가운데 지망이 있는 자와 민호 가운데 사리를 아는 자라는 표현도 이와 관련하여 설명할 수 있다(《壬戌錄》 到晉州行關各邑, 5쪽).
50) 朴珪壽, 《瓛齋集》 권 8, 書牘.
51) 《日省錄》 철종 13년 7월 2일.

면 단성의 전정언 金麟燮 부자, 진주의 전교리 李命允, 인동의 전정언 張膺杓, 장흥의 전보성군수 高濟煥 등 전직 관리가 봉기에 깊숙하게 관련되어 있었다.

단성의 김인섭 부자와 장흥의 고제환의 경우 직접 봉기의 전과정을 주도하고 있다. 진주의 이명윤은 도회를 결정하는 과정까지 적극적으로 참여하였고 그 뒤 이탈하였으나 농민군이 목사로부터 도결 혁파를 받아내는 과정에서 목사를 설득하는 역할을 하였다.[52] 인동의 장응표도 향회에 참석한다든가 봉기가 일어난 날 읍내에 들어가는 등 어느 정도 활동하였다.

대체로 이들이 앞장선 것은 중앙의 권력체계와 그에 따른 운영실태에 대한 반발 때문이라고 할 수 있다. 반면 중앙정부는 전직 관료를 지냈는데도 반관운동에 앞장선 것에 대해 매우 분노하였다. 이처럼 이들이 반관투쟁에 앞장서게 되어 농민들의 계급투쟁을 자극하거나 이들과 서로 결합할 수 있는 여지가 있었다.

그러나 이들의 신분으로 볼 때 그 한계가 뚜렷이 드러났다. 곧 이들이 저항하고자 하였던 것은 삼정의 모순이나 관속의 탐학과 같은 현상적인 행정 통치상의 폐단이었을 뿐 봉건체제를 부정한 것은 아니었다. 그리고 이들의 사상적 기반 또한 성리학적 질서체계를 벗어나지 못하였다. 말하자면 사회 전체가 아직은 유교교리에 의해서 지배되고, 체계화된 교육 자체가 봉건 양반들에게 독점되는 조건에서 이들의 정치적 이념도 한낱 유교교리의 범주에서 벗어날 수 없었다.

이러한 한계 때문에 이들은 당시 항쟁에 참가한 일반 농민들의 사회경제적 처지에 대해 제대로 인식하거나 이를 근원적으로 해결하려는 자세는 아니었다. 따라서 이들은 당시 터져나온 농민들의 변혁의 열기를 효율적으로 결집시키고 조직적인 역량으로 묶어내기에는 역량이 부쳤다. 그러므로 이들이 농민항쟁에서 보여준 지도력은 부세에 대한 투쟁을 위해 읍민의 의견을 모으고 동헌 습격을 감행하는 단계까지로 한정되었다. 봉기가 한 단계 고양되어 계급투쟁적인 성격으로 나아가는 과정에서 이들은 더 이상 지도력을 발휘하기 어려웠다.

---

52) 망원한국사연구실, 앞의 책, 151쪽.

다음으로는 몰락양반을 들 수 있다. 이들은 어느 정도 정치적 식견을 가지고 있어서 당시 부패한 사회현실을 비판적으로 볼 수 있었다. 특히 몰락양반의 경우 신분적으로는 양반이라 하여도 농촌에서 농사를 지으며 직접 농민들과 접촉하고 그들의 비참한 생활과 지배층의 착취를 몸소 체험하였으며 농민들의 생활에 공통적인 이해를 절실히 느꼈던 존재들이었다. 따라서 그들은 계급적 처지에 있어서는 비록 봉건적이었다고 하더라도 수탈과 착취에 대한 공동적인 대응이 요구될 때 농민층의 이해를 부분적이나마 대변하는 위치에 서게 된다. 때문에 주도자들이 관리 출신이 아니었지만 지방사회 안에서 나름대로 지도성을 확보할 수 있었다.

진주항쟁의 최고 지도자인 柳繼春도 몰락양반 출신이었다. 그는 본래 진주 원당면 출신이었는데 그가 35세 되던 해에 어머니를 따라 원당에서 축곡면 내평촌으로 이거하였다. 그의 신분은 본래 양반이었다고 한다. 그렇지만 재지기반이 거의 없었고 토지도 전혀 없었으므로 몰락양반으로 보아야 할 것이다. 그는 농촌지식인으로서 글을 이용하여 생활을 꾸려나갔다. 그는 이전부터 환곡의 폐단을 지적하면서 향론을 주도하였고 여러 차례 집회를 열어서 읍과 감영, 그리고 나아가 비변사에까지 등소를 올렸다. 또한 진주항쟁 때 읍내의 논의를 이끌었고 그의 주변 인물들을 모아서 실질적인 항쟁준비를 하였다.

이 시기 지배집단에서 탈락한 몰락양반들은 이미 정치적·경제적 기반을 거의 상실하였다. 곧 그들은 중앙권력에 참여할 수 있는 기회가 박탈되었으며 경제적 위치도 농민층과 다를 바 없었다. 이러한 현상은 조선왕조의 봉건적 신분질서가 해체되어가는 한 측면이다. 그 결과 몰락양반들은 생계가 곤란하였을 뿐 아니라 사회적 대우도 제대로 받지 못하였던 만큼 당연히 현체제에 대하여 불만과 그 변혁에 대한 갈망이 컸다. 또한 그들은 어느 정도 학문적 소양이 있어서 농민층을 지도하는 역할을 하였다. 함평의 정한순은 중앙에서 안핵사가 내려오자 스스로 자수를 하면서 봉기의 목표가 '輔國爲民'에 있었다고 주장하였다. 이는 유교적 용어이기는 하나 민의 입장을 대변한다는 의식을 가졌다고 하겠다.

농민층 가운데서 지도부에 참여하기도 하였다. 농민은 당시 파행적인 부세체제에 의하여 가장 고통을 받는 계층이었다. 이들은 '無識無賴之輩'라고 일컬어지기 때문에 독자적으로 행동하였다기보다는 주동자의 사주에 의해 움직인다고 간주되기도 하였다.[53] 그러나 이는 당시 성장하고 있던 농민층의 의식수준을 간과하였다고 여겨진다. 이 단계에서는 이미 농민들의 항쟁 참여는 상당히 자발적이었다. 읍폐와 그에 대한 끈질긴 저항을 통하여 농민들의 의식은 성장하였고 집단화되어 갔다.

가령 진주에서도 李啓烈이라는 인물이 있다. 그는 생활상에 있어서 뿐만 아니라 언행에 있어서도 한글조차 모르는 무식한 농사꾼이었다고 한다. 이 점에서 유계춘과 차이가 있었다. 유계춘이 가난한 지식인이라면 그는 보다 순수한 농민적인 인물이었다. 그는 초군의 座上이었으며 항쟁에 있어서도 전 과정에 참여하였다. 따라서 안핵사 박규수도 "공초에 의거하여 이야기를 들어보면 이번 사건의 중요성은 이계열에게 달린 것 같다"고 하였듯이 이계열은 항쟁에서 매우 중요한 역할을 하였다. 그는 유계춘과 매우 밀접한 관계를 가지고 활동하였다. 유계춘의 주장에 동조하였을 뿐만 아니라 농민들의 여론을 수렴하여 유계춘에게 전달하였다. 그가 항쟁과정에서 한 활동이 자세히 드러나지는 않는다. 그러나 그가 초기 모의과정에서부터 읍회, 읍내 활동까지 모두 참가하였으며 항쟁시 주체세력인 초군의 좌상이었다는 점에서 진주 항쟁의 가장 중요한 인물로 꼽을 수 있다.

선산의 全範祖도 신분이 잘 드러나지는 않지만 몰락양반이 아니면 평민 출신으로 보인다. 그는 농민들을 처음부터 끝까지 지도하였는데 그 자신은 스스로 '농민을 위하는 마음'을 가졌다는 점을 강조하고 있다.

봉건 양반에 비하여 농촌지식인, 농민층으로 구성된 지도부는 한층 강경한 대응을 하였다. 가령 처음의 집회에서 사족들은 대체로 감영에 호소하는 방법을 택하였다. 그러나 유계춘 등은 더욱 강화되는 환포의 문제를 근원적으로 해결하기 위해서는 한층 강경한 대응이 필요하다고 보았다. 따라서 그는 앞의 주장과는 달리 읍내에서 집단 시위를 주장하였다. 그는 이미 水谷都會를 개최

53) 이를테면 진주농민항쟁을 조사한 박규수가 사족에게 끝까지 협의를 두었는데 (《壬戌錄》 到晋州行關各色, 4쪽) 이는 농민들이 주체로서 성장할 것을 인식하지 못했기 때문이다.

하기 전부터 철시 등 적극적인 항쟁을 계획하였다. 곧 유계춘은 수곡도회에서 "여기에 모인 사람들이 마음을 같이 하고 힘을 모은 뒤에야 읍폐를 가히 고칠 수 있으니 굳게 맹세하자"고 참석자들을 열심히 설득하였다고 한다. 이로 볼 때 유계춘의 주장은 집단시위를 꾀하는 것이었음을 짐작할 수 있다.

首吏와 향임들 가운데 일부는 항쟁에 가담하였다. 이 때문에 지방 사회 내부의 복잡한 부세체계와 부정의 양상을 알 수 있었다. 선산의 향리를 지냈던 金龍集은 관가문서를 검토하고 나서 결가를 산출하여 농민들의 주장을 대변해 주었다. 면임들은 장정을 선발하고 식량을 제공하는 등의 활동으로 농민들이 조직적으로 참여할 수 있도록 도왔다. 이들은 정치적·사회적 신분으로 볼 때 말단의 봉건 지배층이었다. 그렇지만 농민봉기 때에는 자신들이 추구하는 목적이 반드시 같지 않았는데도 하나의 목적을 위해 커다란 세력으로 단합하였다.

(5) 항쟁조직

처음에는 지도 인물들이 거주하던 지역에서 몇 차례 회합을 통하여 당쟁이 논의되었다. 이것이 이른바 里會로서 里의 일상적인 집회가 아니라 일종의 모의 단계를 가리킨다. 따라서 이는 공개적인 모임이 아니라 주도층이 조직되는 과정이었다. 이를 초기조직화 단계로 설정할 수 있다.

여기서 읍의 폐막이 거론되고 그에 대한 대책이 논의되었으며 항쟁이 결정된 뒤에는 대중을 모으고자 통문을 작성하는 등 구체적인 작업이 진행되었다. 진주의 경우를 보면 공식적인 대중집회를 갖기 전에 朴守益家, 私奴儉同家, 朴肅然家 등 여러 집을 전전하며 모의를 하였다.

이 때까지의 이회는 등소를 목표로 읍회를 준비하는 과정이었다. 이회에 참여한 사람들은 곧 초기주도층이라고 할 수 있는데 이들은 대부분 지도부와 이웃하거나 인척관계 등을 통하여 자연스럽게 논의가 이루어졌던 것으로 보인다.

가령 진주의 경우 이회에 참여한 사람들은 유계춘, 이계열을 비롯하여 姜承白·姜快·姜守福·鄭致會·鄭弘八·鄭順季·鄭之愚·鄭之九·朴守堅 등이 보인다. 곧 대부분 정씨와 강씨로 이루어졌다. 이들 가운데 상당수가 유계춘과 친척관계가 아닐까 한다. 강씨의 경우 그 가운데 강쾌가 유계춘과는 異姓四寸이었으므로 다른 인물들에게서도 그 가능성을 찾을 수 있다. 정씨의 경우에는 유계춘의 외가성이란 점이 주목된다. 유계춘은 아버지의 고향인 원당면을 떠나 어머니를 따라 축곡 내평촌에 이거하였다. 이는 이 곳이 외가이기 때문에 여기서 새로이 기반을 얻으려고 한 것으로 풀이된다. 이회에 참석한 자들 가운데 정씨가 가장 많을 뿐 아니라 몇 사람은 아주 적극적으로 참여하였는데 이같은 관계 때문이 아닐까 한다. 강씨의 경우도 비슷하리라 여겨진다.[54)]

유계춘으로서는 자신을 중심으로 한 이웃 또는 인척 등 가능한 모든 계기와 조건을 이용하여 초기의 은밀한 모의, 그리고 준비작업을 끌어나갔던 것 같다. 아직 뚜렷한 세력이 없는 시점에서는 이같은 방법이 당연하리라고 여겨진다.

다음으로는 이미 준비되었던 읍회를 대중집회로 확산하기 위하여 준비작업을 본격적으로 진행하였다. 가장 중요한 것은 대중을 의식화시키고 앞으로의 읍회에 참여하도록 유도하는 것이었다.

농민항쟁을 수행하기 위해서는 대중의 역량을 바탕으로 삼아야 하였다. 이를 위하여 농민대중이 공개적으로 참여할 수 있는 대중집회가 필요하였다. 대중집회를 통하여 읍사를 함께 논의하고 의견을 수렴하며 여론을 확산시키고 나아가 역량을 강화시킬 수 있었다. 이것을 대중조직화 단계라고 일컬을 수 있다.

지도층들은 항쟁과정에서 향회를 열어 농민들을 동원하였다. 대체로 부세 결정과정은 향회를 거쳐서 이루어지는 것이 일반적이었으나, 차츰 관에서 일방적으로 결정을 내린 뒤에 그 결과를 향회에 통보하는 형태로 바뀌어갔다. 따라서 이러한 결정에 불복할 경우에는 새로이 향회를 열어서 대소민들의 의견으로 이의를 제기하였다. 실제로 향회는 민의를 대변하는 회의였다. 관의 부세 운영에 불만을 가졌던 일부 사족들도 참여하였다. 진주의 전교리 이명윤이나 인동의 장응표의 경우도 관에서 연 향회에는 참석하지 않으면서도 이같은 민회에는 참석하였다.

---

54) 당시 내평촌은 진양 정씨 殷烈公派 후손과 忠莊公派 후손이 살고 있었다. 유계춘의 어머니는 은렬공파에 속한다. 그리고 진주 강씨들도 이곳에 많이 살고 있었다(金俊亨, 《진주신문》 진주농민항쟁, 1994년 6월 6일자).

이들이 농민을 동원하는 방식은 우선 통문을 돌린 뒤 향회를 소집함으로써 이루어졌다. 그러나 향회의 소집은 강제적으로 이루어지기도 하였다.

그런데 향회를 개최하는 과정에도 여러 가지 비용이 들었으며, 그 비용은 주로 향촌민에게서 거두었다. 보은·진천·영동·연풍에 파견된 암행어사 金益鉉의 별단에서는 주로 폐단의 측면을 강조하고 있으나 향회를 여는 과정에 대하여 자세하게 언급하고 있다.

> 폐단을 없앤다고 하여 呈訴와 향회 때에 드는 비용을 마련하고자 통문을 돌려 돈을 거두는 폐단은 엄하게 금할 것이다. 근래 삼남이 소란스러운 것은 이들 무리들이 길러낸 것이다. 과도한 세금으로 관의 침탈에 힘이 빠져 있으며, 술과 밥을 마련하는 데 향회의 독촉으로 피곤한 상태이다. 불쌍한 소민들은 어디에서 이를 마련할 것인가. 또한 집을 헐어버린다고 협박하여 벌전을 내도록 하니 이들이 힘써 노력을 하여도 위험에 빠지고 스스로 커다란 살륙에 빠지게 되었다(《承政院日記》 2652책, 철종 13년 6월 28일).

이처럼 농민동원에는 강제성이 많았다. 향회 소집과정에서 토호들은 농민을 동원하기 위하여 불참한 경우에는 집을 파괴하겠다는 위협을 가하면서 물리적이고 강제적인 방식을 이용하거나, 벌전을 부과하겠다는 등의 경제적인 제재로서 참가할 것을 요구하였다.

농민항쟁의 또 하나 중요한 조직은 樵軍이었다. 초군들은 개인적으로 작업할 경우도 있으나 일정한 집단을 이루고 작업하였다.[55] 이들의 규모는 대체로 10~20명 정도라고 생각된다. 진주지역에서 항쟁이 끝나가는 8월경에 진주 관내의 道洞 草田村 洞長의 手本에 의하면 읍의 초군이 300여 명에 이르고 있다.[56] 대규모의 집단적인 활동은 대체로 장시간에 걸쳐서 다른 지역까지 가서 활동을 하는 경우에 이루어졌다. 이러한 특성으로 초군들은 대규모의 공동노동조직을 통하여 집단화하고 세력화할 수 있는 기반을 마련하고 있었다. 게다가 이들은 인근 지역과 연계할 수 있었다.

집단적으로 행동하는 초군들의 경우에는 소위 樵魁·座上·頭目 등으로

---

55) 梁晉錫, 〈1862년 농민항쟁의 배경과 주도층의 성격〉(《1894년 농민전쟁연구 2》, 역사비평사, 1992).

56) 《矗營民狀草槪冊》 1862년 8월 24일.

불리는 자들이 초군을 지휘하였다. 보통 때 초군조직은 이러한 우두머리들을 중심으로 생계를 보충하기 위해 일하는 자들이 모인 조직이었다. 초군들은 이러한 측면을 토대로 집단화하고 있었으며 농민항쟁기에는 이러한 초군조직들이 봉기를 목적으로 재편되고 있었다. 따라서 항쟁조직으로서의 초군조직은 역할을 분담하면서 이루어졌다.

한편 초군 조직들은 집단적인 일체감을 보이려고 머리에 흰 수건을 둘러서 통일하고 나무 몽둥이를 무기로 들고 있었다. 이러한 모습에 대하여 항쟁을 직접 경험한 강위는 "수만의 무리들이 갑자기 몰려오고 흰 수건을 두르고 막대기를 들어 그 모습이 위험스럽고 두려워 순종하고 거스르는 것을 생각할 수 없었다"고 하였다. 이들의 행색은 농민들이 일상적으로 작업할 때 입고 있는 복장 그대로였고 작업할 때 사용하던 수건을 머리에 둘러맨 것이라고 생각된다. 단 농민들은 복장을 통일함으로써 집단의 힘을 과시하려고 하였다.

초군들이 중심이 된 지역에서는 이들이 직접 等狀을 제출하기도 하였는데 그 등장의 내용을 통하여 봉기하게 된 이유를 알 수 있다.

> 우리들은 나무하고 소를 기르는 무리로서 오래된 원통함을 이기지 못하여 기약하지 않았어도 모인 자들이 수천 명에 이르렀습니다. 맹호(이서배)를 잡기로 하고 갑자기 불을 질러서 부모(수령)의 안전을 놀라게 하였으니 우리들의 죄는 만번 죽어도 아깝지 않습니다. 그러나 吏鄕들은 일을 만들고 획책한 자이며, 한 고을의 영웅이며, 읍내의 세력있는 자입니다. 우리(초군)들은 낫을 지고 지게를 지는 자들로 산에 오르면 초군이고, 산야에서 일하면 농부입니다. 어찌 事體를 알겠으며 의리를 알 것입니까. 단지 주부군현에서 마련할 때 각양 公貨는 다른 현과 같게 하여도 대저 移貿하는 것은 小吏들에게는 가시이며 농민들에게는 눈서리와 같습니다. 수령에게 엎드려 비오니 호랑이를 잡고 불을 지른 죄는 깊이 생각하고 있으며 생사는 스스로 처치할 것이므로 우리처럼 나무나 하고 무지한 무리들이 안도할 수 있도록 해주길 바랍니다(《壬戌錄》 咸鏡道, 101쪽).

당시 초군들은 이서와 향민들이 移貿를 이용하여 농간을 부리게 되면서 그 폐해를 받고 있었다. 따라서 이러한 문제를 해결하려고 농민들은 등장을 냈으나 제대로 해결되지 않자, 결국 폭력을 동원하여 吏胥와 鄕民의 집을 습격하고 태워버렸다.

그러나 1862년 농민항쟁 단계에서는 이들의 조직은 단순히 초군으로만 이루어진 것은 아니었다. 곧 항쟁조직으로서의 초군조직에는 순수한 초군이 아닌 소빈농적 처지에 있는 다양한 층까지 포함하여 동원되었다.

진주농민항쟁에서 주동적인 인물인 유계춘이나 또는 千늣쇠 등의 供草를 보면 초군뿐만 아니라 다수의 농민을 포함한 다양한 층의 사람들을 동원하고 있다. 유계춘은 항쟁을 전반적으로 조직한 자로서 농민층의 호응을 얻기 위한 계획을 세우고 진주의 농민들을 대거 동원하였다. 동원 책임을 맡은 것으로 보이는 천늣쇠는 큰 길가에서 왕래하는 자들까지 동원하였다. 그리고 匠人 원세관은 이미 德山 장시에서 철시할 때 활동하고 있었고, 초군이 도착하기 전에 먼저 읍에 들어가 있었던 것을 보더라도 농민 이외의 층들이 다수 동원되고 있었음을 알 수 있다.

이러한 다양한 층들이 조직적인 활동에 적극 가담하는 이유는 무엇일까. 직접 전개과정을 살펴본 강위의 언급은 매우 시사적이다. 그는 당시 조정에서 마치 역모를 꾀하는 자들이 계획을 벌이거나 도술을 부리는 등 능력이 뛰어난 자들이 선동을 해서 크게 일어난 것처럼 보는 것을 부정하고, "집도 없고 입을 것 먹을 것이 없어서 고통을 당하는 무뢰지도들이 죽는 것이나 다름없다고 생각하여 서로 모여 이러한 짓들을 하였다"고 하였듯이 그들의 열악한 처지에서 빚어졌던 것이다. 그리고 당시 농민층 분화에 따라 유민·뜨내기·짐꾼·날품팔이 등의 숫자가 매우 많았으며 여러 지역에 널려 있어서 쉽게 모여 행동으로 나설 수 있었다는 것이다. 그들은 가혹한 통치로 인하여 고통을 받는 것은 빨리 죽는 것보다 못하다는 의식을 가지고 조직을 이끄는 지도부와 생사를 함께 각오할 정도였다.57)

(6) 요구조건

농민들은 봉기를 하면서 所志를 올려서 이를 통해 요구사항을 알 수 있다. 현재 남아있는 사례는 5월 10일 공주농민항쟁 때 올린 11개 소지와 함평농민항쟁 때의 十條仰陳 등이 있다.58)

---

57) 姜 瑋, 《古歡堂收草》 擬三政捄弊策.

먼저 공주의 사례를 살펴보자.

1. 稅米는 항상 7냥 5전으로 정하여 거둘 것.
2. 각종 軍布를 小民들에게만 편중되게 부담시키지 말고 각 호마다 균등하게 부담시킬 것.
3. 환곡의 폐단을 없앨 것.
4. 군액의 부족분을 보충한다거나 환곡의 부족분을 보충한다는 명목으로 결렴하는 제도를 폐지할 것.
5. 吏校의 작폐와 사령의 침어를 금지할 것.
6. 전정의 稅米를 거둘 때 기한에 앞서 거두지 말 것.
7. 토지가 川浦로 변하여 세금을 낼 수 없는 토지와 가뭄 등의 이유로 災結이 된 토지, 새로 재결이 된 토지에 대한 면세조치는 균등하게 분배할 것.
8. 各面主人에게 지급하는 例給條와 각 廳의 契防條는 시행하지 말 것.
9. 사대부가에서 표적을 묻어놓고 땅을 광점하는 것을 금지시킬 것.
10. 各面書員들에게 주는 例給과 周卜 명색을 시행치 말 것.
11. 공주부의 各班下人들을 원래 정해진 액에 따라 그 액수를 감할 것.

공주 농민의 요구조건은 1~4항에서 보듯이 전정, 환곡, 군포 등 삼정과 결가에 관계된 내용이 중심이다. 6, 7항은 전정에 관한 것, 2, 4항은 군역에 관한 것, 3, 4항은 환곡에 관한 것, 1, 4항은 결가 결렴에 관한 것이며, 그 밖에 5, 8, 10항은 이들 조세를 구체적으로 수납하는 과정에서 발생하는 지방관이나 서리층의 중간 농간이나 지방경비 지출에 관계된 것이다. 이 때문에 이러한 지출을 막기위해 11항에서는 각 기관에 소속된 하인들의 규모를 원래 정해진 규모로 줄이자고 하였다. 또한 9항은 양반층이 산지를 무단으로 광점하는 문제를 다루고 있다. 봉건적 지배관계에 대한 모순의 시정을 담고 있다.

다음은 함평의 십조앙진을 살펴보자.

1. 漕倉에 납부하는 액수를 남봉한 점.
2. 궁방전의 결세가 높은 점.
3. 虛結을 빙자하여 탈루한 점.

---

58) 망원한국사연구실, 앞의 책.

4. 京債 명목으로 억울하게 징수당한 액수가 32,000여 냥에 이른 점.
5. 경채 가운데 거두지 못한 부분과 서리들이 몰래 빼낸 營還錢 7,400냥을 환곡 장부에 첨부시킨 점.
6. 營邸吏 역가를 稅米價에 붙여서 부과한 점.
7. 본읍 환곡이 본래 24,000여 석인데 매년 늘어나서 기십만 석에 이른 점.
8. 본읍 매호 作錢과 매 結頭가 1냥 정도였는데 지난해 牟作錢이 매석 4냥이었고 租還이 매호 9냥 5전, 매결 8냥 5전이 된 점.
9. 軍丁流亡番錢을 호와 결에 거두었는데 매결 8, 9냥에 이른 점.
10. 관에서 미납한 액수를 7년간 배봉하도록 하여 매호 5, 6푼 정도였는데 근래에는 결두에 1전 8, 9푼에 이른 점.

함평농민들이 제기한 요구조건도 삼정을 비롯하여 저채, 잡세 등 부세문제였다. 2, 3항은 전결세 운영을 둘러싼 문제이고 5, 7항은 환곡, 9항은 군역세의 문제, 4, 5항은 저채 문제, 1, 6항은 잡역세의 문제, 8, 10항은 앞의 부세와 관계되겠지만 이를 호렴·결렴하는 것에 관련된 것이다. 이처럼 요구조건이 10항목이지만 운영과정에서 서로 밀접히 관련되고 있다.

이상에서 농민들은 소지를 통해 봉건적 지배관계에서 나타나는 여러 현상적인 문제점을 모두 지적하고 있다. 그러나 농민들은 자신들의 절실한 이해가 걸린 토지문제는 제기하지 못하였다.

이는 요구조건을 담은 소지가 소빈농의 조직적 역량이 갖춰지지 않은 초기 등소운동과정에서 작성되는 경우가 많았고 이를 주도한 계층이 주로 지주, 부민이었다는 점도 있다. 그러나 무엇보다도 당시 농민들은 봉건적 부세체제를 개선하려는 입장이 우선적이었기 때문이기도 하다.

그러나 이 가운데 조세문제의 경우 고을에서의 관행, 부과방법, 운영방식에 따라서는 소빈농을 비롯한 각 계급간의 이해가 상충되게 나타났다. 부과대상만을 염두에 둘 때 대체로 군역세, 환곡 같은 부세는 소빈농의 이해관계가 밀접하고 結價의 문제는 자작농 이상 지주층의 이해에 관련된 것으로 볼 수 있다. 그러나 흔히 지적되는 것처럼 삼남지방에서는 결가뿐 아니라 과외의 결렴분까지 작인에게 부담시키는 경우가 많았다. 이 때 결가의 문제는 소빈농의 이해와 결코 무관하지 않는 것이다. 이 점은 환곡의 부담을 둘러싸고 나타나기도 한다.

상주의 경우 관에서 포탈한 환곡 4만여 석의 이자를 마련하는 문제에서 대민과 소민 사이의 이해가 첨예하게 대립하고 있었다. 대민은 호에다 분담하자는 주장이었고 소민은 토지에 나누어 분담하자는 주장이었다.[59] 토지를 기준으로 거두면 자연히 토지가 많은 양반호의 부담이 늘어날 것이고, 일방적인 환곡 분급 예에 따라 호에다 분급하면 양반호는 환곡을 받지 않는 경우가 많고 또 빈부의 구별없이 같이 부담하므로 자연히 가난한 농민들의 부담이 상대적으로 무거워지는 것이었다.

또한 이러한 농민들의 요구는 지방관으로부터 답변을 넘어서 가능한 한 책임있는 기관인 중앙이나 중앙관리로부터 확인받고자 하였다. 함평의 정한순은 죽음을 무릅쓰고 안핵사 趙龜夏 앞에 나서서 폐막 10조를 올렸으며, 선산의 전범조가 관으로부터 결가 8냥의 전령을 받은 데도 선무사 李參鉉의 길을 막고 이를 확인하는 문적을 받고자 하였다.[60]

(7) 공격대상

농민들은 공적 권력과 사적 권력 모두 공격하였다. 대체로 공적 권력에 대한 공격은 조세체계를 이용하여 농민들을 수탈한 수령, 이서층을 대상으로 하였고, 사적 권력에 대한 공격은 읍내 사대부, 鄕員, 지주가를 대상으로 하였다.

농민들은 먼저 국가의 조세수탈에 대해 집중적으로 공격하였다. 따라서 지방관이 통치하는 관청으로 몰려갔다. 수령은 고을의 통치 권한을 국왕으로부터 위임받은 존재였기 때문이다. 수령은 왕이 직접 임명하여 파견된 관리이므로 직접 공격하기는 어려웠다. 그러나 이들도 공격대상임에는 분명하였다. 진주에서는 병사 白樂莘을 둘러싸고 하룻밤을 꼬박 지세웠고,[61] 제주·옥과·함평·익산의 경우 수령을 구타하여 가마에 태운 뒤 경계선 밖으로 추방하는 적극적인 행동이 있었다. 본래 지방 수령은 특별한 사유없이 자기가 담당한 행정 구역 밖으로 나갈 수 없었다. 특히 농민에 의해 마을 경계선 밖으로 축출

---

59) 《壬戌錄》〈鍾山集抄〉, 206쪽.
60) 망원한국사연구실, 앞의 책, 189~198·273~286쪽.
61) 《晉州民變錄》本營兵使白樂莘狀啓.

되었을 경우는 수령의 자격이 상실되는 것을 의미하였다. 수령에 대한 임명장이라고 할 수 있는 印符를 빼앗는 것도 마찬가지였다. 농민들은 이같이 경계 밖으로 추방하여 수령의 고을 지배를 부정하려는 것이었다.

이서들은 농민들이 가장 적극적으로 공격한 대상이었다. 이들은 봉기과정에서 수령과 달리 전혀 보호받지 못한 채 농민들에게 공격당하였다. 조세에 대한 투쟁이 전제가 되는 한 실제로 조세를 징수했던 이서들이 공격 대상이 될 수밖에 없었다.

특히 아래 성주의 예에서 보듯이 이곳에서는 읍폐 12개조가 제기되었는데 대부분 이서들의 수탈내용을 담고 있다(〈표 5〉).[62]

〈표 5〉 성주의 읍폐 12개조

포 탈 자	포탈세목 및 포탈액
배술호 서택현 유영하 배우종	이무미 6,000석을 몰래 획급받아 먹어버림
서택현	江米를 매결당 10두씩 높게 책정하여 잉여미 1,700석을 본읍의 대동으로서 먹어버림
유영하	結稅를 돈으로 거둘 때 매결당 2냥 7전씩 덧붙여 받아들임
吏校와 各面哨官	각면 초관이 향리로 나가 폐해를 끼침
都書員	災結을 몰래 먹어버림
각면 서원	허위로 수세안을 작성하여 세를 거둠
서리 배창호	直載米 마련시 농간부림
서리 서택현	營需米 마련시 농간부림
서리 배창호	別米 마련시 농간부림
서리 배창호	山米 마련시 농간부림
上·下納을 관장한 서리	大同木을 돈으로 거둘 때 기준가를 높이 책정함
창고지기	환곡 분급시 요호에게 뇌물을 받고 還戶名單에서 빼줌

이같이 농민들의 공격이 이서들에게 가장 가혹했던 점은 이들이 농민들을 직접 수탈했기 때문이다. 농민들은 동헌과 읍내를 공격하는 과정에서 전임, 현임을 불문하고 징세담당자인 이서들의 집을 습격하고 때로는 이들을 처형

62) 망원한국사연구실, 앞의 책, 179쪽.

까지 하였다. 진주목의 이방 金閏斗는 농민들을 피해 도망하였으나 농민들이 끝까지 쫓아가서 체포하여 처형하였다.63)

한편 농민들은 동헌을 습격하여 지배 수탈의 근거이며 봉건적 공권력의 상징물이었던 인신과 병부, 문서를 수거하였고, 허액이 기록된 환곡장부 등을 불태우기도 하였다. 또한 作廳, 刑廳, 軍奴廳 등과 같은 관청건물을 부수고 방화하거나 창고의 公錢을 꺼내가는 등 훨씬 격렬한 행위도 있었다. 특히 초기 발생 지역보다 후기에 발생된 지역의 경우 공격 양상이 더욱 격렬하고 공격대상도 다양화되고 있었다. 이것은 농민들의 실력투쟁이 성과를 이루게 되자 지도부에서 더욱 자신감을 갖게 되었음을 반영하는 것으로 여겨진다.

농민항쟁의 공격방향은 국가의 조세수탈과 이에 따른 동헌 관속에 대한 습격뿐만 아니라 향촌 지배자 집단의 불법적 지배에 대해서도 행해졌다.

진주에서는 馬洞의 營將 鄭南星, 成富人, 靑崗의 崔進士 등이 공격당했는데 이들은 평소 세력을 믿고 院宇를 짓는다고 무절제하게 농민들을 사역하여 원성이 높았던 자들이었다.64)

대체로 수령과 결탁하여 읍권 장악에 앞장섰던 토호가와 중앙권력에 연결되어 산림을 사적으로 점유하는 등 무단 지배를 행하였던 士大夫家, 그리고 관주도의 향회에 참석하여 불법 수취를 승인한 鄕員들의 집을 공격하였다. 또한 고리대나 고율의 소작료를 통해 향촌 내 농민수탈에 앞장섰던 지주, 부민들의 가사도 부수었다. 봉기 당시 농민들은 양반의 衣冠을 갖춘 사람을 보는 대로 구타하였고 습격한 家舍에서 돈과 쌀을 가져갔다.

부세수탈과 관련된 상인에 대해서도 공격하였다. 진주의 경우 개성상인으로 물건을 팔려고 내려온 자들도 공격하였는데, 이들은 이서들과 결탁하여 읍민들을 착취하고 막대한 이익을 얻은 자들이었기 때문이다.65)

이와 같이 농민항쟁은 기존의 봉건적 지배질서를 부정하는 반봉건 항쟁으로서의 성격을 분명히 하였다.

---

63) 《晋州民變錄》 本營兵使白樂莘狀啓.
64) 《壬戌錄》 嶺南, 1쪽.
65) 《晋陽樵變錄》 晋州牧三公兄文狀.

3) 정부의 대책과 항쟁의 의미

(1) 농민항쟁에 대한 정부의 대응

전국적인 농민항쟁은 봉건체제를 유지하는 데 큰 타격을 주었다. 여기에 대한 정부의 대응은 농민항쟁을 막으면서 그 책임을 물어 해당 지역의 관리를 처벌하는 것이었다.

각 지역의 농민항쟁 소식은 곧바로 감영에 보고되고, 감사는 장계를 통해 중앙에 보고하였다. 2월 29일 진주 농민항쟁에 대한 경상우병사 백낙신의 장계가 중앙에 보고되자 비변사에서는 이 사건을 전에 없는 변고로 규정하면서 농민들에게는 고을이나, 감영, 또는 심지어 비변사에 소를 올리거나 격쟁과 같은 합법적인 방법이 있는데도 이러한 행동을 하는 것은 불법이라는 점을 강조하였다.66)

비변사에서는 항쟁이 일어난 데 대한 책임을 물어서 지방관에 대해 처벌하였다. 경상우병사와 진주목사를 파직하고 이들을 의금부에서 체포하여 처리하도록 하였고, 전보 명령을 받고 아직 떠나지 않고 있었던 전감사 金世均에 대해서까지 책임을 물어 삭직하였다. 그리고 사건을 엄중하게 처리하기 위해 朴珪壽를 안핵사로 파견하도록 하였다. 왕은 이 사건의 본질이 농민에 대한 과도한 수탈에 있음을 인정하고 서리에 대한 처벌 및 부세문제를 해결할 수 있는 방법을 강구할 것을 부탁하였다. 박규수가 출발할 때 내린 교서에서 형식적이지만 왕의 입장을 찾아볼 수 있다.

> 영남은 이전부터 鄒魯之鄕이라고 칭해지고 많은 현인들이 배출되고 풍속이 순후한데 이번과 같은 일은 어찌 본심에서 하고자 한 일이겠는가. 첫째는 내가 부덕하여 잘못 다스린 까닭이고, 둘째는 목사와 병사가 조정의 이와 같은 뜻을 헤아려서 다스리지 못한 까닭이다. … 만일 무절제한 수탈이 없었더라면 어찌 여기까지 이르렀을까. 목사와 병사를 잡아들인 후 엄중하게 처벌하여 남쪽 백성들을 위무하라. 그러나 진주민으로 말하자면 이미 죄를 저지른 즉 용서할 수

66) 《承政院日記》 2648책, 철종 13년 2월 29일.

없으니 마땅히 주모자와 추종자를 구분하여 법대로 처리하라(《承政院日記》 2649책, 철종 13년 3월 10일).

여기서 보듯이 국왕은 지방관에 대한 처벌과 항쟁을 일으킨 자에 대한 처벌을 명하고 있다. 당시 중앙관리들도 마찬가지였다. 영중추부사 鄭元容은 "진주의 경우는 드러난 일례일 뿐이며 진주와 같은 곳이 매우 많다"[67]고 하면서 위기의식을 드러냈다. 안동 김씨의 최고 권력자인 영의정 金左根은 당시 가장 큰 폐단이었던 환곡의 加作을 엄금하고 이서의 포흠을 줄이기 위해 군현의 이서 정원을 축소할 것과 적격자를 뽑아 암행어사를 파견할 것 등 당시 폐단을 교정하는 선에서 대안으로 제시하였다.[68] 좌의정 趙斗淳도 농민항쟁이 발발하는 것은 명분 기강이 없기 때문이며 이는 수령이 失政을 저질렀기 때문이라고 하였다.[69]

이처럼 조정에서는 위기의식을 느끼면서도 농민항쟁의 원인을 체제보다는 지방관의 실정이라든가 부세제도 운영상의 모순 때문이라고 보았다.

그 결과 해당 지역의 지방관이 곧바로 처벌받았다. 진주의 농민항쟁에 대해서는 경상우병사 백낙신과 진주목사 홍병원이 처벌받았다. 전라도 익산의 농민항쟁의 경우는 매우 격렬하게 일어났다는 점에서 감사에게까지 책임을 물어서 金時淵의 관직을 삭탈하였다.[70] 한편 농민항쟁이 일어난 군현의 수령은 즉시 파직되었고 여죄에 따라 의금부에 나문되어 처벌되는 조치가 취해졌다.

이는 농민봉기를 미리 단속하지 못한 데 대한 책임과 더불어 이들을 신속히 처벌함으로써 농민들의 항쟁 열기를 군현 차원에서 차단시키려는 의미를 담고 있다.

---

67) 《承政院日記》 2649책, 철종 13년 3월 22일.

68) 위와 같음.

69) 《承政院日記》 2650책, 철종 13년 4월 26일.

70) 金時淵은 위리안치를 당하는 등 농민항쟁 때문에 가장 큰 처벌을 받았는데 여기에는 정치적 이유가 있었던 것같다. 그는 순조말 세자의 대리청정 때 세도를 부리던 金鏴의 아들이었다. 김로는 세자가 죽은 뒤 안동김씨에게 제거당하였다. 고종 초에도 김시연을 제주목에 위리안치시키면서 왕은 "김시연은 바로 김로의 아들이다. … 김시연은 그런 사람의 아들로서 연전에 호남지방을 맡았을 때 마구 탐욕을 부렸으니 … 나의 마음이 통탄스럽기가 다른 사람에 비해 배는 더하므로 이런 下敎를 내린다"고 하였다(《承政院日記》 고종 원년 정월 10일).

이상에서 살펴보았듯이 중앙에서는 농민항쟁의 원인을 체제의 모순보다는 일부 수령의 失政에서 찾고 있었다. 따라서 부패한 일부 수령을 제거함으로써 체제가 흔들리는 것을 막으려고 하였다. 당연히 봉기 농민의 처벌도 비교적 소극적으로 이루어졌다.

한편 조정에서는 사건을 수습하기 위하여 안핵사, 선무사, 암행어사 등 중앙관리를 파견하였다.

안핵사는 봉기에 참여한 농민의 처벌과 제반 폐막을 조사할 목적으로 파견되었다. 경상도에서는 진주와 개령에 파견되었다. 진주는 항쟁이 처음 일어난데다가 규모가 컸기 때문이고, 개령도 이서 등 5명이 타살될 정도로 규모가 컸기 때문이다. 진주는 박규수가 파견되었으며 개령에는 처음에는 박규수로 하여금 이곳까지 조사하도록 하였으나 연락이 닿지 않자 안동부사 尹泰經이 대신 파견되었다. 전라도에서도 봉기 규모가 큰 익산과 함평에 李正鉉이 안핵사로 파견되었으며, 제주에는 李健弼이 파견되었다. 그리고 연말에 일어난 함흥에는 경상도 선무사로 다녀온 李參鉉이 안핵사로 파견되었다.

이 가운데 특히 활동이 활발하였던 박규수는 유화책으로 폐단을 해결하려고 하여 안핵과정도 신중하게 했다. 이것이 오히려 반대세력에게 구실을 주어 그가 뒤에 파직당하게 되었다.

선무사는 국왕의 선덕을 표방하는 것과 함께 농민들의 요구 사항에 부응하는 조치를 취하려는 의미를 담고 있다. 선무사라는 직책은 조선에서 그때까지 파견된 적이 없었다. 그만큼 이 무렵 정부의 위기의식이 높아졌음을 보여준다. 경상도에서는 이삼현이 10여 읍이나 다니면서 선무활동을 하였고, 전라도에서는 趙龜夏가 선무를 하였다.

또한 각 지역에 암행어사를 파견하여 수령의 부정 사실을 조사하고 농민들의 폐단을 시정하도록 하였다. 경상도에서는 趙秉鈺·李寅命·朴履道·任承準이, 전라도에서는 趙秉式·李後善·趙性敎·金元成이 충청도에서는 金益鉉·鄭基會가 파견되었다(〈표 6〉).

안핵사는 사건에 대한 조사를 맡았으므로 항쟁지역이 중심이지만, 선무사와 암행어사는 반드시 항쟁 지역뿐만 아니라 다른 지역들도 항쟁이 일어날 가능성이 있기 때문에 포함하여 다녔다.

〈표 6〉 파견관리 일람표

지 역	임 무	성 명	활 동 지 역
경상도	안 핵 사	박 규 수	진주(단성)
	안 핵 사	윤 태 경	개령
	선 무 사	이 삼 현	상주 선산 인동 현풍 창녕 의령 진주 단성 함양 거창 성주 대구 등
	우 도 어 사	이 인 명	진주 함양 거창 창원
	우 도 어 사	조 병 옥	상주 선산 성주 개령
	좌 도 어 사	박 이 도	경주 안동 청송 비안 울산 인동
	좌 도 어 사	임 승 준	위와 같음
전라도	안 핵 사	이 정 현	익산 함평
	안 핵 사	이 건 필	제주
	선 무 사	조 구 하	익산 금구 부안
	우 도 어 사	조 병 식	익산 고산 임피
	우 도 어 사	이 필 선	태인 장성 영광 진주
	우 도 어 사	조 성 교	전주
	좌 도 어 사	김 원 성	화순 홍양 진안
충청도	좌 도 어 사	김 익 현	연풍 보은 진천 영동
	우 도 어 사	정 기 회	임천 은진 정산
기 타	안 핵 사	이 삼 현	함흥

조정에서는 항쟁의 초기에는 대체로 조심스럽게 대응하고자 하였다. 그러나 중앙관리가 계속 파견되는 상황에서도 봉기는 그치지 않았다. 박규수는 "얼마전에 감사가 새로 부임했고 안핵사가 내려왔으면 진정을 올리고 호소하는 것이 백성이 당연히 해야 할 바인데도 그렇게 하지 않고 봉기가 계속 일어나고 있다. 아침에는 이 현에서, 저녁에는 저 군에서 봉기했다는 소식이 들린다"고 우려하였다.[71] 이런 형편이었으므로 수령들은 지방관으로 부임하는 것을 꺼려할 정도였다. 이 때문에 지방관이 자리를 비운 군현이 늘어나고 농민들은 이를 좋은 기회로 삼아 봉기하기도 하였다.

전라도 함평에서 일어난 격렬한 항쟁은 조정의 대처 방안을 바꾸도록 만들었다. 당시 전라감영의 假都事 閔世鎬는 함평사건을 稱兵召亂, 世變이라고 규정하면서 조정에서 대응책을 강구해 줄 것을 요구하였다.[72] 여기에 대해서 국왕도

71) 《壬戌錄》 到晉州行關各邑, 5쪽.
72) 《日省錄》 철종 13년 4월 21일.

"법을 좇아 난의 싹을 잘라야 한다"고 하여 단호하게 대응할 뜻을 밝혔다.[73]

이에 따라 비변사에서는 각 진영에 대해 봉기의 진압과 주동자의 체포를 명하였다. 좌의정 조두순도 "도내 포교, 포졸이 힘을 합쳐 노력할 것이며 營將 가운데 물러나 관망만 하는 자는 監營에서 군법에 따라 처벌할 것이다"고 하여 강경하게 진압하도록 지시하였다.[74]

그러나 5월 들어 농민봉기는 전라도내 각지로 파급되고 이제 충청지역에까지 확산되었다. 충청도는 서울의 관문으로 여겨졌으므로 조정의 위기감은 극도로 높아졌다. 이제 절차에 앞서 강경 진압을 통해 지역적인 확산을 막고자 하였다. 곧 봉기가 발생하면 감사나 수령이 자체 처리하게 먼저 이들을 처벌하고 난 뒤 보고할 것(先斬後啓)을 명하였다.[75] 조두순도 이번 일을 진정시키려면 반드시 법을 은혜보다 우선하여 대징창하여 난의 싹을 잘라버려야 한다고 주장했다. 이제 봉기의 주동자들은 예외 없이 효수하였으며 추종자도 杖刑, 徒刑, 流刑 등 무거운 형으로 처벌하였다.

반면 이서, 향임층 가운데서도 부세수탈의 책임과 봉기진압에 소홀했던 책임을 물어 처벌받았다.

한편으로 직접 항쟁이 일어난 고을에서는 이를 수습하기 위해 여러 가지 대책을 마련하였다. 진주목의 경우를 살펴보자.

항쟁과 더불어 교체되어온 신임목사와 병사는 부임한 뒤 농민들을 회유하기 위해 그간 쌓였던 폐단에 대해 해결하려는 태도를 보였다. 병사는 환곡을 포흠한 자들을 독촉하여 어느 정도 환수하여 농민들에게 분급하였으며, 관청 경비를 덜어서 폐단을 메우는데 쓴다든지 각 창고의 수선을 모두 각각 대비하도록 하여 농민의 부담을 절감시키겠다고 표방하였다.[76] 목사 정면조는 刷馬價를 농민들에게 환급하고 봉기 와중에 부서진 人家에 대해서는 보상조로 吏校에게는 6두, 민인에게는 9두씩을 지급했다.[77]

또한 고을에서도 수령들이 농민들에게 사건이 해결되었음을 알리면서 농

73) 《承政院日記》 2650책, 철종 13년 4월 22일.
74) 《承政院日記》 2650책, 철종 13년 4월 25일.
75) 《承政院日記》 2651책, 철종 13년 5월 15일.
76) 《日省錄》 철종 13년 7월 5일.
77) 《晉陽樵變錄》 牧使鄭公恤典傳令.

민들을 농사에 전념케 하여 항쟁의 분위기를 가라앉히고자 하였다. 진주에서도 각 면에 전령을 보내어 이미 안핵사와 논의된 포흠 해결방안을 읍민에게 알리면서 이제 안심하고 농사일에 힘쓰라고 당부했다.[78] 감영에서도 진주목에 전령을 보내, 항쟁의 가담자들을 농사일에 게으른 자들이라고 몰아붙이고 각 마을에서 農監을 정하여 매일 농민들을 통솔하라고 지시하였다.[79] 이를테면 농민들을 감시하고 강제적으로 일을 하도록 하는 것이었다. 심지어 어기는 자에 대해서는 체벌하거나 관에 고발하거나 징계하는 처벌까지 하도록 하였다. 이런 방법으로 마을 단위까지 농민들을 통제하고자 하였다.

뿐만 아니라 항쟁을 거치면서 농촌사회의 계급갈등이 심화되자 여기에 대한 규제를 하였다. 당시 吏胥, 大民들은 항쟁에 가담했다고 지목된 농민들을 수시로 괴롭혔다. 가령 관속들은 농민들이 장시에 나가면 입구를 지키고 섰다가 구타하고 팔러나온 물건을 빼앗았으며 또 부세를 납부하러 읍에 들어오면 무조건 불량이라고 매겨서 쫓아내었다고 한다.[80]

감영에서는 이런 일이 자꾸 벌어지자 여기에 대해 규제를 가하였다. 가령 이서들을 엄형을 가하여 멀리 정배하고 대민들의 경우는 《大典通編》의 잔민을 괴롭힌 죄목을 적용하여 장 1백, 도 3년, 또는 백성을 침학한 죄를 적용하여 장 1백, 流 3천리의 처벌을 하겠다고 하였다.

(2) 삼정에 대한 대책

이러한 강경한 탄압을 하면서도 일정하게 농민들의 요구사항을 무시할 수 없었다. 삼정 때문에 항쟁이 일어났다는 것을 위정자들이 인식하고 있었기 때문이다.

더구나 한두 지역이 아니라 삼남일대에서 일어난다는 것은 수령의 책임만으로 한정하기 어려웠다. 실제로 항쟁을 겪은 강위는 "한 州의 폐단은 수령에게 책임을 묻지만 三路의 폐단은 조정에 실책이 있다"는 주장이 바로 이를 말해준다.[81]

---

78) 《晉陽樵變錄》 本州傳令五月二十七日到付於大安面.
79) 《晉陽樵變錄》 巡營甘結據本州傳令.
80) 《晉陽樵變錄》 巡營甘結.

5월 15일 조두순은 "민란의 처리방법은 선무사가 덕의를 선포하여 인심을 기쁘게 한 뒤 계속해서 실질적인 혜택을 베풀어 주어야만 영구히 안정될 것이다"[82]고 하여 농민들의 요구사항을 들어주는 방향을 제시하였다.

그리하여 중앙에서도 항쟁의 중요 원인이 되었던 환곡 폐단에 대한 대책으로서 환곡에 대신하는 방법을 찾기 위하여 먼저 각 지역의 감사로 하여금 이 때까지 환곡이 담당하고 있던 재정을 계산하여 앞으로 여기에 대한 대책을 6월까지 보고하도록 하였으며, 중앙의 2품 이상 고관에게도 대책을 제시하도록 하였다.[83]

특히 안핵사로 파견된 박규수가 진주목의 포흠을 조사한 〈査逋狀啓〉와 환곡을 해결하는 방안을 담은 〈講求方略釐整還餉積弊疏〉를 올리면서 대책이 구체적으로 논의되었다.

경상도 안핵사로 파견된 박규수가 경상도의 환폐를 이정하기 위하여 별도의 기구를 설치하고 대책을 마련하여 먼저 한 도에서 시행하고 나중에 전국으로 확대하자는 보고를 하여,[84] 그 뒤 이정 방향에 중요한 지침이 되었다.

왕은 농민항쟁을 진압하려면 먼저 폐단을 없애고 그 다음에 주모자를 처벌해야 하는데 항쟁민들이 모두 폐단의 혁파를 주장한다는 점과 그것이 모두 삼정에 관계된다는 점에서 이정이 반드시 필요하다고 보았다.[85] 따라서 왕은 별도의 기구를 만들고 삼정을 개혁하는 방안을 각 읍까지 물어서 6월 내로 보고하도록 하였고 그 다음날 즉시 三政釐整廳이 만들어졌다.[86]

조정에서는 6월 10일 삼정책문의 방침이 공포되었다. 왕은 삼정구폐의 방략을 강구하는 것은 국가의 대경장에 속하는 것이므로 여론을 넓게 받아들여야 한다고 하고, 그러기 위해서는 전국의 정치인과 지식인으로부터 試策의 형식으로써 의견을 받아들일 것을 밝혔다. 그리고 시책에 나오지 못한 지방 인사의 의견을 듣기 위해 策題를 전국에 보내어 지방민으로 하여금 방략을 모아서 거두도록 하였다.[87]

---

81) 《古歡堂收草》 擬三政捄弊策.
82) 《承政院日記》 2651책, 철종 13년 5월 15일.
83) 《承政院日記》 2650책, 철종 13년 4월 15일 · 2652책, 철종 13년 6월 12일.
84) 《承政院日記》 2651책, 철종 13년 5월 22일.
85) 《承政院日記》 2651책, 철종 13년 5월 25일.
86) 《承政院日記》 2651책, 철종 13년 5월 26일.

여기에 호응하여 견해를 밝힌 자가 수백 명에 달했는데 이를 기초로 하여 윤8월 7일 삼정이정절목을 만들었으며 다시 논란을 거친 뒤 윤8월 19일 반포되었다. 이정책의 중요한 내용은 다음과 같다.[88)]

먼저 田政에서는 전답에서 과외로 거두어들이는 것과, 토지 이외의 땅이나 전택에 마구 침탈하는 문제를 들었다. 구체적으로는 전자의 경우는 국세에 해당되는 전세, 대동, 삼수미 등 三稅 외에 토지에서 과외징렴하는 것을 없앨 것, 현물이 아니라 돈으로 거두면서 생기는 防結이나 都結取剩같은 방식을 없앨 것, 혹 作錢하는 경우에도 時價가 아닌 詳定式例로 할 것 등이다. 후자는 개간지를 입안의 명목으로 빼앗는 것, 제언 안을 함부로 경작하는 것, 포구나 제언 축동 등에 사사로이 세목을 두는 것 등이다. 이는 조선 후기에 계속적으로 발생한 전정의 전반적인 문제를 다루고 있는데, 전체적으로 본다면 국가에서 설치한 제도를 유지한 채 명목외 징수를 금지하고 수세상의 폐단을 제거하는 방향이었다.

軍政에서는 軍丁 가운데 도피하거나 읍에서 사사로이 설치한 헐역으로 옮겨가는 바람에 원액이 줄어들고 남은 사람들에게 무겁게 매겨지는 문제를 들었다. 연한에 맞춰 징수할 것, 읍에서 만든 募入軍官을 없앨 것, 校院의 保率이나 각 기관의 계방을 혁파하고 유학을 모칭하여 탈역하는 것을 방지할 것, 각 군현의 군액을 조정하는 것을 주요 내용으로 하고 있다. 다만 소극적이나마 洞布制를 시행해도 좋다고 거론하고 있다.

還政에서는 장부에도 없으면서 백징하는 것이 가장 큰 폐단이라고 하면서도, 이를 탕감하더라도 남은 곡물에 의해 폐단이 여전하므로 社倉을 실시할 것을 주장하였다. 그리고 환곡을 담당하는 재정은 토지에 부과하는 이른바 罷還歸結하도록 하였다. 그 구체적인 내용으로는 환곡을 폐지하고 환곡이 담당하던 재정은 8도의 전답에 결당 2냥씩을 거두어서 마련하도록 하였다. 현재 남아있는 곡식은 돈으로 계산하여 거두어서 3년 동안 곡물을 만들어서 150만 석을 恒留穀으로 하여 국가의 예비곡으로 역할을 하도록 하였다.

---

87) 金容燮, 〈哲宗朝의 應旨三政疏와 三政釐整策〉(《韓國近代農業史硏究》, 一潮閣, 1975).

88) 《壬戌錄》〈釐整廳謄錄〉 윤 8월 7일 330쪽.

여기서 보듯이 이정책에서 새로운 제도로서 제기된 것은 환정에 관한 것이었다. 그러나 애초에 계획하였던 漁鹽船稅가 給代로 사용되지 못하였고, 궁방전 등에 대해 결렴을 부과하지 못하였기 때문에 還穀耗條 대신 이용될 財用이 토지를 대상으로 부담지워질 수밖에 없었다. 또한 기존의 부세 수취구조의 전면적인 개혁이 뒤따르지 않았기 때문에 상납세액에 따른 부가세가 없어지기 어려웠다. 결국 鄭元容이 지적하였듯이 토지에 대한 별도의 부담으로 인식될 수밖에 없었다. 따라서 현실적으로 시행되기에는 어려움이 많았다.

(3) 이정책에 대한 반대 논의와 저항

이정책의 새로운 제도인 파환귀결은 대신들간에 환곡의 제도가 폐지된다는 점에서 반대에 부닥쳤다.

첫째 환곡제도가 폐지된다는 점에서 반대하였다. 곧 이 때까지 제도가 문제가 아니라 제대로 시행되지 않았기 때문에 환곡의 폐단이 생겼다고 하면서 환곡의 운영도 옛날의 법대로 각 읍의 곡총을 계산하여 그 동안 쌓인 포흠을 감해주고 읍의 크기와 민의 수에 따라 균등하게 분배하여 본래대로 반은 留庫하고 반은 耗條를 취하면서 改色하자고 하였다.[89]

다음으로 파환귀결을 하게 되면 결가가 늘어나게 되는데 이 점이 농민항쟁의 원인이었던 점을 고려할 때 국가가 제도적으로 결가를 늘이는 것은 타당하지 않다는 점이다. 비록 국가에서는 三稅 이외에 모두 혁파한다고 하나 지방에서는 갖가지 재정을 토지에서 마련하기 때문에 부담이 늘어날 수 있었다는 것이다.

그리고 수취를 담당하는 지방감영에서도 직접 의견을 제기하였다. 곧 실류곡이라고 파악되고 있는 것도 실제로 남아있는 액수는 얼마되지 않으므로 3년 동안 모두 거두어 들이기는 어렵다고 하였다. 또한 항류곡에 대해서도 이정책에서와 같이 座首, 吏房을 監色으로 임명하면 폐단이 발생할 수 있으므로 社倉制를 시행하자고 하였다.[90]

---

89) 《承政院日記》 2657책, 철종 13년 10월 2일.
90) 《承政院日記》 2656책, 철종 13년 9월 30일.

따라서 많은 사람들은 환곡을 이전대로 운영하면서 부족한 점은 보충하고 심한 것은 제거하는 것이 좋다고 보았다.

파환귀결에 대한 불만은 집단적인 저항으로 나타났다. 특히 4都를 중심으로 전국에 걸쳐 반대가 제기되었다.[91] 먼저 경기도 광주와 같이 환곡으로 지탱하는 곳은 폐단이 컸다. 즉 여기에는 守禦廳이 있어서 軍民들이 환곡으로 생계를 유지하는데 이제 환곡이 없어지고 돈으로 지급되면서 시가에 미치지 못하기 때문에 불만이 많았다. 광주유수는 대신 호조에 상납하는 奴婢貢給代錢 6천 냥과 호조 구획 城餉穀 2천 석을 줄여달라고 요청하면서 재정을 메우고자 하였다.[92]

10월 23일 광주의 시위사건은 파환귀결을 무너뜨리는데 결정적인 타격을 주었다. 統營 軍校와 광주민 수만 명이 米價를 매석 5냥으로 執錢하여 항류미를 만들게 한 것이 지나치다고 광주부에 소장을 올렸으나 허락되지 않자 6, 7만 명이 도성에 들어가 조두순과 정원용의 집 앞에서 5, 6일간 시위를 벌였다.[93] 이들은 결국 환곡을 옛날 법규로 되돌리고 결전 부과를 정지한다는 명령이 내린 뒤 되돌아갔다. 도성에까지 몰려든 광주민의 시위가 파환귀결이 무너지는데 결정적인 역할을 한 것이다.

파환귀결의 실시에 대한 불만은 농민항쟁으로 이어졌다. 중요한 항쟁은 경상도의 창원, 충청도의 청안, 그리고 함경도의 함흥 등에서 일어났다.

청안에서는 파환귀결이 결정되고 나서 가장 먼저 10월 2일 항쟁이 일어났다. 모조를 토지에 부과한 데다 다시 軍錢補弊錢을 결가에 첨부해서 거두기로 하여 결가가 늘어난 데 대한 불만이 컸기 때문이었다.[94] 창원에서는 환곡에 대한 作錢 액수가 많다는 이유로 일어났다.[95] 봉기 날짜는 11월 8일로 파환귀결이 파기된 이후지만, 파환귀결이 파기되었다는 소식이 아직 전달되지 않은 상태에서 일어난 것으로 보인다.

---

91) 《矗營錄草》 9월 20일 軍簽便京送錄草.
92) 《承政院日記》 2657책, 철종 13년 10월 8일.
93) 《龍湖閒錄》 권 3, 京書所錄諸條, 70쪽.
《承政院日記》 2651책, 철종 13년 11월 3일.
94) 《日省錄》 철종 13년 12월 8일.
95) 《壬戌錄》 昌原府使馳報, 99쪽.

함흥은 파환귀결의 내용이 미비하였기 때문에 발생한 대표적인 사례였다. 함흥민들은 파환귀결로 인하여 환곡이 모두 없어졌다고 생각하였다. 그런데 관에서 봄에 받은 환곡에 대하여 3분의 2는 모조를 제하고 3분의 1은 돈으로 환산하여 납부하라고 독려하자 의심을 품고 납부하지 않았다. 그러자 함흥부에서는 各面의 책임자인 都尹을 잡아 처벌하려고 하였고, 이들은 등소에 참가한 대표들과 함께 함흥부로 내려와 항의하였다.[96] 그 과정에서 10월 24일 관아를 공격하는 등 사건이 발생하였다. 그 밖에 함경도의 高原과 永興, 文川에서도 항의가 있었다.[97] 당시 세 지역의 환곡 상황을 보면 영흥은 還摠 54,600석 *虛留* 24,500석, 고원은 환총 11,800석 허류 2,800석, 문천은 환총 5,800석 허류 2,200석으로 허류가 많고 모두 오래된 포흠인데도 감영에서 모조를 계속 받았기 때문이었다. 특히 함경도의 北關에서는 탕감되었는데 비해 차별적으로 처리되었다는 점에서 불만이 많았다.

파환귀결에 대한 반발이 중앙과 지방에서 계속 제기되었으므로 군현에서도 이를 관망하고 공납을 제대로 바치지 않았다.[98] 이와 같이 지방관청에서는 시행상의 문제점 때문에, 농민들은 결전의 부담 때문에 반발에 부닥쳐 끝내 폐기되고 말았다.

이상 파환귀결에 대한 반대의 이유를 정리하면 다음과 같다. 첫째, 결전의 경우 결가 전체 책정에 대한 대책이 없이 별도의 결전을 부과하는 것에 대한 반대였다. 이는 결국 토지에 대하여 별도의 부세를 첨가하는 것이라고 보았다. 둘째, 환곡을 혁파한 뒤 항류곡을 설치함에 있어 당시 환곡의 실제 *留庫*의 액수와 곡식의 질을 고려할 때 *實留*라고 파악된 액수에 대하여 모두 일시에 작전 상납하는 것은 부담이 매우 컸다. 따라서 당시 환곡을 이정할 필요가 있음에도 불구하고 삼정이정책의 내용이 이를 담고 있지 못하였던 것이다.

정원용이 영의정으로 등용되면서 파환귀결을 파기하고 일단 이전의 제도

96) 《壬戌錄》〈鍾山集抄〉 241쪽.
《承政院日記》 2658책, 철종 13년 11월 2일.
97) 《壬戌錄》〈鍾山集抄〉, 263~264쪽.
98) 《承政院日記》 2657책, 철종 13년 10월 28일.

로 되돌아갔다. 대신 포흠을 탕감하고 폐단을 교구하는 방안을 중심으로 새로운 환곡 대책을 마련하기로 하였다.

그의 주장에 의하면 경기·황해·강원·함경도와 수원·광주·개성·강화 등 4都는 폐단이 그리 심하지 않았으므로 감사의 보고에 따라 특별히 심한 것만 제거하기로 하였다. 그리고 평안도는 최근에 폐단이 심하므로 이를 정리하려면 직접 조사를 거친 다음 천천히 강구해야 한다고 하였다. 삼남은 환정과 전정 모두 폐단이 심한데 전정은 일단 결전을 폐지함으로써 큰 탈이 없다고 보고 환정에 대해서는 그간 정책으로 제시된 것 가운데 약간 손질하여 행하도록 하였다.[99] 이에 따라 환총을 재조정하여 부분적으로 폐단을 줄이는 방향으로 시행되었다.

위의 대책은 4도에 걸쳐 거의 100만 석을 탕감하여 새로이 각 읍에 환총을 분배함으로써 일반적으로 '蕩逋均還'이라고 일컬어 졌는데, 이로써 환곡의 폐단을 해결하는데 어느 정도 성과를 거두었다.

정원용이 시행한 대책은 파환귀결에서 환곡이 담당하는 재정을 결렴으로 충당하고자 하였던 것과는 달리 계속 환곡에서 마련하려고 하였기 때문에 탕감된 환곡 부분에 대한 재정 마련에 문제가 있었다.

이처럼 환곡에 대한 실질적인 정책은 부분적인 탕감 조치만이 시행되었고 환곡의 여러 폐단을 시정하지 못하였기 때문에 초기에는 어느 정도 성과가 있었으나 곧 유명무실한 형편이 되었다.

결국 농민항쟁에 대한 이정책은 항쟁의 근본적인 문제 제기에도 불구하고 뚜렷한 대책을 세우지 못한 채 끝맺고 말았다.

(4) 농민항쟁의 평가

1862년 농민항쟁은 봉건사회가 해체되는 시기의 여러 가지 사회모순을 단적으로 보여 준 사건이었다.

농민항쟁 과정에서 드러나는 특징을 살펴보면 다음과 같다. 먼저 특정한 몇 개 지역을 제외하고는 군현 안의 싸움에 한정되는 양상이 드러난다. 다른

---

99) 《承政院日記》 2658책, 철종 13년 11월 15일.

지역의 농민항쟁이 계기가 되기도 하였으나 함께 연합하거나 지역을 벗어나 계속하지 못하였다. 또한 봉기의 내용이 봉건적 토지제도나 신분제에 대한 전면적 부정에 이르지 못하였을 뿐 아니라 계급적 연대를 바탕으로 지역을 초월하여 정치권력에 대한 투쟁으로 전환되지 못한 점이 나타난다. 아울러 외형상 조세의 양을 낮추거나, 지대를 고정하려는 조건을 내건 경제투쟁에 머물렀고, 그것도 국가나 중앙에서 파견된 관리 등 중앙권력에 호소하는 형태를 보였다.

또한 당시 농민봉기가 군현 단위의 투쟁에 머물렀던 점은 국가의 농민지배방식에도 기인한 것이었다. 국가가 파악하는 최하의 행정 단위나 조세수취 단위는 군현이었고 특히 부세의 경우 군현별로 조세 총량을 결정하여 납부하도록 하였다. 부세량은 각 군현의 전결, 호구수에 따라 달랐고 징수 방법도 군현 내 고유의 관행에 의해 좌우되고 있었다. 따라서 농민항쟁의 내용 가운데 부세의 양이나 징수 방법, 운영과정 등의 문제를 시정하고자 할 때 해결 방법이나 양상은 군현 단위로 제한될 수밖에 없었다.

그러나 1862년 농민항쟁에서는 이 같은 한계에도 불구하고 군현 단위의 국지적 규모에서 벗어나서 이웃 군현까지 활동을 확대시키면서 다른 읍의 항쟁을 도와주거나 연대하려고 한 점이 보인다. 가령 함양농민의 활동이 한 사례인데, 3월 16일 경상도 함양에서 농민항쟁이 발생하면서 이웃 군현에까지 확산되었다. 함양 농민들은 전라도 長水로 通文을 띄워 만일 원통한 일이 있으면 앞으로 그곳으로 옮겨가겠다고 하였다. 나아가 이들이 이웃 여러 읍으로 통문을 보내며 선전활동을 하자 다른 지역민들의 호응도 일어나게 되어 자연스럽게 국지성을 넘어섰다. 때로는 이웃 지역의 활동까지도 강제할 정도였다. 함양에서는 남원민에게 이서 가운데 흉악한 자 7명을 타살한 다음 소식을 보내도록 요구하고 이에 따르지 않으면 직접 그곳으로 가서 그들을 처벌하겠다고까지 강압적으로 활동하였다.[100]

이러한 활동은 함양을 중심으로 하여 10여 읍에 이르렀다고 한다. 그리고 당시 이러한 무리들을 "晋州餘黨이 각처에 흩어져서 서로 상응하는 듯하다"

---

100) 《龍湖閒錄》 권 3, 三南民鬧錄, 51~52쪽.

고 하여 읍간의 활동을 연계적으로 보았다. 심지어 정읍에서 수령을 위해한 사례까지도 진주여당이라고 인식하였다.

이러한 활동에 대해서는 직접적인 사료가 부족하여 그 성격을 파악하기 어렵지만 농민들의 문제가 읍 단위를 넘어서는 농민 공통의 문제임을 모두가 인식하고 있었음을 보여준다.

한편 진주의 경우에도 인근 곤양, 단성의 농민들도 봉기에 참여하고 있었으며 전라도 여산의 민가가 충청도 은진의 농민 수천 명에 의해 불타자 정부에서는 커다란 문제로 지적하고 있었다.

다음으로 선산에서 농민항쟁이 일어난 뒤 곧바로 이웃한 개령에서, 부안의 농민항쟁 뒤 곧이어 인접 금구에서, 충청도 회덕의 농민항쟁 뒤 회인과 문의에서 상호 영향을 주고 받으며 봉기가 동시에 발생함으로써 결코 군현이라는 공간에 국한되지 않았음을 알 수 있다. 또한 제주·성주·선산·상주지역의 경우 화전세 감하, 결가 인하 등 요구조건의 관철을 위해 2차, 3차의 봉기가 거듭 발생되어 정부의 개별적인 대응 자체를 어렵게 만들고 있다.

이는 항쟁의 규모가 컸고 적극적이기 때문이기도 하였다. 함양농민항쟁의 경우 다수의 주민들이 운봉으로까지 피난가기도 할 정도였다.[101)]

결국 이같은 사실들은 농민봉기가 질적으로 고양되고 농민들이 계급적 연대의식을 바탕으로 분산적이고 국부적인 지역성을 극복하게 될 때 차츰 전국적인 반봉건항쟁으로 유도될 수 있음을 시사해 주는 것이다.

한편 농민들은 동헌과 읍내 습격을 통해 조세투쟁과 토호, 사대부들의 불법적인 향촌 지배에 대한 응징에 머무르지 않고 구체적으로 자신들의 요구사항을 관철하고자 하였다. 그 방법의 하나는 중앙에서 파견된 안핵사, 선무사, 암행어사에게 직접 정소하는 것이었다. 당시 호남선무사 조구하는 이에 대해 "각처 민읍의 수 백, 수 천의 농민들이 3리 5리 간격으로 모여 있다가 신의 행차만 나타나면 모여들어 정소하였고 이로 인해 낮 동안 불과 3, 40리 밖에 갈 수가 없었다"고 보고하였다.

농민들은 인접 마을의 해결 수준에 견주어 자신들의 문제도 적극 타결하

---

101) 위와 같음.

고자 하였다. 또한 농민들은 실현을 보장할 完文이나 節目을 계속 요구하였고, 고산현의 경우 암행어사 조병식으로부터 各面捄弊節目을 받아내기도 하였다.

사실 농민들이 제기한 폐막은 평소 동헌이나 감영에서 해결을 거부했던 내용이 대부분이었다. 함평봉기의 주도자 정한순은 안핵사 이정현 앞에 스스로 나타나서 10조에 달하는 요구사항을 올리면서 "현감, 감사에 대한 등소가 허사였는데 이렇게 사또에게 바치게 되어 다행입니다"라고 말할 정도였다. 농민들은 국왕의 명을 받고 파견된 관리들을 지방수령과는 별도의 존재로 여겼고, 그들의 공적 권위에 힘입어 자신들의 문제를 해결하고자 하였다. 그러나 이들 관리들은 농민들의 요구사항에 대해서도 극히 소극적인 자세로 임하였을 뿐 아니라 실제적인 권한조차 갖지 못한 자들이었다. 따라서 이들에게 문제의 해결을 기대하는 행동은 당시 농민들과 지도자들의 낮은 정치의식 수준을 보여주는 한 측면이기도 하였다.

그러나 봉기과정 중 읍권을 장악한 사실도 있음은 농민들의 정치적인 지향을 단편적으로나마 잘 보여주는 것이었다. 지역에 따라 상이하지만 전면봉기를 하면서 수령이 도피하고 관속이 흩어지며 봉건권력으로 농민들을 제압하지 못하는 상황이 일어났다. 이 때 농민들의 향회가 바로 읍권을 장악하는 기구로 등장하였다. 여기에서는 먼저 농민들의 의사에 합당한 인물로 首吏, 首鄕과 같은 핵심 관속을 임면하고 문제가 된 文簿를 열람, 조사하였다. 지역에 따라서는 농민들의 읍권 장악 기간이 수 개월에 이르기도 하였다. 추측컨대 이 기간을 통해 농민들의 정치의식은 강화되었고, 활용여부에 따라 분명한 투쟁목표와 구체적인 타도대상이 설정될 수 있었을 것이다.

농민들은 1862년 농민항쟁 과정에서 조세제도의 철폐, 시정 요구를 통해 경제적 면에서의 반봉건을 주장하였고 수령, 관속과 읍권 담당자들에 대한 공격과 읍권 장악을 통해 결과적으로는 현존하는 봉건적 통치체제를 부정하는 반봉건적인 정치의식을 표출하고 있었다. 반면 정부에서는 당시의 사회모순을 균등한 조세부과를 통해 해결하고자 하였다. 농민항쟁으로 일어난 체제붕괴의 위기 상황을 삼정이정책의 시행을 통해 모면하려 하였던 것이다.

또한 농민항쟁은 단순히 수탈에 대한 저항에 그치는 것이 아니라 이처럼 잘못된 수취관행에 대한 개혁의 요구였다. 따라서 항쟁이 발발하면서 관에 구체적으로 요구조건을 하나하나 제시하기도 하였고, 지역에 따라서 읍내에 오랫동안 둔취하면서 읍폐 처리의 추이를 지켜보기도 하였다. 나아가 중앙에서 釐整廳을 설치하고 관료, 유생층의 의견을 묻자, 농민들도 자신들의 견해를 정리하여 올리기도 하였다.

농민들은 첫째 吏逋를 부당하게 민간에 부담시키는 행위를 거부하였으므로 항쟁의 결과 도결, 결렴 등이 상당히 혁파되었다. 실상 농민들은 도결의 結價 책정의 형태를 문제삼은 것이 아니라 도결을 통한 포흠 전가를 거부하였던 것이다. 또한 지역에 따라서는 환곡의 耗條를 '臥還取耗'라는 부세화의 방식을 택하게 되었다. 가령 상주에서 포흠의 모조를 수취하는 문제를 모조를 토지에 부과할 것인가 호구에 분배할 것인가를 두고 大民과 小民 간에 주장이 맞섰는데, 이는 포흠의 충완과는 달리 와환취모의 형태로 부세화할 때 그 대상을 어디에 둘 것인가를 정하는 것이었다.

다음으로 결가 인하를 요구하는 경우 단순히 부세액을 낮춰달라는 것만을 의미하지 않았다. 수취의 금납화 및 정액화를 농민에게 유리하게 이용하려는 것이었다. 즉 관에서는 결가의 방식을 채택하면서 그간 산발적으로 시도되었던 雜稅 및 포흠분의 結斂을 결가 속에서 해결하려고 하였기 때문에 자연히 결가가 상승할 수밖에 없었다. 결가 인하는 이같은 명목없는 수취를 거부하면서 개혁을 하고자 한 것이었다. 따라서 많은 지역에서 농민항쟁을 치루면서 결가 인하를 얻어내었다. 가령 선산은 8냥, 성주, 상주 10냥 정도였다.

상주의 경우 농민의 요구조건과 부세제도 전반의 변화양상을 잘 제시하고 있다. 본래 선무사 이삼현이 내려왔을 때 결가 10냥과 洞布를 시행하겠다고 하였으나, 농민들은 民會를 통하여 결가는 8냥, 환곡은 와환취모를 하였으며, 軍布는 2냥으로 하기로 결정하였다.[102] 상주에서는 농민항쟁의 성과로서 농민들의 요구가 받아들여져 結役 외에 수탈의 소지가 컸던 환곡모조, 大同木, 統營米 등을 포함하여 13냥으로 책정되었다. 상주는 처음부터 농민층이 항쟁

102) 《壬戌錄》〈鍾山集抄〉, 206쪽.

의 전과정을 주도하였고 따라서 민회의 활동이 활발하였던 지역이었기 때문에 항쟁의 성과도 뚜렷하였다고 보인다.

결국 농민항쟁에서 표출된 농민들의 邑弊矯捄의 주장은 삼정제도에 대한 저항이자 새로운 부세체제를 요구하는 반봉건운동의 과정이었다.

이렇게 부세문제를 중심으로 표출되었으나 이를 통해 계급간의 갈등도 더욱 심화되었다. 항쟁이 끝난 뒤 이서층과 대민들은 항쟁에 가담한 농민들을 탄압하는 모습을 보이고 있다.[103] 이전의 항조투쟁도 항쟁 뒤 더욱 격화되었으리라는 점은 짐작할 수 있다.

한편 수탈의 잠정적인 후퇴를 가져올 수 있는 삼정이정책은 농민들의 봉기를 통해 얻어낸 구체적 성과물이기도 하였다. 농민항쟁이 일어난 뒤 성립된 대원군정권은 대내적인 위기를 수습하기 위하여 戶布法, 社倉制와 같은 일련의 조세개혁책을 실시했다. 그러나 엄밀히 말하면 대원군의 조세개혁책은 앞서의 1862년 농민항쟁에서 농민들이 제기하고 투쟁으로 획득하고자 하였던 삼정이정책의 일부를 계승한 데 불과한 것이다. 따라서 1862년 당시의 삼정이정책이야말로 당면한 사회모순을 부분적이나마 해결하는 데 있어서 정부가 제시할 수 있는 최소한의 대응책이었음을 자인한 것이었다.

한편 대원군, 민씨정권기에도 근본적인 토지개혁에 대한 시도는 없었으며 토지균분의 문제는 계속 남아 있었다. 결국 토지개혁을 실현할 수 있는 기회는 농민들이 지배층에 대한 투쟁을 통해 스스로 만들지 않으면 안되었다. 농민들은 1862년 농민항쟁 이후 동학농민전쟁에 이르기까지 계속된 농민항쟁을 통하여 이같은 문제를 거듭 제기하였다.

19세기 후반 농민들의 항쟁은 이처럼 다양한 계급모순 외에 새로이 민족모순이 부가되면서 고양된 농민들의 의식과 외부 조직체계의 도움에 의해 전국적인 항쟁으로 그 외연이 넓어졌다. 체제모순의 담지자인 농민들은 차츰 아래로부터의 변혁과 저항의 주체로 결집되어 갔는데 이같은 계기는 바로 1862년 농민항쟁으로부터 마련되었던 것이다.

〈宋讚燮〉

103) 《晉陽樵變錄》 巡營甘結.

3. 변란의 추이와 성격

1) 변란과 민란

19세기는 '민란의 시대'라고도 불린다. 조선사회 내부의 모순을 둘러싼 제반 갈등이 심화되는 데 짝하여 민중운동이 폭발하였기 때문이다. 특히 19세기 후반은 서구 제국주의 열강의 침략이 노골화하면서 조선사회의 해체와 갈등이 한층 급격하고 복잡하게 전개되었다. 이에 따라 민중운동도 한층 다양한 양상을 띠며 전개되었다.

민중운동은 투쟁주체나 투쟁공간, 투쟁구호, 투쟁형태 등에 따라 몇 갈래로 나눌 수 있다. 우선 향촌사회 내부에서 일어난 움직임만 하여도 가장 초보적인 것으로 일종의 反官的 反租稅 저항의 성격을 띠는 '流亡'으로부터 조세 拒納(抗稅)이 있고, 反地主的 성격을 띠는 지대거납(抗租) 등이 있다. 유망이나 항세, 지대거납 등은 집단적으로 이루어지기도 했지만, 대체로 개별호구 단위로 이루어졌다. 집단적인 저항으로는 고을 단위의 민인들이 모여 그들이 수령에게 직접 민원을 호소하는 呈訴(等訴), 나아가 민인들이 파괴행위를 수반하며 吏胥輩와 수령을 직접 징치하고 邑弊民瘼을 자신들의 손으로 바로잡고자 한 '민란' 등이 있었다. '민란의 시대'라고도 불리는 19세기의 민중운동을 대표하는 '민란'은 1862년 농민항쟁의 폭발 이후 대원군 집권기에는 상대적으로 소강국면에 접어들었으나, 1880년대 이후 다시 빈발하기 시작하여 1894년의 동학농민전쟁에 이르기까지 전국에 걸쳐 끊임없이 일어났다.

또 억압과 수탈에 견디다 못한 몰락농민이나 일부의 '저항적 지식인'이 무장집단화하여 지배층을 공격한 明火賊의 활동, 그리고 도시하층민의 저항도 광의의 의미에서는 민중운동으로 볼 수 있을 것이다. 명화적은 조선왕조 전시기에 걸쳐 특히 흉년이 들 때면 빈발하였지만, 1862년 농민항쟁을 겪은 이후에는 더욱 활발해져 항상화, 광역화하게 된다. 사회경제적인 변화와 함께 도시화가 진행되고 도시하층민이 형성되면서 그들의 크고 작은 집단적 저항운동도 가시화하였다. 또 일부의 '저항적 지식인'이 중심이 되어 기도한 각종 '變亂' 역시 이 시대를 대표하는 민중운동의 하나로 볼 수 있을 것이다. 변란은 그 이전 시기에도 없지 않았지만, 19세기, 특히 1860년을 전후한 시기부터 빈발하며 그 대표적인 사례로는 光陽亂과 李弼濟亂을 들 수 있다.

이와 같이 다양한 양상으로 전개된 19세기의 민중운동 가운데 대표적인 것으로는 "난리에는 兵亂과 民亂이 있다"는 표현에서 알 수 있듯이[1] 일반적인 민란과 兵隊를 동원하여 일으키는 변란(兵亂)을 들 수 있다. 민란과 변란은 몇 가지 측면에서 중요한 차이가 난다. 民擾라고도 하던 민란은 대체로 ① 향촌사회에 뿌리를 두고 그 속에서 생산활동이나 일상적인 생활을 영위해나가던 사람들이, ② 發通聚會, 呈訴의 과정을 거치면서 격화하여 봉기하는 것으로 일종의 '공동체적 강제'에 의해 주민들을 동원하지만, ③ 조직적으로 무장하는 모습은 보이지 않는다. ④ 투쟁공간이나 지도부 및 참가층의 구성면에서 고을 단위에 국한된 지역적 제한성을 보이고, ⑤ 투쟁구호도 대체로 특정 고을의 부세수취와 관련한 부당함을 반대하는 고을 단위의 반부패·반불법 투쟁 차원에 머물렀다. 그러나 ⑥ 봉기농민들이 근본적으로 勤王主義的 의식세계로부터 벗어나지 못하였기 때문에 각지의 민란에서 파괴와 폭력이 수반되었고 吏胥輩들을 살해하는 경우는 많았지만, 국왕을 대신하여 牧民의 책임을 맡고 있던 수령에 대한 심한 공격은 나타나지 않았다. 불법적 수탈이 아무리 극심했을지라도 수령에 대해서는 구타조차 하지 못하는 것이 일반적인 양상이었다. ⑦ 그러므로 투쟁목표도 궁극적으로는 각종 政令과 부세수취 등을 '國法' 내지 '王法'대로 실시하라는 데 있었기 때문에 대체로 守令이나 吏胥輩의 부정부패를 징치하고, 읍폐민막을 뜯어고치기 위해 일시적으로 읍권을 장악하는 범위 안에서 이루어졌다.

민란에 대해서는 지배층에서도 "백성들은 모두 덕을 생각하고 의리를 두려워하니 반드시 부득이 해서 일으킨 것으로" 인식하였으며, 봉기농민들도 "감히 관리를 죽이거나 城池를 약탈하지는 않고 오직 깃대를 세우고 억울함을 호소하다가 국왕의 회유가 있으면 곧바로 평정"되는 것이 일반적인 모습

1) 《駐韓日本公使館記錄》(國史編纂委員會, 1986) 1, 28쪽.

이었다. 때문에 고종대에 이르게 되면 정부에서도 민란을 예사로운 일로 여기기조차 하였고, 19세기 후반이 되면 민인들도 민란을 일으키는 것을 보통으로 여기게 되었다.[2)]

한편 '변란'은 대체로 ① 향촌사회에 뿌리를 내리지 못하고 訓長, 醫員, 地師 등을 생업으로 삼아 각지를 편력하던 소외되고 가난한 寒儒·貧士 가운데 일부('저항적 지식인')가, ② 빈민, 유랑민 등을 동원하여 일으키는 것으로 이들을 동원하기 위해 金品을 지불하는 등 대가를 제공하며, ③ 대체로 조직적인 무장을 수반하는 병란의 형태를 띤다. 또 민란과 달리 ④ 참여층, 특히 지도부는 특정 고을에 국한되는 것이 아니라, 각지의 인물들로 구성되고, 고을 단위를 벗어난 여러 지역간의 연계를 시도하는 모습을 보이며, ⑤ 투쟁구호도 邑弊의 矯捄나 이서배의 징치보다는 末世의 조짐을 강조하면서 왕조의 타도와 '濟世安民'의 포괄적 구호를 내건 점에서 정치적 성향이 강하였다. ⑥ 또 鄭鑑錄류의 易姓革命思想을 이념적 무기로 왕조의 전복을 의도하였던 만큼 이서배는 물론 수령을 살해하는 데 전혀 거리낌이 없었으며, ⑦ 궁극적인 목표는 조선왕조의 전복이었지만, 동시에 새로운 왕조를 개창하려는 의도에서 알 수 있듯이 왕조체제 자체를 부정하는 것은 아니었다.

변란에 대해서는 정부나 민인들도 민란과 구분하여 인식하였다. 철종 14년(1863) 10월에 체포된 張基衡사건의 공초기록에는 "이것은 吏民들의 是非에 불과 하며 난리가 아니다"는 말이 나온다.[3)] 이민들간의 시비인 일반적인 민란과 그것과 차원을 달리하는 난리를 구분하고 있다. 또 1894년 정월에 全琫準이 일으킨 고부민란에서도 "민요가 越境을 하면 반란의 稱을 받는다"는[4)] 표현이 있다. 공간적으로 고을 단위의 내부에서 일어나고 내용상으로는 이민들간의 시비인 민요=민란과 그 범위를 벗어나는 반란을 구분하여 인식하였던 것이다. 정부에서도 이필제란이나 광양란에 대해서는 일반적인 민란과 달리 '稱兵騷亂', '賊變', '變亂', '謀逆', '土寇의 亂' 등으로 규정하였고, 변

---

2) 黃玹, 《梧下記聞》 首筆 및 《梅泉野錄》 甲午以前.
《日省錄》 고종 30년 11월 13일.

3) 《捕盜廳謄錄》(保景文化社 影印本, 1985) 중, 亂言告發, 540쪽.

4) 張奉善, 〈全琫準實記〉(《井邑郡誌》, 1936 ; 동학농민전쟁100주년기념사업 추진위원회 편, 《동학농민전쟁연구자료집》 1, 여강출판사, 1991, 353쪽).

란의 주모자들도 스스로의 행동을 '변란'이나 '作變', '兵亂', '謀逆' 등으로 인식하고 있었다.

민중운동의 전개양상을 조직과 이념, 투쟁의 목표 혹은 대상이라는 측면에서 파악할 때 19세기 후반의 대표적인 민중운동인 1862년 농민항쟁과 동학농민전쟁 사이에는 몇 가지 측면에서 중요한 차이가 보인다. 우선 조직의 측면을 보면 동학농민전쟁에서는 1862년 농민항쟁에서 나타난 운동의 고립성, 분산성을 극복한 조직적 기반이 마련되고 있었다. 두번째로 투쟁의 목표 역시 농민전쟁에서는 농민항쟁과 달리 고을 단위의 국지성을 벗어나 중앙권력의 타도와 조선사회 전반에 걸친 모순의 척결을 주장했다는 점에서 차이가 난다. 또하나 지적해야 할 점은 이념의 측면이다. 민란의 요구사항은 '반봉건적' 측면만 담고 있었지만, 동학농민전쟁에서는 초기부터 斥倭·斥洋이라는 반외세의 구호가 반봉건적인 요구와 함께 제기되고 있었기 때문이다.

이러한 차이가 나타나는 배경이나 계기를 파악하기 위해서는 첫째, 조선사회의 모순을 양적, 질적으로 증폭시킨 객관적 조건, 특히 개항 이후의 사회경제적 변화와 일련의 정치적 격변, 둘째, 민중운동 자체의 주체적 역량의 성장이라는 두 가지 차원에서 접근할 필요가 있을 것이다. 이 가운데 두번째 측면과 관련하여 주목되는 것이 바로 변란이다.[5] 앞서 언급하였듯이 '변란'은 조직과 이념, 그리고 투쟁의 목표 내지 대상이라는 측면에서 민란과는 확연히 구별되었고, 동학농민전쟁 단계에서 획득하게 되는 일부의 요소를 외형적으로는 이미 갖추고 있었기 때문이다. 특히 변란에서는 이미 일찍부터 반외세의 문제가 제기된다는 점에서 대단히 주목된다. 1876년 이후 본격적으

5) 19세기 후반의 변란에 대한 연구는 다음과 같다.
金義煥, 〈辛未年(1871) 李弼濟亂〉(《傳統時代의 民衆運動》 下, 풀빛, 1981).
朴廣成, 〈高宗代의 民亂研究〉(《傳統時代의 民衆運動》 下, 풀빛, 1981).
朴孟洙, 〈海月 崔時亨의 初期行蹟과 思想〉(《淸溪史學》 3, 1986).
尹大遠, 〈李弼濟亂의 研究〉(《韓國史論》 16, 서울大, 1987).
張泳敏, 〈1871年 寧海 東學亂 研究〉(《韓國學報》 47, 一志社, 1987).
우 윤, 〈19세기 민중운동과 민중사상〉(《역사비평》 1988년 봄호).
朴孟洙, 〈嶠南公蹟 解題〉(《韓國史學》 10, 韓國精神文化研究院, 1989).
鶴園裕, 〈朝鮮後期 民衆運動の二三の特質について〉(《朝鮮史研究會論》 27, 1990).
배항섭, 〈19세기 후반 '변란'의 추이와 성격〉(《1894년 농민전쟁연구》 2, 역사비평사, 1992).

로 전개되는 근대민족운동에는 반봉건에 더하여 반외세를 동시에 함축하는 논리가 요구되었지만, 동학농민전쟁이 일어나기 직전까지도 민란은 반봉건에 일면적으로 경사된 모습을 보여주고 있었기 때문이다. 따라서 변란은 반봉건과 반외세의 과제를 동시에 해결해야 했던 근대민족운동을 전망할 때 빼놓을 수 없는 항쟁인 것이다.

2) 변란발생의 배경

(1) 사회적 모순의 심화와 '저항적 지식인'의 활동

조선 후기에 들어 사회경제적 변화에 따라 신분질서가 점차 무너져간 것에 더하여 소수의 가문이 관직을 독점하는 세도정권의 성립과 賣官賣職의 성행은 양반층 내부의 계층분화 양상을 더욱 현저하게 만들었다. 대다수의 양반은 정권에서 소외되었으며, 과장의 문란과 매관매직의 성행은 정상적인 방법에 의한 관직진출을 봉쇄함으로써 정권에서 소외된 양반들의 몰락을 재촉하고 있었다. 그 가운데도 경제적인 여유가 있는 층은 향촌사회에서나마 나름대로의 지위를 누리며 지낼 수 있었지만, 한유·빈사의 가난한 층들은 사정이 달랐다.

관직진출이 좌절되고 경제적 배경도 없던 양반 가운데는 경제적으로 오히려 평민들보다 못한 부류도 적지 않았다. 이에 따라 과거에 家運을 걸고 있던 한유·빈사들은 생활을 위해 일반 양인이나 천민과 마찬가지로 農·工·商의 생업에 종사하지 않을 수 없었다. 일부는 그들의 지식을 이용해 훈장, 의원, 지사 등에 종사하기도 했으나, 심지어는 소상인이나 소작농 혹은 머슴으로 전락하기도 했다.

이들이 마주친 현실은 사회적 냉대와 수모였다. 상민들에게조차 모욕을 당해야 했으며, 심지어 돈많은 상민에게 通婚을 구걸하는 처지로 전락하기도 했다. 이러한 현실에 직면한 빈사·한유들 가운데는 사회에 대한 비판의식을 키워나가는 부류가 있었다. 그것은 이들이 주요 작가층을 이루었던 이 시기의 문학작품 속에도 잘 드러나 있다. 19세기에 접어들면서 상품화가 이루어진 문학작품의 주요 작가층은 이른바 '몰락양반'들이었다.[6] 작품에는 능력은 있으나 문란한 과거제도 등으로 인하여 뜻을 펴지 못하던 가난하고 소외된 한유·빈사들이 지배층에 저항할 수밖에 없는 사정과 그들이 가진 의식세계의 일단이 잘 드러나 있다.

이제 이들의 눈에는 그 동안 그냥 지나쳐왔던 현실사회의 모순과 부조리가 새롭게 인식되기 시작했다. 소수의 지주가 토지를 독점하고 빈농들에게는 소작할 토지마저 돌아오지 않는 지주제의 모순, 그리고 수령과 이서배들에 의한 중간수탈이 구조화한 부세수취제도의 불합리성 등이 직접적인 이해관계로 다가왔다. 흉년이 들거나 전염병이 횡행하여 수많은 사람이 죽어가고 유민화하는 현실도 더 이상 남의 일이 아니었다.

이에 따라 이들 중에는 이러한 현실을 바꾸어 보려는 부류가 나타났다. 이러한 부류는 이미 이전부터도 존재했으나, 19세기 후반으로 오면 사회적 모순이 더욱 심화되면서 한층 많이 생겨나고 있었다. 이들은 향촌사회에 남아 읍민들과 함께 호흡하면서 읍폐를 호소하는 等狀 등의 문건을 대필해 주기도 했고, 혹은 明火賊에 가담하여 지배층에 맞서기도 했다. 또 훈장, 지관, 의원 등을 생업으로 전국 각지를 떠돌다가 비슷한 처지에 있는 사람들과 동류의식을 형성해나가며 각종의 변란을 조직하기도 하였다. 철종 13년(1862)에 진주에서 항쟁을 주도한 柳繼春은 '邑弊·民瘼을 늘 입에 올리고', '營訴, 邑訴를 생애로 삼은' 인물이었다. 함평에서 항쟁을 주도한 鄭翰淳은 함평의 폐막을 고치기 위해 중앙과 감영에 정소를 하거나 심지어 상경하여 격쟁, 거화까지 한 경력이 있었다. 고종 5년(1868) 칠원에서 민란을 주도한 黃上基 역시 영소에 필요한 비용을 충당하기 위해 가산을 털기도 한 인물이었다.[7] 이들을 통해 한유·빈사 가운데는 향촌사회에 남아 촌락차원의 민원 해결에 앞장서 온 부류가 있었음을 확인할 수 있다.

이와 같이 한유·빈사 가운데는 향촌사회에 남아 모순에 맞서 싸우던 자들도 있었지만, 일부는 그것이 여의치 않자 촌락을 떠나 명화적이 되거나 훈장, 의원 등 지식을 활용하여 각지를 떠돌다 동지를 규합하여 변란을 모의하는 부류도 있었다. 철종 14년 7월부터 고종 원년 10월까지 경기, 충청 일대를 무대

6) 이명학, 〈漢文短篇作家의 硏究〉(《李朝後期漢文學의 再照明》, 창작과비평사, 1983).
7) 배항섭, 앞의 글, 267~268쪽 참조.

로 활동하다가 잡힌 명화적 두목 南學九는 儒業에 종사하던 인물이었으나, 자기가 살던 충청도 대흥읍의 환폐문제를 바로잡고자 擊錚을 하러 서울에 올라왔다가 명화적에 가담하였다.[8] 철종 2년(1851)에 구월산 일대의 세력을 규합하여 변란을 모의한 蔡喜載 역시 중화, 재령, 문화 등지를 옮겨 살며 儒業에 종사하던 자였다. 당시 조선의 어느 고을이나 그러하듯 문화에도 삼정이 문란했으며, 점차 결폐·환폐·군폐 등 허다한 폐단이 더욱 심해지자 헌종 14년(1848) 5월 폐막을 호소하려고 擊鼓차 서울에 올라와 대궐로 들어가려다 守門軍에게 잡혀 오히려 고생만하고 쫓겨난 뒤 변란에 가담하였다.[9]

이와 같이 향촌사회에 남아 모순 투성이의 현실을 개선해 보려고 노력한 이들이 그러한 노력조차 거부당했을 때 현실사회는 아무런 희망도 가질 수 없는, 어떤 식으로든 바뀌어야 할 부정의 대상으로 밖에는 보이지 않았던 것이다. "실의에 빠져 나라를 원망하며 난을 일으키려고 음모하는 흉역배"등으로 표현되기도 한[10] 이러한 부류를 '저항적 지식인'이라 부를 수 있을 것이다.

(2) '양이'의 침공과 '이단사상'의 만연

조선사회가 서구세력과 직접적인 접촉을 하게 되는 것은 개항 이후이지만, 19세기에 들어오면 異樣船의 출몰이 잦아지면서 양이의 침공에 대한 위기의식도 고조되었다. 특히 철종 11년 영불연합군의 북경함락 소식은 조선사회에 엄청난 위기의식과 혼란을 가져왔다. 조정에서는 천하를 장악한 중국조차 당하지 못한 양이의 무력에 전율하면서 조선에 곧 닥칠 위험을 걱정하였다. 민간에서도 곧 서양 오랑캐가 쳐들어와 난리가 일어나리라는 소문과 함께 보따리를 싸들고 산곡으로 피난하는 사람들이 꼬리를 물었고, 심지어 서둘러 성경을 구입하거나 십자가를 목에 걸고 다니는 자가 속출했다. 대원군이 집권하면서부터는 이 같은 위기의식이 구체적인 현실로 나타났다. 1866년 丙寅洋擾와 1871년 辛未洋擾가 그것이다. 서양세력의 침공을 구체적인 현실로 맞아 인심은 두려움에 떨었다.

---

8) 《捕盜廳謄錄》 중, 갑자 10월 4일, 京畿持兵火賊 李永順供, 581쪽.
9) 《捕盜廳謄錄》 하, 신해 9월, 海西獄事, 198쪽.
10) 丁若鏞, 《牧民心書》 兵典.

이에 따라 양이의 침공이라는 대외적 위기의식은 절정에 달했으며 異端思想 역시 최고의 전성기를 맞았다. 그것은 이 시기에 집중되는 변란의 빈발을 통해서 확인할 수 있다. 이전부터도 대표적인 민간신앙으로서 민중세계의 깊은 곳에 잠류하며 크고 작은 변란과 밀접한 관계를 가져온 이단사상이 민간의 의식세계를 그 어느 때보다도 강력히 사로잡을 수 있었던 것은 바로 이러한 위기의식을 배경으로 하는 것이다.

이단사상은 곧 조선왕조의 지배질서와 권위에 대한 도전이었다. 이에 따라 통치자들은 이단사상의 만연을 심각하게 받아들였고, 집요한 탄압을 가했다. 그러나 이단사상은 날로 확산되어 갔고, 고조되는 대외적인 위기의식은 다양한 이단사상의 만연을 초래했다. 19세기 후반에 들어 민간에 널리 유포된 이단사상으로는 철종 11년(1860)에 창시된 東學과 鄭鑑錄[11]을 들 수 있다. 동학은 조선왕조가 직면한 내부적 모순과 서양세력의 침략에 대한 불안의 산물이고 그것을 극복하기 위해 등장한 것이었다. 특히 철종 11년 영불연합군의 북경침략을 비롯한 서양세력의 침공이 중요한 계기가 되었다. "경신년(1860)에 전해온 세상의 이야기는 요망한 서양의 적이 중국을 범하여"라는 〈권학가〉의 기사나, "서양은 싸워서 승리를 취하니 이루지 못하는 것이 없다. 천하를 진멸하니 역시 脣亡之歎이 아닐 수 없다. 輔國安民의 계책을 장차 어떻게 세울 것인가"라는 〈포덕문〉의 기사가 그러한 사정을 잘 보여준다.

동학 역시 주자학적 지배이데올로기에 대한 중대한 도전으로 간주되어 심한 탄압을 받을 수밖에 없었다. 동학이 처음 알려졌을 때 지배층에서는 동학을 혹은 천주교가 이름을 달리한 것으로 여기기도 하고, 서학과는 달리 지식인이 물들 염려가 없는 저급한 이단으로 인식하기도 했다. 그러나 동학이 경상도 일대를 중심으로 급속히 전파되어 가자 그 조직력에 대해서 크게 우려하여 결국 고종 원년(1864) 3월에는 左道亂正의 죄목으로 교조 최제우를 처형하였다. 이후 동학농민전쟁이 일어날 때까지 동학은 정부의 끈질긴 탄압을 받으면서도 전국적으로 그 세를 넓혀 갔다.

동학이 이 시기에 창시된 것이라면 정감록은 이전부터 민간에 유포되어

11) 이 시기에 유포된 秘記는 매우 다양하였지만, 이 글에서는 정감록으로 통칭하기로 한다.

있다가 이 시기에 들어 급격히 확산되었다. 변란의 이념적 배경이 된 것이 바로 정감록이다. 정감록은 같은 부류의 무수한 비기류 가운데 하나로 대체로 임진왜란을 겪은 후인 조선 후기에 만들어진 것이다. 李沁과 鄭鑑이 대화를 통해서 풍수지리설에 의해 평양과 송도, 한양, 그리고 계룡산의 순서로 운수를 점치고 아울러 피난처로 十勝地를 논하여 이씨 조선의 국운을 예언, 圖讖하여 이씨 조선의 멸망과 정씨 조선의 대두를 역성혁명사상에 의해 예언한 것을 기록한 형태를 취한다.[12] 이러한 정감록이 광범위하게 유포된 배경에는 동학과 마찬가지로 조선사회 내부의 문란과 불안이라는 대내적 상황과 함께 철종 11년(1860) 영불연합군의 북경함락 등 서양세력의 침공이라는 대외적 위기의식이 자리잡고 있었다.

정감록은 역성혁명사상을 바탕으로 왕조의 멸망을 예언함과 동시에 戰亂과 자연재해, 疫病 등에 대한 공포감과 결부된 亂世觀이나 末世觀을 기조로 하였다. 또한 거의 예외 없이 정감록에는 그러한 공포에서 벗어날 수 있는 피난처가 제시되어 있는 것이 특징이다. 말하자면 서양의 침공이라는 대외적 위기의식이나 사회적 문란, 잦은 기근과 전염병의 유행에 따른 불안감, 공포감이 왕조에 대한 부정과 이상사회에 대한 동경으로 나타나 정감록이 만연한 것으로 볼 수 있다. 이러한 정감록류의 이단사상이 만연하자 정부에서는 이를 매우 심각하게 받아들여 탄압하였다. 그러나 정감록은 이미 지배층 내부에까지 퍼질 정도로 그 영향이 사회 전체에 확산되며, 민심을 동요시키고 있었다.

사회적 냉대와 부패한 현실 속에서 향촌사회에 뿌리를 내리지 못하고 의원, 훈장, 지관 등을 생계로 삼아 각처를 떠돌던 빈사·한유들의 현실사회에 대한 불만이 이러한 이단사상과 결합하여 나타난 것이 변란이었다. 이단사상이 가장 쉽게 침투할 수 있는 부류도 바로 이들과 같이 토착하지 못하고 떠돌아다니는 유동성을 가진 층이었다. 좌절과 고통만 안겨주는 이씨 조선을 부정하고 새로운 세상을 만들려는 생각을 품게되었을 때 정감록류의 이단사상은 이들에게 더없이 훌륭한 이념적 무기였다. 바로 이씨 조선의 멸망과 새로운 세상의 도래를 예언하고 있기 때문이다.

---

12) 申一澈, 〈鄭鑑錄〉(《韓國의 名著》, 삼성출판사, 1970).

3) 변란의 추이

(1) 19세기 전반의 변란

정감록을 이념적 무기로 하는 변란이 모의 단계를 지나 거사로까지 나아간 것은 19세기 후반에 와서야 나타난다. 그러나 대체로 임진왜란을 겪은 후부터 정권에서 소외된 부류나 피지배계층을 중심으로 정감록이 서서히 확산되었고, 그것을 무기로 한 변란도 끊임없이 시도되었다.

18세기만 하여도 영조 4년(1728)의 戊申亂, 정조 6년(1782)의 李京來·文仁邦 등의 역모사건, 정조 9년의 洪福榮의 역모사건 등에 정감록이 이용되었고,[13] 19세기에 들어와서도 변란을 도모하는 세력에 의해 변란의 전초단계라 할 수 있는 괘서사건, 그리고 모의단계에서 탄로가 난 作變사건이 자주 발생하여 지배층을 놀라게 하였다. 19세기에 들어와서는 1811년의 洪景來亂에 결부된 것이 대표적이지만, 그전에도 순조 원년(1801)에 의령에서 훈장출신 李好春의 괘서사건이 있었으며, 순조 4년에는 장연에서 군대를 모집하고 울릉도와 고백령도에서 군량미를 확보하여 변란을 일으키려 했던 李達宇 등의 작변이 있었다. 홍경래 난이 일어난 이후에는 주로 '홍경래불사설'의 형태로 정감록이 이용되었으며, 순조 17년 安有謙과 蔡壽永은 명화적과 연결을 시도하는 한편 對馬島에 請兵을 계획하기도 했고, 헌종 2년(1836) 동래에서는 울릉도에서 양병을 하는 한편 일본에 원병요청을 기도하기도 했다. 또 헌종 10년에는 정조의 동생이자 철종의 조부인 恩彦君 裀의 손자를 추대하여 거사를 계획한 閔先鏞 등의 작변이 있었고, 철종 3년(1852)에는 鄭又龍이 영양에서 울릉도 적한과 연결하여 변란을 모의하였다.[14]

---

13) 18세기의 변란에 대해서는 高成勳, 《朝鮮後期 變亂硏究》(東國大 博士學位論文, 1993) 참조.

14) 19세기 전반의 변란에 대해서는 다음의 글들이 참고된다.
李離和, 〈19世紀 前期의 民亂硏究〉(《韓國學報》 35, 1984).
———, 〈19世紀 民亂의 組織性과 連繫性에 關한 한 硏究〉(《嶠南史學》 창간호, 1986).
한명기, 〈19세기 전반 반봉건항쟁의 성격과 유형〉(《1894년 농민전쟁연구 2》, 역사비평사, 1992).

19세기 전반의 괘서사건이나 작변에는 몇 가지 점에서 뚜렷한 특징과 한계를 보여준다. 먼저 동지들을 규합하여 조직적으로 준비하는 변란모의보다는 개별적인 차원에서도 손쉽게 할 수 있는 괘서사건이 두드러진다는 점이다. 다음으로는 18세기에 일어난 정감록 관련 사건에서 보이는 성격, 즉 정파간의 알력이나 갈등에서 초래된 정권쟁탈의 방편으로 정감록을 이용하던 점이 일정하게 아어지고 있었다. 헌종 10년(1844)에 왕족을 추대하여 전면에 내세우고자 했던 민선용의 작변은 그러한 모습을 잘 보여준다. 이들은 동모인을 기록한 義狀을 만들기도 했으며, 천문과 상술에 무불통지하다는 주모자 민선용은 거사에 성공하면 판서가 될 수 있다는 말로 동모자를 끌어들였다.[15] 세번째로 대마도 혹은 일본 등 외국의 세력을 이용하려 한 점이다. 이것은 19세기 후반의 변란이 대체로 일본이나 여타의 외세에 대해 공격적이었던 점과 다른 모습이다. 네번째로 변란시도의 전제가 주로 개인적 불만의 해소라는 측면과 함께 엽관적 성격이 강하다는 점이다. 작변까지 가지는 않았지만, 순조 원년(1801) 하동괘서사건의 주모자인 李好春은 훈장 출신인데 자기를 알아주지 않는 세상에 대한 원망에서 사건을 일으켰음을 자백하여 이들의 의식수준이 사회적 모순의 해결보다는 개인적인 원망의 해소차원에 머물러 있음을 드러낸다. 마지막으로 주모자들 내부에서도 아직 신분문제가 제기되고 있어서 그들의 지향이나 의식에 뚜렷한 한계를 노출하고 있다는 점이다. 순조 26년 청주괘서의 주모자인 아전 출신 朴亨瑞와 양반 출신 申季亮 사이에는 신분문제로 인한 갈등이 있었다. 이러한 현상은 변란 주도층이 여전히 전근대적 의식세계에 매몰되어 있음을 보여 준다. 이상과 같은 특징을 보여주며 전개된 변란은 19세기 후반, 특히 대원군 집권기에 들어오면서

――, 〈19세기 전반 괘서사건의 추이와 그 특성 : 1801년 하동·의령괘서사건을 중심으로〉(《國史館論叢》 43, 1993).

李相培, 〈朝鮮後期 漢城府 掛書에 관한 硏究〉(《鄕土서울》 53, 1993).

――, 〈純祖朝 掛書事件의 推移와 性格에 관한 硏究 : 1926년 淸州牧 掛書事件을 中心으로〉(《史學硏究》 49, 1995).

――, 〈「山陰記事」를 통해 본 山淸掛書事件의 특징〉(《史學硏究》 50, 1995) 참조.

裵惠淑, 《朝鮮後期 社會抵抗集團과 社會變動硏究》(東國大 博士學位論文, 1994).

15) 《推案及鞫案》(亞細亞文化社 影印本), 292책, 갑진 逆賊晉鏞遠德等獄案.

각종 항쟁의 전례없는 다발과 함께 일정한 변화양상을 보이며 집중적으로 발생한다.

(2) 해서, 영남세력의 변란

철종 2년(1851) 문화에 사는 柳興廉, 蔡喜載와 영남의 金漢斗(후에 金守禎으로 改名) 등이 소현세자의 후손으로 황해도 풍천 椒島에 유배 중이던 李明燮을 추대하는 변란을 모의하다 발각된 일이 있었다.[16] 이들은 구월산성 호위군을 포섭하고, 안악, 문화를 점령한 후 황해도 감영을 점령하고 평양에 모여 있는 群黨들과 합세하여 서울로 직향한다는 계획을 세워두고 있었다.

거사계획이 시작된 것은 헌종 12년(1846) 이전이었다. 유흥렴이 인근 장수산에서 삼밭을 경영하며, 초당을 짓고 살던 奇東治(奇德佑)을 찾아가서 거사에 동참할 것을 권유한 것이 헌종 12년이기 때문이다. 이들은 계축년(1853)에 청나라가 멸망하고 청나라 사람들이 우리 나라로 건너올 것이니 충의로 결합하여 물리치자는 말로 동모자를 포섭하였다. 또 주모자인 유흥렴은 자신이 병자호란 때 전사한 충신의 후손이며 평소에 北伐을 꿈꾸어 왔다고 주장하였다. 그는 서남해 가운데에 田横島라는 섬이 있으며, 여기에는 명나라 말에 남경에 살던 士族들이 많이 망명해 있으므로 병자호란의 원수를 갚기 위해서 이들과 연계할 필요가 있다고도 했다. 이들은 병사동원과 자금마련을 위해 구월산 산성별장으로 있던 崔致珏과 송도의 부상 白大顯, 林致守와 연결을 기도하기도 했다. 또한 石島·大淸島 등지에서 고기잡이와 소금굽기를 하거나 해상에서 곡물을 실은 배를 탈취할 계획을 세우기도 하였다.[17]

황해, 경상, 평안, 강원도의 인물로 구성된 주도세력은 주로 개별적인 인맥이나 인척을 끌어들여 세력을 규합했다. 주모자 유흥렴은 오래 전부터 황해도와 평안도, 멀리는 경상도, 충청도까지 편행하며 동조세력을 모았다. 또 동모자 가운데는 錦屛島에 사는 鄭道和라는 인물이 등장하는 데 '海道에서 鄭眞人이 나온다'는 감결의 내용과 관련이 있는 것으로 보인다. 이들은 거사에 성공을 하면 각기 차지할 三公, 六卿을 배정해 두고 있었고, "병자호란 때의

16)《捕盜廳謄錄》하, 신해 9월 海西獄事 참조.
17)《捕盜廳謄錄》하, 신해 9월 海西獄事, 186~187·195·198쪽.

원수를 갚고 태조의 창업을 이을 것"이라는 명분을 내걸기도 했다.[18] 결국 동모자 高成旭의 고발로 탄로가 나 채희재 등 50여 명이 체포됨으로써 거사 계획은 불발로 끝났으나, 2년 뒤 도망간 餘黨이 서울에서 두번째의 변란을 모의하였다.

철종 4년(1853) 서울에서 시도된 두번째의 모의는 西水羅로 도주한 유흥렴과 서울로 도주하였다가 자칭 借力士이자 약장수인 崔鳳周라는 謀士를 만난 김수정(김한두)이 단천에 유배 중이던 왕족 李明爕의 동생 李明赫을 내세워 서북지방의 別付料軍과 삼남세력을 규합하여 거사하려던 계획이었다. 이들은 구월산 일대에서의 거사가 실패한 것은 첫째, 한양에서 거리가 너무 멀기 때문이고, 둘째, 거사에 동원한 주력부대 역시 한양의 중앙관군이 아니라 구월산성의 호위군이었고, 셋째, 시기가 미성숙하였기 때문인 것으로 분석했다. 이들이 서울에서 거사를 계획한 것은 바로 그러한 문제점을 해소하려는 의도에서였다.

김수정은 헌종 10년(1844)에 향시에 장원급제한 한 바 있는 자로 철종 2년의 거사가 실패한 후 이듬해에는 일월산 일대에서 또 한 차례의 변란을 계획한 것으로 여겨진다. 그것은 그가 최봉주에게 "재작년 구월산 적도와 작년 일월산 적도는 경솔하게 거사를 모의하려다 스스로 일을 그르쳤다"고 한데서 드러난다.[19] 철종 3년의 거사가 구체적으로 무엇이었는 지는 자세히 알 수 없으나 아마 그 해 7월 영양에서 정우룡이 울릉도의 적도들과 연결하여 기도한 작변과 관련이 있는 듯하다.[20]

주모자의 한 사람인 최봉주는 이전부터 함흥, 동래 등지를 편력하며 동지들을 규합해 오던 자이다. 그는 1천 근을 들고도 하루 5백리를 달릴 수 있는 것으로 알려졌으며, "민생이 곤궁한 것을 보고 濟世의 뜻을 펴기 위해 거사를 일으킨다"고 주장했다. 이들은 '世將不久之說' 혹은 '彗星之災' 등의 참언과 영남과 함경지방에 산재해 있는 차력사들이 합세할 것이라는 말을 퍼뜨

---

18) 《捕盜廳謄錄》 하, 신해 9월 海西獄事, 184 · 187쪽.
19) 《推案及鞫案》 295책, 계축 逆賊守禎等獄案, 720쪽.
《捕盜廳謄錄》 하, 계축 10월 申錫範告變, 242쪽.
20) 李離和, 앞의 글(1984) 참조.

리는 한편, 거사에 성공하면 이명혁을 국왕으로 추대하고 김수정은 병조판서, 최봉주는 三道統制使, 그 외의 동조자에게도 관직을 분배하겠다는 말로 동지들을 규합했다.[21] 또 자금마련을 위해 前軍校이자 富商인 申錫範을 끌어들였다. 거사시에는 서북지방의 별부료군을 동원하여 종로에 방화한 후 혼란을 틈타 궁궐을 장악할 계획이었다. 그러나 자금마련을 위해 동모자로 끌어들였던 신석범의 고발로 실패하여 김수정은 참수당하고, 최봉주는 영암 추자도로 정배되었다.

그로부터 14년 후인 고종 14년(1877)에 최봉주는 유배된 몸으로 재차 변란을 기도했다. 유배지인 추자도에서 楸王으로 불릴 정도로 주민들의 추앙을 받던 최봉주는 고종 10년에 전라도 능주로 移配되었다. 거기서 최봉주는 역시 그와 마찬가지로 변란을 기도했다 잡혀 유배된 張赫晋·李士允을 만나 호남, 영남 세력을 끌어들여 변란을 기도한 것이다.

장혁진은 봉화 사람, 이사윤은 칠곡 사람으로 고종 9년 안동에서 그 곳의 양반 柳興榮 등과 함께 안동·경주·진주·가산 등 4개처에서 동시에 거사하여 대구를 공격한다는 변란을 모의하다가 탄로가 나서 각각 신지도와 금갑도에 유배된 자들이었다. 장혁진은 "북방에 붉은 기운이 있으니 우리 나라에 불길하다. 금년 3월 8일은 壬辰日이므로 우리 나라에 액운이 있을 것이다"는 말로 민심을 동요시키는 한편, 화적을 가탁하거나 혹은 장례를 치른다는 명목으로 사람들을 모았다. 이들은 십여년 전부터 군기, 군복 등을 갖추고 준비해왔다고 한다.[22]

고종 10년에 능주로 유배지를 옮긴 최봉주는 고종 13년에 흥양으로 移配된 장혁진, 진도에서 유배생활을 하다가 풀려난 후 흥양에 거주하던 송지국 등과 만나 의기투합, 또 다시 거사를 계획한 것이다. 이들은 南朝鮮이 장차 우리 나라를 침공할 것이니 '利在弓弓'하다는 말을 퍼뜨려 민심을 동요시키는 한편 거사에 필요한 자금을 확보하고자 했다. 우선 동래의 倭米를 移貿한

21) 《推案及鞫案》 295책, 계축 逆賊守禎等獄案, 695·705·718쪽.
22) 《捕盜廳謄錄》 하, 정축 10월 湖南逆謀發告.
《推案及鞫案》 309책, 임신 逆賊沈聃應等鞫案.
朴周大, 《羅巖隨錄》(韓國史料叢書 27, 國史編纂委員會, 1980).

다는 구실로 진도에서 船業을 하는 李奇執을 끌어들였다. 또 강진 병영 이서배들의 죄상을 적은 글로 그들을 협박하여 자금을 마련하고자 했고, 순천에 사는 진사 李明七에게 돈 천 냥과 쌀 100석을 요청하였다가 거절당하기도 하였다. 이들은 먼저 추자도를 공격하여 군기를 차지한 다음 제주도를 점령, 그곳은 적당한 인물에게 맡기고 육지로 나가 기회를 노릴 계획이었다.[23] 그러나 자금마련을 위해 끌어들인 이기집의 고발로 미수에 그치고 말았다.

해서와 영남지역의 변란 세력이 연합하여 일으킨 일련의 변란은 왕족을 추대한 점, 그리고 三公六卿이나 병조판서, 三道統制使 등을 미리 정해 놓은 데서 보이듯이 엽관적인 경향을 강하게 노출하고 있었다. 또 명나라 망명세력과 연합하여 병자호란의 원수를 갚는다거나 태조의 창업을 계승한다는 점 등에서 왕조체제 자체에 대해 부정하지 못하고 있으며, 華夷論的 세계관을 드러내고 있었다. 이러한 한계에도 불구하고 해서와 영남세력의 변란은 왕조의 전복을 기도하였으며, 그 뿌리가 20년 이상 이어졌다는 점에서 19세기 후반 변란의 특성을 잘 드러내고 있다.

(3) 광양란

光陽亂은 19세기에 들어 수없이 많이 기도된 변란 모의 가운데 처음으로 거사하는 데 성공했을 뿐 아니라, 이후 李弼濟亂에도 영향을 미치는 등 변란의 추이에서 중요한 의미를 가지는 사건이다.[24] 주모자 閔晦行은 천문지리에 무불통지한 인물로 이미 20여년 전부터 '異圖'를 품고 영남과 호남 일대를 편행하여 동지를 규합했으며, 1년 전인 고종 5년(1868)에도 강진에서 변란을 기도한 바 있다. 田贊文 역시 전국을 돌아다니며 세력을 규합해온 인물이다. 고종 5년 9월 민회행은 전찬문·姜明佐·李在文·權學汝 등과 함께 장흥에서 偸葬을 핑계삼아 일당 25명을 끌어모으고 위장한 喪輿에 무기를 숨겨 강진병영을 공격하고자 했다. 그러나 강진에서 5리 정도 떨어진 주막에 이르렀을 때 비바람이 크게 불어와 다시 거사할 것을 기약하고 흩어졌다.

그 이듬해에 재기한 것이 광양란이다. 장흥에서 실패한 민회행은 이재문,

23) 《捕盜廳謄錄》 하, 정축 10월 湖南逆謀告發, 589~590쪽.
24) 《推案及鞫案》 304책, 逆賊晦行等鞫案.

崔斗允 형제, 金湖島의 白乃興 등 14명과 결당하고 변란을 모의하였다. 필요한 錢穀과 화약을 마련한 다음 3월 18일 하동으로 갔다. 하동에서 장사꾼으로 가장한 60~70여 명이 두 척의 배에 나누어 타고 牛孫島로 들어가 갑주와 죽창, 깃발 등을 제조하고 山祭를 지낸 다음 광양으로 쳐들어갔다. 3월 21일 배를 타고 초남포에 도착하였고, 광양 관아를 공격한 것은 이틀 뒤인 3월 23일 밤이었다. 軍簿를 점열하고 編伍作隊한 이들은 관아를 공격, 군기를 탈취하여 궁총으로 무장하고 죄수들을 풀어주었으며, 현감 尹榮信의 인부를 탈취하려 했으나 실패하였다. 이어 사창곡을 읍민들에게 분급하여 위무하고 일부는 진휼미로 사용해야 한다고 사창에 반입한 후 창고를 봉하였다. "백성을 살해하거나 민재를 약탈하는 자가 있으면 반드시 중죄가 될 것임"을 호령하여 읍민 중 살해된 자는 한 명도 없었다.[25] 또한 사창곡으로 밥을 지어 먹고 吏廳錢으로 술을 사먹으며 하룻밤을 보냈다. 그 동안 일부의 吏民들을 가담시켜 그 수가 300여 명으로 늘어났다. 이 때 전찬문은 軍務總察로 성문의 출입을 감시하였고, 이재문은 군부를 작성, 병사를 點閱하였다. 그러나 광양란은 곤욕을 치른 다음 몰래 관아를 빠져나갔던 현감 윤영신이 이끌고 온 관군의 공격을 받아 25일 밤에 진압되었다.

민회행은 장차 난리가 날 것이라는 소문을 퍼뜨려 동모자를 규합했는데, 당시의 보고에 의하면 이들의 모습이 '殘班破落者'로 보였다 한다. 민회행이 천문지리에 무불통지하고 권학녀 역시 術數에 능통했다는 점, 그리고 "이번 거사에 8도가 모두 호응하여 한번 방포하면 경각에 수만 명이 모일 것이며, 또한 영남에서 70여 명이 오도록 되어 있다"[26]고 하여 전국적 거사를 의도하였다는 점에서 볼 때 광양란 역시 변란의 성격을 지녔음을 알 수 있다. 그러나 광양란은 진주민란을 본받아 읍폐를 교구하려 하였으며, 반왕조적 구호를 구체적으로 제기하지는 않았다는 점에서 민란적 성격도 강하게 띠고 있었다. 이 점은 광양란이 거사를 일으키는 데 처음으로 성공한 변란이었다는 점과 함께 이후의 이필제란에 커다란 영향을 미치게 된다.

---

25) 《日省錄》 고종 6년 4월 5일.
26) 위와 같음.

(4) 이필제란

19세기의 변란 중 가장 대표적인 것이 李弼濟亂이다. 이필제는 고종 6년(1869)에서 고종 8년에 걸쳐 진천, 진주, 영해, 문경 등 네 곳에서 변란을 연속적으로 기도했다. 이필제가 처음으로 기도한 변란은 이후 네번째의 문경작변 때까지 행동을 같이 하는 金洛均과 함께 모의한 고종 6년 4월의 진천작변이다.[27] 이필제와 김낙균은 "我國을 動하여 得兵한 후 북으로 중원을 정벌한다. … 만약 국가에 불안한 일이 있으면 同心之人이 무리를 모으고 의병을 일으켜 국가의 보존을 도모하면 자연 공이 있을 것이다", 또는 "근래 풍설이 騷擾한데 대국의 黑鬼子가 出來한다는 말이 있으며, 또 서양세력이 타국인과 연합하여 우리 나라를 침략한다고 한다. … 그대는 장차 이곳에서 久居할 것인가 다른 곳으로 갈 것인가", 그리고 "弼濟의 필자는 弓弓이고, 필제는 乙酉生이기 때문에 乙乙을 말하니 壬辰松松之說(임진왜란 당시 피난지를 가르키며 명나라의 장수 李如松의 '松'자에서 유래)과 같다"는 등[28] 주로 정감록의 避兵說과 양이의 침공이라는 대외적 위기의식을 결부시켜 동모자를 포섭하였다.

이들은 주로 인척관계나 평소의 친분관계를 이용하여 동모자를 포섭하는 한편, 거사에 필요한 자금을 마련하기 위해 재산가를 끌어들였다. 진천작변을 고발한 金炳立은 김낙균의 당숙이었으며, 이필제에 대한 말을 전해듣고 찾아온 공주의 진사 沈弘澤은 '이필제에게 千金을 아까워하지 않은' 재산가였다. 또한 이들이 충의를 강조하고 북벌을 주장한 점이나, 양이의 침공에 의병을 일으켜 국가를 보전하면 공이 있을 것이라고 주장한 점은 거사의 명분을 세우고 엽관적 성향이 있는 재산가를 끌어들이기 위한 계책으로 보인다.

진천에서 시도한 변란이 사전에 발각되어 도망한 이필제는 그 해 12월 진주 일대를 무대로 두번째의 변란을 기도했다.[29] 먼저 이필제는 거창으로

---

27) 《捕盜廳謄錄》 중, 기사 4월 金炳立公州謀逆告變·신미 9월 鄭岐鉉李弼濟等鳥嶺逆謀事 및 하, 기사 4월 金炳立告變·신미 8월~임신 4월 鄭岐鉉李弼濟等鳥嶺逆謀事.
《推案及鞫案》 306책, 逆賊弼濟岐鉉等鞫案.

28) 《捕盜廳謄錄》 중, 기사 4월 金炳立公州謀逆告變, 735·737·741쪽.

29) 《慶尙監營啓錄》(《各司謄錄》 11, 國史編纂委員會, 1984), 고종 6년 3월~7월, 144~226쪽.

가서 고종 6년(1869) 8월부터 알고 있던 楊永烈, 그리고 양영렬의 소개로 鄭晩植·成夏瞻 등을 만나 일단 남해에서 거사할 것을 결정하였다. 양영렬은 본래 평양에 살다가 임자(1852), 계축년(1853)에 북경이 소요하다는 소문을 듣고 두려움을 느껴 이곳에 내려온 자이다. 정만식은 서울 사람인데 병인양요 후 피난을 위해 고령으로 이사한 자로, 이미 고종 2년 무렵부터 변란을 계획하여 "民政의 황급함을 보고 장차 대사를 일으켜 만민을 구하기 위해 제주와 울릉도 등지에 들어가 方略을 경영하려"했던 인물이다.[30] 성하첨 역시 병법과 術數에 능통하고 관운장에 비견되기도 한 인물이었으며, 이들의 거사모의에는 《古山子秘記》·《尙州新都錄秘記》 등의 비기가 등장하고 있다.

정만식·성하첨 등과 합세한 이필제는 자기의 뜻은 중원에 있으며, 장차 조선은 동서남북 네 개의 제후국으로 나누어질 것이라고 하였다. 또 정만식의 얼굴에 黃氣가 있고 손바닥에 異紋이 있음을 들어 그를 鄭眞人으로 내세웠다. 거사에 필요한 병력은 평소의 文名을 이용하거나 후한 임금으로 짐꾼을 모은다는 명분으로 모집하기로 하였다. 모군에 필요한 돈은 성하첨이 밭을 팔아 마련한 170냥으로 충당하였고, 남해로 들어가기 직전 부족한 船價를 충당하기 위해 明火賊으로 위장하여 인근 부자집의 재물을 탈취하려고도 했다.[31] 이필제는 거사의 명분을 다음과 같이 내세웠다.

> 지금의 시세는 洋擾가 자주 있고 북쪽이 소요하여 강을 건너올 우려가 있으며, 왜구가 엿보는 조짐이 있고 해도에는 또한 도적이 많으니 나라의 형편이 산넘어 산이다. … 만약 지금 한 곳에서 병사를 일으키면 사방에서 봉기하고 곳곳에 戰氣가 있어서 온 나라가 삼분사열되어 北憂를 막기 어렵고, 群鄭(여러 명의 鄭眞人)이 함께 나타나는 것 역시 저지하기 어려우므로 나는 義兵을 일으켜 海島에 들어가 安定을 도모할 것인즉 집과 나라를 함께 건지는 것이라 할 수 있다(《慶尙監營啓錄》 6월 14일 梁永烈供).

《推案及鞫案》 3~5책, 경오 晉州罪人等鞫案.

30) 《慶尙監營啓錄》 고종 7년 6월 27일 沈永澤三推, 205~206쪽(영인본에는 고종 6년 기사로 되어 있으나 이것은 고종 7년 경오의 誤記로 보인다. 이필제가 진주 일대에서 두번째의 변란을 기도한 것은 고종 7년이기 때문이다).

31) 《慶尙監營啓錄》 5월 21일 鄭晩植更推·6월 14일 梁永烈供 및 3월 26일 鄭在永供.

이들이 거사에 착수한 것은 12월 11일이었다. 먼저 해도에 들어가 군기를 탈취하고 島民들을 동원하여 통영, 고성, 김해를 거쳐 육지로 나가 성을 공격하고 長驅大進하여 곧장 서울로 향할 계획이었다. 그러나 募軍한 사람들 가운데서 약속된 돈을 주지 않는다거나 혹은 御史로 가장하여 남해에 들어가 탈재하려 한다는 말을 듣고 돌아가는 자가 속출하였다. 또 남해 죽도로 건너가려 했으나 장교 한 사람이 동승하게 되자 탄로날 것을 염려하여 중도에 포기하고 모두 배에서 내리고 말았다.

남해 거사에 실패한 이필제 등은 다음해 2월 28일 또 다시 덕산에서 樵黨을 모아 營府로 들어가 관장을 둘러메고 읍촌을 돌아다니면 軍丁이 모여들 것으로 기대하고 변란을 시도했다. 이들은 선산, 진주, 거창 등지의 인물들에게 서찰을 보내거나 직접 찾아다니며, 정감록의 내용이나 혹은 土豪武斷 등 사회 모순을 거론하여 이들을 포섭하고 자금과 장정들을 모으고자 했으나, 결국 동모자로 포섭한 趙鏞周의 투서와 洪鍾宣, 全洛雲의 고발로 실패하고 말았다.[32)]

이필제가 세번째로 기도한 영해란은 진천작변의 동모자 김낙균과 함께 교조신원운동을 가탁하여 영해지방의 동학교도를 이용하여 일으킨 것으로 네 차례의 변란 시도에서 유일하게 거사를 일으키는 데 성공한 변란이다. 진주에서 거사에 실패한 이필제가 고종 3년(1866)부터 알고 지내던 영해의 李秀用과 南斗炳을 찾아 간 것은 고종 7년 10월을 전후한 무렵이었다.[33)] 이필제는 스스로를 동학교도로 자처하여 영해지역의 동학교도들을 포섭한 다음 崔時亨에게 사람을 보내 교조신원운동을 가탁하여 거사에 동참할 것을 요청하였다. 이필제는 참여를 거부하던 최시형에게 최시형의 측근이던 李仁彦·朴士憲 등을 여러 차례 보내 설득한 끝에 드디어 고종 8년 2월에는 최시형을 직접 만나게 된다. 이필제는 최시형을 만나 거사에 동참할 것을 요구하며 다음과 같이 거사계획을 통보하였다.

---

32) 尹大遠, 앞의 글, 161～164쪽.

33) 朴周大, 《羅巖隨錄》, 103쪽.
《寧海府賊變文軸》 4月 9日, 南斗炳供.
《羅巖隨錄》에는 1870년 11월에 이수용을 찾아간 것으로 되어 있으나, 《道源記書》(《東學思想資料集》, 亞細亞文化社, 1979), 211～213쪽에 따르면 이필제는 이미 1870년 10월에 이인언과 朴君瑞 등을 최시형에게 보내 교조신원운동을 벌일 것을 요구한 것으로 되어 있다.

> 지금 단군의 영령이 세상에 다시 나왔으니 하루에도 아홉번 변하는 것이 나다. 한편으로는 선생의 치욕을 씻고 한편으로는 창생의 재앙을 구제하려 하는데 내가 뜻을 두는 것은 중국에서 창업하는 것이다. … 내 이름이 세상에 드러났고 조정에서도 알기 때문에 五營이 모두 감응하고 六曹가 머리를 돌린다. 이 어찌 天運이 아니겠는가. 그대들이 만약 기꺼이 따르지 않는다면 그대들의 身命은 내 손에 달렸으니 따르고 안 따르고는 내가 알 바 아니다. 폐일언하고 선생의 受辱日이 3월 10일이다. 그 날로 정하였으니 다른 말은 하지 말고 따르라(《道源記書》, 214~221쪽).

최시형은 이필제의 외모와 언변에 압도당하였고, 또 이필제가 최제우의 신원을 강조하였기 때문에 그의 계획에 동참하지 않을 수 없었다.

한편 이들은 "세상이 어지러워 곧 난리가 날 것이니 의병을 불러모은 연후에야 살 수 있을 것이다", "왜선 수천 척이 쳐들어올 것이다"는 말을 퍼뜨려 민심을 동요시켰다. 그리고 이필제가 동해의 섬에 있는 정진인 혹은 異人이라는 말로 사람을 끌어들였고, 거사에 성공하면 관직을 주겠다는 말로 군량조달을 기도하기도 했다.[34] 이러한 모의과정에서 맹활약을 한 것은 鄭致兼과 동학교도인 姜洙(姜士元, 姜時元), 全仁哲, 그리고 남두병이었다. 정치겸은 가장 많은 사람들을 끌어들였고, 강수는 친인척 등을 통해 5백여 명을 모았다. 역시 동학교도인 전인철은 이미 오래전부터 거사를 준비해왔다고 최시형에게 밝히면서 3월 10일의 거사를 다짐받고 있었다.[35] 또 고종 3년(1866)부터 이필제와 교류가 있던 남두병은 자기가 거느린 무리 3백여 명을 이끌고 동참하기로 했다.[36]

거사일인 3월 10일 일차 집결지는 雨井洞 朴永琯(朴士憲)의 집이었다. 박영관의 집에 모인 사람은 백 명 내지 150여 명이었다. 이들은 먼저 都錄을 만든 다음 中軍, 別武士, 執事 등의 직책을 정하는 한편, 성내의 동정을 살피기

---

34) 《寧海府賊變文軸》 3월 21일 幼學 權永和供, 全仁哲·安大齊供.
《嶠南公蹟》 4월 22일 徐羣直重推·4월 25일 韓相燁重推·4월 26일 鄭昌鶴更推 및 5월 18일 禹大敎三推.

35) 《嶠南公蹟》 5월 1일 李羣協更推, 43쪽.
《道源記書》, 219~220쪽.

36) 그러나 남두병은 정작 거사에는 불참하고 오히려 이필제를 진압하기 위한 召募文을 썼다고 한다(《嶠南公蹟》 4월 30일 南斗炳更推).

위해 미리 細作을 파견하는 용의주도함을 보였다. 황혼 무렵 산에 올라 산제를 지낸 다음 조총과 죽창, 칼 등으로 무장하고 관아에 쳐들어간 것은 밤 열시경이었다. 이 때 이들의 무리는 5, 6백 명 정도였다. 먼저 군기고를 습격하여 군기를 탈취하고 부사를 죽인 다음 격문을 내걸었다. 격문에는 "우리들의 거사는 다만 本官(영해부사)의 탐학이 비할 바 없이 극심하기에 그 죄를 성토하려는 것이고, 읍민들을 해칠 마음은 전혀 없다"고 썼다. 이필제는 영해를 떠나 영양으로 가는 길에도 인근의 동민들을 모아놓고 위무하는 글을 써 보이기도 했다.[37] 또 격문과 함께 탈취한 돈 150냥을 다섯 동네의 頭民들을 통해 동민들에게 나누어 주도록하며 민심을 위무하였다.[38]

이필제는 그날 밤 여세를 몰아 영덕을 공격하고자 하였으나 동모자들의 반대로 미수에 그쳤다. 원래 영해를 공격한 다음 영덕·진보·영양 등지를 공격하고 서울로 직향하려던 이들은 다음날 아침을 먹은 후 영해 관아를 떠났다. 영해를 떠난 것은 인근 고을을 석권하여 서울로 직향한다는 구상을 관철하기 위한 의도였던 것으로 보인다. 그것은 3월 13일 영양을 공격하기 위해 정탐한 데서 알 수 있다. 이필제는 영양을 향해 가는 도중에도 인근 동민들을 위무하였다. 주변의 주민들을 잡아다가 병사로 삼자는 주장에도 반대하며 절대로 주민들을 동요시키지 말라고 하였으며, 부하들이 민가에 방화하자 명령을 잘 듣지 않는다 하여 처벌하기도 했다. 이것은 곧 이전 몇 차례의 변란시도 경험, 특히 진주에서 제시되었던 "민인들의 힘을 얻어야 거사에 성공할 수 있다"는 주장을 반영한 것으로 거사에 필요한 주민들의 호응을 얻어내려는 의도였다. 그러나 주민들의 반응은 예상과 달리 별 호응이 없었고,[39] 인근 고을의 관군이 몰려오자 일월산 쪽으로 퇴각하고 만다.

영해란에는 많은 수의 동학교도들이 참가하였다. 체포된 자들 중에는 동학교도가 다수 있었고, 최근에는 최시형이 참가하였다는 사실이 새롭게 밝혀졌다. 또 거사 당일에도 참가자들의 복장을 청색과 홍색으로 표시하여 동

---

37) 《寧海府賊變文軸》 4월 22일 張成眞更推.
朴周大, 《羅巖隨錄》, 87쪽.
《嶠南公蹟》 4월 25일 韓相燁更推, 17쪽.
38) 《嶠南公蹟》 4월 22일 張成眞更推 · 4월 26일 金昌福更推 및 5월 5일 柳渭澤供.
39) 《嶠南公蹟》 4월 26일 鄭昌鶴更推 · 4월 26일 金昌福更推.

학교도와 평민을 구분한 데서도 알 수 있다. 이런 이유로 영해란의 기본성격을 '敎祖伸冤運動' 혹은 '東學亂'으로 보기도 한다.40) 물론 최시형을 비롯한 동학교도들은 기본적으로 동학교도의 입장에서 교조신원운동의 차원에서 참가했다. 그러나 영해란은 기본적으로 진천에서부터 남해·진주 등지에서 이필제가 주도한 변란기도의 연장선상에서 파악해야 할 것이다.41) 또 이필제는 4차례에 걸친 변란을 기도하였지만 영해를 제외한 어디에서도 동학에 대해 언급한 적이 없다. 영해란에서도 난을 일으킨 다음에는 '교조신원' 등 동학과 관련한 어떠한 주장이나 행동도 취한 바가 없다. 이필제가 최시형을 만났을 때 교조신원에 대해서도 말했지만, 그 요체는 오히려 "자신은 천명을 받은 사람이다", "천운이 왔다", "내가 뜻을 두는 것은 중국에 창업하는 것"이라는 등의 표현에서 확인되듯이 변란을 도모하려는 데 있었다. 영해란은 기본적으로 이필제가 이러한 뜻을 펴기 위한 의도에서 일으킨 것이다.

진주에서 거사에 실패한 뒤 영해로 온 이필제가 한 일은 진천이나 진주에서와 같은 변란을 준비하는 것이었다. 그를 위해 처음에 한 일은 이 지역의 변란세력과 담합하는 일이었다. 대표적인 인물이 바로 남두병이다. 남두병은 能文能理한 인물로 고종 3년(1866)부터 이필제와 교류가 있었고, 휘하에 3백여 명을 거느리고 거사에 동참하기로 한 자이다. 이외에도 가장 많은 사람들을 변란에 끌어들였고, 영해 관아를 빠져나갈 때도 이필제와 함께 가마를 타고 갔다는 정치겸과 점술에 밝고 자칭 賊隊의 謀士라고 한 이군협도 영해 일대를 근거로 한 변란세력으로 보인다.42)

40) 金義煥, 앞의 글.
朴孟洙, 앞의 글(1986, 1989).

41) 이필제를 동학교도로 파악하기도 하나, 이필제가 동학교도라는 사실을 밝혀주는 기록은 취약하다. 李敦化의 《天道敎創建史》(《東學思想資料集》 2, 亞細亞文化社, 1979)에 따르면 이필제가 得道 이전의 최제우를 만난 후 감복하여 그를 따르기로 맹세한 사실이 있다하나 떠도는 소문을 기록한 것에 불과하다. 또 《道源記書》에도 이필제가 1863년에 입도하였다는 기록이 있으나, 정황상 이필제가 최시형를 끌어들이기 위해 꾸며낸 말인 것으로 여겨진다(《道源記書》, 212쪽). 영해란에 참가한 사람들도 이필제를 동학괴수로 지목하고 있으나(朴孟洙, 앞의 글, 1989) 이 역시 소문을 들은 데 불과하다.

42) 《嶠南公蹟》 5월 1일 李羣協更推.

이들과 만나 거사를 도모하면서 한편으로는 이 지역을 중심으로 산재해 있던 동학교도들을 끌어들였다. 동학교도의 우두머리는 최시형이었지만 최시형을 만나기 전에 이미 박사헌·이인언·全東奎 등을 포섭하였다. 박사헌과 이인언은 최시형과 이필제가 만나기 전에 이필제의 뜻을 최시형에게 전달하였고, 전동규는 이필제와 뜻을 함께하며 오래 전부터 거사를 준비해왔다.

한편 일찍부터 이필제의 변란에 가담한 동학교도 가운데는 新鄕勢力이 많았다는 점이 주목된다. 영해는 오래 전부터 신향과 舊鄕 간의 갈등이 심각하던 지역으로 이 지역의 동학교도 가운데는 신향세력이 많았다.[43] 이러한 점은 포교 초기의 동학이 어떤 식으로 이해되었고 수용되었는가를 시사해주고, 교도의 구성성분이 단순하지 않았음을 말해준다. 개별적인 차이는 있겠지만, 신향출신의 동학교도들이 영해란에 가담한 것은 종교적 입장보다는 향권을 둘러싼 구향과의 대립에 동학교단의 힘을 이용하려는 의도가 깔려 있었던 것으로 이해된다.

이들은 거사에 동참하기를 꺼려하던 최시형과 달리 일찍부터 이필제의 변란에 가담하고 있었고, 한결같이 최시형의 동참을 추동하고 있다는 점도 그들이 변란에 가담하는 동기와 무관하지 않을 것이다. 때문에 이들은 최시형에게 "우리가 그 무리에 들어가는 것은 사리에 가깝지 않고, 이필제가 교조신원이 아닌 다른 뜻을 가지고 있다는 사실을 알지만, 교조신원을 주장하기 때문에 따른다"라고 하여 최시형이 동참하지 않을 수 없는 명분을 강조하였던 것이다. 거사준비는 이필제가 의도한 바대로 진행되었다. 이필제는 최시형과 동학교도들을 동참시키려는 의도에서 거사 날짜도 최제우의 사형일인 3월 10일로 잡았다.

이상과 같은 사정들을 고려할 때 영해란 역시 진천이나 진주에서와 마찬가지로 정감록을 이념적 무기로 한 변란의 한 흐름으로 보아야 할 것이다. 다만 영해에는 오래된 신향과 구향의 갈등, 이것과 깊은 관련을 가진 동학교도 조직 등 변란에 이용할만한 좋은 자원이 있었고, 이필제는 이러한 자원들을 잘 이용함으로써 거사에 성공했던 것이다. 이런 점에서 영해란은 동학이

---

43) 張泳敏, 앞의 글.
———, 〈1840年 寧海 鄕戰과 그 背景에 관한 小考〉(《嶠南史學》 2, 1987).

변혁의 무기로 활용될 수 있는 좋은 자원임을 확인해주었다는 의미를 가지기도 한다.

여기서 하나 지적해야 할 점은 이필제가 동학교도를 가탁하고 '背道之林' 속으로 携入했다는 《道源記書》의 기록이다. '도를 배반한 무리들'의 존재를 알려주는 표현이다. 구체적으로는 어떤 자들을 말하는지 알 수 없지만, 당시에도 최시형과 노선을 달리하는 교도들이 있었음을 알려준다. 당시의 동학교도 가운데 동학의 경전을 心得한 교도가 많았으리라고는 생각되지 않는다. 또 교도라하더라도 동학을 받아들이는 입장에는 다양한 편차가 있었으리라 여겨진다. 실제 고종 5년(1868)에 변란을 기도하였던 鄭德基는 최제우에 대해서는 "식견이 있는 영남의 白雲선생"으로, 또 동학에 대해서는 "移山移海하는 法이 있다"는 식으로 이해하고 있었다.44) 이러한 점은 동학농민전쟁이 일어난 1894년에도 마찬가지였다. 동학은 치병의 수단이나, 총알을 막아주는 신비한 방술 등으로 이해된 사례는 얼마든지 있다. 《白凡逸志》의 다음과 같은 기록도 그러한 사정을 말해준다.

> 우리 동네에서 남쪽으로 20리쯤 가서 갯골이란 곳에 사는 오응선과 그 이웃 동네에 사는 최유현이라는 사람이 충청도 최도명이라는 동학 선생에게서 도를 받아 가지고 공부를 하고 있는데 방에 들고 나기에 문을 열지 아니하며, 문득 있다가 문득 없어지며, 능히 공중으로 걸어다니므로 충청도 그 선생 최도명한테 밤 동안 다녀온다고 하였다(김구, 《백범일지》(서문문고판), 35쪽).

이런 기록은 동학이 득도의 수단으로만이 아니라 治病이나, 術數를 터득하는 수단 등으로 수용되고 있었음을 시사해준다. 또 위에 언급한 정덕기와 같은 변란세력에 의해 정감록류의 비기로 받아들여진 경우도 있었을 것이다. '도를 배반한 무리들'은 바로 이와 같이 단순한 종교적 입장과는 다른 뜻을 가지고 동학에 들어간 세력들을 지칭하는 것으로 여겨진다.

이필제가 네번째로 시도한 것이 고종 8년 8월 문경의 鄭岐鉉과 동모한 조령작변이다. 이필제는 "東征西伐하여 濟世安民한다"는 기치를 내거는 한편,

---

44) 《推案及鞫案》 303책, 謀叛大逆罪人德基等鞫案, 196~198쪽.
《捕盜廳謄錄》 하, 黃載斗告變, 522쪽.

이미 진천작변 때부터 알고 지내던 정기현에게 "西湖主人은 鄭哥로서 方營朝鮮하고 東山主人은 權哥로서 圖謀南京한다"는 말로 접근하였고, 동모자들에게는 조선은 정기현에게 맡기고 그에게 병력을 빌려 田橫島를 거쳐 등주, 채주로 들어가 중원을 취하려는 계획이라고 밝혔다.[45]

이들은 영해에서의 동학과 마찬가지로 거사에 이용할만한 집단을 찾았다. 우선 이필제는 "지금 세상일이 크게 변하여 생민들의 고통이 오늘과 같은 때가 없었다. 여기에 先賢祠院을 철폐하여 민심이 다시 변하였다. 이러한 때를 이용하여 대사를 일으킨다면 인심이 물과 같이 우리에게 돌아올 것이다"고 정세를 파악하였다. 그리하여 서원철폐에 관한 儒會를 개최한다는 명분으로 경상, 충청, 전라의 삼도 사람들을 모았다. 이 때는 대원군의 서원철폐령이 떨어짐에 따라 이에 대처하기 위한 유림들의 모임이 잦았고, 항의를 하는 집단적인 상소와 상경이 잇따르고 있었다.

이필제가 이용한 것은 이러한 분위기였다. 이필제는 서원철폐에 대해 "선비된 자의 도리로서 침묵할 수 없으니 부득불 齊會하여 일차 伏閤하는 것이 좋겠다"는 통문을 돌려 유회를 가탁하여 변란을 기도했던 것이다. 또 이들은 "근일 영남의 선비들이 治疎道會라고 일컫는 것도 실은 이런 심정 이런 일로서 영남일도가 모두 同聲同應이고, 이미 서로 약속이 되었다", 그리고 "밖으로는 洋夷가 8월에 다시 오기로 서로 약속되었다"는 말로 유림세력을 끌어모았다. 풍기의 權應一, 충주의 宋僖哲, 상주의 金公先 등은 각기 백여 명씩 동원하기로 하였는데, 그 방법은 모두 유회를 가탁한 것이었다. 거사일은 8월 2일로 잡혔다. 일단 조령에 모여 먼저 문경읍을 탈취한 다음 한편으로는 괴산, 연풍으로 직향하고, 또 한편으로는 충주를 장악하려는 계획을 세우고 권용일은 大元帥, 정기현은 眞人, 鄭海昌은 謀士, 金元鳴은 先鋒 등 각기 직책을 맡아 거사를 진행하고자 했다.[46] 그러나 결국 조령별장이 기미를 알아차려 이필제를 포함한 주모자들이 체포되었다.

---

45) 《捕盜廳謄錄》 下, 鄭岐鉉李弼濟鳥嶺逆謀事 567·569쪽.
46) 朴周大, 《羅巖隨錄》, 102~105쪽.

(5) 기 타

철종 14년(1863)에는 서울에서 張基衡이 "호남에서 민요를 일으킨 鄭翰淳이 필경 장구대진할 것이다"는 유언비어를 퍼뜨린 죄로 체포된 일이 있으며,[47] 고종 5년(1868) 8월에는 상주에 사는 李紀輔라는 자가 정감록류의 참서를 이용하여 인심을 현혹시킨 죄로 체포되었다. 그가 인심을 현혹한 내용을 자세히는 알 수 없지만, 그의 참서 가운데 《開國功勳錄》이라는 것이 있었다는 점이 주목된다. 거기에는 새로운 나라의 영상과 판서, 경관은 누가 된다는 등 卿相으로부터 필부에 이르기까지 미리 정해두었다 한다.[48]

고종 5년에는 평생토록 관직을 원했으나 빈곤하여 과거장에도 한번 들어가지 못한 것을 항상 통탄하던 鄭德基가 삭녕에서 영남과 호남, 충청도의 세력을 모아 변란을 기도했다. 정덕기는 병인양요 때 모두 도망가기에 바빠 국가를 위하는 마음을 가진 자는 하나도 없음을 통탄하던 차에 북도의 포수 2천 명이 상경한다는 소문을 듣고 洋船을 물리치기 위해 智謀之士를 모아 의병을 일으키려 했다고 진술했다. 전주의 윤내형 등과 동모한 이들은 정덕기의 등에는 七星斑點이 있고 손바닥에는 '王'字 무늬가 있다 하여 정덕기를 鄭眞人으로 내세웠다.[49] 또 《九星秘訣》·《陰符經》 등을 가지고 다니며 "奇術이 있어서 능히 평지를 大海로 만들고 오백 명의 神兵을 부릴 수 있으니 조만간 '南中'에서 起兵하려 한다는 소문을 퍼뜨리는 한편, "후세에는 延日 鄭氏가 권력을 잡게 된다"는 것과 "洋船을 물리치기 위한 義旅를 모집한다"는 명분으로 세력을 규합했다. 동모자를 규합하기 위해 정덕기는 영남, 尹乃亨은 호남을 담당하기로 했다. 모의에 동참한 黃載斗는 지리산 수문동 장처사가 자신의 스승이며, 하동, 진주 및 공충도의 智謀之士가 모두 자기 수하에 있다고 호언했다. 그러나 결국 황재두의 고발로 발각되었다.[50]

---

47) 《捕盜廳謄錄》 중, 계해 10월 亂言告發.
48) 朴成壽 註解, 《渚上日月》 상, 124쪽.
49) 《捕盜廳謄錄》 하, 무진 6월 黃載斗智異山謀逆告變, 511·513쪽.
50) 《推案及鞫案》 303책, 무진 謀反大逆罪人德基等鞫案.
《捕盜廳謄錄》 하, 무진 6월 黃載斗智異山謀逆告變, 511·514·521쪽

고종 8년(1871)에는 고종 5년부터 울릉도에 들어가 살던 姜斌煥이 재물과 지모가 있는 자를 얻기 위해 육지로 나온 후 妽夫 李轍根을 끌어들여 해서의 원납전을 강탈하려다 미수에 그친 사건이 있었다. 강빈환은 "울릉도에는 전지가 비옥하고 인가가 많으니 함께 이 섬으로 가면 자연 부귀할 것이며, 그대는 반드시 島主가 될 것이다"는 말로 이철근을 포섭하였다.[51] 고종 9년에는 수 차례의 원납전으로 가산을 탕진한 吳潤根이 金應龍의 堪輿之術을 빌려 '至尊'을 음해하려던 사건이 발각된 바 있다.[52]

한편 이러한 이단사상의 만연은 19세기 들어 조청 양국 정부의 당면 문제로 심각하게 제기되고 있던 犯越 문제에까지 연결되었다. 고종 9년에 후창군수의 밀명을 받고 崔宗範 등 探客 3명이 압록강 건너편 封禁地帶 이주민의 생활을 조사보고한 《江北日記》에 따르면 조선에서 이단사상의 만연과 변란의 발생이 절정에 달했던 고종 6년에 범월자가 가장 많았다.[53] 그것은 고종 원년, 2년 무렵부터 자성군에서 유포되기 시작하여 마침내 서북 양도, 심지어는 서울에까지 전파된 '僞書'에 속은 사람들이 대거 월경하였기 때문이다. '위서'의 작자는 이름이 밝혀져 있지 않지만 무산 사람인 金有司로 고종 원년, 2년 경에 월경하였다가 다시 건너오면서 이 위서를 만들었다고 한다. 위서의 내용은 대략 압록강 건너 어딘가에 羅善洞, 楊花坪, 玉鷄村, 鐵鋪城 등 별세계가 있고, 그 곳에 채선생, 곽장군, 갈처사, 김진사 등 영웅호걸이 살며 민인을 모취한다는 것이다. 이것은 《土亭家藏訣》·《慶州李先生家藏訣》과 관계가 있거나 유사한 것으로 추측된다.[54] 위서의 내용을 믿

---

51) 《捕盜廳謄錄》 중, 신미 7월 上納色吏刺殺及逆謀事·하, 신미 9월 姜斌煥强盜事.

52) 《推案及鞫案》 308책, 임신 逆賊應龍潤根等鞫案.
《捕盜廳謄錄》 중, 임신 4월 海州咀呪及謀逆事.

53) 《江北日記》에 대해서는 柳承宙, 〈朝鮮後期 西間島移住民에 대한 一考察-《江北日記》의 解題에 붙여〉(《亞細亞硏究》 59, 1978)에 상세한 해제와 함께 원문이 실려 있다.

54) 《土亭家藏訣》과 《慶州李先生家藏訣》에는 "곽장군이 요동군사를 이끌고 方·杜 장수와 함께 왜와 서남쪽 오랑캐를 멸하네, 청나라를 쫓고 명나라를 도와서 정씨를 붙들고 이씨를 습격한다", "이 때 곽장군이 백두산에서 나와서 烏首德으로부터 요동에 들어가 古月의 백성들을 거느리고 칼을 든 채 오가니 고월반도 동쪽 백성들의 동요를 진정시킨다"는 내용이 들어 있다. 곽장군이라는 인물이 등장할 뿐만 아니라 지역적으로도 일치하고 있다(李民樹 譯註, 《鄭鑑錄》, 弘新

고 월경한 사람의 대부분은 지배층의 수탈과 가난에서 벗어나려는 빈농들이었지만, 고종 9년(1872)에 수십 명의 가족과 함께 300여 명의 인정을 거느리고 강을 건넌 홍진사 같은 이도 있어서 이단사상의 광범한 침투를 엿볼 수 있다.

고종 14년에는 문경에 사는 李秉淵이 진주의 妖僧 李導賢과 함께 문경과 대관령 등지를 옮겨 다니며 변란을 모의하다 체포되었다.[55] 이들은 고종 2년 무렵부터 대관령에 근거지를 가지고 다수의 의복과 창검 등을 갖추고 있었다. 병인양요 후에는 원주, 횡성 일대에서 20여 호가 난리를 피해 몰려와 살았다 한다. 이병연은 埋六戊法이라는 술수에 정통하고 있었으며, "만약 洋夷와 倭가 쳐들어 온다면 마땅히 나라를 위해 義兵을 일으켜야 할 것이다"는 명분을 내세워 동지를 포섭하였다. 이병연은 1876년 강화도조약 때 일본을 공격하기 위해 자칭 忠義將이라 하였고, 그 밖에 호조판서와 동일한 직위인 掌庫官과 中軍監이라는 직책을 두고 그러한 관직을 주겠다는 말로 李啓豊과 李英俊 등을 끌어들였다.

또 고종 19년에는 훈학 등을 업으로 10여년 동안 떠돌이 생활을 하던 趙秉天이 200냥의 돈으로 頑悖之類 4, 50여 명을 모집하여 서울에서 변란을 일으키려 하다가 발각되기도 했다.[56] 조병천은 陸軍都督이 되어 장차 倭를 정벌하려 한다거나, 자기에게는 呼風喚雨하는 술수가 있다는 말로 동모자를 끌어들였다. 조병천은 이미 고종 9년에도 중국에 침입한 영국을 토벌하자는 주장을 했다가 형을 받은 경험이 있는 자이다. 거사에 필요한 자금은 자신이 머무르며 훈장노릇을 하고 있던 집주인인 丁大璡으로부터 마련하였다. 조병천은 거사에 성공하면 정대진 부자를 수용하겠다는 말로 200냥을 얻어내었다. 이들은 4월 7일 모군한 병력을 이끌고 종로로 가서 장군이 들어온다고 고함을 치고, 그래도 안되면 眞主人이 온다는 말을 거리에 퍼뜨리려는 계획이었다. 그러나 정대진이 내놓은 돈 200냥으로 모군한 27명이 약속한 장소에 나타나지 않았을 뿐 아니라, 모군을 담당했던 전만근이 고발함으로

文化社, 1985).

55) 《推案及鞫案》 315책, 정축 罪人秉淵啓豊等鞫案.

56) 《捕盜廳謄錄》 하, 임오 4월 伐倭擧兵謀逆事.

써 발각당했다.

고종 27년(1890)에는 李瑾應·尹台善 등이 남북산에서 방포하여 궁궐로 쳐들어가는 변란을 기도하다가 탄로나기도 했다.[57] 이근응은 30여년 동안이나 때를 만나지 못해 뜻을 펴지 못한 것을 안타까워하다가 거사를 도모했다고 밝혔다. 이들은 고종 24년 무렵부터 "러시아에 智人을 파견하여 조선과 밀착시키고 그에 따라 조선과 청국 사이에 틈이 생기면 그 기회를 이용하여 거사"하려는 계획을 꾸며왔다. 또 "黨賊이 크게 일어나는 것은 훈련도감의 餘黨"이니 각처에 산재하는 훈국군을 모아 민요를 일으키려는 계획을 세우기도 했다.

변란은 대외적 위기위식이 고양된 병인, 신미년을 전후한 시기에 집중되다가 정작 외세의 침략이 현실화한 개항 이후에는 상대적으로 뜸해지기도 하나 동학농민전쟁 시기까지도 변란세력의 움직임은 꾸준히 이어지고 있었다. 1893년 동학교단의 '교조신원운동'에는 吳泰源·金炳一·吳啓源 등이 "鷄龍山에서 開國하라는 天命을 받았다"하여 영상, 좌상, 우상 자리를 미리 정해두고, "먼저 滅洋倭한 후에 무리를 불러모아 大小李閔을 盡滅하려는" 계획을 가지고 이의 실현을 위해 "해마다 상경하여 시세의 추이를 엿보았으며, 갑신정변 때도 四賊과 왕왕 상종을 하였으며, 仁源·愚葉·水演 등이 금구원평의 都會에 참여하였고, 亘葉을 보은도회에 투입하였다"고 하였다.

이 밖에도 보은집회에는 '南朝鮮'을 건설하려는 세력도 혼입해 있었고, 농민전쟁 기간 중에도 "東徒大將軍은 이씨로 14세이나 천문과 지리에 능통하고 남조선에서 나왔는데, 정병 10만 명이 뒤따라 왔다"는 소문이 나기도 하였다. 황해도에서는 농민전쟁 직후에도 이른바 '東學餘黨'이 중심이 되어 척왜양을 내걸고 변란을 기도한 바 있다. 이들은 淸國에 가서 馬大人으로부터 鎭東倡義士 印信과 職帖을 받아왔으며, 우선 군사를 이끌고 군수와 관속을 屠戮한 후 軍器를 탈취하여 해주로 가서 정월 초 3일에 각 읍이 大都會하여 해주부와 각 읍을 도륙하면 마대인이 병사를 거느리고 올 터이니 합세하여 京城으로 직향하여 倭洋을 토멸하고 각 대신을 誅滅한 후 海島中의 實鄭이

57) 《捕盜廳謄錄》 하, 경인 8월 諺書告變, 19~28쪽.

즉위할 것이라는 말을 퍼뜨리며 동모자를 규합하였다. 19세기 후반에 빈발한 전형적인 변란의 양상을 그대로 보여주고 있다.[58]

4) 변란의 성격

(1) 변란의 조직과 운동구조

민란에 대해서는 지배층도 탐묵한 지방관이나 이서배들의 수탈에 견디기 어려워 어쩔 수 없이 일으킨 소요 정도로 인식하였다. 그러므로 봉기농민에 대해서도 기본적으로는 '우리 先代의 성스러운 임금께서 키우고 보살펴온 赤子'라는 적자관이 적용되고 있었다.[59] 그런 만큼 민란의 전개방식도 공개적인 형태를 취하였고, 주모자들과 참가자들도 민란이 일어난 고을에 거주하는 사람들이었다. 이들은 주로 읍폐와 관련된 문제의 해결을 함께 논의하자는 통문을 작성하고, 이것을 면리조직을 이용하여 공공연하게 전파하여 읍민들을 모은 다음 대체로 향회 내지는 그와 유사한 회의를 거쳐 요구조건을 마련, 그것을 일단 지방관에게 등소의 형식으로 제출하였다. 봉기가 일어나는 것은 그러한 等訴가 묵살되고, 나아가 주모자들이 부당한 처벌을 받게되는 등 참을 수 없는 지경에 이른 다음이었다. 운동양태는 농간을 일삼던 吏胥輩나 악질적인 지주의 집을 불태우고 파괴하거나, 심한 경우 이서배를 죽이는 경우도 있었다. 또 관아를 점령하여 창고의 곡식을 풀어 나누어주는 등 부당하게 운용되던 부세제도의 시정을 시도하며 독자적으로 향권을 행사하기도 하였지만, 수령에 대해서는 아무리 악질이었어도 죽이거나 상해를 입히지 못하고 고을의 경계 밖으로 쫓아내는 정도의 보복을 하였다.

'변란'은 이와 달랐다. 우선 주모자들이 향촌사회에 거주하거나 직접적인 생산활동에 종사하기 보다는 지관, 의원, 약상, 훈학 등 떠돌이 생활을 하던

---

58) 배항섭, 〈1890년대 초반 민중의 동향과 고부민란〉(《1894년 농민전쟁연구 4》, 역사비평사, 1995) 참조.

59) 물론 1862년 농민항쟁처럼 민란이 걷잡을 수 없을 만큼 확대되어갈 경우에는 봉기농민에 대한 정부의 시각도 점차 '亂民', '化外必誅之賊' 등으로 강경하게 변해갔다(망원한국사연구실, 《1862년 농민항쟁》, 동녘, 1988, 338쪽).

寒儒·貧士들이 주류를 이루었다. 대표적으로 고종 6년(1869) 광양란을 주도한 민회행은 20년 이상 영호남 지역을 편행하며 동지를 모았고, 철종 2년(1851), 철종 3년에 연속적으로 변란을 기도한 유흥렴·김수정 역시 오랫동안 각지를 떠돌았다. 고종 14년에 변란을 모의한 장혁진·최봉주는 이미 십수년 전에 유배된 몸으로 각지를 돌아다니며 동지를 포섭했고, 이필제도 철종 10년에 유배당한 이후 10여 년간 각지를 떠돌다가 고종 6년 이후 일련의 변란을 주도했으며, 고종 19년 '伐倭擧義'를 주장하며 변란을 기도한 조병천도 10여 년간 떠돌이 생활을 했다.

변란은 조선왕조의 타도를 목적으로 한 명백한 '역모'였고, 발각되었을 경우 그에 준하는 처벌을 받아야 했다. 또 주모자들이 향촌사회를 떠나 있었기 때문에 참여층의 동원에도 공동체를 매개로 하는 방법을 쓸 수 없었다. 따라서 변란은 민란과 달리 준비과정이나 모의과정이 비밀결사적인 형태로 매우 은밀하게 진행되었다. 우선 이들의 변란모의는 각지를 편력하는 과정에서 의기투합한 동지를 만나서면서부터 시작된다. 변란의 핵심적인 인물은 대개 1, 2명 내지 3, 4명 정도였으며, 이들은 길게는 몇 년, 짧아도 몇 개월여 전부터 거사를 준비하였다. 이들은 각지를 편행하던 과정에서 알게된 인물을 찾아가거나, 핵심 인물이 적당한 대상에게 의식적으로 접근하여 거사계획을 털어놓는 방식으로 동모자를 포섭한다. 이러한 과정은 매우 조심스럽고 은밀하게 진행되었으나, 동모자를 포섭하는 과정에서 포섭대상자의 고발로 탄로가 나기도 하였다. 일단 동모자의 포섭이 끝나면 지도부가 형성되고 거사의 구체적인 방법이나 절차를 결정하게 된다.

가장 중요한 것은 거사에 필요한 자금과 병력, 군량, 무기를 마련하는 일이었다. 이것은 지도부가 나누어 담당하거나, 핵심적인 인물들이 이미 오래전부터 준비해오기도 하였다. 지도부에서 가장 고심한 부분이 바로 자금이었다. 자금은 거사에 필요한 병력의 동원과 병기, 군량의 마련 등 거사준비에 무엇보다 불가결한 요소였기 때문이다. 자금마련은 주모자들 가운데서 염출하거나, 고기잡이나 소금구이 등의 방법으로 자체 조달하기도 했고, 철종 2년의 해서세력의 변란기도나 이필제의 진주거사에서처럼 명화적 활동을 통해 마련하려는 계획을 세우기도 했다. 그러나 대체로 재력가들, 특히 엽관적 성향이나 신분상승 욕구가 강한 재력가들에게 접근하여 그들의 재력을 이용하였다. 재력가에 대한 물색과 접근은 주로 친인척 관계나 평소의 친분을 통해 이루어졌고, 이 과정에서는 본래의 목적을 숨기는 경우가 대부분이었다. 물론 수 차례의 만남을 통해 의사를 타진해 본 후에는 본래의 목적을 밝히기도 하였지만, 본래의 의도를 숨기고 北伐이나 洋夷를 물리치기 위한 의병을 가탁하는 등 다른 명분을 내세웠다. 본래의 의도를 밝힐 때에는 미리 '異人之說'이나 감결류의 참언으로 당사자를 현혹시켰으며, 성공할 때에는 대단한 관직을 차지할 수 있다는 미끼를 내걸었다. 병력동원 역시 친인척이나 평소의 친분을 이용했다. 이 때에도 주로 다른 일을 가장하여 돈을 주고 일시적으로 고용하는 방식을 취하였으며, 이인지설이나 참언으로 감복시키는 경우도 있었다. 또 이필제의 영해란이나 조령작변에서처럼 이미 존재하는 조직적 기반이나 특정한 지역에 이미 팽배해 있던 불만을 이용하기도 했다.

앞서도 언급했듯이 이들의 최종 목표는 조선왕조를 타도하는 것이었다. 그러나 당장 서울로 직향하여 최종 목표를 단행하기에는 물리적인 역량이 부족했다. 따라서 이들은 일단 특정 고을을 중심으로 거사하여 거기서 역량을 비축한 다음 여세를 몰아 서울로 직향한다는 계획을 세워두고 있었다. 또 이들은 일단 '난리'를 일으키고 격문을 각지에 띄우면 각지에서 합세해 올 것이라는 현실과는 거리가 먼 '환상'을 품고 있었다.[60] 물론 이를 위해 영남지역, 호남지역 등을 분담하여 각자 동모자를 규합하는 방법을 채택하기도 하였지만, 제대로 성공한 예는 없었다. 특정 고을을 무대로 한 거사를 일으킬 만한 적정 인원이 동원되면 거사에 착수하였다.

거사방법에서도 변란은 민란과 확연한 차이를 보여준다. 무엇보다 변란세력은 동원된 자들을 병기로 무장시키고 관아로 쳐들어갔고, 그 시기도 주로 한밤중을 택하였으며, 곧장 수령을 해치려는 행동을 보였다. 민란과는 전혀 다른 모습이었다. 거사 직후에는 창고를 열어 곡식을 나누어 주는 등 주민들을 안도시키려는 노력에 힘을 기울이면서, 한편으로는 주민들 중 일부를 협

60) 《慶尙監營啓錄》 고종 7년 6월 14일 梁永烈供.

박, 회유 등의 방법으로 동원하여 세를 불리기도 하였다. 그러나 기대와 달리 다른 지역은 물론이고 그 지역의 주민들에게서도 호응을 받지 못하고 오히려 배척받는 분위기였다. 따라서 이들은 주변 지역을 석권하고 그 여세를 몰아 서울로 직향한다는 원래의 계획을 진전시키지 못하고 수일 동안 관아를 점령해 있다가 진압 관군이 파견되면 속절없이 도주하는 투기적·모험적 측면이 강하였다.

한편 19세기 후반의 변란사건에서 두드러진 특징 가운데 하나는 참가층의 광역성이다. 비록 조직적 결속력은 떨어졌지만, 고을 단위로 고립되어 일어났던 민란과 달리 단위 고을을 벗어난 여러 지역의 사람들이 참여하였다. 대표적으로는 채희재·유흥렴·김수정·최봉주·장혁진 등이 철종 2년(1851)과 철종 3년, 고종 14년(1877)에 해서지방과 영남, 혹은 영남과 호남지방의 연계를 기도하였고, 고종 6년에서 고종 8년에 걸쳐 연속적으로 변란을 기도한 '이필제란'에도 경상도·충청도·경기도·강원도의 인물이 가담했다.

이 시기의 변란에서 보이는 또 하나의 특징은 동일한 인물에 의해 변란이 연속적으로 모의되었다는 점이다. 이필제는 고종 6년에서 고종 8년에 걸쳐 진천·진주·영해·문경 등지를 편력하며 연속적으로 변란을 기도했고, 유흥렴·김수정이 철종 2년에 구월산, 철종 4년에 서울에서, 최봉주가 철종 4년에 서울, 고종 14년에 전주에서, 장혁진과 이사윤이 고종 9년에 안동, 고종 14년에 전주에서, 민회행이 고종 5년에 강진, 고종 6년에 광양에서 연속적으로 변란을 기도했다. 이러한 모습은 일단 통치질서의 문란과 洋夷의 침공에 대한 위기감으로 이단사상을 수용하는 변란세력이 그만큼 전국적으로 만연해 있었음을 뜻하는 사실로 이해되지만, 변란 주도세력의 사회적 존재형태와 밀접한 관련이 있다. 이들은 향촌사회를 떠나 떠돌이 생활을 하고 있었다. 그러므로 모의가 탄로나도 쉽사리 체포되지 않았고, 전국을 돌아다니며 또 다른 변란을 계획할 수 있었던 것이다.

이와 같이 변란은 항쟁의 조직이라는 측면에서 볼 때 민란이 가진 고립, 분산성과 지역적 한계를 벗어날 수 있는 조직적 기반의 단초를 마련하고 있었다. 이것은 변란의 투쟁목표 역시 읍권의 장악이 아니라 중앙권력의 타도에 있었다는 점과 아울러 전국적인 항쟁을 이끌어낼 수 있는 조건을 외형적으로는 이미 갖추고 있었다는 측면에서 매우 중요한 의미를 가진다.

그러나 동시에 변란은 조직적 기반과 관련하여 기본적인 한계를 노정하고 있었다. 무엇보다 조직의 결속도가 대단히 취약했다. 변란 지도부는 오랫동안 향촌사회나 생산현장을 떠나 떠돌이 생활을 하고 있었기 때문에 향촌사회의 농민들을 묶어낼 수 있는 어떠한 조직적인 기반도 없었다. 또 지도부와 참가층의 결합이 민란과 달리 목적에 대한 합의나 이해의 일치에서 이루어진 것이 아니었다. 오히려 본래의 목적은 숨긴 채 다른 명분을 내걸거나, 자금으로 고용하는 방식으로 이루어졌다. 때문에 진행과정에서 본래의 의도가 알려졌을 경우 이탈자가 속출하였으며, 관에 고발을 하는 자도 주로 그 중에서 나왔다. 또한 서로 다른 수준에서 끌어들인 참가층간에는 사회경제적 처지에도 커다란 차이가 있었다. 자금확보를 위해 끌어들인 자들은 대체로 현실에 대한 불만과 함께 엽관적 성향이 강한 재산가들이었으며, 병력으로 동원된 계층은 대체로 떠돌이 생활을 하거나 날품을 팔아 하루하루를 연명해 가는 빈민들이었다. 이러한 사정은 변란의 조직적 기반을 매우 취약하게 만들었고, 대부분의 변란이 거사단계까지도 가지 못하고 도중하차하는 가장 중요한 이유가 되었다.

(2) 변란의 이념

변란주도층은 정감록류의 비기와 참언을 이념적 무기로 이용하고 있었다. 앞에서도 언급했듯이 정감록은 왕조의 멸망을 예언하는 참위서라는 점과 함께 주로 난세관과 말세관이 결부된 전란에 대한 공포감, 그리고 그러한 공포로부터의 도피를 그 사상적 기조로 하였다. 정감록류의 현실도피적인 사상 속에는 조선사회의 모순에 대한 비판의식이 일정하게 결합되어 있었다. "재물에 인색한 사람은 먼저 집에서 죽고 아무 재주도 없는 선비는 저절로 길에서 죽는다"[61] "부자는 돈이 많으니 섶을 지고 불에 들어감과 같고, 빈자는 재산이 없으니 어디든지 가나니 조금 지각있는 자라야 시국을 보아 행하리

61) 〈鄭北窓秘訣〉.

라"[62]라는 구절에서는 지주제의 모순 등에서 초래된 빈부간의 갈등과 부자에 대한 반감 등이 표현되어 있어서 추상적인 차원에서나마 조선사회의 경제적 모순에 대한 비판의식이 내포되어 있음을 알 수 있다.

또한 "말세가 오면 아전이 태수를 죽이되 조금도 거리낌이 없고, 상하의 분별은 없어지고 변은 잇따라 일어나고 마침내 임금은 어리고 나라가 위태로와 외롭게 될 때에는 대대로 국록을 먹는 신하는 죽음을 당할 것이다"[63] 하여 역시 추상적이나마 신분에 대한 비판과 조선사회의 지배질서에 대한 근원적인 비판의식을 드러내기도 했다. 이러한 비판의식은 나아가 "사대부는 이익을 탐하고 팔도의 방백과 수령들은 다만 재물이 있음만 알고 백성이 있음은 알지 못한다"거나, "사대부의 집은 人蔘으로 망하고, 벼슬아치의 집은 利를 탐내다가 망한다" 혹은 "사람들의 마음이 오로지 재물에 있어서 賣文賣利함에 꺼리는 바가 없고 賣官賣爵함이 마치 시장과 같으니 天道가 어찌 부홍할 리가 있겠는가"[64]라고 하여 탐학과 수탈만 일삼으며 매관매직을 자행함으로써 스스로 도덕성과 정당성을 상실하고 있던 지배층에 대해 총체적으로 비판하고 있음을 보여준다.

그러나 정감록이 농민들을 변란의 세계로 끌어들이고 새로운 사회를 주체적으로 열어가는 변혁의 무기가 되기에는 중대한 한계가 있었다. 어떤 사상이나 이념이 변혁을 위한 실천적 무기가 되기 위해서는 고통에 찬 현실로부터의 도피나 새로운 세상의 숙명적인 도래를 예언하는 데서 그쳐서는 안된다. 변혁운동의 동력이 될 농민들이 당면하고 있는 현실사회의 모순과 억압으로부터의 해방을 위한 의지와 주체적인 실천행위가 결합될 필요가 있기 때문이다. 그러나 정감록에는 그러한 요소가 없었다. 그것은 무엇보다 정감록에 내재한 사상적 기조인 숙명론과 현실도피사상 때문이었다.

정감록에는 "丙申·丁酉에 흉년이 목숨을 앗아가고 兵亂이 쉴새 없으니 백성들 가운데 반은 살고 반은 죽을 것이다",[65] 또는 "9년간의 흉년과 7년간

62) 〈鑑訣〉.
63) 위와 같음.
64) 〈遊山訣〉.
65) 〈南師古秘訣〉.

의 水災와 3년간의 역질에 열집 중 한집만이 살아 남을 것이다"[66]라고 병란이나 흉년, 疫病 등에 대한 예언과 그에 따른 참화를 구체적으로 묘사하고 있었다. 이것은 곧 조선왕조의 멸망의 필연성과 그에 이은 새로운 세상의 숙명적인 도래를 예언하는 것이다. 그러나 한편으로는 "아홉 해 水災와 열두 해 兵亂이 있을 것이니 어떤 사람이 피하겠는가. 十勝地에 들어가는 사람은 그 때를 보아 살 것이다"[67], "후세에 만약 지각있는 자가 십승지에 먼저 들어가면 가난한 사람은 살고 부자는 죽으리라"라고 하여, 과도기의 참화로부터 살아남아 새로운 세상을 맞기 위해서는 십승지로 도피해야 한다는 점을 강조하고 있다.

말하자면 모순에 찬 현실에 대한 적극적인 대처보다는 그로부터의 도피와 새로운 세상의 도래에 대한 숙명적 기다림이 준비되어 있을 뿐이다. 따라서 거기에는 사회적 모순을 해결하고, 그것을 위해 민인들을 끌어들이려는 노력이 개입될 여지가 없었다. 오히려 사회적 모순이나 전란, 역질, 자연재해 등은 조선왕조가 끝나고 새로운 왕조가 도래할 징험으로만 파악되었다.

정감록은 이씨왕조를 전면적으로 부정한다는 측면에서는 '혁명적'이라 할 만하였으나, 새로운 사회는 외적인 계기에 의해 숙명적으로 주어질 뿐 거기에는 어떠한 실천적 의지나 행위도 배제되어 있었다. 따라서 정감록에서의 새로운 사회는 막연한 기다림 속에서 숙명적으로 도래되는, 현실적, 구체적인 것으로부터 저 만큼 멀리 초탈해 있는 관념적, 환상적인 세계일 뿐이었다. 현실사회에 대한 불만이 강했던 만큼 이상사회에 대한 동경 역시 그 만큼 강열했고, 그래서 정감록은 널리 확산될 수 있었지만 거기에는 다가올 새로운 사회상에 대한 구체적인 전망이 개입될 여지가 없었다.

정감록이 이러한 한계를 가졌음에도 불구하고 끈질기게 변란의 이념적 무기가 될 수 있었던 것은 일면 변란 주체가 처해 있던 사회경제적 조건, 그리고 그들이 가진 강한 엽관적 성향과 관계가 있다. 변란의 주도층은 특권을 상실했다고는 하나 신분적, 사회적 속성은 양반이고 지식인이었다. 특히 이들이 처해있는 생활 역시 직접적인 생산자의 그것과 달리 대체로 '떠

66) 〈西溪李先生家藏秘訣〉.
67) 〈鑑訣〉.

돌이' 생활이었다는 사실은 이들의 정서와 일반 농민의 그것 사이에는 일정한 차이가 있을 수밖에 없었음을 뜻한다. 그렇다 하여 이들이 농민들이 처한 현실을 전혀 몰랐던 것은 아니다. 철종 2년(1851) 구월산 일대를 무대로 변란을 모의한 기덕우는 일찍이 고을의 삼정문란을 해결하기 위해 擊錚을 한 바 있고, 철종 4년 한양에서 변란을 기도한 최봉주는 민생이 곤궁한 것을 보고 濟世의 뜻을 펴기 위해 변란을 기도하였으며, 고종 6년(1869) 광양란을 주도한 민회행은 진주민란을 본받아 읍폐를 뜯어고치려 했다. 이필제 역시 "세상일이 크게 변하여 생민의 고통이 오늘과 같은 적이 없으므로 濟世安民하려 한다"는 뜻을 가지고 있었다.[68] 또 동모자를 규합할 때도 토호무단 등 사회적 모순을 거론하기도 하였으며, 진주거사에 참여한 정덕기도 민정의 황급함을 보고 만민을 구제할 방략을 도모하려는 구상을 가지고 있었다.

이와 같이 변란의 주모자들도 사회현실에 대한 일정한 비판의식을 토대로 제세안민의 뜻을 가지고 있었기 때문에 일찍이 향촌사회의 읍폐교구를 위한 노력을 기울이기도 하였다. 그러나 앞서도 언급했듯이 변란 지도부는 이미 오랫동안 향촌사회와 생산현장을 떠나 떠돌이 생활을 하던 자들이었다. 이들에게는 생산활동이나 생활현장에서 우러나오는 민중들의 정서와 현실적인 요구를 수용할 여지가 협소하였다.

여기에 더하여 변란의 지도부가 가지고 있던 지나치게 강한 엽관적인 성향도 이들이 일반 민인들과 결합하지 못한 중요한 요인 가운데 하나였다. 헌종 10년(1844) 민선용은 죽산의 양반 李鐘樂을 끌어들이며 거사에 성공하면 판서 자리를 약속했다. 또한 19세기 후반에 들어와서도 변란의 주도층은 거사에 성공했을 때에 각기 차지할 관직을 미리 정해놓기도 했다. 철종 2년에 변란을 모의한 유흥렴·채희재·김수정 등은 三公, 六卿을 배정해 두었으며, 철종 4년에도 거사에 성공하면 김수정은 병조판서, 최봉주는 三道統制使를 차지할 계획이었다. 이들은 병력동원을 위해 끌어들인 구월산 호위군 별장 최치각에게도 군량에 필요한 돈 1천 냥을 제공하면 고관자리를 주겠다는 점

68) 《錦營啓錄》(《各司謄錄》 7, 國史編纂委員會, 1983) 신미 8월 16일 鄭起源供.

을 내세우기도 했다.[69] 고종 14년(1877)에 滅洋倭를 내세워 변란을 모의한 이병연도 호조판서에 해당하는 掌庫官과 中軍監의 직책을 미리 주며 이계풍과 이영준을 끌어들였다. 한편 고종 5년의 정덕기도 변란을 모의한 이유 중의 하나가 가세가 빈궁하여 과장에도 들어갈 수 없던 처지를 절통한 사실에 있었다 하여 엽관적 측면을 일정하게 드러내고 있다. 이필제도 "京司가 부모의 평생소원"이었고,[70] "大明太祖도 처음에는 乞兒 3백여 명이었으니, 사람의 일을 어찌 모두 알 수 있겠는가"[71]라고 한데서 관직 진출이나 권력에 대한 그의 열망을 읽을 수 있다.

이러한 엽관지향성을 가지는 한 사회적 모순뿐만 아니라, 외세의 침입에 의한 兵禍까지도 다만 조선왕조의 멸망과 새로운 세상의 도래를 재촉하는 징험이나 엽관적 지향을 충족시킬 수 있는 좋은 기회로만 이해될 뿐이었다. 그것은 19세기 전반의 변란에 잘 나타나 있다. 순조 13년(1813) 성주출신의 향반 백동원은 대마도와 연결하여 변란을 계획하였다가 미수에 그쳤으며, 순조 17년에는 蔡壽永, 安有謙 등이 화적을 동원하는 한편 제주도에 들어가 대마도에 청병할 계획을 세웠다가 발각되었다. 또한 헌종 2년(1836)에 남응중은 왜에 원병을 요청하여 변란을 기도하려다 체포되었다.[72] 여기서는 그러한 외세의 침략에 따라 고통받을 농민이나 '민족적' 현실에 대한 최소한의 의식도 없다. 이것은 정감록이 농민대중을 끌어들이고 새로운 세상을 창출하는 변혁의 무기로 삼기에는 치명적인 약점이 되는 것이다.

변란 주도층이 농민들과 괴리될 수밖에 없는 또 하나의 요인은 변란의 주도층이 설정한 목표에서 찾을 수 있다. 변란의 주도층의 목표는 왕조의 타도였다. 그러나 그것은 일반 민인들의 정서나 현실적인 요구와는 괴리가 큰 지나치게 추상적이고 공허한 구호였다. 일반적인 민란을 통해 볼 때 아무리 악질적이었다 하더라도 지방수령에 대해서도 함부로 구타조차 하지 못한 것이 당시 민인들의 의식세계였다. 따라서 일반 민인들에게 왕조타도의 구호는 오

69) 《捕盜廳謄錄》 하, 신해 9월 海西獄事, 185쪽.
70) 《捕盜廳謄錄》 하, 신미 8월, 鳥嶺逆謀事, 568쪽.
71) 《捕盜廳謄錄》 하, 기사 4월, 梁柱東供.
72) 배항섭, 앞의 글.

히려 생각조차 할 수 없는, 황당하기조차 한 '흉칙한' 말이었다. 개항을 하고도 약 18년이 지난 1894년의 고부민란에서도 봉기농민들은 "민요가 월경을 하면 반란의 칭을 받는다"하여 함열로 나아가 전운영을 격파하고자 한 전봉준의 주장에 반대할 정도였다.

그러므로 왕조타도의 구호로 대중들을 변란의 동력으로 끌어들이는 것은 불가능하였다. 이들이 일반 민인들을 변란으로 끌어들이기 위해서는 본래의 목표를 숨기고 다른 명분을 내걸 수밖에 없었다. 그것은 주로 다른 명분을 가탁하여 돈을 주고 동원하는 방법으로 나타났다. 장차 난리가 날 것이라는 정감록의 兵禍之說이나 새 세상을 창도할 異人이 나타났다는 異人之說을 이용하기도 하였지만, 고종 5년(1868) 장흥에서 변란을 기도한 민회행과 고종 9년 안동에서 변란을 기도한 장혁진은 장례를 치른다는 명목으로 사람들을 동원하였고, 이필제는 진주거사에서 후한 임금을 준다는 명분을 내세워 동원하였다. 이러한 방법으로는 농민들을 동원하는 데 명확한 한계가 있었다. 이러한 한계는 결국 변란 주도층이 변란의 주동력이 될 농민들을 끌어들이는 데 실패하는 기본적인 이유이자 변란이 성공하지 못하는 가장 중대한 이유가 되었다. 변란 주도층과 일반 민인들의 의식세계에는 적지않은 괴리가 있었던 것이다. 이에 따라 변란 참가층이 오히려 주민이나 樵軍들에게 체포되는 일이 벌어지기도 했다.[73]

이와 같이 변란의 지도부를 이룬 인물들은 사회적 모순에 대해 인식하고 있었으며, 그에 더하여 부분적으로는 '濟世安民'하려는 뜻을 가지고도 있었다. 그러나 이들은 오랫동안 향촌사회나 생산현장으로부터 떠나 떠돌이 생활을 하고 있었고, 지나치게 강한 엽관적 성향을 드러내고 있었다. 또 그들이 내건 왕조타도의 구호는 당시 일반 민중들의 의식수준에 비추어 볼 때 황당하리 만큼 과도한 것이었다. 이 점은 이들이 정감록을 이념적 기반으로 수용한 중요한 요인이자 생산활동이나 생활현장에서 우러나오는 민중의 정서와

73) 이필제의 영해란에 가담하였던 정창학은 피신 중에 동민들에 의해 체포되었고(《嶠南公蹟》 4월 26일 鄭昌鶴更推), 조령작변에 가담했던 정해창 역시 거사가 탄로나자 피신했다가 다음날 초군들에 의해 체포되었다(朴周大, 《羅巖隨錄》, 104쪽).

현실적인 요구를 수용하는 데 근본적인 제약요인으로 작용하였다.

변란은 외형적으로는 민란의 고립성을 극복한 측면을 보여주었고, 중앙권력의 타도라는 높은 수준의 목적을 제시하고 있었지만, 끝내 그러한 조직과 이념이 민중과 결합되지 못함으로써 머리만 있고 발은 없는 불구적인 모습을 드러낼 수밖에 없었던 것이다. 19세기 변란은 몇 가지 점에서 한계를 안고 있었지만, 계속되는 변란의 기도와 거듭되는 실패를 통해 그러한 한계들을 극복해 나가는 단초가 마련되기 시작했다. 그것은 우선 민란에서 보여주는 폭발적인 힘을 발견하는 데서 시작되었다.

(3) 변란과 19세기 후반의 민중운동

19세기 후반의 변란에 나타나는 주목할만한 특징 가운데 하나는 변란 주도층들이 斥倭, 斥洋을 위한 義兵을 일으킨다는 명분으로 참여세력을 동원하려 한 점이다. 이러한 현상은 한편으로는 당시의 시국과도 적지 않은 관련이 있는 것으로 보인다. 고종 5년(1868)에 오페르트 도굴사건 직후에 내린 바 "해적을 섬멸하는 자는 과거에 급제하지 못한 사람이라 하더라도 모두 擢用할 것이다"는 국왕의 교지는 지방으로까지 잘 알려져 있었다.74) 이러한 사정도 엽관적 성향의 사람들을 부추겼으라는 것은 쉽게 추측이 간다. 곧 당시에 팽배해 있던 대외적 위기의식과 외세의 침략행위가 한편으로는 엽관적인 인물들에게 입신양명할 수 있는 좋은 기회를 제공하고 있었던 것이다.

고종 5년에 5백 명의 神兵과 덕유산의 장사로 '南中'에서 기병하려 한 정덕기가 세력을 규합한 명분은 "후세에는 延日 鄭哥가 권력을 잡게 된다"는 것과 "洋船을 물리치기 위한 義旅를 모집한다"는 것이었다. 이필제 역시 진주거사에서는 당시의 정세인식을 바탕으로 양이와 오랑캐·왜구에 대비하여 의병을 일으킨다는 명분을 내세웠고, 영해거사에서도 倭船 수백 척이 쳐들어올 것이라는 말로 민심을 동요시키고 의병을 모은다는 명분을 내세우기도 했다. 고종 14년에는 문경에 사는 이병연이 진주의 妖僧 이도현과 함께 "만약 양이와 왜가 쳐들어온다면 마땅히 나라를 위해 의병을 일으켜야 할 것"

74) 朴成壽 註解, 《渚上日月》 상, 122쪽.

이라는 명분을 내세워 동지를 포섭하였다. 고종 19년에는 조병천이 돈으로 완패지류를 모집하는 한편 중국에 침입한 영국에 대한 토벌과 벌왜를 내세워 서울에서 변란을 일으키려다가 발각되기도 했다. 또 동학농민전쟁 직후에도 황해지역의 동학여당이 변란을 모의하여 동지를 규합한 명분은 척왜양을 위한 창의였다.

이와 같이 척왜나 척양을 내세운 19세기 후반의 변란은 오히려 왜와 결합하여 변란을 모의하기도 했던 19세기 전반과는 그 양상을 전혀 달리하는 것이다. 이것은 철종 11년(1860)의 북경함락에 대한 소식과 두 차례의 양요, 그리고 일본에 의한 강압적인 문호개방을 겪으면서 조선사회에 팽배하게 된 반외세적인, 특히 반왜적인 분위기를 반영하는 것이다. 특히 병인양요를 겪은 후 외세의 침략에 대한 위기의식은 대단히 심화되었다. 병인양요가 일어난 다음해인 고종 4년 3월에는 양이와 왜, 그리고 미국이 합세하여 우리 나라를 쳐들어 온다는 소문이 나기도 했고, 고종 10년 8월에는 청나라에서 양이와 왜인 및 유구국이 합세하여 우리 나라로 쳐들어올 것이라는 정보를 보내왔다는 소문이 돌았다.[75]

이와 같이 변란세력이 반외세의 구호와 倡義를 내세운 것은 대부분 거사에 참가층을 끌어들이기 위한 명분이었지만, 반외세의 구호는 '민란'에서는 전혀 제기되지 않는 문제여서 주목된다. 1862년 이후 꾸준히 전개되어온 민란이 1880년대 중반 이후에 들어오면 가히 폭발적이라 할 만큼 전국적으로 또 동시다발의 형태로 일어난다. 그러나 그 어느 곳의 민란에서도 '반외세'의 구호는 보이지 않는다. 민란의 흐름에서는 전혀 나타나지 않는 斥倭·斥洋 구호가 변란모의에서는 이미 1860년대부터 나타났던 것이다.

이는 반봉건적인 구호에 일면적으로 경사되고 고을 단위로 고립되어 있던 민란을 전국적 차원의 항쟁으로 끌어올리고, 보다 광범위한 계층을 포섭할 수 있는 반외세적 민족주의의 단초가 형성되는 과정으로 이해된다. 곧 西勢

75) 韓沽劤, 〈開港 當時의 危機意識과 開化思想〉(《韓國史硏究》 2, 1967).
成大慶, 〈大院君政權 性格硏究〉(成均館大 博士學位論文, 1884), 9~11쪽.
배항섭, 〈개항기 민중들의 일본에 대한 인식과 대응〉(《역사비평》, 1994년 겨울호).

東漸의 시대를 맞아 민중운동에도 반봉건적인 측면과 아울러 반외세적인 논리도 획득되어 가는 과정으로 볼 수 있을 것이다. 또 외세나 민족에 대한 인식이 완전히 몰각되어 있던 정감록을 한 단계 발전시킨 점으로 받아들일 수 있을 것이다. 정감록에 매몰되는 한 거기에는 "세상이 혼란해야 나 같은 무리가 몸을 일으킬 수 있는 기회가 있다"는 입장에서 왕조의 전복이라는 목적을 위해서라면 외세마져도 불러들일 수 있다는 19세기 전반까지의 인식 수준에 머무를 수밖에 없기 때문이다.

그러나 변란의 이념적 성향을 곧장 근대 민족주의로 연결시키기에는 반봉건·반외세의 양측면 모두에서 한계를 안고 있었다. 반외세의 측면에서는 여전히 화이론적 세계관을 극복하지 못하였고, 반봉건의 측면에서도 조선왕조를 부정하기는 하였으나, 그 다음 사회에 대한 전망이 또 다른 왕조라는 전근대적 인식의 틀 속에 갇혀 있었다. 철종 2년(1851) 구월산 일대에서 변란을 기도한 최봉주는 "병자호란 때의 원수를 갚고 태조의 창업을 계승하기" 위해 田橫島라는 가상의 섬에 모여살고 있다는 明의 후예와 연합하여 淸을 공격하자고 주장하기도 하였으며, 이필제도 조령변란의 모의과정에서 이와 유사한 말로 동모자를 끌어들였다. 이필제의 진주거사에 참여했던 양영렬도 스스로 의병의 후예임을 자처하면서 "만약 사변이 있으면 마땅히 창의군에 참여하고, 혹은 民堡를 하거나 혹은 주자의 屯田法을 실시하려 한다"고 한 바 있다.[76] 화이론적 세계관이 깊이 각인되어 있음과 체제에 대한 전망이 태조의 창업정신이나 주자학적인 체제이데올로기를 벗어나지 못하고 있음을 볼 수 있다. 변란의 주모자들은 三公六卿을 미리 정해둘 정도로 강한 엽관성향을 보이고 있었다는 점과 함께 반봉건의 측면에서 이들의 의식이 가진 한계를 확인할 수 있다.

그러나 변란이 거듭되면서 이러한 한계도 일정하게 극복되어 나가고 있었다. 우선 거사를 일으키는 데 성공한 고종 6년(1869)의 '광양란'과 '이필제란'에서는 농민들 속에 내재해 있는 힘을 본격적으로 인식하기 시작함으로써 민란과 변란이 결합될 수 있는 단서가 마련되고 있었다. '광양란'의 민회

76) 《慶尙監營啓錄》 고종 7년 6월 14일, 梁永烈供.

행이 봉기의 목적을 "진주민란을 본받아 민란을 일으켜 읍폐를 바로잡고자 한" 데 있었다고 한 점이나, 관아를 점령하는 즉시 官穀을 풀어 읍민들에게 분배하고 榜文을 내건 점은 주목된다. 이는 이필제의 晉州作變에서 "만약 거사하려면 대의로써 八方에 포고하고 仁義之師를 행하여 민심을 撫恤한 연후라야 일이 이루어질 것이다"[77]고 한 점과 마찬가지로 거사의 성공에는 무엇보다 농민들의 지지가 필수적이었음을 깨닫고 있었음을 보여주기 때문이다.

이것은 이필제란의 주도자 중 한 명인 성하첨이 "壬戌樵變 때 그 읍의 물정을 살펴보니 그 무리가 쉽게 모이고 쉽게 흩어지더라. 이미 굳은 의지가 없으니 당연히 대패하였다"고 한 점, 그리고 "작년(1869) 봄 광양의 변란은 3, 4읍을 공략하여 성공하였고, 작년 가을 통영민요는 舟師와 軍兵이 모두 장교의 수중에 있어서 실패했다"고[78] 한 점과 아울러 민란의 전개가 변란에도 적지 않은 영향을 미치고, 또 변란의 주모자들이 변란의 성공을 위해 민란의 경험에 대해서도 진지하게 검토하고 있었음을 시사해준다.

이필제와 함께 진주의 변란모의에 참여한 崔鳳儀가 "數十村氓으로 출도하고자 하면 이것은 이미 식견이 부족한 것이다. 작년(1869) 統營民變 때 어찌 거사하지 않았는가. 나와 같은 사람이라도 만약에 簒逆하려는 마음이 있었다면 기회를 보아 設謀하여 일은 손바닥 뒤집듯이 쉬웠을 것이다"[79]라고 한 말은 이러한 과정을 보다 선명하게 보여준다. 이것은 변란 주도층이 민란을 통해 폭발하던 농민들의 힘을 본격적으로 인식하기 시작하는 과정이자, 민란과 변란이 결합될 수 있는 단서가 마련되고 있었음을 보여주는 매우 주목되는 대목이다. 무수히 시도되었던 변란이 실패한 근본적인 요인도 바로 대중들의 지지를 받지 못한데 있었기 때문이다. 요컨대 1862년 농민항쟁을 겪으면서 변란의 주도층은 점차 농민들 속에 내재해 있는 폭발적인 힘을 인식하기 시작했고, 그 힘과의 결합을 진지하게 모색하고 있었던 것이다.

그러나 최후로 시도된 조령작변에서도 서원철폐에 반발하는 유림들을 이

77) 《慶尙監營啓錄》 고종 7년 6월 19일 朴晩源三推.
78) 《慶尙監營啓錄》 고종 6년 6월 14일 梁永烈供·5월 21일 鄭晩植更推, 187·217쪽.
79) 《慶尙監營啓錄》 고종 6년 5월 12일 崔鳳儀四推, 181쪽.

용하여 변란을 기도한 데서[80] 단적으로 보이듯이 농민들과 결합할 수 있는 의식이 구체적으로 확보되지 못하였다. 이필제의 진주거사에서 주모자인 이필제와 정만식이 나눈 다음의 대화도 그러한 사정을 잘 보여 준다. "朱成七(이필제의 異名)이 '먼저 진주를 屠戮내려고 한다'라고 하기에 나는(정만식) '진주는 물산이 풍부하고 토지가 넓기 때문에 민심이 안정되어 있어서 다른 지역과는 다르므로 경솔하게 犯해서는 안된다'라고 말하였다"는 것이다. 아직까지도 농민들과 호흡을 함께 하며 그들을 동원해내는 것이 아니라 일단 거사를 일으키면 가담할 것으로 막연히 희망하는 수준에 그치고 있었으며, 농민들과의 조직적인 결합보다는 불만과 불평이 팽배해 있는 분위기에 편승하려는 차원에 머무르고 있었다. 이필제가 고종 7년(1870) 정월 진주에서 거사를 기도한 것도 정감록의 영향을 받고 지리산 일대로 피난 온 사람들이나 借力挾術하는 자들의 호응을 기대하였기 때문이며, 영해를 세번째의 변란 모의장소로 택한 것도 같은 맥락에서 이해될 수 있다.[81] 영해는 동학의 초기 포교지역으로 많은 교도가 있었으며 이필제는 이미 존재하는 그들의 조직과 힘을 이용하여 변란을 기도한 것이다.

변란이 새로운 차원으로 발전하기 위해서는 변란이 획득한 반외세적인 이념과 조직의 지역간 연계성을 계승하고 보전하는 동시에 농민들과 정서적 공감을 마련하고 또 그들의 현실적인 요구나 불만을 수용함으로써 농민들이 가진 힘을 전국적인 항쟁으로 이끌어내는 것이었다. 그러기 위해서는 무엇보다 농민들의 생활이 이루어지는 향촌사회 내부에서 출발하지 않을 수 없었다.

그러나 향촌사회의 민중에게는 아직까지 개항 이후 제기되고 있던 반봉건·반외세의 이중적 과제를 해결할 수 있는 주체적인 역량이 마련되어 있지 못했다. 1880년대 후반부터 격증한 민란은 1890년대에 들어와서는 "민란이 없는 고을이 없다"는 표현이 나올 정도였지만, 아직 기본적인 형태나 내용면에서 이전 시기의 그것과 커다란 차이가 없었다. 대부분의 경우 투쟁공간,

80) 《捕盜廳謄錄》 하, 신미 8월 29일 鄭岐鉉供, 570쪽.
81) 《慶尙監營啓錄》 고종 6년 5월 21일 鄭晩植更推, 187쪽·6월 14일 梁永烈供, 199~200쪽.

투쟁구호, 투쟁양상 등에서 여전히 개별적인 고을 단위에 매몰되어 있어서 전국적인 규모의 '반란'이나 혁명을 전망하기는 어려웠다. 또 개항 이후에는 반봉건뿐만 아니라 반외세의 과제를 동시에 해결할 필요가 있었지만, 민란에서는 반외세와 관련된 구호가 전혀 제기되지 못하고 있어서 이 시기 민족운동의 단초를 열어 가는 데도 기본적인 한계가 있었다. 변란 역시 개항 이후에도 끊임없이 기도되었지만 이전과 마찬가지의 한계를 노정함으로써 거사에 성공할 수 없었다.

이러한 분위기와 관련하여 주목되는 점은 동학교세의 확장과 그것을 이용하려는 '저항적 지식인'의 본격적인 등장이다. 동학은 1880년대 중반 무렵부터 강원도의 산간지방을 벗어나 충청·경상·경기·전라지방 등 평야지대로 진출하면서 교세가 확장되기 시작했다. 동학교세의 확장과 더불어 주목되는 사실은 동학을 이용하여 자신들의 '野心'을 펴려는 변혁지향적인 인물들과 '道보다는 난리'에 관심이 많았던 자들이 대거 입도한 점이다. 이러한 움직임은 곧 "야심을 품고 草莽에 숨어있던 자"들과 지배층의 수탈에 시달리며 세상이 바뀌기를 바라던 민중들이 동학조직을 매개로 결합해가기 시작했음을 말한다. 민중운동은 1890년대 초반에 들어 동학을 포착함으로써 새로운 국면을 열어가고 있었던 것이다. 동학 역시 '無爲而化'사상에서 드러나듯 정치의식은 결여되어 있었으나, 반외세의 이념과 전국적인 조직을 마련하고 있었으며, 변란의 그것보다는 훨씬 조직적이고 체계적으로 갖추고 있었기 때문이다.

동학을 이용하여 '야심'을 펴려던 인물 가운데 한 사람이 바로 이 무렵에 동학에 입도한 전봉준이었다. 전봉준이 동학에 입도한 것은 동학에서 "마음을 바로 한 자의 일치"와 그를 통해 "간악한 관리를 없애고 보국안민의 업을 이룰 수 있는 가능성을 보았기 때문"이라고 하였다. 곧 당시 급속히 확산해 가고 있던 동학은 국지성과 고립성이라는 민란의 한계를 뛰어넘어 자신이 구상한 '보국안민'의 대업을 이룰 수 있는 조직적 기반을 갖추고 있었기 때문이다. 이제 저항적 지식인들은 동학을 이용해서 그들이 획득한 조직과 반외세의 이념을 보전, 강화해 나가는 한편 농민들과의 정서적 교감을 통해 그들을 결집하고 동원할 수 있는 변혁논리를 모색해 갔던 것이다. 이러한 과정은 곧 변란단계에 비해 저항적 지식인의 의식이 성장해 나가는 과정이었으며, 그들의 변혁사상이 반봉건과 반외세의 양측면에서 보다 정제되어 가는 과정이자 농민들에게는 고을 단위로 고립되어 있던 항쟁이 전국 차원의 항쟁으로 폭발할 수 있는 조직이 마련되는 과정이었다. 이러한 과정을 통해 변란과 민란은 각기 그 한계를 일정하게 극복하며 반봉건·반외세의 농민전쟁으로 발전할 수 있었던 것이다.

〈裵亢燮〉

집 필 자

개 요 ……………………………………………………………… 조 광

Ⅰ. 민중세력의 성장

1. 신분제의 이완과 민중사회의 성장 ……………………… 김성우
2. 민중의 사회적 결속 ……………………………………… 김인걸
3. 민중운동의 사상적 기반 ………………………………… 고성훈

Ⅱ. 18세기의 민중운동

1. 사회경제적 배경과 정치적 과제 ………………………… 최완기
2. 유민과 명화적 …………………………………………… 변주승
3. 여러 지역의 항쟁과 '무신란'

Ⅲ. 19세기의 민중운동

1. 서북지방의 민중항쟁 …………………………………… 고석규
2. 삼남지방의 민중항쟁 …………………………………… 송찬섭
3. 변란의 추이와 성격 ……………………………………… 배항섭

한국사 36

조선후기 민중사회의 성장

편찬간행 **국사편찬위원회**

초판1쇄 2003년 11월 30일
2쇄 2013년 6월 4일

번각발행 **탐구당**

등록일 1950년 11월 1일
등록번호 서울 제 03-00993 호

주소 서울특별시 용산구 한강대로 62 나길 6
전화 (02) 3785-2211(대표)
팩스 (02) 3785-2272
홈페이지 www.tamgudang.co.kr
전자우편 tamgudang@paran.com

ISBN 978-89-8236-602-4
978-89-8236-566-9(세트)

값 18,000 원